国家社科基金后期资助项目

宋代地方的官民信息沟通与治理秩序

高柯立　著

国家图书馆出版社

图书在版编目(CIP)数据

宋代地方的官民信息沟通与治理秩序 / 高柯立著 . —北京：国家图书馆出版社,2021.6

ISBN 978 -7 -5013 -7134 -1

Ⅰ.①宋…　Ⅱ.①高…　Ⅲ.①地方政府—行政管理—研究—中国—宋代　Ⅳ.①D691.2

中国版本图书馆 CIP 数据核字(2020)第 238254 号

书　　名　宋代地方的官民信息沟通与治理秩序
著　　者　高柯立　著
责任编辑　王　雷
特约审稿　孙　彦
封面设计　耕者设计工作室

出版发行　国家图书馆出版社(北京市西城区文津街 7 号　100034)
(原书目文献出版社　北京图书馆出版社)
010 -66114536　63802249　nlcpress@ nlc. cn(邮购)
网　　址　http://www. nlcpress. com
排　　版　北京金书堂文化发展有限公司
印　　装　北京科信印刷有限公司
版次印次　2021 年 6 月第 1 版　2021 年 6 月第 1 次印刷

开　　本　710 × 1000　1/16
印　　张　24
字　　数　400 千字
书　　号　ISBN 978 -7 -5013 -7134 -1
定　　价　100. 00 元

国家社科基金后期资助项目
出版说明

后期资助项目是国家社科基金设立的一类重要项目，旨在鼓励广大社科研究者潜心治学，支持基础研究多出优秀成果。它是经过严格评审，从接近完成的科研成果中遴选立项的。为扩大后期资助项目的影响，更好地推动学术发展，促进成果转化，全国哲学社会科学工作办公室按照“统一设计、统一标识、统一版式、形成系列”的总体要求，组织出版国家社科基金后期资助项目成果。

全国哲学社会科学工作办公室

致　谢

本书是在笔者博士论文的基础上完成的，在写作过程中得到了诸多师友的帮助。

首先要感谢我的博士导师邓小南教授。她对我的研究生学习和论文写作给予了细致和耐心的指导，从选题到谋篇布局，乃至斟酌词句和标点，都付出了很多心血。如果说这本书对学界有所贡献，在学术上有所创新，都要归功于她对于学术研究的严格要求和富有启发意义的批判思想。至今仍能清楚地记得在她家里查核资料的情形，“修改别人的文字要慎重！”战战兢兢，言犹在耳。

其次要感谢黄宽重先生。他不但参与了我博士论文的开题答辩，指导我的论文写作，在我毕业参加工作后，也一直对我给予鼓励、指导和帮助。不管是惠赠的新著，还是每次来大陆时送给我和家人的小物件，都让我感受到前辈学者对后学的提携，以及长辈对晚辈细致周到的关心，使我受益终身。

我还要感谢已故国家图书馆出版社总编辑贾贵荣老师。我 2006 年毕业后来到北京图书馆出版社（后改名为国家图书馆出版社），始终得到贾老师的关心和指导。即使在我由出版社调到研究院以后，我们还经常保持交流，我申请社科基金后期资助也得到了她的帮助和鼓励。她对于编辑工作的执着和敬业，使我很感动和受益。

在北大求学期间，我有幸聆听了很多老师的高论，获益良多，论文的写作得到了张希清、李孝聪、荣新江、王小甫、张帆、刘浦江、赵冬梅、郭润涛等老师的指导，谨致谢意。其中，刘浦江老师在入学考试中给予我鼓励，在我学习和工作期间，给予很多帮助和教益，至今很是感念，惜乎刘老师英年早逝，思来不觉潸然，惟其音容宛在目前，更增思念。

我在北大期间，就有幸接触到很多学界前辈，多有请益，在工作后仍与他们保持联系，他们对我的教诲和帮助让我心怀感激。王曾瑜先生曾给我鼓励和鞭策，亦曾惠赐大作加以指点。张邦炜先生虽然没有直接指导过我，但我有幸多次聆听高论，且近距离感受到其风采，受其鼓励，受益很多。李华瑞老师对我的学业和工作给予过很多意见和帮助，感念不已。岸本美绪老师的论著使我很受启发，我也有幸得到她的指点，工作后曾得到她的帮助，要致以谢意。刘静贞老师在我论文写作期间给予过指导，对于我的工作也有过帮助，亦需致谢，她的执着和开明，以及学术上的通达、敏锐，给人深刻印象。此外，朱瑞熙先生、陈振先生、李晓老师、游彪老师、戴建国老师等都对我有很多帮助，或惠赐大作，或加以点拨，在此均需表示感谢。

我在北大时得益更多的是北大中古史中心所拥有的浓厚学术氛围，以及同门之间切磋问学的讨论风气。师友之间对于学术的追求和严肃的学术批评，始终是滋养我的深厚土壤，即使生活再变动再迷茫，也能保持一丝清醒。这里就不再一一列举同门的名字，一并表示谢意。此外，郑丞良、熊慧岚、饭山知保、小林隆道等朋友都曾给我很多帮助和教益，要加以感谢。

我毕业后，工作屡有变动，先在国图出版社做过三年的编辑，后到国家图书馆研究院工作了近十年，至 2018 年调到北京科技大学科技史与文化遗产研究院做教师。这十多年时间里，曾得到很多领导和同事的帮助，特别是国图出版社的郭又陵社长、徐蜀总编，以及宋志英、于浩、廖生训、李强等同事，国家图书馆研究院的张廷银、汪桂海、张燕婴、陈清慧、刘鹏和邹文革等老师，在此均致以诚挚的谢意。我能被北科大接纳，首先要感谢潜伟院长的包容和鼓励，更要感谢新同事对我的关心和支持。我非常喜欢研究院的氛围，多元而有朝气，从容而不乏激情。

同时，要感谢国家社科基金的资助，尤其是申请书审核专家对于初稿提出了很多宝贵意见，使得本书得以修改完善。

最后，要感谢国图出版社，感谢殷梦霞总编、本书编辑孙彦老师和王雷老师。国图出版社是我第一个工作的单位，我的第一本专著能由它出版，也是一种缘分。殷梦霞总编亲自安排本书的出版，感其盛情。孙彦老师是我进入出版社的第一位师傅，教我如何做编辑，她开朗的性格和严格的要求都给我很多教益，由她来审校我的书，是令人十分愉快的事情。王雷老师是我的学长，能由她来负责本书的编辑，甚感荣幸。

这本书的写作虽然延续了十多年，但仍有不成熟的地方，错误肯定不少，这都在于我的拖延和努力不够，与诸师友无关。

目　　录

下编　个案研究

绪　论

一、缘起：从秩序到治理秩序

社会秩序问题，始终是现代社会学关注、讨论的主要论题之一[①]。近年来，中国传统社会中社会秩序的建立，也愈益引起学界重视[②]。

所谓社会秩序，首先是指相对稳定的、依特定内外差序展开的社会结构方式。在中国传统社会，它表现为不同层次的社会关系，包括家族中的亲疏关系，乡里社会中的乡党关系，地方官府与民众的治理关系，以及大一统王朝的统治体系等等。对于秩序问题的既往研究主要集中在家族—乡里与王朝这两个层面，在家族—乡里这一层面的研究侧重于社会史范畴的探讨，王朝这一层面的研究则主要是政治史范畴的探讨，对于地方区域（例如州县）这一中间层面尚缺乏足够的关注。本书认为，州县是联结王朝与乡里的枢纽，是政治与社会交汇的重要层面[③]。地方官府与民众在州县这一层面展开的接触与互动，是地方社会治理秩序形成与

---

① 参见孙立平主编《社会学导论》，北京：首都经济贸易大学出版社，2004 年，第 29—41 页。

② 这方面尤以明清史领域的研究为突出。参见伍跃《日本明清史学界关于"秩序"问题的研究——从〈中国近世社会的秩序形成〉说起》，《中国史研究动态》2006 年第 2 期，第 24—28 页。此外如韩国学者李俊甲的《清代中后期四川的社会秩序与各个阶层的动向——以绅士、胥吏、无赖之间的相互关系为中心》，《中国社会历史评论》第四卷，天津：天津古籍出版社，2002 年，第 85—94 页；中国学者邓小南的《追求用水秩序的努力——从前近代洪洞的水资源管理看"民间"与"官方"》，《暨南史学》第三辑，广州：暨南大学出版社，2004 年，第 75—91 页；张小也的《明清时期区域社会中的民事法秩序——以湖北汉川汈汊黄氏的〈湖案〉为中心》，《中国社会科学》2005 年第 6 期，第 189—201 页。宋史领域亦有方诚峰的《统会之地——县学与宋末元初嘉定地方社会的秩序》，《新史学》第十六卷第三期，2005 年 9 月，第 1—22 页。

③ 本书所讨论的"州县"，主要是指介于中央与基层之间的地方区域，而不单纯指行政区划结构的特定层级。

运作的关键①。正是由于州县这一层面的互动和上下联系，使得乡里成为王朝统治下的乡里，王朝成为凌驾于乡里基础之上的王朝。

同时，社会秩序不仅表现为一种结构关系，它同时也体现在处于这种结构关系中的个体或群体之间的互动过程中。学界对于这种互动存在不同的认识，一是侧重于冲突的一面，认为秩序的形成是冲突的产物，而非社会与生俱来的自然状态，强调互动中的冲突和对权力的支配，这集中表现在对于阶级关系的探讨中；一是侧重于协调均衡的一面，认为均衡是社会系统的常态和本质特征，强调社会各部分之间的协同关系，以及文化规范和共有的价值观念在社会结构中的统合作用，这在关于宗族、社会救济的研究中较为突出②。这两种倾向均有其合理性，在各自的研究领域都形成了丰硕的研究成果③；但两者均不免将个体或群体间的互动简单化，对于关联与矛盾的处理或有不得当处。

本书以为，所谓“互动”与“联系”，所谓“关联”与“矛盾”，所讨论的都是有形的群体、事件、情境中的“关系”问题。而种种关系所呈现出的面貌，实质上取决于彼此间的沟通状态。特定社会秩序之形成，有赖于个体、群体间的沟通。正是不同层次、不同方式的沟通，将地方社会联结成为一体；而地方上的治理秩序，也正是在地方官府与民众互动、沟通的过程中得以建构起来。

“致治”“求治”是宋代君主和臣僚追求的理想政治目标，就是要建立王朝的治理秩序。但“治理”体现为一系列的制度和措置，并与君主和各级官员的实践行动密切相关。就本书所关注的地方治理秩序而言，地方官府的政令和制度，地方官的具体施政，是考察的重点。本书并不试图勾勒出一幅清晰的“治理秩序”图景，而更着力于考察这一图景是如何构建的，通过各种制度和措置来加以呈现。当然，这些制度和措置不是停留在纸上或石碑上，而是与地方官、胥吏的实际行动分不开，并要置于上述沟通互动

① 本书认为“社会秩序”过于宽泛，故提出“治理秩序”，以凸现本书所关注的地方官府与民众之间的关系。以往有“统治秩序”的说法，与本书所谓的“治理秩序”相近。一般所谓“统治秩序”往往强调其压迫、统治的一面，而忽略管理、协调的一面，本书则较为关注后者，认为从宋代社会的基本状况来看，地方官府与民众之间的关系主要体现为一种“治理秩序”。

② 均衡—冲突是社会学研究的重要理论视角，这对历史学研究有潜在的影响。参见陆学艺主编《社会学》，北京：知识出版社，1995年，第48—51页。

③ 关于前者，朱家源《两宋社会经济关系的变化与农民阶级》（《宋史论集》（郑州：中州书画社，1983年，第244—284页）一文较有代表性。此外，作为阶级冲突最激烈的结果是农民起义的问题，这方面的研究成果丰富，黄宽重曾有专门的分析综述，见《宋代变乱研究的检讨》（《南宋军政与文献探索》，台北：新文丰出版公司，1990年，第225—307页）。关于后者，梁庚尧的《南宋的农村经济》（台北：联经出版事业股份有限公司，1984年）比较具有代表性。

的过程中加以观照。

二、本书的时代问题、核心概念和研究对象

本书试图围绕宋代地方官府与民众之间的信息沟通，考察两者关系的结成及其运作过程，进而探讨其对于地方治理秩序的影响。

（一）时代问题

本书讨论的时段虽然涵盖了整个宋代，但比较侧重于南宋时期的探讨，讨论的地域也是以东南地区为中心。唐宋时期是中国历史上发生较大变化的重要时期，围绕着唐宋变革论，学界形成了激烈的论争，推动相关研究不断深入，取得了丰富的成果。虽然关于唐宋时期社会性质的认识存在着很大分歧，但由此引起的彼此论辩却使研究者处理史料、分析史料的工作更加谨慎、周全，既能运用理论来发掘史料的内涵，具有鲜明的问题意识，同时也注意到不同的理论学说与历史实际之间的差异①。就本书所关注的宋代地方社会的政治、经济、社会领域而言，中唐以后的变化具有重要意义，与唐前期有着较大的差异。

随着时代的发展和研究的深入，学界对于社会历史发展的阶段论和目的论逐渐丧失兴趣，而更多地从事于具体过程的细致研究；对于唐宋时期的历史变迁的关注，亦逐渐由唐宋之际扩展下延，在时段上跨度更大，将元明时期亦纳入考察的范围②。

从北宋到南宋，一方面在某些领域发生了较大的变化，导致其社会面貌呈现出较明显的差异；另一方面两宋之间仍存在较大的延续性，不能完全割裂。美国学者郝若贝（Robert M. Hartwell）认为两宋之际社会精英的关注点逐渐从朝廷转向地方，而与中央渐形疏离，这种观点在韩明

---

① 关于唐宋变革论的研究和讨论论著数量颇多，这里不一一引述，可参见李华瑞主编《“唐宋变革”论的由来与发展》，天津古籍出版社，2010 年。

② 刘子健较早注意到两宋之间的差异，认为北宋与南宋是两个宋，其间发生了较大的转变，（《中国转向内在——两宋之际的文化内向》，赵冬梅译，南京：江苏人民出版社，2001 年，该书英文版出版于 1988 年）。参见其所撰《略论南宋的重要性》，《两宋史研究汇编》，台北：联经出版事业公司，1987 年，第 79—85 页。郝若贝首先将研究时段设定为中唐至明中叶（750—1550），而两宋之际的变化是关键（Robert M. Hartwell，“Demographic，Political，and Social Transformation of China，750 – 1150，”*Harvard Journal of Asiatic Studies* 42，2（1982）：365 – 442）。2003 年出版的论文集《宋元明时期的变迁》（Paul Jakov Smith and Richard von Glahn，eds.，*The Song-Yuan-Ming Transition in Chinese History*. Cambridge（Mass.）：Harvard University Press，2003）延续了郝若贝的研究而加以系统化，两宋之际成为一道分水岭。

士（Robert H. Hymes）那里得到进一步细化，这种变化的一个重要原因是北宋后期严酷的党争迫使部分士大夫离开中央，转而经营在地方的发展①。包弼德（Peter K. Bol）亦从思想史的角度考察了中唐至北宋的变化，认为科举人数的膨胀、官多阙少的矛盾加剧，以及司马光和王安石政治理想的挫折，使得士大夫的关注点由政事转向道德和家族，道学应之而兴，这一转变始于北宋后期，到南宋后期得以完成②。黄宽重则从中央与地方关系的角度来考察两宋时期地方社会的变迁，认为由于财政集权化和科举教育的发展，使得地方势力（尤其是士人精英）获得了迅速发展，这一变化始于北宋徽宗时期，定型于南宋③。综合上述研究，可以认为两宋之际发生了较大的变化，尤其是地方社会的发展趋于多元化，士人在地方社会中的作用日益凸显④。本书的考察是在上述时代背景下展开的，从政治与社会交互影响的角度来探讨唐中叶到南宋这一长时段的历史。

（二）核心概念和研究对象

1.“地方社会”

本书所讨论的官府与民众之间的沟通是在地方社会这一层面展开的。所谓“地方社会”，包含着大一统王朝的政治、经济和文化等背景，地方官府的统治，以及民众的日常生活等三方面主要因素。即使是就一具体地域而论，这一“地方社会”亦是包含上述三方面因素的一个开放系统。所谓“地方”，以往多是与中央（朝廷）对举，是以帝制时代中央集权体制、中央与地方关系为背景的，其关注的问题主要是中央与地方在政治、经济和军事上的势力消长，对地方的“社会”层面的关注则相对缺乏，其着眼点乃在于王朝的统治，将地方官府单纯地视为王朝统治的工具，而较少涉及民众的生活状态。后来随着研究目光的下移和视角的转变，出现了“基层社会”“区域社会”和“地域社会”等不同的研究范畴，这些不同的范畴都反映了对于民众生活的不同程度的关注，采取了“自下而上”的观察路径。

---

① Robert H. Hymes, *Statesmen and Gentlemen: The Elite of Fu-chou, Chiang-his, in Northern and Southern Sung*. New York: Cambridge University Press, 1986.

② ［美］包弼德著，刘宁译：《斯文：唐宋思想的转型》，南京：江苏人民出版社，2001 年，第 314—358 页。

③ 黄宽重：《从中央与地方关系看宋代基层社会演变》，《历史研究》2005 年第 4 期，第 100—117 页。

④ 虽然郝若贝、韩明士的研究近来受到质疑，但其分歧主要在于区域研究与社会整体状况之间的关系，至于他们对两宋之际社会变化的考察仍给人启发。

本书所论之“地方社会”一定程度上受到上述研究的启发。本书尝试将上述三个因素纳入到“地方社会”的范畴内加以观照。在考察地方官府与民众之间的沟通时，一方面，虽然由于将考察的焦点聚集于地方社会，使得朝廷的面目变得模糊了，但这并不意味着忽略朝廷对地方社会的意义，而是要在地方官府开展其事务、与民众接触沟通的过程中将朝廷的统治具体化；另一方面，本书对“信息沟通”的考察虽然主要围绕地方官府展开，但亦试图关注民庶的眼光、感受和反应，将朝廷、官府的制度、政策与民庶的日常行为结合起来研究，借此来重新审视地方官府在地方社会中的位置及作用。

2. “地方官”“民众”和“官民之间”

本书考察的主要内容是地方官府与民众之间的信息沟通。以往学界不乏对于“官方”与“民间”的区分，官民关系也确实是研究中国古代国家政治恒久关注的核心问题，取得了很多成果。但这种二元式的分析方式往往导致认识的简单化和模式化，不利于揭示历史本身所蕴含的复杂内容，研究亦难以深入，所以本书不欲固守“官府”与“民众”这两端，而试图将两者的关系看作既相区别又相关联的、动态的连续体，特别对于联接“官民之间”的“地带”，予以集中的考察。具体来说是从两方面着手：一是将“官府”与“民众”看作两个内部存在不同层次、边缘存在变化的范畴，对其核心构成与边缘人群加以区分；二是关注两者在实际过程中的交互作用及其效果。显然，“信息沟通”的视角为本书的上述考察提供了有效途径，或者可以说，正是在考察地方官府与民众沟通状态的过程中，“官府”与“民众”的内在层次、动态特征及其交互作用的结果得以充分地呈现出来。

本书所讨论的“地方官府”，主要是指州县官府，是朝廷统治地方的重要工具，也是建立地方治理秩序的核心力量。在现实生活中，“官府”这一称谓涵盖着不同层次的内容。首先，“官府”代表着从朝廷、监司到州县官府的整个王朝的统治体制。其次，从与民众的关系的角度来看，朝廷居于统治的顶端，较少直接与民众发生联系，州县（尤其是县）官府的事务则多为亲民，与民众的接触较为频繁，因此，民众眼中的“官府”通常是指州县官府，朝廷在这里主要作为一个背景出现。第三，介于上述两者之间的监司，一方面代表中央监察州县官府，另一方面在财政、司法等领域又与民众有不同程度的接触，从这一意义上它又可以纳入本书所讨论的“地方官府”范畴①。

---

① 学界对于路的行政特征和监察特征争论纷纭，本书不拟涉及这样的区分，而侧重于地方政务，泛称为“地方官府”。

第四,从民众的角度来看,“官府”的边界并不固定。围绕地方官(主要指知州、通判、知县、县丞、主簿、县尉等州县官)存在着不同的人群,包括官府的胥吏、官员的亲戚随行、地方士人、豪强、书铺户、讼师和僧道医术之流等。这些人群从身份上说都可算作“民”的范畴,但他们又都可能凭借各自的机缘而活跃在地方官周围。一般民众往往是通过这些特定的人群与地方官府间接接触,他们对地方官府的理解会受到这种接触过程的影响。显然,从统治机器的角度来考察“官府”,所凸显的是其职能上的共同特征;本书则希望从地方社会、从民众的角度来观察“官府”,以图揭示其复杂的面相。

此外,地方官与地方官府是相互关联又有所区别的概念。地方官府的各项事务主要是由地方官推动的,地方官府与民众之间的沟通,亦是地方官来推动和运作的,即使是通过胥吏、书铺与讼师等中介力量进行的沟通,也受到地方官的影响。地方官府中活动的人员,主要包括官、吏两个群体。就地方“官”而言,宋代有亲民官与监当官之别,又有长官与佐贰官之分,本书讨论的重点对象是州县亲民官,特别是其长官。

本书所理解的“民众”,主要是指官府统治的对象,即如“亲民官”“牧民官”所显示的地方官与民庶[①]的对应格局。首先应该指出的是,现代汉语中的“民众”是一个有特定的现代社会背景的词汇,它与西方国家与社会分化之后的“市民社会”(相对于国家而言)有密切关联,有时被称为“大众”“群众”“公众”等,本书所使用的“民众”一词则无此预设,主要是指“民庶”这一群体。其次,本书所论的“民众”存在经济地位和社会阶层上的差异,大体可以分为豪富民户和贫弱民户两个层次。所谓“豪富民户”主要是指地方社会的中上层人物,他们具有各种资源(如财富、权势、知识等),在地方社会拥有强大的影响力,史料中或谓之“豪有力者”,日本学者有时称之为“在地势力”[②]。豪富民户又可以进一步划分为三个层次:以缙绅(士大夫)为代表的上层势力,属地方社会中的头面人物和领导者,他们多具备强势的政治、经济和社会地位(所谓“豪”即是指此)。其次是无仕

---

① 本节所用“民庶”一词,侧重于强调其“非官”的平民身份。

② [日]大泽正昭:《唐末・五代の在地有力者について》,《柳田节子古稀记念:中国の伝统社会と家族》,东京:汲古书院,1993年,第129—149页;[日]山本英史:《清朝の江南统治と在地势力》,[日]岩井茂树编《中国近世社会の秩序形成》,京都大学人文科学研究所,2004年,第237—280页。

宦经历之地方士人①以及吏户、僧道等特定阶层,他们的政治地位较前者为低,而受其引导或制约,但仍有较大的影响力,在某些局部地区或欠发达地区,缺乏缙绅,则其地位就由这一阶层所取代。在宋代史籍中有“形势户”的法定户名,主要指官户与吏户,其所指正在上述两个层次中,官户多属于第一层次,吏户则属于第二层次。第三是地方上没有上述特殊背景的乡村上户,他们多具备一定的经济实力(即所谓“富贫),有时被称为民庶地主。豪富民户在乡里能够救恤贫弱,维护社会秩序,与地方官府积极配合,就会被冠以“长者”或“父老”的称谓;而恃其豪富,横霸乡里,甚至挟制州县官府者,则被斥为“豪横”或“豪强”。

所谓“贫弱民户”,主要是相对于富豪民户而言,多指没有土地或只有少量土地(即所谓“贫”)的乡村下户和客户,他们在政治上处于弱势的地位。虽然说官府与富豪民户之间的往来,基本上左右了地方社会的局面,贫弱民户所扮演的角色则相对不引人注意(这与史料本身的局限不无关联),但联系到灾荒和动乱的极端情形来看,贫弱民户显然不能被单纯地视为“被统治”的群体,他们对于地方社会的秩序有着潜在的影响;仔细地考察当时的材料,仍然可以从中发现一般民众的信息,他们在诉讼活动中的身影,和对于官府的政令及其所推动的公益事务等的反应,亦是地方官在治理地方时面临和需要时刻加以考虑的问题,这在不同程度上反映了他们对于地方官府治理事务的实际影响。

对于地方民庶的认识,离不开对其经济地位的分析;这种分析对于揭示社会现象的本质有着重要意义。本书的上述区分,主要着眼于民庶在与官府(地方官)接触过程中所处的不同位置和影响力,试图在关注其经济地位的基础上,进而关注其不同社会身份、背景,及其在与地方官、地方官府接触沟通过程中的作用。

从动态观察的角度来看,影响地方官府与民众关系的关键在于“官民之间”这一中间地带②。胥吏凭借其在官衙的有利位置和与地方官的近距

---

① 既包括尚未参加科举的士子、科举未及第之士人、隐居乡里的儒学之士,也包括具有低级文官资格的地方士人,如通过荫补、进纳得官者。

② 本书提出“中间地带”的概念,主要是关注地方官府与民众之间的互动关系,即将官府看作上层建筑,将民众看作基层社会,两者之间的互动构成了这一“中间”地带。日本学者斯波义信曾论及南宋“中间领域”社会的出现,即试图在官与私、国与民之间探寻“中间领域”,譬如公心好义之士、水利共同体、市镇等,都体现了一种中间性(《南宋における“中间领域”社会の登场》,《宋元时代史の基本问题》,东京:汲古书院,1996 年,第 185—203 页)。所谓“中间地带”或“中间领域”,体现了一种考察视角,试图在既有研究的结论中发掘新的问题,从而推动研究的深入。杨联陞《中国文化中之媒介人物》提出“媒介人物”,颇给人启发,其所涉较广,与本书有关的,他提到牙行、商人、听差门房等,此文是杨氏 1957 年的谈话稿,收入杨联陞著、蒋力编《哈佛遗墨》,北京:商务印书馆,2013 年,第 110—119 页。

离关系，地方官的亲戚随行凭借其与地方官的血缘、隶属关系，僧道术士凭借其与地方官的密切私人关系，活跃在地方官的周边，"交通关节"；地方父老宣讲官府颁布的榜谕，劝谕子弟；书铺与讼师在诉讼过程中扮演中介角色；地方士人与地方官之间的唱和宴集，各阶层民众在公益事务和礼仪祭祀过程中与地方官的互动，等等，在"官府"与"民众"之间形成了一个中间地带（本书称之为"官民之间"），使两者得以彼此沟通。这里所谓"官民之间"的地带，并不是一种具体固定的空间概念，也不是官方与民庶的单纯对应，它包括各类活动的空间场景，反映着制度运作和人际互动形成的状态。

3. "信息沟通"

"信息沟通"是本书研究的主体内容。本书所论之地方社会官府与民众的信息沟通，是指两者接触、互动过程中信息的传递及其带来的相互影响。所谓"信息"，不仅有诏令文书、民众诉状所载的文字信息，也包括地方官与地方士人之间唱和往来、民众向地方官陈诉的语言信息，还包括两者的各种行为方式所透露出的行为信息，如官员参加祈雨，民众的群体性反抗，等等，都使对方产生判断，并进而有所反应。所谓"沟通"，反映着沟通双方对理想效果的追求，实际过程中却时刻存在阻滞的因素，沟通的过程并不总是一帆风顺，这也是讨论沟通时不能回避的重要方面。具体地说，官府政令的传布，诉讼过程中的投状陈词和地方官的究问、裁决以及告示，地方官与地方士人唱和往来，推动地方公益事务、举行乡饮酒礼和祭祀神祇过程中的接触互动，等等，都构成为沟通的内容。本书所讨论的官府与民众之间的沟通涵盖了相当广泛的内容，牵涉到地方社会的诸多层面，对此可以作进一步的说明。

首先，在微观的层面上，地方官府与民众的沟通包含了个体行为和沟通所凭借的物质载体。所谓个体行为，主要是指地方官、地方士人、胥吏、官员的亲戚随从、僧道、讼师等角色在沟通过程中的活动；所谓物质载体，是地方官府与民众传递不同层次信息的工具，主要包括用以发布政令的榜谕、粉壁，诉讼时所呈上的诉状、供状，地方官裁决时发给的断由或者公布的告示等类文书，乃至地方志、唱和诗词以及各种刻石题记。

其次，地方官府与民众的沟通，通过不同层次的人际关系和互动过程进行。所谓不同层次的人际关系，是指地方官面对的民众群体不同，其交往与沟通的形式会大不相同；所谓互动过程，是指在特定的场合下地方官府与民众的接触（包括双方之间的抵触）、往来（包括阻滞）和相互了解（包括误解）的过程。这里的场合既可以是地方官府制度运作所形成的环境，包括传布政令榜谕张贴的场所、地方父老宣讲榜谕内容的场合，在诉讼过程中地方官听讼、民众供状的场合;也可以是公共活动的情境,包括地方官与地方士人唱和往来,以及他们推动公益事务、举行乡饮酒礼和祭祀神祇的场合。不同的场合既反映了地方官府事务的不同方面,也提供了地方官府与不同阶层民众沟通的机会。地方社会的关系网络,正是在这样的互动过程中形成的。

第三,在较为宏观的层次上,地方官府与民众之间的沟通,对地方社会治理秩序的形成和维系有着直接的影响。从地方官府的角度来看,一方面,各项事务的推行,政令是否通畅,有赖于地方官府与民众之间良性关系的建立,即所谓"政通人和,百废俱兴",而地方官府与民众良性关系主要是在地方官府与民众沟通的过程中形成的;另一方面,地方官府作为维持社会秩序的重要力量,需要通过沟通来了解社情民意,维持不同势力之间的均衡,在灾荒动乱时期,地方官府还可以通过沟通协调各方面的关系,调动各种资源,共渡难关。从民众的角度来看,不同阶层民众在与地方官府的沟通过程中,形成了对地方官与地方官府的印象,这对于地方官府在地方社会的统治发挥着潜在的影响。

需要加以说明的是,本书对于官民"沟通"的考察,是从地方官的角度切入并展开的。这首先是因为,现实中有益于地方治理的沟通过程主要是由地方官推动的(亦有被动的情形)。地方官通过与各阶层民众沟通联系,在赋役、诉讼、社会救济、文化、宗教信仰等诸多领域,寻求建立地方社会的稳定秩序。其次,这也受到了材料的限制,现存的大部分史料多出自有任官经验的士人之手,记载往往以地方官府为中心。尽管如此,本书试图亦对民众对于地方官府的沟通意向之反馈予以关注。

三、前人研究述评

本书所关注的问题涉及了宋代地方社会研究的诸多层面,前辈学者在这些方面的诸多成果(尤其是政治制度与文化史、社会史、区域社会史、信息渠道方面的成果)构成了本书讨论的基础。从本书关注的问题出发,对前人的研究加以评述,拓宽思路,揭示新方向,这也是本书正式展开之前必须进行的工作。需要说明的是,由于前人的相关研究成果丰硕,不能一一举述,比较具体的研究将随着正文的展开而作针对性的分析;这里所涉及的,主要是有关宋代社会秩序与地方区域史方面代表性的研究成果以及学界相关研究的整体趋势。

(一)宋代政治制度与文化的研究

本书所论旨在探究宋代政治与社会之间的关联,其议题的核心是关于宋代的政治史，只不过是从社会的角度来考察地方政治。入手点虽然是地方社会，但关注的问题是宋代官府与地方社会的关系，是围绕官府如何治理地方进行论述的。

因此宋代政治史、官僚制度史是本书论述展开的重要背景和参照。这方面的研究也是历来研究的重要方面，成果极为丰富，近十几年来更有新的进展①，这里不能一一备述。其中，刘子健关于南宋包容政治的论述②，邓广铭、邓小南对于北宋祖宗之法的论述③，余英时围绕朱熹的历史世界展开的关于宋代政治文化的论述④，王曾瑜对于宋代政治传统的批判⑤，是关于宋代政治史的代表性论述，值得关注，对于整体上把握宋代政治史和政治文化具有重要价值。邓小南《宋代文官选任制度诸层面》、梅原郁《宋代官僚制度研究》等书，不仅是宋代官僚制度研究的代表论述，而且对宋代政治制度务实精密、强调制衡的特征有着深刻的阐释，对于本书探讨宋代地方治理秩序有着重要的参考价值。

关于宋代地方政治，专门的研究尚较薄弱，这反而说明其研究的空间极为广阔，近年来颇有开拓⑥。同时，学界对于宋代地方的政治、经济、法

---

① 关于20世纪学界对宋代政治史、官僚制度史的研究综述，可参见朱瑞熙《宋史研究》（福州：福建人民出版社，2006年）第二、三章（第15—139页）。关于近十几年的宋代政治史研究新进展，参见邓小南师《宋代政治史研究的“再出发”》，《历史研究》2009年第6期，后收入所著《朗润学史丛稿》（北京：中华书局，2010年，第515—524页），以及黄宽重《政策·对策：宋代政治史探索》（台北：联经出版事业股份有限公司，2012年）的导言《从活的制度史迈向新的政治史——宋代政治史研究趋向》（第1—9页）。

② 刘子健：《包容政治的特点》《背海立国与半壁江山的长期稳定》，收入所著《两宋史研究汇编》，台北：联经出版事业公司，1987年。

③ 邓广铭：《宋朝的家法和北宋的政治改革运动》，《中华文史论丛》1986年第3辑，后收入《邓广铭学术论著自选集》（北京：首都师范大学出版社，1994年，第139—161页）。邓小南：《祖宗之法：北宋前期政治述略》（修订版），北京：生活·读书·新知三联书店，2014年。

④ 余英时：《朱熹的历史世界：宋代士大夫政治文化的研究》，北京：生活·读书·新知三联书店，2011年。

⑤ 王曾瑜：《中国古代主流政治传统浅谈——以宋代为中心》，《宋史研究论文集》（第11辑），巴蜀书社，2006年，后收入所著《中华古政治史论集》，北京：中国社会科学出版社，2013年，第1—14页。

⑥ 参见王曾瑜《回眸中国古代政治的贪腐与黑暗》一文，原载《史学集刊》2011年第1期，后收入《中华古政治史论集》，北京：中国社会科学出版社，2013年，第180—212页。对宋代地方政治的专文研究，有贾芳芳、王曾瑜《等级授权制下的宋代地方政治》，《文史哲》2008年第3期；贾芳芳、王亚庆《宋代地方官府之官吏关系与地方政治》，《兰州大学学报（社会科学版）》第36卷第2期，2008年3月。贾芳芳的博士论文也于2017年9月出版，题为《宋代地方政治研究》（北京：人民出版社，2017年）。

律等方面积累了丰厚的研究，为进一步考察地方政治奠定了坚实的基础。其中，朱瑞熙对于宋代地方政治制度有系统的论述①，贾玉英从唐宋历史变迁的角度整体上考察了地方政治制度的演变②，王曾瑜对于宋代赋役征发有一系列专文③，包伟民对于地方财政体制和地方征榷收入有深入的研究④，李华瑞对于宋代酒的征榷的研究以及梁庚尧对于南宋榷盐的研究，都是关于宋代征榷制度的重要研究⑤，柳立言、戴建国、青木敦对于宋代法律和地方司法的研究值得关注⑥，黄宽重从中央地方关系角度对于南宋时期的地方军和民间自卫武装有深入的探讨⑦，丁建军对各级地方官员的考核机制进行了系统的考察⑧，余蔚考察了宋代的地方监察体系（特别是关于监司巡行制度的研究）⑨，小林隆道、刘江对于宋代地方文书与行政开展了研究⑩，刁培俊对于宋代乡村职役有系统深入的研究，官性根从政府管理的角度考察了宋代的成都府⑪，廖寅《宋代两湖地区民间强势力量与地域秩序》⑫、谭景玉《宋代乡村组织研究》⑬、傅俊《南宋的村落世界》⑭等等，对于本书的探讨有重要参考价值。（关于宋代地方经济的研究，详见下文区域研究的部分）

（二）宋代社会的研究

社会秩序在一定程度上表现为特定社会的结构方式，学界对于宋代社

---

① 朱瑞熙的《中国政治制度通史》（北京：社会科学出版社，2011 年）第六卷第五章专门论述地方行政体制，第六、七、八、九章分别有关于地方监察、司法、军事、财政制度的内容。

② 贾玉英：《唐宋时期地方政治制度变迁史》，北京：人民出版社，2016 年。

③ 这一系列论文都收入所著《锱铢编》，保定：河北大学出版社，2006 年。

④ 包伟民：《宋代地方财政史研究》，上海：上海古籍出版社，2001 年。

⑤ 李华瑞：《宋代酒的生产与征榷》，保定：河北大学出版社，1995 年。梁庚尧：《南宋盐榷：食盐产销与政府控制》，台北：台湾大学出版中心，2010 年。

⑥ 柳立言：《宋代的家庭和法律》，上海：上海古籍出版社，2008 年；《宋代的宗教、身分与司法》，北京：中华书局，2012 年；戴建国：《宋代法制初探》，哈尔滨：黑龙江人民出版社，2000 年；《唐宋变革时期的法律与社会》，上海：上海古籍出版社，2010 年；[日]青木敦：《宋代民事法の世界》，东京：庆应义塾大学出版会，2014 年。

⑦ 黄宽重：《南宋地方武力：地方军与民间地方武力的探讨》，台北：东大图书公司，2002 年。

⑧ 丁建军：《宋朝地方官员考核制度研究》，北京：人民出版社，2014 年。

⑨ 余蔚：《中国古代地方监察体系运作机制研究》，上海：上海古籍出版社，2014 年。

⑩ [日]小林隆道：《宋代中国の統治と文書》，东京：汲古书院，2013 年。刘江：《北宋公文形态考述——以地方公文及其运作为中心》，北京大学博士论文，2012 年。

⑪ 官性根：《宋代成都府政研究》，成都：巴蜀书社，2010 年。

⑫ 廖寅：《宋代两湖地区民间强势力量与地域秩序》，北京：人民出版社，2011 年。

⑬ 谭景玉：《宋代乡村组织研究》，济南：山东大学出版社，2010 年。

⑭ 傅俊：《南宋的村落世界》，浙江大学博士论文，2009 年。

会结构的研究为我们呈现了宋代社会秩序的基本面貌。由于"社会结构首先是指社会阶级关系即社会阶级结构"①,因而在马克思主义政治经济学理论的指导下,学界从生产关系的角度分析社会阶级的构成,对于宋代社会结构的讨论,主要集中于地主阶级与农民阶级(特别是地主与佃户)的关系方面。同时,学界通常将这一研究置于唐宋时期的长时段变迁中来把握,因此其讨论的目标最后都指向对于唐宋时期社会结构变化的整体趋势,归结为唐宋时期的社会性质问题。上述研究在20世纪很长一段时间里取得丰硕的成果,是把握宋代社会结构以及社会秩序的主要途径。这方面的贡献主要来自于中日两国学者,这也反映了马克思主义在两国的广泛深刻影响。

在探讨宋代的地主与农民阶级时,学者亦曾注意到两个阶级内部存在复杂的层次及其变化。在《宋朝阶级结构》一书中,王曾瑜从宋朝的户口分类制度来考察当时的阶级结构②。他在运用马克思主义的阶级分析方法时,意识到史料中所反映现实问题的复杂性,为人们呈现出宋朝社会结构多层次的面相。

阶级分析方法有助于厘清错综复杂的社会关系,同时亦反映出学者强烈的历史责任感和现实关怀,这是它长时间受到重视的基本原因。但地主与农民(主要是佃户)的二元分析框架一定程度上亦有可能阻碍论题的进一步拓宽,史料本身的复杂性和社会实际的动态特征往往被这一框架所限制,研究的结论容易趋于简单化和凝固化。近年来学界的研究视野在不断拓宽,更加注意发掘史料所蕴含的信息,对宋代社会结构、社会秩序的认识亦不断在深化。如何突破官方与民间、对地主与农民等二元模式进行深化,从历史事实入手,动态地展现宋代地方社会秩序建构的实际过程,是目前所面临的紧要问题。

(三)宋代区域研究

对于宋代社会秩序的把握,除了上述对全国范围阶级结构的整体分析

---

① 朱瑞熙:《宋代社会研究》,郑州:中州书画社,1983年,第23页。

② 王曾瑜:《宋朝阶级结构》,石家庄:河北教育出版社,1996年。以及收入其论文集《涓埃编》(保定:河北大学出版社,2008年)的一系列论文。柳田节子亦从户等制的角度考察宋代国家对于民户的控制,这与王曾瑜对户口分类制度的研究有相近的地方,但她的着眼点在于构建国家的支配体系,将户等制视为国家政策的产物,而王氏则试图通过户口分类制度考察宋代的社会阶级结构,户口分类制度是与民户的实际经济地位联系在一起的([日]柳田节子:《宋代乡村的户等制》,《日本学者研究中国史论著选译》第五卷,北京:中华书局,1993年,第189—270页)。

外，随着社会史的不断发展和区域研究的兴起，对特定地域的社会史（即区域社会史）研究成为一条新的路径。

如上所述，学界对宋代社会史（主要是宋代阶级结构）的研究取得了极大的成就，这得益于马克思主义阶级论的影响。但不可否认，这种研究路径在很长一段时间内处于停滞不前的状态。社会学、人类学等社会科学理论的不断更新，为社会史的研究提供了更多的论题和方法，吸收其合理的内容，无疑将有利于推动研究的深入。

一方面，区域研究的重要意义日益得到重视。这首先表现在对宋代社会经济史的研究中。学界在讨论宋代社会结构时，注意到地域间的差异对于全国范围内探讨的意义。漆侠在《宋代经济史》中对于宋代各地水利事务、少数民族地区经济分别进行了区域性的探讨①，对不同地域的社会经济制度（主要是土地所有制、农奴制和租佃制）和地租形态进行了具体的考察②。程民生所撰《宋代地域经济》和《宋代地域文化》，亦注重宋代经济、文化在地域上的差异和比较。但程氏的研究有其特殊的学术背景，即是对宋代经济重心南移说的批判，强调北方经济在宋代历史上的重要地位，因此他所关注的地域主要是南北广阔地域之间在经济、文化发展上的差异。日本学者宫崎市定、柳田节子关注地域差异对于地主与佃户关系的影响③，佐竹靖彦从传统社会的重层构造特征来重新审视宫崎先生的唐宋变革论，对长江中下游和四川地区的地域社会进行了区域性的研究④。社会经济史领域的这些研究，无疑牵动了区域研究的发展。

其次，学界对于区域社会史的重视，显然受到了现代人类学和社会学的影响。20 世纪 60 年代，人类学家施坚雅（William Skinner）吸收地理学的研究成果，通过对中国近代四川地区的实地考察，从经济地理的角度，将中国传统社会划分为九个大经济区域，从人口分布、劳动分工、技术的运用、商业化和地区内部的贸易、地区对外贸易、行政等多方面具体考察每个区划的城市化，真正将注意力集中在特定的地域，而行政区划的因素（亦即国家或王朝的影响）则降至次要位置，区域内部的发展被置于重要

---

① 漆侠：《宋代经济史》（上册），上海：上海人民出版社，1987 年，第 75—108 页。

② 漆侠：《宋代经济史》（上册），第 182—230、346—392 页。

③ 参见［日］宫泽知之《宋代地主与农民的诸问题》，《日本学者研究中国史论著选译》第二卷，北京：中华书局，1993 年，第 424—452 页。

④ ［日］佐竹靖彦：《唐宋变革の地域的研究》，京都：同朋舍，1990 年。

的位置[①]，这对历史学领域的区域研究产生了深远的影响。斯波义信的《宁波及其腹地》一文被收入施坚雅主编的《中华帝国晚期的城市》中，他的《宋代江南经济史研究》主要是以长江下游流域（所谓“江南”地区）作为考察的中心，斯波氏的研究明显受到了施坚雅区域研究的极大影响。正如他指出的，他的“观察对象既不是一个小地区，也不是全国范围，而是介于两者中间水平的、国家与社会的相结合地域及其历史”[②]，这不仅能充分发挥史料上的优势，亦反映了从中观层次进行探讨的尝试，既不流于宏大叙事，亦不局限于微观的细致分析，而力图用中观层次的考察来带动对宏观与微观的认识。这种努力方向，正是区域社会史所致力之处。

另一方面，阶级、家族（宗族）、婚姻、社会精英、社会流动等社会学、人类学论题日益成为社会史研究关注的焦点[③]。关于从阶级的角度来分析宋代社会结构的研究，已见前述，这在很长一段时间内居于主流位置。柯睿格（Edward Kracke）从社会流动的角度考察宋代科举制度的意义，认为宋代是社会流动程度较高的社会[④]。斯波义信对江南地区经济的考察，除了人口密度、村落分布、农作物分布等人口、地理、经济因素外，还关注社会的流动性。人类学家对中国宗族的研究与田野调查，往往与一定的地域密切联系[⑤]，这对于社会史研究与区域研究的结合产生了间接的影响。1983年，在美国的加利福尼亚召开了主题为“中国历史上的家庭与宗族”的研

---

① ［美］施坚雅著，史建云、徐秀丽译：《中国农村的市场和社会结构》，北京：中国社会科学出版社，1998年。这部论文集的内容发表于1964—1965年间，后来结集出版。施坚雅《十九世纪中国的地区城市化》，*The City in Late Imperial China*, edited by G. William Skinner, California: Stanford University Press, 1977，此据叶光庭等中译本《中华帝国晚期的城市》，北京：中华书局，2000年，第242—297页。此外，施坚雅为《中华帝国晚期的城市》所撰写的前言、序言亦可参考。

② ［日］斯波义信：《宋代江南経済史の研究》，东京：汲古书院，1988年。此据方健、何忠礼中译本《宋代江南经济史研究》，南京：江苏人民出版社，2001年，第3页。

③ 其实，前述漆侠、柳田节子等学者的研究受到了马克思主义阶级说的很大影响，这也反映了历史学研究受到的社会学理论的影响，只不过很长一段时间里，马克思主义学说占据了历史学研究的主流地位，阶级分析法也成为重要的研究手段。由于国内、国际的现实环境的变化，中国史研究的发展并不能与人类学、社会学的理论发展一一对应，在时间上也不能完全同步。当然，这并不是说历史学研究要迎合社会学、人类学等社会科学理论的变化。

④ E. A. Kracke, "Family Vs. Merit in Chinese Civil Service Examinations Under the Empire," *Harvard Journal of Asiatic Studies*, Vol. 10, No. 2, (1947), pp. 103 - 123.

⑤ Maurice Freedman, *Chinese lineage and society: Fukien and Kwangtung*, New York: Humanities press, 1966.

讨会,会后出版了论文集《晚期中华帝国的宗族组织(1000—1940)》,这次研讨会在历史学家与人类学家的直接对话下进行,体现了跨学科研究的意图。论文集中所收的论文大多是历史学论文,其研究对象多为特定区域的家族,其中,戴仁柱(Richard L. Davis)对宋代明州史氏家族、韩明士(Robert H. Hymes)对宋元时期的抚州士人家族分别进行了区域的探讨①。人类学家积极参与了讨论,历史学家亦充分吸收了人类学家的批评。

1982 年,郝若贝(Robert M. Hartwell)发表了他著名的论文《中国的人口、政治与社会变迁(750—1550)》。他借鉴施坚雅的区域经济理论,从人口变迁、地方家族的发展来考察宋代社会精英(主要是指士大夫官僚)的演变,认为从北宋末年开始,社会精英的注意力已经转向地方社会,而不再是中央政府,社会精英的身份不再是任职于中央的职业官僚,而是在地方社会活动的士大夫②。郝若贝的研究第一次将区域研究与宋代社会史研究结合起来,对后来的研究产生了深远的影响。郝氏的研究还是全国性的观照,涉及了不同地域之间的关系;而韩明士在其研究的基础上,以江西抚州为核心,将郝氏的研究加以细化和系统化,体现了明显的区域研究的特征,所选择的角度集中于家族、婚姻、社会公益事务等社会史论题③。

以上述研究为背景,80 年代以后,美国的宋史学界在区域社会史领域产生了丰硕的研究成果,成为关注的焦点。除了上述戴仁柱对明州和韩明士对抚州的研究之外,尚有万志英(Richard von Glahn)对于四川地区的研究④、Hugh R. Clark 对于福建路的研究⑤、韩森(Valerie Hansen)对于湖州地区民

---

① *Kinship Organization in Late Imperial China*(1000 - 1940), edited by Patricia Buckley Ebrey and James L. Watson, Berkeley · Los Angeles · London: University of California Press, 1986. 戴氏的论文见该书第 62—94 页,韩氏的论文见第 95—136 页。此外,戴氏的博士论文主要就是围绕明州史氏进行研究,并已经出版:*Court and Family in Sung China*, 960 - 1279: *Bureaucratic Success and Kinship Fortunes for the Shih of Ming-chou*, Durham: Duke University Press, 1986. 该书部分内容已经译成中文出版,见[美]戴仁柱著,刘广丰、惠冬译:《丞相世家:南宋四明史氏家族研究》,北京:中华书局,2014 年。

② Robert M. Hartwell, "Demographic, Political, and Social Transformation of China, 750 - 1150," *Harvard Journal of Asiatic Studies*, vol. 42, no. 2. (1982), pp365 - 442.

③ Robert H. Hymes, *Statesmen and Gentlemen: The Elite of Fu-chou, Chiang-his, in Northern and Southern Sung*, New York: Cambridge University Press, 1986.

④ Richard von Glahn, *The Country of Streams and Grottoes: Expansion, Settlement, and the Civilizing of the Sichuan Frontier in Song Times*, Cambridge (Mass.): Harvard University Press, 1987.

⑤ Hugh R. Clark, *Community, Trade, and Networks: Southern Fujian Province from the Third to the Thirteenth Century*, New York: Cambridge University Press, 1991.

间信仰的研究[1]、柏文莉(Beverly J. Bossler)、包弼德对于婺州的研究[2],虽然各自关注的问题不同,但都是从特定的地域入手,进行区域性的研究。

20世纪80年代以后,宋代的家族(或宗族)研究尤为兴盛,学者考察了不同区域的地方家族个案,取得了丰硕的成果。对于具体家族的兴衰过程的研究,这里不拟具述。与本书论题关系较为密切的研究,是从宋代地方性家族的兴衰变化来考察地方社会的社会关系(或社会结构)的动态变迁,地方社会是其考察的背景和落脚点。在对众多家族个案研究的基础上,随着关注的焦点被置于地方社会,研究的对象也不再局限于单一的家族,而是地方上几个家族之间的关系,讨论的话题也不再局限于传统的婚姻、科举,而是地方上的各项公共事务和地方社会的秩序。这方面的代表是梁庚尧、黄宽重和邓小南三人对宋代明州、苏州士人家族的研究[3]。

在日本明清史学界自20世纪80年代以来,地域社会论成为关注的焦点,取得了很丰富的成果。这种"地域社会论"的新取向,以森正夫、岸本美绪为代表,从社会个体出发,注重思想意识、日常生活等因素的考察,主张考察人们意识中共有的观念性世界[4]。日本明清史研究中的"地域社会论"也对宋史研究产生了影响,吸引青年学者关注宋代的地域社会史研究,

① Valerie Hansen, *Changing Gods in Medieval China*, 1127 - 1276, Princeton, N. J.: Princeton University Press, 1990. 后经包伟民译为中文,《变迁之神:南宋时期的民间信仰》,杭州:浙江人民出版社,1999年。

② Beverly J. Bossler, *Powerful Relations: Kinship, Status, & the State in Sung China* (960 - 1279), Cambridge (Mass.): Harvard University Press, 1998. Peter K. Bol, "The Rise of Local History: History, Geography, and Culture in Southern Song and Yuan Wuzhou," *Harvard Journal of Asiatic Studies* vol. 61, no. 1, 2001, pp37 - 76; "Neo-confucianism and Local Society, Twelfth to Sixteenth Century: A Case Study," *The Song-Yuan-Ming Transition in Chinese History*, edited by Paul Jakov Smith, and Richard von Glahn, Cambridge, Mass.: Harvard University Press, 2003, pp241 - 283.

③ 梁庚尧:《家族合作、社会声望与地方公益:宋元四明乡曲义田的源起与演变》《中国近世家族与社会研讨会论文集》,台北:"中研院"史语所,1998年,第213—237页;邓小南师:《龚明之与宋代苏州的龚氏家族——兼谈南宋前期昆山士人家族的交游与沉浮》,同上书,第81—109页;黄宽重:《宋代四明士族人际网络与社会文化活动》,《"中研院"史语所集刊》第70本第3分,1999年,第627—667页。

④ [日]森正夫:《中国前近代史研究における地域社会の视点》,《名古屋大学文学部研究论集》第83号(史学28),1982年。[日]岸本美绪:《明清交替と江南社会》,东京:东京大学出版会,1999年。高寿仙:《关于日本明清社会经济史研究的学术回顾——以理论模式和问题意识嬗变为中心》,《中国社会经济史研究》2002年第1期,第74—76页。

从宗教、思想、生活、日常伦理和人际关系的角度来考察宋代的"日常空间"①。

随着区域社会史研究的逐步展开，学界将日益多样的问题意识与特定的区域结合起来进行研究，既拓展了研究的视野，亦深化了既有的认识，使得在不同区域的经验研究基础上，逐渐形成对宋代地方社会的整体认识成为可能。但目前的区域社会史研究仍受到国家与社会二元框架的束缚，侧重于社会层面的研究，对于朝廷、官府在地方社会中的作用则关注得不够，或者是将朝廷、官府与民间社会对立起来，这使得对地方社会的整体把握不免出现偏颇②。同时，对于民众日常生活层面的研究丰富了对当时社会的认识③，但由于缺乏新的问题意识，其论述则易于流于零碎。

国家与社会的二元分析框架，对于提出问题、推进既有的研究，自有其积极的意义，但这种从西方经验中产生的研究范畴与中国传统社会的经验是否契合，已经引起学界的辩论④。运用这种分析框架比较成功的历史学研究显示，由国家与社会出发，有助于发现新的问题点，但在实际的分析过程中亦发现，中国传统社会表现出的却是国家与社会的交错互动、国家法

---

① 日本宋代史研究会编：《宋代人の认识——相互性と日常空间——》，东京：汲古书院，2001 年。参见其序言《相互性と日常空间——"地域"という起点から——》，第 1—26 页。

② 近年来，学界对此有所反思。韩明士（Robert H. Hymes）在《剑桥中国史（宋代）》的第八章《宋代社会和社会变化》中已经指出他自己对于宋代国家的退却（retreat of state）虽然没有错，但太简单了，显然他已经认识到国家在实际过程中的作用要复杂得多。*The Cambridge History of China*, vol. 5, *Part two*: *Sung China*, 960 – 1279, edited by John W. Chaffee and Denis Twitchett. Cambridge University Press, 2015, pp. 526 – 664. 参见王锦萍《近二十年来中古社会史研究的回顾与展望》，邓小南、方诚峰主编《宋史研究诸层面》，北京：北京大学出版社，2020 年。李华瑞《宋、明对"巨室"的防闲与曲从》（《历史研究》2015 年第 5 期）一文对于宋代国家对于地方上户的防制有系统的讨论，也揭示了国家在宋代社会历史中的重要作用，值得注意。

③ 朱瑞熙等人合作撰写了《宋辽西夏金社会生活史》，对包括饮食、服饰、居室、用具、押字、称谓、避讳、节日、休假、生育、婚姻、丧葬、交往、语言、文字、宗教信仰、巫卜、交通、通信等丰富多彩的内容进行了考察，"反映了中国封建社会新时期的时代精神，也揭示了当时的哲学思想、道德观念、民族心理、审美意识等，为中华民族描绘了一幅多姿多彩的历史风俗画卷"，朱瑞熙、张邦炜等：《宋辽西夏金社会生活史》，北京：中国社会科学出版社，1998 年，第 3 页。

④ 张静主编：《国家与社会》，杭州：浙江人民出版社，1998 年。参见黄宗智主编《中国研究的范式问题讨论》，北京：社会科学文献出版社，2003 年。

与民间习惯的混溶，真正值得注意的是在“国家与社会之间”[①]。本书所提出的“官民之间”，也受到了上述研究的启发。

如何将微观事项与宏观社会结构结合起来，赋予日常生活以丰富的社会意义，是当前区域社会史研究面临的另一紧要问题。这需要借鉴政治史、制度史、法制史和思想史等研究领域的成果、方法。黄宽重一直致力于宋代中央与地方关系的研究，与一般探讨中央与地方关系的研究将重心放在中央这一层面不同，他始终关注中央与地方关系的变化对于地方社会的影响。他首先从地方武力入手来探讨南宋地方军的中央化，后来又从基层武力（主要是巡检和弓手）在唐宋之际的变化探讨对于基层社会的影响，然后又比较系统地从中央与地方关系的角度对宋代基层社会的演变进行了综合的考察[②]。通过考察朝廷、官府的军事、财政制度对于地方社会乃至基层社会的影响，他对于宋代地方（基层）社会较成功地建立了一种中观层次的认识，将微观与宏观结合起来，这也成为区域社会史研究值得期待的一个重要方向。

（四）信息渠道研究

对于中国古代信息渠道的研究，是在最近十多年才真正开始的。此前与此相关的研究多是围绕文书制度进行的，以对汉代简牍与唐代敦煌吐鲁番文书的研究为突出，但这些研究或者局限于文书格式，或者直接讨论文书中的内容，并没有对于信息渠道和信息交流给予正面和充分的讨论。虽然文书格式一定程度上反映了信息渠道和信息交流的问题，但上述研究并没有进一步去探讨文书制度对于当时信息渠道和信息交流的作用。宋史研究虽然长期没有新出土的文书等新材料，直到近年徐谓礼文书的发现，但对于信息渠道和信息交流的研究却是各断代史研究中开始较早、成果较多的领域。宋史研究者对于信息渠道和信息交流的研究，是从新闻史方面开始的，朱传誉的《宋代新闻史》对于邸报、小报、边报、榜文以及舆论等从新闻学的角度进行了一番考察[③]，其后有赵效宣《宋代驿站制度》，对于公

---

① 梁治平：《清代习惯法：社会与国家》，北京：中国政法大学出版社，1996 年。刘志伟：《在国家与社会之间：明清广东里甲赋役制度研究》，广州：中山大学出版社，1997 年。雷闻：《郊庙之外：隋唐国家祭祀与宗教》，北京：生活·读书·新知三联书店，2009 年。邓小南师：《追求用水秩序的努力——从前近代洪洞的水资源管理看“民间”与“官方”》，《暨南史学》第三辑，广州：暨南大学出版社，2004 年，第 75—91 页。

② 黄宽重：《南宋地方武力：地方军与民间地方武力的探讨》，台北：东大图书公司，2002 年；《唐宋基层武力与基层社会的转变——以弓手为中心的考察》，《历史研究》2004 年第 1 期，第 3—17 页；《从中央与地方关系互动看宋代基层社会演变》，《历史研究》2005 年第 4 期，第 100—117 页。

③ 朱传誉：《宋代新闻史》，台北：商务印书馆，1967 年。

文、信札传递的各种驿站、递铺制度和文书制度进行了研究①。近十余年来，关注信息渠道的作用成为宋代政治制度研究的新取向，获得重要成果。这些研究通过考察信息渠道在上下连接、沟通互动中的作用，抓住政治制度运作的关节点，将制度的规定和实施效果贯通起来，推进政治制度史研究更加深入细密②，对社会史和思想文化史的研究也逐渐产生影响③。上述研究产生了越来越广泛的影响，引起欧美和日本学界的关注，出版了新的论著④，形成了不同层面的讨论和互动⑤。

学界对于信息渠道和信息沟通的研究，无疑是最近二十年来唐宋史领域的重要成果，其所产生的影响已经超出唐宋史领域，推动了政治制度、法律、社会等方面的研究更加深入，开拓了议题，引发了讨论。虽然有学者对此抱持有质疑与批评，认为没有抓住根本问题，但实际上信息渠道和信息沟通的研究与他们所谓的根本问题并不矛盾，不妨拓宽思路，提出更多样的问题，这样研究才能更加多元和可持续。从本书的立场来说，目前学界对于信息渠道和信息沟通的研究虽然已经取得了丰富的成果，但亦存在不足，这主要反映在两个方面：一是对于信息渠道和信息沟通等问题还没有给予足够的重视，不少研究仍是围绕政治、经济、法律、社会、文化等方面的问题来探讨信息渠道和信息沟通，其所回应的问题仍然是这些传统议题，信息渠道和信息沟通只是提供了新的视角和方法（这当然是信息渠道和信息沟通研究的重要贡献），而没有正面去审视信息渠道和信息沟通研究，如何运用政治、经济、法律、社会、文化等方面的材料和研究成果去研究信息

---

① 赵效宣：《宋代驿站制度》，台北：联经出版事业公司，1983 年。

② 朱瑞熙所撰《中国政治制度通史》第六卷（北京：人民出版社，1996 年）的第三章已经注意到文书信息对于中央决策的作用。进入 21 世纪以来，这方面的研究成果渐多，主要有邓小南师主编：《政绩考察与信息渠道——以宋代为重心》，北京：北京大学出版社，2008 年；黄宽重主编：《汉学研究》27 卷 2 期《宋代的信息传递与政令运行》专辑，台北：汉学研究中心，2009 年 6 月；邓小南、曹家齐、平田茂树主编：《文书 · 政令 · 信息沟通：以唐宋时期为主》，北京：北京大学出版社，2012 年。

③ ［日］平田茂树、远藤隆俊、冈元司编：《宋代社会的空间与交流》，开封：河南大学出版社，2008 年。

④ 前述小林隆道出版了他的博士论文《宋代中国の統治と文書》，东京：汲古书院，2013 年。魏希德（De Weerdt, Hilde）出版了她的博士论文，*Information, Territory, and Networks: the crisis and maintenance of empire in Song China*. Cambridge (Massachusetts) and London: Harvard University Press, 2015.

⑤ 邓小南师在推动“7—16 世纪信息沟通与国家秩序”项目的过程中，对于近年来信息渠道研究有初步的总结和反思，见《信息渠道的通塞：从宋代“言路”看制度文化》，《中国社会科学》2019 年第 1 期。

渠道和信息沟通,思考中国古代信息的诸层面问题,是今后值得关注的方向(当然这并不是要取消上述传统问题的研究);二是与上一个问题相关的,就是目前对于信息渠道和信息沟通的研究,有意或无意地回避了对于信息本身的分析与讨论,这不仅是一个概念的界定问题,更重要的是背后反映了对于信息的认识和判断。信息问题之所以被历史学家关注,虽然与当下信息时代的高速发展不无关联,信息的重要性日益凸显,但人们对于信息在传统社会是否也同样重要的问题持有怀疑态度。目前的研究虽然还没有充分开展,但也显示了信息不仅在现代社会影响着方方面面,即使在传统社会也对国家制度、人际交往和文化传播等方面发生着关键的影响,信息在这里面所呈现的不是科技的手段,更重要的是起到了一种关联的作用。在这个意义上,我们或许能从历史的角度来思考信息问题,并与现代的信息论、传播学等领域的研究者进行对话。

四、本书的研究思路、方法和章节安排

本书试图通过对于宋代地方官府与民众的信息沟通渠道与信息沟通过程之研究,进而探讨宋代地方治理秩序的建构。

本书主要从沟通的主体、沟通的渠道和沟通的行为三个方面来展开讨论。沟通的主体,是指沟通活动的主导者、推动者、阻滞者及其牵涉的人群,具体包括地方官、官府的胥吏、地方官的亲戚随行、僧道医术之辈、地方士人等,以地方官为核心,上述人群凭借各自的因缘与地方官结成复杂的关系网。本书所要讨论的官府与民众的沟通,主要发生在地方官和这些人群之间。地方官府与一般民众的沟通,也多是通过上述人群作为媒介来实现的。

沟通的媒介和渠道,是就官府的制度设置而言,包括粉壁的设置、榜谕的颁行和诉讼的流程。贯彻朝廷诏敕、官方政令,是地方官府的重要职能;其贯彻路径与环节,构成了官府与民众沟通的渠道。民众因为纠纷需要得到官府的裁决,诉讼是其进入官衙的途径。在征发赋役的过程中,主要是地方官府发布榜谕,民众是被动接受者;而在诉讼过程中,民众则积极地与地方官府沟通、联系。赋役事务需要通过榜谕来传布政令,而诉讼本身就是一种沟通的途径和手段,亦是本书需要加以专门考察的对象。

所谓沟通的行为,主要是相对于上述渠道的制度设置而言,强调沟通的非制度性和灵活多样的特征,关注人与人之间的直接接触。显然,这种非制度性的沟通行为与制度性渠道形成互补,而各自的侧重点并不一样:制度性渠道与官府的赋役、诉讼制度密切相关,提供了运作的框架;而上述

沟通行为则富有人性化特征，更加灵活多变，营造了人际交往的氛围，是框架中的血肉。

通过上述三个方面的考察，可以看到，在地方官府与民众之间，由于人际关系、制度载体和群体活动的媒介而得以沟通，并形成了一个“中间地带”，即所谓“官民之间”，这构成了推动地方社会治理秩序建设的重要动力。正是“官民之间”这一地带的运作，使得官府的各项制度、措置得以贯彻，确立了官府在民众中的形象，加强了地方官府与各阶层民众之间的联系，从而构建起地方社会的治理秩序。

从研究方法上说，本书试图将政治史、制度史与区域社会史结合起来考察地方社会。一方面关注朝廷官府的各项制度、政策对民众的影响及来自民众的反馈；另一方面关注民众日常生活中所蕴含的官府的影响，选择粉壁、榜谕、唱和、祈祷等微观事项来揭示它们的政治意义。同时，本书还运用个案研究的方法，在对制度与事件的分析中，围绕对于榜谕颁行过程的考察，以黄震赈济抚州的事件为例，进行深入细致的探求；通过朱熹按劾唐仲友的个案来探讨地方官府和民众不同层次的力量之间的博弈；通过刘克庄在建阳县令和江南东路提点刑狱任上的书判，探讨上述力量在诉讼裁判领域的错综复杂关系；在讨论地方官与地方社会的关系时，则选择苏州为个案，考察衙署内外的交往活动、地方志的修纂、公益事务和礼仪祭祀。个案研究的方法，是建立在相对集中的史料的基础上的，通过对这些史料的细致梳理和深入分析，希望对于实际的状况有比较严密细致的把握。

本书分为上下两编，共六章，根据上述思路，具体安排如下：

上编为通论，包括三章。所谓通论是针对整个宋代而言，同时比较侧重于结构性问题和制度性渠道的考察。

第一章，主要考察宋代地方官府的构造。本章一方面试图揭示地方官员并不是铁板一块，而是存在复杂交织的关系，对监司、州、县不同层级的官员，以及这三级官府的长、贰、佐官之间关系加以梳理，另一方面将胥吏和官员的亲戚随行，以及与官员私人关系密切的僧道医术之流纳入考察的范围。这三类人群介于官民之间，与地方官距离较近，关系也较密切，他们是地方官府与民众沟通的重要媒介。至于地方士人，亦是活跃在地方官周边的重要人群，是地方官依赖的重要力量，在以下各章中都有重点讨论，所以在此没有专门论述。

第二章，主要考察地方官府政令的传布方式与过程。不同场所中的粉壁，展现着官府政令向民众的传布网络；榜谕作为官府政令的载体，地方官府的赋役制度、法条约束和教化职能都要通过它来实现，它是民众了解官府政令的物质媒介。榜谕除了要张贴于各处的粉壁上，还需要地方父老为乡里民户宣讲。因此，地方父老是榜谕颁行的关键所在，他们对榜谕的应对，直接影响到榜谕的颁行效果，是本章讨论的重要问题。

第三章，主要考察诉讼过程中地方官与民众的互动关系。除了诉状、供状这种物质媒介外，诉讼提供了地方官与民众直接接触、沟通的机会。民众通过诉讼来申冤，地方官则通过听讼来了解民情，平息纠纷。通过《名公书判清明集》所收判文，对南宋时期地方官府的审判过程进行考察，探讨不同层级官员在审判过程中的角色，以及他们之间的沟通往来。此外，北宋后期至南宋在地方官府与民众之间出现了书铺和讼师这样的中介机构和人群，构成了诉讼过程中沟通民众与地方官府的中间环节，对后世影响深远，本章对此进行了专门探讨。

下编为个案研究，包括三章，选择三个地方性个案进行探讨。所谓个案，既有地域上的考量，也有问题上的聚焦，以便进行细致的考察。

第四章，围绕南宋孝宗淳熙九年(1182)朱熹按劾台州知州唐仲友事件，对台州地方政治的运作进行考察。朱唐事件详尽地反映了地方官府事务的诸多层面，以及知州与周围人群的复杂关系，为考察南宋地方政治运作状况提供了不可多得的资料。本章即以朱唐事件为中心，对其中所见的台州政治诸端加以排比考释，对其中所涉及的人物关系加以梳理，尤其是地方官的子弟亲戚、官府胥吏和地方势力之间的纠葛与矛盾，借此来考察台州政治的运作过程，探讨台州政治格局形成的机制。

第五章，主要通过刘克庄在建阳县令和江东提刑任上的书判来考察当时江南东路以狱讼为中心的治理状况。这些书判(并不局限于狱讼)，直接呈现了不同层级官员之间的往来互动，其内容反映了不同层级官府之间、官吏之间、官府与地方势力之间错综复杂的互动和联系，可以进一步丰富我们对宋代地方治理的认识。

第六章，主要以苏州为案例，考察地方官与地方士人的唱和往来、修纂地方志、地方官在地方公益事务和礼仪祭祀活动中与民众的互动关系。在这些群体性活动中，地方官与不同阶层民众之间发生直接的接触。与榜谕、诉讼等渠道相比较，这种群体活动对于地方官府与民众之间沟通有何影响，是本章关注的问题。

五、有关主要史料的说明

本书所讨论的问题涉及宋代地方社会的诸多层面，既有地方官府的制度设置、地方官的职能，也有不同阶层民众的活动，尤其是“官”与“民”之间的互动关系。所以本书在史料的运用上,一方面要充分利用《宋史》《宋会要辑稿》《文献通考》等史籍的记载,来把握当时地方官府各方面的制度,以及地方官的基本职能;同时,也要从《续资治通鉴长编》《建炎以来系年要录》等编年史籍中搜讨相关资料。

另一方面,对于集中反映当时地方官府的运作和地方社会状况的史料,加以广泛的搜讨。具体说明如下:

(一)官箴书:本书在讨论地方官的职业生涯、胥吏的角色以及民众的诉讼活动时,有不少内容都依靠了官箴书中的记载。今存的官箴书,《作邑自箴》成书于北宋徽宗政和年间,《州县提纲》虽然有本题为陈襄所撰,但其内容已经涉及南宋,其成书当在南宋,其他的官箴书,包括吕本中的《官箴》、胡太初的《昼帘绪论》等也都是南宋时期撰写、刊布的。

(二)《名公书判清明集》(以下简称《清明集》):《清明集》大约刊刻于南宋理宗景定二年(1261),所载的判例多撰写于南宋宁宗后期及理宗一朝,主要集中在两浙、福建、江西、江东、荆湖等东南地区[①]。《清明集》记载了当时实际的判例,真实再现了南宋中后期的诉讼活动,有些判例还保存了各级地方官的判语,生动地反映了地方官府诉讼裁决的各个环节。本书关于南宋时期的诉讼活动的讨论,主要依靠《清明集》中的判例。

(三)文集:现存的宋代文集中,南宋部分远多于北宋。这些文集的作者多是有地方官经历的士大夫,因此文集中很多内容与当时地方官府的运作密切相关,尤其是奏议和公移(包括申状、榜谕、牒以及判例等),直接反映了地方官府的事务和运作;此外,地方官与地方士人之间的唱和诗词,为地方上的官衙、学校、寺观神祠等撰写的序记,均是反映地方官府与民众关系的鲜活史料。本书比较集中地使用了南宋中后期《朱熹集》《真文忠公文集》和《黄氏日抄》[②]等文集中的材料。

(四)地方志:现存的宋代地方志,主要集中于南宋时期的东南地区,这为探讨南宋时期的区域社会提供了宝贵的史料。地方志所记反映了地方社会的方方面面,其中户口、赋税、职官、职役等内容与地方官府的制度和运作密切相关,地方官与地方士人亦是地方志的中心人物,他们在地方上的活动成为地方志的重要内容。这些地方志为本书探讨地方官府的运

---

① 《名公书判清明集》附录七,北京:中华书局,1987 年,第 645—686 页。

② 按《四库全书》将《黄氏日抄》归入子部儒家类,而没有将其归入集部别集类,这主要是针对其前面六十八卷而言,所载均抄自诸子百家之书,六十九卷以下主要包括奏札、申明、公移、书启、序记、题跋、祝文、祭文、行状和墓志铭,则体类文集。

作提供了丰富的史料。在对南宋时期的平江府进行个案研究时,苏州地区的地方志更是本书依赖的重要资源,除了《吴郡图经续记》成书于北宋元丰年间外,《吴郡志》《琴川志》《玉峰志》和《玉峰续志》等均成书于南宋中后期。此外,元代《至正昆山郡志》以及明清时期的苏州地方志,都保存了不少宋代的史料,亦在本书搜讨的范围之内。

(五)石刻资料:石刻资料多是当时的直接记载,保存了历史的原貌。与传世文献相比较,即使是同一事件的记载,石刻资料也往往包含了更丰富的信息。譬如一篇文字在传世文献中多只有撰写者,而石刻资料中则多保存了书写者、刻工,翻刻的文字经常附有题记,说明其翻刻的经过;此外,题名是石刻资料中的重要内容,保存了参与社会活动的人物资料(包括性别、职业、身份等);有些捐助更有详细的账目,这些信息都为细致深入的探讨提供了可靠的依托。笔者曾对苏州地区的石刻资料做了广泛的搜讨,为探讨南宋时期平江府的地方官与各阶层民众的往来互动提供了重要依据。

相对于北宋而言,南宋时期的丰富史料有利于展开社会史(尤其是区域社会史)的研究。虽然上述史料对于探讨南宋时期的地方社会较为有利,但在细部的讨论中仍感捉襟见肘,所以有时不得不上下有所延伸。另外,值得指出的是,现存史料主要是由士大夫撰写的,不可避免地带有其主观倾向,尤其是本书的讨论涉及地方官府的运作,这些士大夫作为当事人难免有"只缘身在此山中"之感,其倾向性更为明显。在使用这些史料时,如何将撰写者的主观出发点、主观印象与实际的状况加以分疏,并探讨这两者之间的关系,是本书希望努力的方向。

上编　通论

第一章　宋代地方官府的构成与信息沟通

欲考察宋代地方官府与民众的信息沟通，首先要明了地方官府的构成状况。本书所论宋代地方官府，包括路、州、县三级机构。关于宋代地方官府的研究，学界已有不少成果，从行政、监察、财政、司法等角度加以探讨，各有侧重。本书意图对上述成果加以吸收，从信息沟通的角度，探讨地方官府构成的特征及其对官民关系的影响。一方面主要是从制度的层面来考察宋代地方路、州、县三级结构，以及各级官府的长官和佐贰官的设置及其职能，借此来探讨地方官府的结构和运作对于信息沟通的影响，以及由此造成的地方治理秩序。另一方面是考察宋代地方官府的胥吏及其他活跃在地方官周边的人群，探讨他们在信息沟通过程中扮演的角色，和对地方治理的影响。在地方官府与民众的沟通过程中，地方官始终居于核心的位置，他们是推动官府与民众沟通的主要力量，其态度与行为对于沟通的过程及其效果有直接的影响①。胥吏是介于地方官府与民众之间的群体，既对地方官有辅助的作用，是地方官府众多事务的实际执行者，又与民众直接接触，是实现上传下达的关键人群。地方官周边还有各色的人群在活动，如他们的亲戚随从以及与他们有私人关系的僧道术士，这些人群因缘

---

① 近几十年对宋代地方社会的研究，比较关注士人在地方社会中的作用，或谓之地方精英，但同样具有士人身份的地方官在地方社会中所扮演的角色，却很大程度上被忽略了。这既反映了研究者关注点的转移，即强调传统社会中民众的作用，同时其背后也有其特定的问题意识存在，即国家与社会的二分法。郝若贝、韩明士等人认为宋代社会精英的注意力开始转向地方，国家、政府在地方社会中处于逐渐萎缩的境地，在此过程中，地方士人成为影响国家与社会力量对比的关键（Robert Hartwell，"Demographic，Political，and Social Transformation of China，750 – 1150"，*Harvard Journal of Asiatic Studies* 42（1982），pp. 365 – 442；Robert H. Hymes，*Statesmen and Gentlemen：The Elite of Fu-chou，Chiang-his，in Northern and Southern Sung*，New York：Cambridge University Press，1986）。郝、韩二氏的研究无疑丰富了对宋代地方社会的认识（尤其是从"社会"的角度来看），但他们将国家与社会分离与对立的倾向也很明显，有待进一步的商榷。余英时从政治史与思想史的角度，

际会，与地方官有密切的往来，也成为官民之间沟通信息的“关节”。

一、从信息的流动来看宋代地方路、州、县三级结构

宋徽宗在宣和三年（1121）曾下手诏说：“重惟赋政于外，俾德泽下究，实赖外台。顷有弛慢骄处者，亦足汰黜，变而通之，朕心庶几焉。自今应于政无补、于民弗便若蠹邦财、害实利者，监司、郡守悉以上闻，务从宽恤。如观望顾避，方命怀奸，倚法以削，朕当与众共弃，罚不尔私。”[①]在徽宗看来，地方的治理，与皇帝、朝廷德政的实施，要仰赖于监司，地方的各种弊政也要依靠监司和知州来报告。面对承平日久，法令废弛，地方官府盘剥、侵渔，“浮靡相先，费出无艺”的情形，徽宗再下手诏，命“帅臣、监司各条具所部无名之费、不急之务以闻”[②]。同时，他还曾下手诏说：“四方之远，视听岂能周遍，虑有民瘼，壅于上言。可诏逐路监司察民间疾苦，具实以闻。”[③]南宋时孝宗也曾下诏“令逐路监司、帅守讲究实有革弊事闻奏，毋事文具”[④]。对于地方官府在治理地方过程中存在的情弊和民间疾苦，皇帝主要通过监司和知州来获悉。那么监司和知州是如何掌握各级官府的情弊呢？这与宋代地方多层、交错的政治结构及其内部关联、运作紧密相关。宋代在地方设立路、州、县三级机构，这三级机构的运作和联系是实现地方治理的基础。学界对于这三级机构的构成和职能都已有很多研究成果，尤其是近年来对地方官府的运作以及公文

（接上）认为宋代士大夫始终没有放弃对中央朝廷的关注，而致力于人间秩序的重建，对上述观点提出批评。余氏的研究关注政治、思想文化的层面，侧重于朝廷政治斗争的探讨（即所谓“得君”），对于宋代士大夫在地方的仕宦则没有作深入的探讨（《朱熹的历史世界：宋代士大夫政治文化的研究》，北京：生活·读书·新知三联书店，2004 年）。黄宽重在对宋代基层社会的研究中，将地方官作为基层社会三大势力之一，对其在基层社会的作用重新作了估计（《从中央与地方关系看宋代基层社会演变》，《历史研究》2005 年第 4 期，第 100—117 页）。本书以为宋代士大夫的仕宦与他们寄居乡里的活动构成了一个整体，不能完全割裂开来，得君行道与致力于乡里建设是他们生活的两个方面，彼此影响。

① 《宋会要辑稿》职官四五之一三——四，上海：上海古籍出版社，2014 年，宣和三年十一月二十二日手诏。

② 《宋会要辑稿》职官四五之一四——五，宣和七年六月十二日手诏。

③ 《宋会要辑稿》职官四三之一〇，崇宁五年（1102）二月一日手诏。

④ 《宋会要辑稿》职官四五之二五，乾道元年（1165）五月十四日诏。

运行等方面又有了新的探索[①]，这些研究为本书的讨论提供了坚实的基础。本节不拟对这些机构的设置、沿革和职能详加论述，主要是利用上述研究成果，从信息沟通的角度对这些机构的运作和联系加以考察。

（一）路级监司

路级机构是宋代地方政治制度中最独特的部分，一般被视为中央的派出机构，具有浓厚的监察色彩，路一级的诸监司是作为朝廷的耳目，被称为“外台”（相对于中央的御史台而言）。因此收集信息是监司机构的重要职能。由于各个监司机构[②]是并行的，而没有统属关系，这一方面起到了相互制衡的作用，另一方面从信息的角度来看，它们各自收集信息，并直接向中央传递，同时它们也是朝廷传布信息的关节点。学者对前者已有较多的讨论，下文主要着重考察后者。

1. 监司与信息的上传、下达

《宋史·职官志》称转运使“凡吏蠹民瘼，悉条以上达”，南宋时“财用之丰欠，民情之休戚，官吏之勤惰，皆访问而奏陈之”[③]。这里说的是转运使上传信息的职能。南宋孝宗时曾命两浙转运司的奏札、奏状经通进司投进[④]。神宗朝元丰改制后，通进司“掌受三省、枢密院、六曹、寺监百司奏牍，文武近臣表疏及章奏房所领天下章奏案牍，具事目进呈”，其中章奏房

---

① 关于地方官府的机构、职能的研究可以参考朱瑞熙《中国政治制度通史》第六卷《宋代》的相关内容，以及梅原郁《宋代官僚制度研究》的相关章节，近年来对于地方政治的研究可以参考贾玉英《唐宋时期地方政治制度变迁史》和贾芳芳《宋代地方政治研究》，余蔚《中国古代地方监察体系运作机制研究》虽然比较侧重于监察制度的通史考察，但他对于宋代监司的研究仍然最值得关注。平田茂树、小林隆道、刘江对于宋代地方政府文书的考察，对于本书的讨论有重要价值，见［日］平田茂树《宋代地方政治管见——以劄子、帖、牒、申状为线索》（该文收入所著《宋代政治结构研究》，上海：上海古籍出版社，2010 年）、邓小南《南宋地方行政中的文书勾追：从匣谈起》（该文发表于 2010 年，后收入所著《宋代历史探求》，北京：首都师范大学出版社，2015 年）、［日］小林隆道《宋代中国の統治と文書》（汲古书院，2013 年），刘江《北宋公文形态考述——以地方公文及其运作为中心》（北京大学博士论文，2012 年）；还有其他很多论著，这里不再一一引述，可参考本书绪论部分的综述和贾芳芳在《宋代地方政治研究》一书中的综述。

② 一般所说的宋代监司，包括转运司、提刑司和提举司。但安抚使司也是路一级机构，并有监察职能，所以本书将安抚使司也纳入考察范围。关于宋代监司和安抚使司的机构设置与沿革、编制与人选以及职掌，可以参看朱瑞熙《中国政治制度通史》第六卷《宋代》，第 244—262 页。

③ 《宋史》卷一六七，北京：中华书局，1985 年，第 3964—3965 页。南宋的内容，可参见《宋会要辑稿》职官四五之二〇—二一所载绍兴二十六年（1158）八月十三日条。

④ 《宋会要辑稿》职官四二之六〇，淳熙十一年（1184）五月一日诏条。

则取代了前期的银台司之职，同时，进奏院除了掌管诏敕政令的发布外，“凡章奏至，则具事目上门下省，若案牍及申禀文书，则分纳诸官司”，南宋时延续此制[①]。所以转运司经通进司投进奏札、奏状，而不必经进奏院转呈，显示转运司长官属于皇帝“近臣”，可以直接上奏状给皇帝。

监司除了上奏状外，还有与皇帝和宰执面见陈奏的机会。神宗时，曾诏阁门：“今后诸路提举常平广惠仓官到阙，并令辞见，或有奏陈合上殿，如诸路提点刑狱例。”[②]据此，新设之提举到京城时，都要面见皇帝奏事，此前的诸路提刑也是如此。徽宗时，户部言：“乞初除提举常平司官上殿禀圣训讫，许赴右曹讲议，仍给《绍圣常平免役敕令》《政和续附》各一。”[③]据此，提举官除了接受皇帝召见外，还可以与户部官员见面商议，接受朝廷颁行的相关政令。绍兴三年（1133）三月二十六日，司封员外郎郑士彦言：“真宗即位之初，谓宰相曰：‘天下物宜、民间利弊，惟转运使得以周知，当令更互赴阙，廷见询访。’以今日论之，宜不止于转运使而已。若狱讼之繁简，茶盐之利病，舶货之低昂，鼓铸之多寡，各有司存。乞依祖宗彝训，应监司、提举官因事到行在所，并令引对，不许免。除奏禀职事之外，凡可以救时济治者，悉许敷陈。”诏除两浙路外，馀依奏[④]。据此，北宋真宗时即命诸路转运使轮流进京，亲自接见，询问地方政治和民情，高宗更命诸路监司（此时提举常平司并入他司，设提举司主管官）到行在临安府时需要面见皇帝，“奏禀职事”与敷陈“救时济治”之策。至于将两浙路除外，是因为临安府是两浙路转运司所在，监司长官与皇帝见面机会较多。高宗还命宰执大臣在都堂召见新任命的两浙转运使，“面谕近屡降宽恤事件”，以及到任后要“遍诣所部”，对“税赋之足否，财用之多寡，民情之休戚，官吏之勤惰”加以访问，作为其他诸路的表率[⑤]。

监司不仅担负收集上传地方信息的责任，还是向地方传布朝廷政令的关节所在。朝廷下发给诸路州县的诏令文书，一般要经过监司的登记、誊录，方才下发。大约从宋仁宗朝开始，逐渐开始改抄录为印刷。徽宗时，曾有臣僚建议“应御笔宽恤手诏，乞令监司类次，悉于孟月上旬印给，令民间

---

① 李全德：《文书运行体制中的宋代通进银台司》，收入邓小南主编《政绩考察与信息考察：以宋代为重心》，北京：北京大学出版社，2008年，第291—328页。

② 《宋会要辑稿》职官四三之三，熙宁三年（1070）七月二十五日条。

③ 《宋会要辑稿》职官四三之一〇，政和七年（1117）十一月八日条。

④ 《宋会要辑稿》职官四五之一八。

⑤ 《宋会要辑稿》职官四五之二〇—二一，绍兴二十六年八月十三日条。

通知。违者比稽缓制书律加二等”,得到了批准[①]。虽然有时可以直接由进奏院发给诸州,但制度上还是通过路一级的监司来转发[②]。

北宋神宗时,同判司农寺吕惠卿曾奏论说:“比岁以来,累降诏旨,访求农田利害,而官司未有应令。继命辅臣经制其事,具为条约,付与诸路,使之推行,皆有成法。如闻逐司自被朝旨,只是翻录行下,即未能用心讲求,申明法意,晓谕州县,责以成效,以故至今未有报应。虽数告谕催促,期以岁月,当行考察,及已有察访指挥,而所在官吏玩令如故。臣以职事在于兼领,宜纠不职,以信典宪,又缘本寺未曾施行,且令具录元降条约画一牒逐司,问其从来节次施行之状,谕以向去检举督察之方,仍且声述朝廷前后所降约束,要在必行。尚虑逐司未即呈禀,乞赐戒敕。仍乞将先降差官察访、当行考察等指挥节次举行,继之以实,使人人知其不为空文,则令遵而事立矣。其行下逐司牒一道,随状缴进。”[③]这里说的“逐司”就是诸路的监司,据此可以知道朝廷关于农田方面的政策通过诏旨交给诸路的监司执行(前述徽宗朝提举官到京城时,需要到户部接受免役法的敕令,正与此相关),但是诸路的监司只是将诏旨“翻录行下”,缺乏监督,因此建议朝廷派官员察访施行情况。

南宋绍兴年间,高宗曾下诏说:“朕宵旰图治,讲求民瘼,诏旨屡颁,务行宽大,革去烦苛。监司之职,临按一路,寄耳目之任,专刺举之权,命令之下,是宜悉心布宣,庶使郡县得以视效。乃奉行不虔,徒为文具,致事有壅滞,奸弊弗除,欲实德及民,其可得乎!至如官吏废弛,不闻有所惩治,乃或上下相蒙,习为偷惰,甚无谓也。继自今,其究乃心,率乃职,以祗承朕命。其或不恪,委台谏按劾以闻,当置重宪。”[④]显然,朝廷的政令需要通过监司的“布宣”,才能推动在州县的实施,如果监司不能“悉心布宣”,“奉行不虔”,那么朝廷政策的实惠就很难到达地方民户,所以只能依赖台谏官员的监督了。

2. 监司的并立与信息的分类处理

《宋史·职官志》记载转运使的职能说:“掌经度一路财赋,而察其登耗有无,以足上供及郡县之费;岁行所部,检察储积,稽考帐籍,凡吏蠹民瘼,悉条以上达,及专举刺官吏之事。”又说到南宋的情形:“中兴后,置官

---

① 《宋会要辑稿》职官四五之九,政和三年(1113)九月二十三日条。

② 这方面的论述可以参考贾芳芳《宋代地方政治研究》,第81—83页。

③ 《宋会要辑稿》职官四二之六二,神宗熙宁三年(1070)八月十六日条。

④ 《宋会要辑稿》职官四五之二一,绍兴二十六年(1156)九月十四日诏。

掌一路财赋之入，按岁额钱物斛斗之多寡，而察其稽违，督其欠负，以供于上；间诣所部，则财用之丰欠，民情之休戚，官吏之勤惰，皆访问而奏陈之。”[①]据此可以知道，转运使需要收集三类信息：一是地方州县的财赋状况，二是地方官吏的任职情况，三是“民情”“民瘼”。

《宋史·职官志》记载提点刑狱公事的职能说：“掌察所部之狱讼而平其曲直，所至审问囚徒，详覆案牍，凡禁系淹延而不决，盗窃逋窜而不获，皆劾以闻，及举刺官吏之事。”[②]提点刑狱公事所负责收集的信息包括州县狱讼的审理情况以及官吏的任职情况，由于狱讼直接与民众的诉讼活动相关，对于州县狱讼审理情况的了解间接反映了民情[③]。同书也记载宁宗嘉定十五年(1222)，有臣僚奏请广西提刑分上下半年在郁林州和静江府两地办公，避免“僻地贫民有冤莫吐”[④]。此外，北宋真宗朝提刑司曾负责调查“诸路租赋欺隐”和“官私土田侵冒”的情形，南宋高宗时曾命提刑司负责拘收无额上供钱，“具帐供申起发”，宁宗时曾命提刑司每半年点检各路的封桩钱物，具数申报枢密院和尚书省[⑤]。

提举常平司是神宗熙宁年间创设的，是地方推行新法的重要机构。《宋史·职官志》记载提举常平司的职能说：“掌常平、义仓、免役、市易、坊场、河渡、水利之法，视岁之丰歉而为之敛散，以惠农民。凡役钱，产有厚薄则输有多寡；及给吏禄，亦视其执役之重轻难易以为之等。商有滞货，则官为敛之，复售于民，以平物价。皆总其政令，仍专举刺官吏之事。”[⑥]据此，提举常平司需要掌握地方的收成、民户的财产状况、役法的实施情形、商货的流通状况，等等，以便制定相关的法令，同时它们还负责调查地方官员的任职情况。如淳熙二年(1175)闰九月二日诏书中说：“诸路常平司每岁秋成之际，取见所部郡县丰歉各及几分，如有合赈粜、赈给去处，即约度所用及管米斛若干，或有阙少，合如何措置移运，并预期审度施行。仍于九月初旬条具闻奏。”[⑦]徽宗朝设提举茶盐司，“掌摘山煮海之利，以佐国用。皆有钞法，视其岁额之登损，以诏赏罚。凡给之不如期，鬻之不如式，与州县之

---

① 《宋史》卷一六七，第3964—3965页。

② 《宋史》卷一六七，第3967页。

③ 详见本书第五章对江东路提刑的论述。

④ 《宋史》卷一六七，第3968页。

⑤ 参见朱瑞熙《中国政治制度通史》第六卷《宋代》，第258—259页。

⑥ 《宋史》卷一六七，第3966页。

⑦ 《宋会要辑稿》职官四三之四〇。

不加恤者，皆劾以闻。”[①]除了要了解茶盐专卖的收入外，还要负责监视地方官府执行的状况[②]，弹劾违法官吏。南宋初年提举司一度废罢，并入提刑司，其职能和地位有所收缩，后设提举常平茶盐司，并下诏“提举官依旧法为监司，与转运判官叙官，岁举升改官员有不职，则按以闻”[③]，强调提举司的“监司”地位。

安抚使司（或经略安抚司）初设于北宋真宗年间，主要是为了应付灾害和边境用兵，安抚百姓，后来普遍设置，安抚使一般由首州的知州兼任。《宋史·职官志》载“经略安抚使”的职能说：“掌一路兵民之事；皆帅其属而听其狱讼，颁其禁令，定其赏罚，稽其钱谷、甲械出纳之名籍而行以法。若事难专决，则具可否具奏；即干机速、边防及士卒抵罪者，听以便宜裁断。”[④]虽然安抚使所掌主要限于军事、边防，但也介入民事，如审理狱讼[⑤]，以及“察访边民利害，及体量官吏能否”[⑥]，即在掌握军队的钱谷、甲械数量之外，还需要访查民情，以及对地方官吏负有监察职能。更重要的是，安抚使有专断之权和奏报的渠道。哲宗元祐二年（1087），“诏沿边臣僚奏请事，并先赴经略司（按即经略安抚司）详度以闻”，元符元年（1098），“诏经略司遇军兴差发军马，具数关报走马承受”，徽宗崇宁五年（1106），又“诏河东同管干沿边安抚司公事，许岁赴阙奏事一次”[⑦]。据此，安抚司一度是臣僚奏事的关节点，其长官每年可赴京城向皇帝奏事一次。

综上所述，宋代的地方监司作为朝廷的耳目，负有访查民情、监察官吏的职责。凡地方的社情民意、官员的勤惰均通过他们得以上达皇帝和朝廷，成为决策和选任官吏的依据。更值得注意的是，随着地方事任的分割，监司在收集信息方面也有所分工，这使得他们所传递的信息按照财赋、刑狱、军事、边防等类别加以区分、归类。这种信息的分类加工无疑提升了宋

---

① 《宋史》卷一六七，第3968页。

② 《宋史》卷一六七提举茶盐司条载“茶盐司置官提举，本以给卖钞引，通商阜财，时诣所部州县巡历觉察，禁止私贩，按劾不法”，所说即为其巡历监察的情形。第3969页。

③ 《宋史》卷一六七，第3969页。

④ 《宋史》卷一六七，第3960页。

⑤ 据李昌宪《宋代安抚使制度研究》，南宋时期，安抚使逐渐过问一路民事诉讼，见所著《五代两宋时期政治制度研究》，北京：生活·读书·新知三联书店，2013年，第207页。但据所引史料，安抚司所审理的狱讼是有特定的范围，如“见禁一年以上公事”，或“推勘翻异公事”，而且安抚司是和提刑、转运“以次差官”（即分别先后）审理案件。

⑥ 《宋会要辑稿》职官四一之八八—八九。

⑦ 《宋史》卷一六七，第3960—3961页。

代国家的管理水平，各监司之间的并立、互不统辖，又相互制衡、彼此监察，保障了信息收集的独立性和专业化，以及对信息的查核。这又为治理地方提供了充分的信息依据。从对信息的收集和查核的情况来看，宋代应该是历代以来最为积极的，这在地方层面集中表现在监司机构的设置和运作上。

3. 各监司的属官、胥吏与文字信息的处理

监司拥有自己独立的衙署，除了长官，还配有属官和胥吏。监司的属官有留司不得离开衙署所在治所的，在监司长官外出巡历时，实际掌管监司，其权任颇重，因此受到当时人的重视①。即使是长官外出巡历州县，他身边也有随同的属官和胥吏，他们承担着具体的事务，与州县官吏和地方人士直接接触。这些属官和胥吏对监司的运作有着关键的影响，但限于资料，现有的研究尚不充分。监司所负担的信息收集的任务，是通过其内设各级机构来实现的，其中最关键的是其掌管文书往来的属官。下文对此试略加申述。

转运司的属官在北宋时主要有勾当公事、管勾文字与管勾帐司等，南宋时期因避高宗讳改称干办公事、主管文字与主管帐司。其中，勾当公事（干办公事）应是转运司的日常管理者，有时不设。最为要紧的是管勾文字（主管文字）和管勾帐司（主管帐司），前者负责“点检一路财赋”②，而后者应当是保管本司财务账册。它们无疑是掌握财赋信息的关键所在。徽宗朝宣和年间，两浙路转运司为了管理各州收支的转运司钱物，曾派属官赴各州“专一管勾检察收支转运司钱物”，制作“收支并差出军人等借请及批支驿料券簿”，由这些管勾官收掌，填写转运司的收支钱物③。同时，还制作《宣和两浙会计总录》，“以本路岁收岁支随事分别科目，著之编册，使多寡出入、盈虚登耗之数可指诸掌”④。按照规定，管勾文字与主管帐司一般不能派出，只能留在转运司，所以随转运使巡历地方州县的主要是准备

---

① 《宋会要辑稿》职官四五之一七：（绍兴）二年（1131）二月五日，臣僚言：“……且监司属官并系堂除，若发运司则压通判，其馀往往亦与诸州通判叙官。遇本司长官出，签厅实行其事，其权甚重，岂可轻畀未出官人！……”对于监司的“巡历”与其属官的“坐理”（即指留守衙署治事），可参见余蔚《巡历与互察：宋代路级官员考核地方官政绩的履职方式》一文，该文收入邓小南主编《政绩考察与信息渠道：以宋代为重心》，北京：北京大学出版社，2008年，第115—117页。

② 《宋会要辑稿》食货四九之三一，政和六年（1116）正月二十七日诏。

③ 《宋会要辑稿》食货四九之三四，宣和七年（1125）十一月十五日两浙转运副使程昌弼奏事条。

④ 《宋会要辑稿》食货四九之三四，宣和七年十一月十七日程昌弼奏事条。

差遣、准备差使等属官以及胥吏[①]，他们实际上负责了对州县“检察储积，稽考帐籍”[②]，转运使巡历时接受的各种陈诉自然通过他们来通达，转运使所要访问的“财用之丰欠，民情之休戚，官吏之勤惰”[③]离不开这些属官及胥吏。

提刑司的属官有检法官、勾当公事和签厅判官等，南宋时勾当公事改称干办公事。检法官的职能主要在于司法方面，负责检覆州县案件审理法条使用是否恰当，复核州县官、小使臣等公罪杖以下案，此外，在提刑出巡期间负责提刑司的日常事务。勾当官始设于徽宗崇宁年间，亦以司法事务为主要职能，兼管提刑司的财政方面事务。提刑司签厅一般没有专任的判官，而以勾当官（干办官）或差州县官员兼任。签厅判官协助提刑司长官处理政务，州县地方送上复审的案件和其他政事，一般由签厅判官先拟出处理意见。州军的签厅判官一般要协助长官签署文书、用印，提刑司签厅判官想亦如此。此外，提刑司还有主管文字官，不常设，一般由检法官掌管本司事务及文字[④]。提刑司的胥吏与文书运行直接相关的是开拆司、匣司的吏人，提刑司在司法裁判中出现弊端，被胥吏所操纵，应与这些吏人有关[⑤]。

提举司的属官有勾当公事、诸州管勾官和准备差遣，南渡时勾当公事改称常平司干办公事，一度称提举司主管，诸州管勾官改称主管官[⑥]。勾

① 转运司的属官还有守次押纲官、催促起发行在物斛官等，他们应该与纲运有关，与转运使的巡历州县关联不大。

② 《宋史》卷一六七，第3964页。

③ 《宋史》卷一六七，第3965页。

④ 参见王晓龙《宋代提点刑狱司制度研究》，北京：人民出版社，2008年，第165—172页。提刑司还有武职的属官，与本书关涉不大，不赘述。

⑤ 参见王晓龙《宋代提点刑狱司制度研究》，第172—173页。提刑司胥吏“作奸犯科”的事例中没有明言其为开拆司、匣司的吏人，但这两个司是提刑司审核州县案件的重要环节，因此“作奸犯科”的提刑司胥吏必然在此两司中，或者实际上掌控了此两司。关于匣司的研究，可以参见邓小南《南宋地方行政中的文书勾追：从“匣”谈起》，原载《张广达先生80寿诞论文集》（台北：新文丰出版社，2010年），后收入其论文集《宋代历史探求：邓小南自选集》，北京：首都师范大学出版社，2015年，第308—339页。

⑥ 南宋初提举常平司并入他司如提刑司、茶盐司或经制司，不设提举常平官，常平事由提举司干办公事或州主管官经办，后设提举司常平主管官，又改作“经制某路干办常平等公事”、常平司主管官，绍兴十五年改称提举常平茶盐司干办公事。见龚延明《宋代官制辞典》，“提举常平司主管官”条，北京：中华书局，1997年，第489页。据此，提举常平司主管官与诸州常平主管官不同，是提举司的属官，应即提举司干办公事。但龚延明的辞典中说提举常平司勾当公事“南宋绍兴三年置干办公事，七年改主管常平官”，又说“绍兴六年，逐路置提举司常平主管官”，时间恐有误。

当公事（干办公事）是提举司的主要属官，主要负责提举司的日常事务，平时不能离开治所所在①。绍兴七年（1137）二月二十四日，浙东提举常平司主管官赵椿奏言："今来逐路乞置提举常平司主管官一员，并依转运司主管文字官体例施行。欲乞许常平主管官往诣管下州县检察，将点检到事件申提举司。及遇有要切事，并从本司差委，庶几所至州县检察违戾，驱催钱物，不致失陷。"此时，提举常平司并入茶盐司，长官称为提举茶盐常平等公事②，所以提举常平司主管官实际上代行了原来提举官的巡历职能，绍兴十五年设置提举常平茶盐公事后，应该不能再外出巡历了。

安抚司的属官主要有参谋官、参议官、勾当公事、管勾机宜文字、管勾书写机宜文字，南宋时勾当公事改称干办公事，管勾机宜文字改称主管机宜文字，管勾书写机宜文字改称主管书写机宜文字。参谋官、参议官属于高级幕僚，主要参预军中机密，谋议献策。管勾机宜文字（主管机宜文字）负责安抚司的文书草拟、收发等事务，他们多是宗室、外戚、地方豪门子弟差充。管勾书写机宜文字多是安抚使的亲属充任，负责更加机密的文书。此外，安抚司还有准备差遣、准备差使、准备将领等文武属官③。安抚司的长官安抚使一般是由一路首州的知州兼任，知州的属官和安抚司的属官是两套班子，而且安抚司属官也有自己办公的场所，不在州衙之内④。

北宋徽宗崇宁五年（1106）下诏说："访闻诸路监司属官擅行文书，付下州县，及出按所部，犯分搔扰。可令今后学事司属官许出诸处点检学事外，馀并不得离司出诣所部，及不得擅移文书付下州县。即有公事差委勾当者，径诣所差处，沿路不许见州县官及受馈送。违者徒三年，仍不以赦降、去官原减。"⑤据此，监司属官在文书下发和巡察州县两方面发挥着重要作用，以至于影响了地方州县官府的运作。尽管朝廷下令对监司属官加以限制约束，但他们在实际的信息传递过程中的作用仍然难以被取代。监

---

① 《宋会要辑稿》职官四三之二六："（绍兴）九年四月六日，诏：'今后诸路常平司干办官遇出陆巡按州县，许差破般担人一十名。'以江、淮、荆、浙、闽、广等路经制司申明绍兴格'监司属官差出，止许破般担人六人'，委是使用不足故也。"此时，提举司已并入经制司，提举司干办官实即提举司的负责人，严格来说不是提举司的属官，至多只能是经制司的属官。

② 《宋会要辑稿》职官四三之二三，绍兴五年闰二月十二日诏条，另据四月三日条言两浙东路提举茶盐常平公事司申，可知浙东的提举常平司是并入提举茶盐司的。参见龚延明《宋代官制辞典》，"路提举常平广惠仓"条，第488页。

③ 龚延明《宋代官制辞典》，安抚司诸条，第500—504页。参见朱瑞熙《中国政治制度通史》第六卷《宋代》，第254—255页。

④ 《淳熙三山志》卷七《公廨门》，"帅属廨舍"条，《宋元方志丛刊》本，第7847页。

⑤ 《宋会要辑稿》职官四五之四，崇宁五年八月十九日诏。

司作为朝廷的派出机构，其发挥作用不能仅仅依赖其长官，监司的日常运作离不开其属官以及胥吏，尤其是这些属官和胥吏往往承担了具体的文书起草、管理和传递等事务，成为影响信息传递的关节点。

（二）州

州（包括府、军、监）在地理上是宋代地方的政治区划，同时它又是治理地方的一级机构。州统领诸县，是朝廷控制地方的重要环节，从机构的关系来说，州级机构通过控制县级机构，来达到治理地方的目的。州级机构的官员虽然有接触到地方民户的机会，但他们严格来说并不是亲民官，而主要通过县级官员了解、掌控地方。从信息传递的角度来看，州级官府是连接朝廷、监司与诸县的中间环节。州一级官府是由多个衙门组成的系统，除了知州、通判外，还有众多的属官，下面试对他们在信息传递过程中的角色加以考察。

1. 知州与通判

《宋史·职官志》记述知州的职责说："掌总理郡政，宣布条教，导民以善而纠其奸慝；岁时劝课农桑，旌别孝悌；其赋役、钱谷、狱讼之事，兵民之政皆总焉。凡法令条制，悉意奉行，以率所属；有赦宥则以时宣读，而颁告于治境；举行祀典；察郡吏德义材能而保任之，若疲软不任事，或奸贪冒法，则按劾以闻；遇水旱，以法振济，安集流亡，无使失所。"[①]其中"宣布条教"、宣读赦文德音直接与朝廷政令的下达有关，也是知州推行教化的重要体现。即使是赋役、钱谷、狱讼这些"郡政"，也离不开对于信息的掌控。知州平日一般不得出州城，所以上述"郡政"大都是通过文书往来"总理"。即使是每年劝农时会与一些地方父老举行宴会，但也只是宣读一下劝农文而已。朝廷颁布赦文，知州一般也只在州城宣读一下，主要还是抄录或刻印后下发给县乡。狱讼中有些案件需要重新审理，知州会审问涉案人员，但主要工作还是案卷文书的审核，知州真正亲自审问的案件并不多。

同时，知州还有向皇帝和朝廷申奏的权力，这成为皇帝和朝廷获取地方信息的重要渠道[②]。知州在上任前和离任后一般都有机会到京城接受皇帝的召见，就是所谓的朝辞与朝见，朝辞时皇帝对知州加以戒谕、勉励，面授机宜，朝见时知州会向皇帝汇报地方的政情民意[③]。其实知州在到任

① 《宋史》卷一六七，第3973页。

② 刘江在：《北宋公文形态考述——以地方公文及其运作为中心》（北京大学博士论文，2012）中对唐中期至北宋的州郡长吏直接奏事制度进行了梳理，第13—16页。

③ 苗书梅：《朝见与朝辞——宋朝知州与皇帝直接交流的方式初探》，《首都师范大学学报（社会科学版）》2007年第5期，第112—119页。

后还有机会上奏疏给皇帝和朝廷。首先是在出现灾荒时，知州需要上奏。如北宋仁宗皇祐五年（1053）十月曾因为出现蝗旱灾害下诏，命令监司晓谕亲民官上奏民间利害①。南宋宁宗嘉定元年（1208）五月，也曾因为出现蝗灾，下诏命“侍从、台谏疏奏阙政，监司、守令条上民间利害”，到八月还命礼部侍郎许奕、起居舍人曾从龙“考订监司、守令所陈民间利害，择可行者以闻，其未上者趣之”②。其次，因为边防和军事的原因，皇帝和朝廷要求沿边的州军长官报告地方兵民事宜。如仁宗天圣七年（1029），因为臣僚的奏请，命“诏自閤门祗候已上充知州、知军，候替回日，知州令言事五件，内三件民间利害，二件边事或兵马利便。其知军言事三件，内二件民间利害，一件边事或兵马利便”③。第三，到南宋时期，知州定期奏报民间利害或边防事务逐渐制度化。高宗绍兴三年（1133），诏“自今守臣到任半年，先具民间利害或边防五事来上，因以察其材能”④。九年，又诏命知州到任半年以上，“具民间利病或边防五条闻奏，委都司看详，有便于民者，即与施行”⑤。至绍兴二十五年，宰执请求派侍从官整理知州到任后所上奏的“裕民五事”，应该与此有关，这说明知州到任半年后上奏五条成为了一项制度，并受到重视。不过高宗认为“守臣陈献利害，当令国与民皆足，乃为称职。如建炎间，时方艰难，财用匮乏，翟汝文知越州，乃尽放散和预买及鉴湖官租，不恤国计而专欲盗名，如此等人，国家何所赖也！”这说明知州在上奏五条时也有人“专欲盗名”，而不顾及朝廷的艰难⑥。第二年，负责整理知州上奏裕民事件的中书舍人王伦指出：“其间亦有五事之内唯二三的实，馀皆细务及本州自合奉行之事，取以充数而已，类非民间紧切利病。以此却恐利病稍多去处亦为五条所限，不得尽言。夫多者必损，少者必增，切虑日久寖成文具。欲望应今后诸州守臣裕民事件，不拘五条之数，或多寡唯务的实，庶几有以上副陛下务施实德之意。”⑦这说明知州的奏事有不少“充数”的内容，而无关民间紧切利病。当然即使存在敷衍了事的情形，上述材料仍然说明知州上奏“裕民五事”一直在执行。宁宗庆元元年（1195），有臣僚奏言：“孝宗皇帝朝，诏守臣到任半年，以民间利害五事上

---

① 《宋史》卷一二《仁宗纪四》，皇祐五年十月丁巳，第235页。

② 《宋史》卷三九《宁宗纪三》，嘉定元年五月丁卯，八月丙戌，第750—751页。

③ 《宋会要辑稿》职官四七之七—八，天圣七年五月十四日。

④ 《皇宋中兴两朝圣政》卷一三，北京：北京图书馆出版社，2007年，第2册，第352页。《建炎以来系年要录》卷六三，绍兴三年二月甲寅条，北京：中华书局，2013年，第1244页。

⑤ 《宋史》卷一六七，第3974页。

⑥ 《宋会要辑稿》职官四七之三〇—三一，绍兴二十五年八月六日条。

⑦ 《宋会要辑稿》职官四七之三一—三二，绍兴二十六年闰十月二十七日条。

闻，年来殆成虚文。臣谓莫若不必限以五事，但使之讲究利害，委有关系生民休戚者，然后使之上闻。少者或以一二，多者或过于五事。如可备采择，乞颁诸州奉行。”[①]这既说明知州奏事有成为“虚文”的弊病，但同时也反映这一制度仍在延续。

通判，是知州的副手，简称“倅”，与知州合称“长贰”。虽然宋代的知州是州一级的长官，但通判有制衡知州的作用，不能算作知州的属官，它在州郡政务中的影响比较广泛，所负责的事务逐渐增多[②]。“通判”一词在唐代就有出现，为动词，有统辖裁决的意思[③]，作为正式的官名，是在宋太祖平定湖南的过程中设置的，诏命“应诸道州府公事并须长吏、通判签议连署，方得行下”[④]。《哲宗正史·职官志》记述其职能说：“通判掌倅贰郡政，凡兵民、钱谷、户口、赋役、狱讼听断之事，可否裁决，与守臣通签书施行。所部官有善否及职事修废，得刺举以闻。”[⑤]可见一州的政务大都要经过通判与知州的商议，裁决的文书需要二者共同签署方能生效。同时，通判对州县的官员负有监察的职责。南宋时，通判“设官如旧，入则贰政，出则按县；有军旅之事，则专任钱粮之责，经制、总制钱额，与本郡协力拘催，以入于户部”[⑥]。据此，通判所负责的事务又有增加，同时还有巡视属县的职责（北宋时应该就有），而知州一般不能离开州城[⑦]。虽然通判与地方社会的联系要强于知州，在州县官府的文书运作中也很关键，甚至可以和知州抗衡，但它毕竟位在知州之下，一州事务最后还是归知州统摄，尤其是知州有直奏之权（甚至上殿奏事），与皇帝、朝廷的联系主要由知州负责，这是通判无法取代的。通判有自己的衙署，但一般每日会到知州衙署的都厅办公，商议政务，签署文书[⑧]。

2. 幕职官

知州、通判之下有若干名幕职官，包括节度、观察诸使的签判、推官、判

---

① 《宋会要辑稿》职官四七之四八，庆元元年十一月二十四日条。

② 通判职权的增多，可参见朱瑞熙《中国政治制度通史》第六卷《宋代》，第233—234页。

③ 参见朱瑞熙《中国政治制度通史》第六卷《宋代》，第221页。

④ 《宋会要辑稿》职官四七之五八，建隆四年（963）十一月诏。参见《宋史》卷一六七，第3974页。

⑤ 《宋会要辑稿》职官四七之六二。《宋史》卷一六七的记载与此相同，应该是源自会要（第3974页）。

⑥ 《宋史》卷一六七，第3974—3975页。

⑦ 南宋胡寅曾说通判“佐守而治，巡行州县，号按察官”（《历代名臣奏议》卷一六二），参见朱瑞熙《中国政治制度通史》第六卷《宋代》，第234页。

⑧ 《宋会要辑稿》职官四八之八。

官、节度掌书记、观察支使等①。幕职官的设置数量与州郡事务的繁简有关,人口较少的州郡设置的幕职官较少,常以推、判官行签判的职责。《哲宗正史·职官志》记载说:“幕职官掌助理郡政,分案治事。其簿书、案牍、文移付受催督之事,皆分掌之。凡郡事与守、倅通签书。”②这里明确说幕职官掌管各类文书的往来,“分案治事”,“皆分掌之”说明他们之间有所分工。幕职官中以“签判”一职最为重要,《宋史·职官志》称其“掌裨赞郡政,总理诸案文移,斟酌可否,以白于其长而罢行之”③,即是负责协助长官处理州的政务,具体是掌管各类文书,“斟酌可否”则是指提出处理意见,由长官决定。幕职官有其独立的办公场所,如签判厅、节推厅、察推厅等,但他们每日需要到州衙的都厅(签厅)一起办公。哲宗元符元年(1098)下诏说:“通判、幕官令日赴长官厅议事,及都厅签书文檄。”④

仁宗天圣七年(1029),有人上封说:“河北缘边州军所置幕职多经学出身,不惟公事因循,至书断案牍纰缪,文理辞语不能晓会,缘多武臣知州军,若朝廷行下文字,州府关报不能辨白,则或访问他人,又缘边州军承受外地公文,或失详明,便成漏泄,欲望自今逐州军职官,各取进士出身有举荐者一人充。”⑤据此,在武臣担任知州的情形下,幕职更显重要,这与文书运行紧密相关,而且担任幕职者的出身也有差异,经学出身者(指诸科及第者)处理案牍的水平上不及进士出身者,州军与外地的公文往来也受此影响。此后,幕职官选用进士出身者成为制度。

3. 诸曹官

幕职官之下还有诸曹的参军,是知州与通判的属官,分管各曹职事。《宋史·职官志》记载说:“旧制,录事参军掌州院庶务,纠诸曹稽违;户曹参军掌户籍赋税、仓库受纳;司法参军掌议法断刑;司理参军掌讼狱勘鞫之事。”⑥这里的“旧制”应指北宋的情形,徽宗时,改录事参军为士曹,改户曹

---

① 龚延明《宋代官制辞典》认为录事参军、诸曹参军是幕职官名,第546—549页;贾芳芳在《宋代地方政治研究》中将诸曹官也归入幕职官,第37—38页。二者似皆有误,幕职官的职掌与诸曹参军不同,其等级也不同,参见《宋史》卷一六七“幕职官”、“诸曹官”条,第3975—3976页,以及朱瑞熙《中国政治制度通史》第六卷《宋代》,第234—235页。

② 《宋会要辑稿》职官四八之八。

③ 《宋史》卷一六七,第3975页。按,此条虽然是在“幕职官”条下,前有两使幕职官名,似乎是针对所有幕职官而言,但此条内容与《文献通考》卷六“签判”条几乎全同,因此可以证明《宋史》所记幕职官职掌,其实只是“签判”的职掌,并不是所有幕职官的职掌。

④ 《宋会要辑稿》职官四七之六三—六四。

⑤ 《宋会要辑稿》职官四八之八。

⑥ 《宋史》卷一六七“诸曹官”条,第3976页。

参军为户曹掾,改司法参军为刑曹掾,改司理参军为仪曹掾,南宋初又恢复了旧制[①]。录事参军是诸曹之首,负有监督之责,同时他掌管的州院还可以受理词讼,审讯刑事案件。诸曹参军中,以户曹(司户)参军与司理参军最重,分掌赋税和狱讼,有时因州小,以司户参军兼录事参军和司法参军。司理与司法施行鞫、谳分治的原则,审问和裁断分离[②]。同时,司理参军不得监管钱谷。诸曹官虽然不能参加知州、通判与幕职官的议事和签署文书,但他们实际上管理着具体事务,一方面掌握了户籍赋税和仓库的信息,另一方面直接负责狱讼案件的审理和初判,对于狱讼的情形最为熟悉,所以他们处在了收集信息的前端,直接影响着知州和通判的决策和判断。

(三)县

县级官府是管理一县(行政区划)的机构,是整个王朝统治的基石。其长官知县或县令是真正意义上的亲民官,地位虽然是各级官员里面最低的,但责任却重,是朝廷治理地方的关键因素。《宋史·职官志》记述其职能说:"掌总治民政、劝课农桑、平决狱讼,有德泽禁令,则宣布于治境。凡户口、赋役、钱谷、振济、给纳之事皆掌之,以时造户版及催理二税。有水旱则有灾伤之诉,以分数蠲免;民以水旱流亡,则抚存安集之,无使失业。有孝悌行义闻于乡闾者,具事实上于州,激劝以励风俗。"[③]据此,知县或县令所管辖的事务颇为繁杂,涉及到地方社会的方方面面,尤其值得注意的是其中关涉朝廷与地方之间的信息沟通,既有朝廷官府的"德泽禁令"需要在县境内颁布,也有造户版以掌握户口数字,据以催收二税,以及汇报水旱灾伤的情形,施行赈济,并将地方上的"孝悌行义"上报到州,以劝励风俗,这些信息的传递、沟通成为推动各项赋役、赈济,施行教化的关键所在。

知县、县令一般不能离开县城。北宋太祖时就下诏禁止县令下乡[④]。仁宗景祐元年,曾有臣僚建议"今后知州赴任,诸县令、佐更不得离县,入呈牌印"[⑤],这是说即使是新任知州到任,所属各县的县令和佐官都不能离县到州城去拜见。庆历七年(1047),"诏天下知县非鞫狱毋得差出";皇祐三年(1051),又下诏说:"天下知县、县令若差推勘刑狱及应副军期,或权繁剧县,须具奏闻。其闲慢处辄差及差而不奏者,以违制故失论。被差之官

① 朱瑞熙:《中国政治制度通史》第六卷《宋代》,第224—225页。

② 朱瑞熙:《中国政治制度通史》第六卷《宋代》,第235页。

③ 《宋史》卷一六七"县令"条,第3977页。此条内容与《宋会要辑稿》职官四八之二九所引《哲宗正史·职官志》内容略同。

④ 《宋会要辑稿》职官四八之二七,乾德二年(964)正月诏。

⑤ 《宋会要辑稿》职官四八之二六,景祐元年(1034)三月二十三日条。

亦行责罚,差出日月仍不理为资考。”[①]这些禁令一方面有防止县令下乡骚扰地方,另一方面是为了保持县级官府的政务运作,关于后者仁宗天圣二年(1024)的诏书中曾指出:“诸路州军自今常留县令管勾簿书,催督税赋,及理婚田词讼”,当时由于县令、佐官任满离任或者被转运司派往别处核查账簿,造成“一县全阙官者”[②]。县令及其佐官不能离开县城,这在客观上也将其束缚在衙署内,整日与簿书为伍,除了受理婚田词讼时会与民众有接触外,他们主要是通过文书来与外界联系,处理事务,难以亲民。

县丞是县令的副手,“掌贰令之职”[③]。但北宋前期较少设置,只有在京城附近的县设置,后来神宗、徽宗朝一度为了推行农田水利和免役法,先是万户以上的县增设县丞,后来各县都有设置,大观三年(1109)和南宋初曾有所减省,小县多以主簿兼县丞之职[④]。孝宗淳熙十二年(1185),有臣僚建议“诸县应干收支,必使丞佐等通签,其县丞所管财赋,必使知县检察”,这是在县财政和赋税方面造成知县与县丞之间的制衡[⑤]。此外,还有县丞“催理税赋,受接民讼”的记载[⑥]。

主簿与县尉是知县、县令的主要佐官。宋太祖时,千户以上的县设置县令、主簿和县尉,四百户以上的县只设县令和县尉,而以县令兼管主簿之事,四百户以下的县只设主簿与县尉,而以主簿兼管县令之事。此外,又有“凡县不置簿,则尉兼之”的说法[⑦]。据此,人口越多的县,事务繁剧,需要设置主簿。同时,县尉负有“戢奸禁暴”、维护社会安定的责任,所以须臾不可无。《哲宗正史·职官志》记述主簿的职责说:“主簿专掌稽考簿书。”[⑧]《宋史·职官志》称:“南渡后,置簿掌出纳官物,销注簿书……凡批销必亲书押,不许用手记,仍不许差出,以防销注。”[⑨]这两条材料正可参照,主簿掌管着簿书,借此来监督两税等财物的出纳。簿书是官府催督赋税的关键,缴纳两税时需要在簿书上“批销”(批写注销),当然簿书还包括其他事务如狱讼、赈济、教化等方面的文书。

---

① 《宋会要辑稿》职官四八之二六,庆历七年六月、皇祐三年三月条。
② 《宋会要辑稿》职官四八之二七,天圣二年正月诏。
③ 《宋会要辑稿》职官四八之二九,《哲宗正史·职官志》条。
④ 《宋史》卷一六七“县丞”条,第3977—3978页。
⑤ 《宋会要辑稿》职官四八之五七,淳熙十二年(1185)二月二十一日条。
⑥ 《宋会要辑稿》职官四八之五八,嘉定八年(1215)七月八日知兴元府许沆奏事条。
⑦ 《宋史》卷一六七“主簿”条、“县尉”条,第3978页。
⑧ 《宋会要辑稿》职官四八之二九。
⑨ 《宋史》卷一六七“主簿”条,第3978页。

县尉的主要职责是缉捕盗贼、维持治安,在北宋初年只管督捕乡村的盗贼,县城以内归镇将负责,后来设巡检负责乡村治安,县尉只负责城内治安,徽宗时又命县尉下乡巡捕。南宋时,规定县尉每月要到各处巡捕,幅员大的县由县尉与巡检"更互分巡"①。县尉掌握着弓手等基层武力,负责"戢奸禁暴","凡县之盗攘、斗殴、贼杀、道路、邮置,冠盖往来,穷山峻谷,平原旷野,蹊隧阡陌,此疆彼界,交错分争,州县之所不能决,与凡令丞之所不屑为者,率以诿尉",所以"尉之为职甚卑,而其责甚重"②。据此,县尉不但要处理各类刑事案件,巡捕盗贼,更控制道路、邮置等信息传递的交通孔道,其所巡捕的范围遍布全县,在县级官员中实际上是最为亲民之职,接触民间信息最多、最直接。

(四)路、州、县三级机构的联系

以上对宋代路、州、县三级官府机构在信息收集和传递过程中所发挥的作用进行了考察,各级机构的不同官员在信息收集、处理方面各有侧重,彼此制约,成为各类各层信息收集的终端和信息传递的中间环节。另一方面,宋代诸路的路、州、县三级官府机构之间又是彼此关联的整体,它们通过各种渠道和方式传递各类文书,交流信息,这也是推行政务、治理地方的重要内容。

1. 监司之间的互察与信息分享

宋代一路的诸监司之间有互察之法,即各监司之间相互监督。这种"互察"主要体现为对于执行过程和效果的调查、汇报,以及对于信息的核实。徽宗崇宁五年(1106)下诏说:"诸路监司,所与共治,而寄制(刺?)举耳目之任,顾不重哉!苟非其人,不能检身律下,乃违法背理,贪赃违滥,全无忌惮,其能制(刺?)举一道,称所任乎!朕方励郡守、县令各各循理,而按察之官身先犯令,则士民何所视效!见今诸路监司,互相察举如法,或庇匿不举,以其罪罪之。仍令御史台弹劾以闻,朕当验实,重行黜责。故兹诏示,想宜知悉。"③为了加强监司对于州县官的监察,首先要对监司加以督促,一方面是通过监司之间的"互相察举",另一方面通过御史台的监察。

学界对于宋代监司"互察法"的研究,侧重于地方官政绩考核方面,作

---

① 朱瑞熙:《中国政治制度通史》第六卷《宋代》,第 238 页。

② 吴儆:《竹州文集》卷一〇《休宁县尉厅壁记》,《宋集珍本丛刊》第 46 册,北京:线装书局,2004 年,第 547—548 页。

③ 《宋会要辑稿》职官四五之三—四,崇宁五年(1106)六月三日诏条。

为选任官员、施行奖惩的依据①。同时,这种"互察法"亦有与地方官府与民户的信息沟通有关系。政和四年(1114),曾命提刑司对转运司提交的近三十年历年收支和泛支数字进行复核,"结罪保奏"②。绍兴二十七年(1157),殿中侍御史王珪奏论诸路州郡以常平、义仓米充作"军粮吏俸,及揍发上供不足之数",致使"饥民艰食,则坐视而无以赈之",建议委派提举官"遍巡诸州,躬亲阅视,以知其实",对于"有遇合赈济,而州郡占吝不发者","许人户越诉,监司互察,台谏按劾以闻"③。对于地方州郡挪用常平、义仓米用来抵充俸粮和填补上供的不足数目,不愿用常平、义仓米来赈济,这些实际状况主要依靠提举官的"巡历""阅视"来了解,同时朝廷还通过"人户越诉""监司互察"和"台谏按劾",来加以监督和查验。这里的"监司互察"是指转运司、提刑司等对提举官的监察,就是通过各自的渠道对于提举官巡历诸州所获信息加以核实、检验,尤其是州郡"占吝不发"的情形④。

监司之间除了相互监察外,还有信息分享的需要。徽宗政和元年(1111)时,有臣僚上言:"契勘法有监司互察之文,而提举学事官例以侵官越职之故,不干预他司事。臣以出巡所至,有百姓多是称诉冤枉,臣以职事不相干,不敢受理。欲望特降睿旨,提举学事官巡历,遇百姓有词状,听询问情实,关送所属监司。"徽宗认为:"欲从其请,恐好权之人侵越职事,宜深思讲究,惟使民不失法意为良。"臣僚检出了《元符令》,"诸监司知所部推行法令违慢,若词讼虽非本职,具事因牒所属监司行遣。其命官老病不职而非隶本司准此,仍听具奏。"徽宗最后下诏根据《元符令》来施行,"申明行下"⑤。据此,可以推知所谓监司"互察法"是在徽宗朝,在哲宗朝尚无此法。提举学事官设于哲宗元符二年(1099),虽然只负责一路学校政令,但其职能中包括"刺举"的内容⑥,可以算作广义的监司官,所以这里引用《元符令》中对监司监察的规定和徽宗朝的监司互察法作为讨论的根据。同时,监司互察法也有其弊端,即诸监司之间会出现"侵官越职"的情形,因此臣僚建议参照《元符令》,由提举学事官将所接受词状和审问的情形,

① 邓小南师:《多途考察与宋代的信息处理机制:以地方政绩的核查为重点》,余蔚《巡历与互察:宋代路级官员考核地方官政绩的履职方式》,两篇论文均收入了邓小南主编《政绩考察与信息渠道:以宋代为重心》,第60—69、117—121页。

② 《宋会要辑稿》食货四九之三〇,政和四年五月二十四日。

③ 《建炎以来系年要录》卷一七七,绍兴二十七年九月丙子条,第3398—3399页。

④ 朱瑞熙:《中国政治制度通史》第六卷《宋代》,第270—271页。

⑤ 《宋会要辑稿》职官四五之五,政和元年三月二十九日。

⑥ 龚延明:《宋代官制辞典》,第507页。

用“关”的文书向所涉及的监司（应该是提刑司）通报（《元符令》中规定用“牒”）[①]。

2. 监司与州县之间的联系：点检与巡历

监司与州县之间主要以文书的形式进行联系，学界对此已有所论述。监司通常以牒的形式发文书给州，以帖的形式发文书给县，州则以申状的形式发文书给监司，县以申状的形式发文书给州[②]。值得注意的是，县一般不能直接发文书给监司，需要经过州转达。此外，诸州之间一般用牒，但由于州郡级别的不同和知州身份的悬殊，有用申状的情形。可以看到，监司的地位比较特殊，在整个政治结构中处于中介的环节，身份灵活，可以直接和州县发生联系。此外，监司对于州县有“取会”的权力。南宋高宗绍兴五年（1135）曾诏命：“应诸路监司取会州县，三经究治不报，住滞人吏杖一百勒停，当职官申尚书省取旨。”[③]“取会”是指监司向州县问询以及索取有关档案材料，据此可知州县对于监司的“取会”需要及时给予回应，不能拖延，否则会受到处罚。

除了上述文书往还外，监司还对所部州县进行巡历、点检。学界对于宋代巡历已有较为充分的研究，这些研究揭示除了有定期巡历之制（一般以一年为周期），还形成了各监司分部巡历的制度[④]。监司的巡历对于州县地方官有着监察的意味，是皇帝和朝廷了解地方官的政绩与任职情况的重要途径，这也是很多研究的重点所在，即是将监司作为监察制度的重要内容来加以考察，尤其是对于地方官政绩的考核。但监司巡历州县也有加强朝廷与地方联系沟通的作用，主要表现在对于地方信息的核实和获取上，这里的地方信息不局限于地方官的任职情况，还包括各地财赋、刑狱状

---

① 监司间的文书用“关”和“牒”，可参见平田茂树《宋代地方政治管见——以劄子、帖、牒、申状为线索》，《宋代政治结构研究》，上海：上海古籍出版社，2010 年，第 349—350 页。贾芳芳在《宋代地方政治研究》中也对监司之间的信息沟通有所论述，亦可参考。第 70 页。

② 参见平田茂树《宋代地方政治管见——以札子、帖、牒、申状为线索》，第 341—346 页。前引邓小南师《南宋地方行政中的文书勾追：从“匣”谈起》对监司、州、县三者之间的文书往来（即“公移”），尤其是用来保障文书传递的技术手段（匣、囊袋等），进行了细致的考察，值得关注。第 308—339 页。

③ 《宋会要辑稿》职官四五之一八—一九，绍兴五年三月八日。

④ 余蔚：《中国古代地方监察体系运作机制研究》，第五章《巡行：地方监察官的履职方式及效果》，尤其是第二节《宋代监司的巡历与分部巡历》，上海：上海古籍出版社，2014 年，第 182—203 页。关于巡历的周期有一年、两年，乃至三年，但以一年周期为常见，且南宋后逐渐固定下来，余蔚在该书中有详细的分析。

况、朝廷政策的执行情况和地方上的社情民意。

对于朝廷政策执行状况的追踪，无疑加强了政策的执行力。如徽宗时曾下诏要求“诸道监司置簿，应一路州司录事，各以其簿授之，将事之稽违、已经纠举者具载其上。候逐司巡历到，检察漕案，对簿所记，考其勤惰。岁终诸监司参较，定为优劣，悉闻于上，以俟升黜”[①]。对于财赋、刑狱状况的掌握主要是通过“点检”来进行。点检既有监司在巡历时进行的，也有委派官员进行的。如政和八年(1118)，有臣僚指出：“窃见监司提案一路，事干州县法令之当检察者，其目不一。每遇按行，指摘点检，多不过数事。前期移文，号为刷牒，官吏承报，必预为备，而文之所不载者曾不加省。故吏或因循，寖多旷失，实由检案之不严也。欲乞明诏部使者，巡按所至，各具所隶事目，不以巨细，临时摘取点检，不得预行刷牒。州县既莫知所备，则必事为之戒，当使庶务毕举，罔有阙遗矣。”[②]这里说到的就是监司在巡历过程中进行的点检，据此由于存在刷牒的弊端，监司点检有程式化的趋势，实际效果有限，因而建议突击检查，不事先刷牒。又如高宗绍兴二十七年(1157)八月，淮南东路提举常平司提出要“分委官前去诸州军，点检到见在常平、义仓斛斗即无侵支、移易、虚桩之数”，并将数目报到户部，户部将此数目与该司四月所上报的数字进行了比较，查出增加和亏损的州军，朝廷命对亏损的州军加以催督[③]。这里说的点检就是提举司委派官员进行的。此外，在巡历过程中与地方人士尤其是士大夫有所接触，以及接受各种词诉(不局限于法律诉讼，也包括其他各种陈诉[④])，这也是监司了解社情民意的重要途径，这在本书其他各部分中都有所涉及，此不赘述。

3. 州与县之间的联系

虽然监司可以直接发帖给县，但这应不是常态。相比而言，州与县之间的联系更加频繁。州可以发牒、帖等文书给县，县则通过申状来向州一级官府汇报情况。州县之间“脉络相关”[⑤]，主要是通过文书往来联系的。州对县之赋役、狱讼事务皆以“公移”来督催，甚至发明了匣、信牌、紫袋等

---

① 《宋会要辑稿》职官四五之九，政和三年四月十九日条。

② 《宋会要辑稿》职官四五之一三，政和八年十一月十八日条。

③ 《宋会要辑稿》职官四三之二七至二八，绍兴二十七年八月十三日条。

④ 如《宋会要辑稿》职官四三之三〇记载，绍兴二十一年十一月二十一日，高宗论水利，对宰相说：“须是常平官得人，若监司用心，此等事无虑。闻近时监司多是端坐，不出巡历。”“仍诏诸路州县灌溉民田陂湖，往往为人侵占，令户部行下提举常平官躬亲措置，申尚书省。”这里要求提举官在巡历时对民间侵占的情况加以了解。

⑤ 徐元杰：《楳埜集》卷九《与南剑州五县免上州公札》，文渊阁《四库全书》本。

保密工具和手段来加强督催,实在不行,最后只能派"专人"(人吏)到县来督催①。

除了文书上的往来,州县之间也有人员往来沟通。如神宗元丰元年曾下诏:"诸路州军并差官一员主管常平钱谷,十县以上,二员分治。即广南无通判职官州军,委知州主管,其下县点检给纳,听以曹官或知县代之。"②这里是州派属官或他县知县到所属各县进行点检。虽然知州一般不能离开治所所在,但通判却可以到属县进行巡视,"佐守而治,巡行州县,号按察官","所部官有善否及职事修废,得刺举以闻"③。

本节对宋代地方路、州、县三级官府的结构进行了考察,这一结构表面上与此前汉代州—郡—县、唐代的道—州—县,以及此后元明清的省—州—县,没有什么差别,体现为一种层级化的行政管理关系,但宋代的路不同于汉代的刺史部、唐代的道,或者元明清的省,特别是路一级监司机构并立,互相制衡。同时,从信息的流动过程可以发现,路级监司机构的并立对州县也产生了影响,因为事务上的条块划分,在信息的处理上也分类进行。宋代以事任为中心的制度措置不仅表现在中央制度上,也影响到地方制度,表面上的层级管理掩盖了实际的事任管理,通过信息的流动的考察,能揭示信息的分类处理制度,这对于宋代地方官府治理地方产生了深远的影响。

二、宋代地方官府胥吏的身份及其位置

宋代的胥吏可以分为中央机构中的胥吏和地方官衙中的胥吏两个组成部分。学界的讨论比较侧重于前者④,本书所论为后者,主要包括州役人、县役人以及乡役人,其中乡役人包括里正、户长、耆长、壮丁、保正、保

---

① 邓小南:《南宋地方行政中的文书勾追:从"匣"谈起》,第308—339页。

② 《宋会要辑稿》职官四三之四,元丰元年五月十三日诏条。

③ 参见朱瑞熙《中国政治制度通史》第六卷《宋代》,第233—234页。

④ 马伯良(Brian E. McKnight)早在20世纪70年代就有专著探讨南宋的胥吏角色:*Village and Bureaucracy in Southern Sung China*, Chicago: The University of Chicago Press, 1971. 梅原郁在《宋代官僚制度研究》(京都:同朋舍,1985年)一书中辟有专章讨论宋代的胥吏。王曾瑜《宋代的吏户》(《新史学》第四卷第一期,1993年3月)一文搜集广泛,考辨细密,对宋代胥吏的社会地位有全面深入的分析,是这方面的代表作。其后祖慧的《宋代胥吏的构成与迁转出职制度研究》(杭州大学博士论文,1995年)和林煌达的《南宋吏制研究》(台湾中正大学博士论文,2001年)都是研究宋代胥吏制度的重要成果。此外,朱瑞熙也曾专门论述过宋代胥吏的名称、职掌、资级及其政治地位、作用,表达简洁准确(《中国政治制度通史》第六卷《宋代》,第713—724页)。

长、承帖人、催税甲头等[①]。这些胥吏是存在于地方官周边的重要人群，所谓"官人视事，则左右前后皆吏人也"[②]，他们是整个地方官府运行的基础。他们不仅人数众多，而且承担了官府的大多数具体事务[③]。同时，地方官在处理政务时，多不与民众直接接触，而由胥吏作为官府各项事务的执行者，与民众直接接触，成为连接地方官府与民众的重要中介。本书试图通过考察胥吏在地方官府与民众沟通过程中所扮演的角色[④]，进而探讨他们在地方社会中的作用。

（一）胥吏的来源及其专职化

王朝的统治依赖于各级地方官府，地方官府治理地方则需要吸收地方的上层势力，协助地方官，维系官府体制的运作。这是秦汉以来地方社会的基本政治格局。但随着中央集权的发展，地方上层势力参与地方政权的途径不断变化。秦汉至北朝时期，地方上的豪族势力多以府州佐官的身份加入地方政权，他们是由地方长官奏荐或辟征的，具有正式的官员资格。自北朝至隋唐，随着中央集权的加强，地方上的强干之家不能再以府州佐官的身份参与地方官府的运作，而以胥吏的身份供官府驱使[⑤]。他们在地方官府中的地位逐渐降低，"役"的色彩日益明显，甚至成为其躲避的负

---

① 王曾瑜：《宋代的吏户》，第48—52页。朱瑞熙论述宋代的胥吏则不包括乡役人，《中国政治制度通史》第六卷，第714—715页。由于宋代的胥吏与役法关系紧密，有学者认为役人与胥吏不同，宋代的职役经历了逐渐胥吏化的过程，参见柳田节子《宋代乡村的户等制》，《日本学者研究中国史论著选译》第五卷，北京：中华书局，1993年，第201页。从本书的主题来看，还是将乡役人算作官府胥吏的范畴。

② 《陆九渊集》卷八《与赵推》，北京：中华书局，1980年，第112页。

③ 梅原郁曾根据《淳熙三山志》和《嘉定赤城志》探讨宋代地方州县的胥吏人数，据统计，福州治所的胥吏数达四百六十六人，台州治所的胥吏数有三百四十二人，《宋代官僚制度研究》，第508—510页。这些数字当只是根据福州、台州州衙的胥吏来统计的，梁庚尧还统计了福州、台州城内其他衙门内的胥吏数，《南宋城市的社会结构》（原刊于《大陆杂志》1990年第八十一卷第四至第六期），《宋代社会经济史论集》，第594页。关于胥吏所承担的事务，《宋史》卷一七七《食货志》上五载："宋因前代之制，以衙前主官物，以里正、户长、乡书手课督赋税，以耆长、弓手、壮丁逐捕盗贼，以承符、人力、手力、散从官给使令；县曹司至押、录，州曹司至孔目官，下至杂职、虞候、拣、掐等人，各以乡户等第定差。"（第4295页）

④ 祖慧在《论宋代胥吏的作用及影响》一文中曾论及宋代胥吏具有沟通上下联系、减少政策失误的积极作用（《宋史研究论文集》，保定：河北大学出版社，2002年，第110—125页）。但祖慧所论主要还是限于地方官府内部的文书传递，与本书所关注的官民沟通不是同一层次上的"沟通"。

⑤ 参见滨口重国《所谓隋的废止乡官》，《日本学者研究中国史论著选译》第四卷，北京：中华书局，1992年，第315—333页。

担。但这些胥吏仍然是地方官府所依赖的重要力量，代表着地方上的有势力阶层①。

北宋前期，地方官府的胥吏继承了隋唐以来的变化，主要由乡村上户来充当，"役"的色彩更重，被称为职役。虽然职役具有强制色彩，成为乡村上户的负担，但通过职役充当胥吏，仍然是乡村上户参与政权、获得部分特权的主要途径②。神宗熙宁年间，朝廷凭借着中央集权的力量，改差役法为募役法，向乡村上户等直接收取免役钱，由官府募人充役。此后，州县役人多由官府雇募，而乡役人则时行募役，时行差役，有时是差募兼行。

宋代役法的变化相当复杂，影响也很广泛，且与本书主题无直接关联，故不赘论。与本书有直接关涉的，乃是由差役到募役的变化，对于地方社会的构成产生的极大影响，即胥吏作为地方社会的一支新力量崛起。在施行差役法时，胥吏是从乡村上户中轮流差充的，与乡村社会关系紧密。改行募役法，胥吏（主要是州县役人）不再由乡村上户轮流充当，而由地方民户（主要是坊郭户，亦包括少数乡村民户③）自愿投充，成为专职的胥吏。这与以前的胥吏有了很大的不同，甚至获得了"吏户"的法定名称。《嘉定赤城志》曾论及这一转变说：

> 自罢乡户用市户，而州县之吏罕良民矣。余记故老言："乡户不足于材，而有馀于行，其真朴逊厚，里党多化焉，则使以行文书、奉期会，宜有易无难也。及其后变法，浮屯诡聚，簸弄福祸，无益于上，而有损于下，则至于民畏吏、吏困民，民吏相仇而不足以相德。上之人疾吏则吏怨，疾民则民散，其滔滔滋患，讵一日之积哉？"前辈论差顾二端，舌本烂漫，由今而论，得失概可睹已，于其中而变通之，岂无长策？而余不敢僭也。④

---

① 参见张泽咸《唐代阶级结构研究》，郑州：中州古籍出版社，1996 年，第 185—190 页。

② 孙毓棠：《关于北宋赋役制度的几个问题》，原载于《历史研究》1964 年第 2 期，后收入《孙毓棠学术论文集》，北京：中华书局，1995 年，第 456—466 页。孙氏所论较为笼统，漆侠在《宋代经济史》中对于宋代差役的情形做了进一步的区分，认为州县中的"吏"或"吏人"系召募当地富豪（主要是大地主）充任，个别的中下层地主、自耕农试图通过衙前役或税吏获得政治地位和经济利益，而绝大多数的诸色差役则带有劳役的特色。《宋代经济史》（上册），第 452—457 页。孙毓棠认为职役（差役）是北宋政府依靠地方上的上户（地主）来施行催税、治安乃至镇压，维持统治。就地方官府的统治而言，本书以为地方上的上户为应付差役充任各类胥吏，是地方官府依赖的重要力量，而且这些上户亦可以在充任胥吏时获得一定的政治地位，增强其在地方社会的影响力。

③ 参见漆侠《宋代经济史》（上册），第 464—478 页；王曾瑜《宋朝的吏户》，第 45 页。

④ 《嘉定赤城志》卷一七，《宋元方志丛刊》本，第 7415 页。

据此，变法前的胥吏（主要是州县役人）与“里党”关系紧密，变法后，他们则成为上（官府）下（民众）之间的新力量，“无益于上，而有损于下”，反映他们具有了独立的利益，“民畏吏”而“上之人疾吏”，亦反映了他们对上下的影响。

虽然乡役人是差雇兼行，但实际过程中乡役人也出现了专职化的情形。南宋理宗朝知安庆府黄榦曾论述说：“国家之制，保正谓之大役，户长谓之小役。……今之保正副、户长者皆非亲身，逐都各有无赖恶少，习知乡间之事，为之充身代名，执役之亲身虽屡易，而代役之充身者数十年不易也。”①这反映了差役法施行过程中，“无赖恶少”长期把持保正副、户长等乡役人的职位。

专职胥吏凭借其在地方官府中的地位及因此获得的政治资源，成为地方官府、官户、乡村上户之间的制衡力量②。一方面他们适应了地方官府的需要，承担了越来越繁重的事务③，关于此点，详见后论；另一方面他们成为地方社会与官户、乡村上户相互依存的重要力量，关于此点，试从下述两个方面进行分析④。

首先，胥吏与官户、乡村上户之间有利益上的共同考虑，相互利用。官户、乡村上户需要借助胥吏的力量来牵制地方官府，成为他们在官府内部的奥援。同时，胥吏执行官府的政策，直接与官户、乡村上户打交道，亦需要得到他们的支持。正是出于这样的利益考虑，史料中频繁出现有关胥吏与豪强（按即指官户和乡村上户）之间相勾结的记载。胥吏与豪强之间的相互利用，一方面有利于官府政策的贯彻，另一方面也一定程度上削弱了地方官府的权威。

其次，胥吏亦与官户、乡村上户之间存在矛盾冲突。这一方面是由地方官府与官户、乡村上户之间的矛盾造成的，毕竟胥吏是在为官府当差。

---

① 《历代名臣奏议》卷二五九黄榦《代抚州陈守上疏》，上海：上海古籍出版社，1989 年，第 3389 页。

② 佐竹靖彦曾对南宋福建路建州的土豪与胥吏的关系进行了细致的探讨，认为胥吏阶层是一个不同于官僚阶层（的）［和?］土豪阶层的另一个阶层，他们处于由官僚来维持的全国性行政机构和以土豪为中心形成的地域性社会秩序的交界处，同时胥吏阶层实质上和官僚阶层、土豪阶层构成同一社会阶层（《宋代建州地域的土豪和地方行政》，《佐竹靖彦史学论集》，第 218—219 页）。所谓土豪阶层，是具有建州地域特点的地方势力，有其特殊性。但佐竹靖彦对于胥吏阶层的位置的探讨仍有启发意义。

③ 参见黄宽重《从中央与地方关系互动看宋代基层社会演变》，第 105—108 页。

④ 参见林煌达《南宋吏制研究》第五章《吏员与政治、社会的互动关系》，台湾中正大学历史研究所博士论文，2001 年，第 232—285 页。

另一方面，胥吏作为一个独立的力量，有其自身的利益考量，而他们在地方官府中的位置就是他们获得利益的主要途径。胡太初曾论说："稍有赀产者，又孰肯为吏哉？非饥寒亡业之徒，则驵狡弄法之辈；非私下盗领官物，则背理欺民财物尔。"①所谓"背理欺民财物"，既包含了胥吏虐害贫弱的情形，也不能排除对乡村上户的盘剥，因为他们亦是赋役的重要承担者。

胥吏成为可能与官户、乡村上户相抗衡的特殊阶层，乃是由于胥吏之专职化，使他们得以长期占据地方官府与民众之间的关键位置。

（二）胥吏的中介位置

地方上的胥吏是地方官府推行各项政务依赖的主要力量，根据他们活动的性质与范围而被区分为州县役人和乡役人。州县役人主要是在官府衙署当差，他们可以再进一步区分为吏人和公人，吏人多与官府的文书运行密切相关，包括州府衙署中的孔目官、押司、开拆官以至贴司，以及县衙中的押录、贴司、书手等，他们的地位相对较高；而公人则主要是从事各类杂使的胥吏，包括州府中的衙前、专副、秤子、库子、狱子、杖直、兵级等，以及县衙中的手力、斗子、库子、秤子等，他们地位较低②。乡役人主要是在乡里当差，负责督催赋税和乡里的治安。

胥吏作为地方官府日常政务的操办、执行者，处于官府与民众之间的中介位置，官府政令的形成、颁布，日常政务的运转，无不有赖于各类胥吏的协调、合作。首先，胥吏熟悉官府的法令条例③，为地方官制定各项政策提供了参考意见。朱熹曾记述其任同安县主簿时的情形说：

> 初任同安主簿，县牒委补试。唤吏人问例。云："预榜晓示。"令其具检，（事项）颇多。即谕以不要如此，只用一幅纸写数榜，但云县学某月某日补试，各请知悉。临期吏覆云："例当展日。"又谕以"断不展日"。④

① （宋）胡太初：《昼帘绪论·御吏篇第五》，《丛书集成初编》本。

② 参见王曾瑜《宋朝的吏户》，第48—53页。祖慧将州县官府中的胥吏根据其工作性质细分为文书吏、衙前吏、仓库吏、驱使吏、治安吏和督赋吏六种（《宋代胥吏的构成与迁转出职制度研究》，第25—29页）。但其将书铺户算作官府的胥吏，则有所混淆。

③ 叶适认为吏强官弱，原因在于吏熟悉法、例，所以"废官而用吏"，是因为"废人而用法"。《叶适集·水心别集》卷一五《上殿札子》、卷一〇《始议》二，北京：中华书局，1961年，第834—835、759页。关于胥吏熟知朝廷官府的法令条例及其影响，参见祝总斌《试论我国古代吏胥的特殊作用及官、吏制衡机制》，原载《国学研究》第五卷（1998年），后收入其论文集《材不材斋文集》，西安：三秦出版社，2006年，第73—84页。

④ 《朱子语类》卷一〇六，北京：中华书局，1985年，第2639页。

据此，不熟悉地方事务的主簿要公布补试县学生的政令，首先会征询吏人，了解旧例。虽然朱熹实际施行时并没有完全按照吏人提供的旧例来颁布榜文，但却反映了掌握旧例的吏人，通常是地方官依赖的对象。在执行政务的过程中，吏人还可能依据旧例主动提供建议。

其次，胥吏在地方官府的文书运作体制中占据了关键的位置[①]。绍兴二十五年(1155)，刑部员外郎曾指出，当时"郡县长吏间有连日不出公厅，文书讼牒多令胥吏传押，因缘请托，无所不至，乡民留滞，动经旬月，至有辨讼终事而不识长官面者"。这是地方官将文书讼牒交由胥吏掌控，使得朝廷和官府不能"尽民之情、宣上之德"[②]，民情不能上达，上恩也不能为民所知。地方官将文书交由胥吏处理，这与当时文书处理的繁难有关。朱熹曾论及当时县主簿、州通判所管赋税簿书之繁重，指出："主簿就职内大有事，县中许多簿书皆当管。某向为同安簿，许多赋税出入之簿，逐日点对佥押，以免吏人作弊。时某人为泉倅，簿书皆过其目。后归乡与说及，亦懵不知。他是极子细官人，是时亦只恁呈过。"[③]面对众多的簿书，即使是"极子细"的地方官也只能大略过目、佥押，而无暇逐一审核。地方官府簿书的制作、运转事实上需要由各类胥吏具体负责。

在地方官府征发赋税、推行差役过程中，乡书手负责登记人户田地物产多寡，成为官府制作租税簿账的依据，在民户典卖田宅时负责推割税租的登记工作，填写契书；在诉讼过程中，有开拆司吏人负责受理民户的诉状，南宋时期县推司的审问甚至也由胥吏负责，所谓"追呼讯鞫，具名以禀，悉出吏手"[④]。对此学者都已有系统的论述[⑤]。

此外，据《作邑自箴》记载：

> 勒乡司供出村分地形高平低下，仍画图子三本，厅所燕息之处各

---

① 祖慧曾注意到中央各司胥吏在文书运行过程中的作用；林煌达则从官府文书的角度来考察宋代胥吏在地方官府中的位置，而侧重于赋税、差役、诉讼三个方面的运行过程。

② 《宋会要辑稿》职官四七之三〇。

③ 《朱子语类》卷一〇六，第2639页。

④ 《历代名臣奏议》卷二一七刘行简《乞令县丞兼治狱事疏》，上海：上海古籍出版社，1989年，第2851页。

⑤ 关于诉讼中县胥吏介入审问的程序，徐道邻已有初步的探讨(《宋代的县级司法》，《中国法制史论集》，台北：志文出版社，1975年，第142页)。而林煌达对胥吏在赋税、差役和诉讼三个方面的文书运行中的位置有系统的论述(《南宋吏制研究》，第65—79，第95页)。关于乡书手的作用，还可参看王棣《宋代乡司在赋税征收体制中的职权与运作》，《中州学刊》1999年第2期，第127—132页。

> 张一本，内一本连所供文状入架阁库，图子以色牌子别之（谓高以朱，平以肉红，低以青，平以黄，下以碧，仍各乡计，逐色数目挂之），以防水旱，易于检视，检旱以低（高?）为先，涝以高（低?）为先。[①]

乡司即乡书手，据此可知地方官府是通过乡司之手来掌握乡里的地形高下，画出地图，作为检视水旱的依据。同书还记载：

> 取责逐耆长所管乡分图子，阔狭地里，村分四至，开说某村有某寺观庙宇、古迹、亭馆、酒坊、河渡、巡铺、屋舍、客店等若干，及耆长、壮丁居止，各要至县的确地里，委无漏落，诣实结罪状连申，置簿抄上。内寺观庙亭馆倒塌，酒坊客店开闭，仰即时申举，以凭于簿内批凿，寺庙等依旧兴修，坊店复有人开赁，亦仰申报。[②]

据此，官府还通过耆长制作的图状来掌握地理及境内的寺观亭馆酒坊的分布情况，特别是寺观亭馆酒坊的兴废，需要耆长的即时申报、登记[③]。

民众在诉讼活动中的投状，一般由“排状”的胥吏加以检视，以防匿名、假名的弊端[④]。而诉讼过程中所需要的人证，如果无法到厅作证，一般是由耆长、保正等乡役人召集邻里当众撰写供状，作为证词[⑤]。

地方官府的政令需要通过各种榜谕来公布[⑥]，这也多由胥吏领取、张布。《作邑自箴》记载：“诸榜示责主管人领状连入案（不用者勾收毁抹讫，朱批元领状后押官），逐案置发引帖簿抄上，所给日限令承差人批领去日时。”[⑦]所谓“主管人”，当指胥吏。另据《宋会要辑稿》所载绍兴二十九年（1159）的诏书，在地方官府出卖没官、户绝田产时，“访闻常平司并州县人吏多受（情）[请]嘱，邀阻乞觅，及不将前后措置多出文榜晓示。虽出文榜，随即隐藏，不令人户通知。或州县作弊，欲使人低价买得，榜内更不写出田段、价直，却令买田人先低价投状，临时于纸缝内用纸搀入所买田土，外人无从得知，致出卖稽违”。诏书中的上述内容当源自中书门下省的报告，其中说：“盖缘常平官视为虚文，不切督责，及州县知、通、令、丞弛慢，全不

---

① （宋）李元弼：《作邑自箴》卷一，《四部丛刊续编》本。

② （宋）李元弼：《作邑自箴》卷三。

③ 参见《州县提纲》卷二“详画地图”条，《丛书集成初编》本。

④ 《州县提纲》卷二“受状不出箱”条。

⑤ 《名公书判清明集》卷五《经二十年而诉典买不平不得受理》，第162页；《作邑自箴》卷七《榜耆壮》。参见本书第三章第一节。

⑥ 关于地方官府的榜示，详见第二章。

⑦ 《作邑自箴》卷二。

究心觉察,容纵吏人受嘱,高下估价,隐匿文榜,百端欺弊,致出卖稽违。"诏书中所谓"州县作弊"即由此而来①。可以看到,胥吏将官府的诸多措置落实为榜谕文字,并负责张布榜谕。同时,胥吏在这一过程中出现的索取贿赂等弊端,似与地方官的态度有直接的关联,不能单纯地看作胥吏营私舞弊②。

第三,胥吏与地方官的距离较近,同时又是民众与官府发生联系时直接接触的人群。胥吏与地方官的距离近,因此他们得以乘便"献说"或进以"私语"。《州县提纲》论说胥吏的"献说"云:

> 为政中和,则百姓有所恃,虽不嘱吏,其心不恐。故吏大率多欲长官用严刑,则人畏其不测,彼得乘势以挟厚赂。如催科本宽,彼则献说曰:"今亏常赋若干,宽则人玩而弗输。"故长官之信吏者,必转而为严。及彼得赂,则催科迟滞,而彼亦不问矣。期限本宽,彼则献说曰:"是民俗素顽,宽则人玩而不畏。"故长官之信吏者,必转而为严,及彼得赂,则期限违戾,而彼亦不问矣。故凡吏有献说,须察其可行,不可遽听,要在宽严适中,则亡弊矣。③

这里的胥吏所献之说,多与宋代(尤其是南宋)州县财政的窘境相合,有一定的合理性,所以地方官不得不接受其"献说"。即使是精明强悍的地方官不肯一切"任吏"④,胥吏则"广说道理,曲为游扬,使令不容不从其言"⑤。

献说进言既成了胥吏为自己谋取私利的条件,也为地方上的"豪横""奸民"打通关节提供了机会。《州县提纲》中记载:

> 厅吏有所求不如意,或受人私嘱,将以中伤乎人者,知其不可明言,乃于长官启闭之侧,自相告语,令其听闻。往往不察其实,遽将无辜人捶楚,以中奸计者,甚且言先入而终不可解者。不知无故之语,必

---

① 《宋会要辑稿》职官四三之三二—三五绍兴二十九年七月五日诏。

② 王曾瑜曾指出胥吏的乞觅勒索行为与官员的纵容密切相关(《宋代的吏户》,第96—98页)。

③ 《州县提纲》卷一"吏言勿信"条。

④ 《叶适集·水心文集》卷一五《林伯和墓志铭》记载林鼐(字伯和)的仕宦时说:"在定海,郡令受租输。伯和纵民自概量,吏争曰:'数不足,当俱坐。'伯和故行之,卒无欠。在侯官,方视印,吏言无以解板帐,请逮逋户,伯和曰:'吾未晓也。'榜:'尽三日约民量自欠输十之二,过是当考实均限。'民争输不失期。因尽阅邑目,得其要,戒吏旁立待命而已,无得预理欠,迄伯和去,无以逋税受笞者。"(第288—290页)虽然林鼐竭力防范胥吏,躬亲事务,但胥吏仍试图从旁"献说",只是没有被他接受而已。

⑤ 《昼帘绪论·御吏篇第五》。

有其故，岂可遽信?[①]

据此，胥吏在地方官“启闭之侧”或“启处之间”，通过“无心之言”，使“其语阴入于令之耳”[②]。这从另一个角度说明胥吏占据“启闭之侧”的位置，以“私语”来影响地方官，“不明言而阴入”，地方官往往防不胜防。当然这是较为负面的印象，它一定程度上反映了胥吏的建议往往成为地方官决策的依据。此外，在地方官府的诉讼过程中，有从事教唆的“哗徒”[③]介入其中，他们为了包揽词讼，经常要到官府“听探公事”，渠道之一就是通过衙署内的胥吏来获取案情进展，即所谓“漏泄狱情”[④]。胥吏谋求私利，造成了制度中的“缝罅”，为有财有势的豪民提供了传递或者获取信息的渠道，借此影响地方官府。

民众因为赋役、诉讼等事务与地方官府发生关联，他们首先要与胥吏发生直接接触。这些胥吏包括催督赋役的乡书手、保正、户长、甲头等乡役人，官府仓库负责收缴两税等税赋的库子、秤子等，诉讼过程中遇到的排状吏、案吏、推吏等。即如官府衙署的门子（或称“阍人”），由于他们占据了联系官府内外的门闹，是民众进入官府的必经之地，也成了关键角色。《作邑自箴》载：“公事入县门，门子不得阻节”，但有“酒醉并心恙之人及持棒杖之类投衙”，则门子“不得放入”[⑤]。所以民众投衙能否被接受，门子有临机的把握和刁难邀阻的可能。《州县提纲》记载：“受状当有定日，否则门禁稍严，或被劫夺，急投追捕，或困垂命，急欲责词，或被重伤，急欲验视，多阻于阍人，而情不得达。”[⑥]可见民情能否为地方官知晓，诉状能否得到受理，阍人所处的位置是个关键。

在民众眼中，胥吏身上套着“官”的外衣，他们在执行官府的各项事务时，代表着地方官府。在诉讼的过程中，审问时胥吏从旁“诃遏”，裁决时由其宣读地方官的判决，易给民众以官府“曲直”出于胥吏的印象[⑦]。地方

① 《州县提纲》卷一“勿听私语”条。

② 《昼帘绪论·御吏篇第五》。

③ 哗徒，或称讼师，详见本书第三章第四节。

④ 《清明集》卷一二《专事把持欺公冒法》，第474页；同卷《教唆与吏为市》，第476页。《陆九渊集》卷八《与赵推》中曾论说当时官府审案时，“吏卒必阴漏其事”（第111—112页）。

⑤ 《作邑自箴》卷五。

⑥ 《州县提纲》卷一“情勿壅蔽”条。

⑦ 《州县提纲》卷二“通愚民之情”条，同卷“示不由吏”条。虽然这条材料是强调地方官在听讼时，不能让胥吏介入审问的过程，而使之“敛手以退，远立于旁”，由地方官直接审问“二竞人”（即诉讼当事人双方），认为这样就能使“曲直不出于”胥吏，但也透露出胥吏经常介入审问的过程，弄法作威。

官一旦委任胥吏,在民众眼中,“便以为官司曲直皆出彼之手,彼亦妄自夸大以骄人,往往事亡巨细,俱辐凑之,甚至其门若市,而目为立地官人者”①,《清明集》中亦有胥吏被称为“立地知县”,把持县权②。显然胥吏自己亦有意识地利用地方官对他们的依赖来造舆论,确立其在地方社会的地位。由于胥吏处在地方官与民众之间的中介位置,使得民众“不知官长本不知”,所以宋代士大夫常常批评胥吏的为非犯法,是为朝廷敛怨,所谓“彼之贿日厚,而我之恶名日彰”③。这在一定程度上反映了胥吏在民众眼中代表官府在行事,民众对官府的印象与胥吏的行为有密切关联。胥吏在民众眼中的这种形象对官府与民众的沟通产生影响,如在地方官听讼、诘问时,胥吏从旁诃遏,直接影响了民众的心理,“终于泯默受罪”,使民情难通④。

正因为胥吏居于官府与民众之间,占据着沟通要道上的枢纽位置,不但控制着官府的文书运行过程,基层的各种信息都要经过其手方能为地方官获悉,同时还影响到朝廷、官府政令的传布过程,所以胥吏在地方官与民众之间往往能左右逢源,既为地方官所依赖,也是地方豪强积极笼络的对象,从而成为影响地方社会的重要力量。

(三)地方官对胥吏的防治

胥吏居于地方官与民众之间的中介位置,熟悉法令条例,掌握着文书档案,是地方官治理地方的重要辅助力量。另一方面他们与民众直接接触,凭借官府的权威,甚至可以与官户、乡村上户等势力相抗衡,从而确立其在地方社会的地位。

对于胥吏的上述作用和影响,地方官既要加以利用,又要对实际运作中出现的弊端加以防治。一方面,地方官要依赖各类胥吏维持官府体制的运转。这既是制度运作的产物,亦反映当时的士大夫对于官、吏角色的自觉区分。朱熹认为“大抵做官,须是令自家常闲,吏胥常忙,方得。若自家被文字来丛了,讨头不见,吏胥便来作弊”⑤。说明有经验的地方官意识到,自身不能被文书所困,而要由吏胥担当初步处理文书的繁杂工作,自己则在决策时保持清醒头脑。这提醒我们,胥吏在衙署中的活动,在一定程度上反映着官府体制内官吏之间的合理分工。正是这种内部分工的需要,

---

① 《州县提纲》卷一“防吏弄权”条。

② 《清明集》卷一二《违法害民》,第412—413页。

③ 《州县提纲》卷一“防吏弄权”条。

④ 《州县提纲》卷二“通愚民之情”条。

⑤ 《朱子语类》卷一〇六,第2648页。

使胥吏在官府体制中的中介位置无法取代。地方官“常闲”，胥吏“常忙”，可以减少胥吏作弊的机会。胥吏为患首先是体制问题，即在体制上是难以避免的，所以当时士大夫的各种批评主要集中于胥吏自身的道德素质①。

另一方面，真正头脑清醒的地方官，对于胥吏在实际运作过程中出现的弊端会努力加以防治。《作邑自箴》中记载当时的“规矩”说：“吏人不得辄出县衙门，如有事故请暂假，不经宿者取覆请牌子，具事目执付门子放出，仰门子即时前来报覆，如判得假状，即执付主假故簿人吏，书在假日时，官员押讫，方得前去，至参假日，亦须书凿日时、官押，以凭久远，照会该与不该行遣公事。”②据此，地方官对胥吏出入官衙加以控制，形成了严格的制度。这一方面是防止胥吏随意下乡，依仗官府的权威欺压百姓，另一方面也是限制胥吏透露信息。对于后者，还规定：“诸色公人男女家人之类不得入县衙门，若送饮食之类，许暂到司房便出。”③防止胥吏通过其亲属传递信息。再如在诉讼的审问过程中，地方官试图限制胥吏的介入，禁止其加以“诃遏”，束手在旁，而对民众“和颜而问”④。朱熹认为“做官须立纲纪”，他重视通过“程限”（即文书运行的时限）来约束胥吏，谓之“大纲纪”。针对胥吏在文书运行过程中的“邀索”，他认为只要“严限以促之”，即能加以限制⑤。

北宋宣和年间，明州慈溪知县重修官衙，“徙诸吏出而居之，惟典刑、常平暨夫摘山煮海之职，仍处其中，盖谳议之密、货泉之聚，尤所重也”。后来有人质疑说：“徙诸司于中门之外，吏得以自便，公不得见而知也。”知县回答说：“古有不出户而知天下，中门之外，犹在吾城中。”并悬赏告发那些私自外出的胥吏。结果，“群吏之家有至急难，无敢越诸阃，必也朝入而暮出。间有讼者入，与吏俱（曾）［会］，日未昃而曲直决矣。以故庭无留讼，乡无横移”⑥。根据这些材料，虽然冯锐说“中门”之设还有公布政令的作用，但对胥吏的限制也是创设中门的重要目的。尤其是涉及到诉讼，即所谓“谳议之密”不能让胥吏透露出去，以免引起案情的变动和裁决的旷日持久，因此即使将其他诸司迁出中门之外，使其有自由活动的便利，但关于刑狱诉

① 参见王曾瑜《宋代的吏户》，第96—98页。

② 《作邑自箴》卷五。

③ 《作邑自箴》卷五。

④ 《州县提纲》卷二“通愚民之情”条。

⑤ 《朱子语类》卷一〇六，第2648—2649页。

⑥ （宋）冯锐：《慈溪县修县门记》，《乾道四明图经》卷九，《宋元方志丛刊》本，第4943—4944页。

讼的胥吏始终被限制在中门之内。此外，从知县“中门之外，犹在吾城中”的说法中，亦反映其对其他胥吏没有放弃监督和控制。

不仅有对胥吏活动的直接限制，地方官还试图摆脱胥吏，直接与民众接触。他们或主张地方官亲力亲为，或加强与民众的接触，防止胥吏在沟通环节上造成的弊端[①]。通过“首延父老，寓以敬爱之意，然后博询乡曲，其有孝友著闻、行义卓异者，必屈己求见，必置酒登延，护其门闾，宽其力役”，使人效仿，即是拓宽信息的渠道，增加接触的机会，“大启门庭，屏去吏卒，躬自呼之几席之前，康色诘问，以尽其所欲言”；亦有将法律条文“榜之墙壁”，“明白戒晓”，试图保证渠道的畅通无阻[②]。由地方官亲力亲为，无疑加重了地方官的事务，即使是个别精强的地方官，实际上也始终难以摆脱对胥吏的依赖。

关于胥吏在文书运行过程中的作用，有些地方官试图加以限制，而亲力亲为。但朱熹指出：

> 凡为政，随其大小，各自有有司，须先责他理会，自家方可要其成。且如钱谷之事，其出入盈缩之数，须是教它自逐一具来，自家方可考其虚实之成。且如今做太守，人皆以为不可使吏人批朱。某看来，不批不得。如词诉反覆，或经已断，或彼处未结绝，或见在催追，他埋头又来下状，这若不批出，自家如何与他判得？只是要防其弊。若既如此后，或有人词诉，或自点检一两项，有批得不实，即须痛治，以防其弊。[③]

可以看到，朱熹一方面认为让吏人批朱是保证文书运行的关键，“不批不得”，否则钱谷、词诉事务阻滞难行，另一方面，对吏人的作弊要加以防治，由地方官对文书加以抽查。针对前述官衙的阍人所造成的弊端，地方官试图“于公厅之侧，辟一室通内外，听讼于斯，饮食于斯，读书染翰于斯，严戒阍人，俾民吏凡有警者，非时皆许直造，则情无壅蔽”[④]。虽然地方官欲民吏能够“直造”，由其直接面问，但阍人的位置仍难以取消。

陆九渊曾论说：“官人常欲知其实，吏人常不欲官人知其实，故官人欲知事实甚难。官人问事于吏，吏效其说，必非其实，然必为实形。欲为实形，亦必稍假于实。盖不为实形，不能取信。官人或自能得事实，吏必多方

---

① 柳立言：《从官箴看宋代的地方官》，《宋史研究集》第二十一辑，台北：“国立”编译馆，1991年，第124、128、135—136页。

② 《昼帘绪论·临民篇第二》。

③ 《朱子语类》卷四三《论语·仲弓为季氏宰章》，第1098页。

④ 《州县提纲》卷一“情勿壅蔽”条。

以乱之,纵不能尽乱之,亦必稍乱之。盖官人纯得事实,非吏人之利也。故官人能得事实为难,纯以事实行之为尤难。"[①]这里的"事实"是指一种真实的信息。假如排除陆九渊对于胥吏的主观偏见,上述内容很生动、贴切地说明了地方官与胥吏之间的微妙关系。地方官不能回避胥吏的作用,而不得不"问事于吏",胥吏亦需要掌握信息来保持其地位。地方官虽然设法限制胥吏的活动和影响,并试图从别的途径获取信息,但胥吏亦千方百计地阻滞地方官获取全部信息,因为"官人纯得事实,非吏人之利"。实际的情形应该是,地方官欲了解全部信息而不可得,胥吏欲完全隐瞒信息亦不可得,地方官只能从胥吏那里获取部分的信息(所谓"实形"),胥吏亦须提供"实形"反映部分的事实真相,从而实现对全部事实真相的控制。

地方官府通过上述对胥吏活动的限制,或者避开胥吏,直接与民众接触,来防止胥吏舞弊。同时,胥吏由于占据官府与民众之间的中介位置,对于地方官具有牵制作用。这一定程度上反映了地方官与胥吏之间的制衡关系。在实际事务中,胥吏的位置和作用依然不能回避,以致地方官对于胥吏形成了一种依赖,即使在其违犯作弊时,也对其曲加回护[②]。

北宋中期以后,地方官府中的胥吏逐渐成为地方社会与官户、乡村上户并存的新势力。在官府与民众不同层次的接触过程中,胥吏处于中介的关键位置,各种信息需要通过胥吏传递。民众根据其接触的印象,往往将胥吏与官府的权威联系在一起。地方豪横亦试图利用胥吏所处的中介位置,传递或获取信息,动摇官府,以致把持州县之权。胥吏所占据的中介位置,使其既能沟通官府与民众的联系,亦有可能阻滞信息传递的过程。因此,地方官在依靠胥吏获取信息、推行各项事务的同时,亦试图防止胥吏阻隔地方官府与民众之间的信息渠道,拓宽其获取信息的渠道。

胥吏凭借其在官府体制中所处的位置,及其对法令条例的熟悉,对地方官产生了一定的牵制乃至掣肘,甚至有意识地"不欲官人知其实"。虽然这尚不能说明胥吏取代了地方官而成为王朝统治所依靠的主要力量,所

---

① 《陆九渊集》卷八《与赵推》,第 112 页。

② 《清明集》卷一一《恣乡胥之奸》载:"牒州契勘嘉熙间折变因依,周森罪如牛毛,阖县所疾视,州县往往以此县户眼弊幸,皆在周森胸中,若行配去,恐向后欲整顿版籍,更无知首末乡胥。其实不然,只怕无知县,岂怕无好乡司。若占护周森不已,则怨丛于知县之身,县道愈见多事。螫手断腕,何有于周森。不必动勘,径将本人决脊杖十五,只刺配饶州,庶免走逸。牒报主管司及帖县。"(第 424 页)。虽然周森受到了上级官府的严惩,但州县地方官仍试图加以回护,原因在于"此县户眼弊幸,皆在周森胸中"。参见同卷《去把握县权之吏》,第 427—428 页。

谓“废官而用吏”实际上不可能发生①,但却反映了胥吏在地方社会的地位,俨然已经成为影响地方社会治理秩序的重要力量。

三、地方官周边的其他人群

在地方官周围还存在两类人群,一是地方官的亲戚与随从之属,一是地方上的僧道医术之辈,他们凭借各自的机缘,与地方官结成密切的关系,在地方官与民众接触的过程中发挥着独特的作用。与胥吏作为地方官府体制的正式人员,受到官府制度规定的明确约束相比,上述两类人群则与官府的制度没有直接的关联,而与地方官有密切的、非正式的私人关系②。这使得他们在地方官与民众接触时所起的作用,与胥吏不同。

(一)亲戚随从

地方官的随从人员是指跟随官员赴任地方的人员,包括地方官的妻妾、子弟、亲戚、乡党和仆从等③。他们因为与地方官有特殊的关系,成为影响地方政治的潜藏力量,还没有受到足够的关注。本书即试图对宋代地方官的随从人员加以考察,对他们与地方官的关系,以及他们在地方治理中扮演的角色加以探讨。

1. 地方官的周围

官员无疑是影响王朝政治的关键因素,向来受到研究者的关注。从官制的角度来研究宋代官员的选任、考核官职的职能,已经取得了很多成果,为认识宋代官僚制度的特色奠定了基础。同时,还有学者从社会、阶级的角度来审视宋代的官员,如朱瑞熙研究宋代官员的子弟④,王曾瑜研究宋

---

① 前引祝总斌《试论我国古代吏胥的特殊作用及官、吏制衡机制》,第84—94页。

② 所谓正式、非正式,主要是就其相对于官府的身份和实际影响而言。瞿同祖曾讨论过清代州县官与幕友、长随之间的非正式的、私人性的关系,而书吏、衙役则与州县官保持一种正式的公务方面的关系,见《清代地方政府》,法律出版社,2003年(英文原著刊于1962年,此据范忠信、晏锋的中译本)。宋代的地方官尚没有出现私人雇佣性质的幕友,此外地方官的亲戚随行很多是长随的重要来源,因此本书要考察的非正式群体,主要是没有被纳入官方正式的制度体系内的亲戚随行、僧道术士等,他们因为人际关系和私人交往而与地方官发生关联。

③ 本书第四章以朱熹按劾唐仲友为个案进行研究,其中唐仲友的亲戚随从在地方事务中有着广泛的影响,可以参看。

④ 朱瑞熙:《宋朝官员子弟初探》,《国际宋史研讨会论文选集》,保定:河北大学出版社,1992年,第361—381页。此文后收入朱氏的论文集《疁城集》(上海:华东师范大学出版社,2001年)。

代的官户①，他们的研究已经将对官员的研究延伸到官员的周围，研究他们的子弟乃至家庭成员、仆从。上节曾论及，胥吏也是官员周围的重要人群，学者从制度运作和对实际政治的影响的角度，对宋代胥吏的构成、升迁、职能等方面也进行了系统的研究。这些研究成果无疑逐渐丰富了人们对官僚士大夫的立体、多层次的认识。

如何进一步推动这些研究的深入？笔者以为需要更切近、更细致的考察，具体来说，首先要将官员区分中央官员和地方官员两个层次，分别加以考察，本书关注的是后者。这样可以将对官员的研究与地域因素结合起来，考察地方官员及其周围的人群，使我们对官员和政治的关系的认识更加层次化和细密，例如讨论宋代官员的子弟和讨论宋代地方官员的子弟，讨论宋代的官户和讨论宋代地方官的家庭成员，是不同层面的问题，前者着眼于官僚制度和社会面貌，较为宏观，后者则可以揭示宋代地方治理的细节，较为微观。前者的研究成果已经颇多，后者的研究尚少。

其次，对官员的周围人群应加以分别的研究，官员子弟则只是其中的一份子。北宋末《作邑自箴》中曾言及县官上任，要“出榜十数要闹处并镇市晓谕：无亲戚、门客、秀才、医术、道僧、人力之类随行”②。这反映了在县官周围有不同层次的复杂人群，他们都与县官有着或近或远的关系，对地方的政治也产生了不同程度的影响。州级官员乃至路一级的监司周围也同样存在各色各样的人物。《州县提纲》中也指出官员到任“四不宜带”，即“亲随、仆若医卜若僧道”③。但这也反映了当时的官员赴任实际上经常有这些人员跟随左右。这些地方官周围的人群需要逐一加以研究。本节主要考察与地方官关系比较亲近的随从人员，包括地方官的妻妾、子弟、亲戚乡党以及仆从（似即上文中的“人力”）等④，下节探讨医术、僧道。

---

① 王曾瑜：《宋朝阶级结构》，第十二章《官户》，北京：中国人民大学出版社，2010 年，第 196—238 页。王氏还与朱家源合写了《宋朝的官户》一文（载《宋史研究论文集》，上海：上海古籍出版社，1982 年），后经修改收入他的《涓埃编》（保定：河北大学出版社，2008 年）。

② （宋）李元弼：《作邑自箴》卷一、卷七，关于宋代官员的门客的资料较少，研究较为困难。秀才主要是没有官员身份的地方士人，医术和道僧是特殊群体，三者的资料较多，值得系统地搜讨研究。

③ 《州县提纲》卷一“四不宜带”条。

④ 广义来说，胥吏也是官员的随从人员，但与本书所讨论的随从人员相比，胥吏带有较强的官方色彩，属于官僚体制的重要组成部分，本书所论的随从人员则带有较强的私密色彩，与官员的关系更加紧密，没有制度化。

2. 地方官的妻妾

宋代官员到地方赴任，其随行人员有哪些人呢？首先是官员的家属，包括妻妾、子女。关于地方官的妻妾，笔者尚未见专门的论述。但学界对宋代士大夫的妻妾则有不少的研究涉及，可以参考①。

在士大夫的笔下，士大夫的妻子的形象多表现为贤淑、孝敬父母、相夫教子、善于持家。作为地方官的妻子，也有更具体的记载。例如北宋程师孟赴任广州知州时，其妻即指出广州乃“珠贝百货之府”，到任的廉洁官员，往往因为家人而陷于腐败，所以她管束家人，“水火不交于民”，程师孟离任时两袖清风，这也是得“夫人之助”。钱观复在州郡任佐官，有疑难不决的案子都交给他来审理，他的妻子徐温就告诫左右“毋得以他事关白，俾之尽心；或从旁赞决，言动得理”②。陈师道在《昌乐县君刘氏墓铭》中记述魏涛［北宋元祐二年（1087）卒］妻刘氏（三年卒）的事迹说：“君为濮狱掾，里豪有狱，因乳医献大珠数万，夫人不取，遂绝医。”③地方上的豪强，通过乳医给司理参军的夫人行贿，是指望通过夫人来影响地方官。这当然都是很正面的记载，是比较理想的情形。

魏涛妻刘氏的墓铭中曾言及，魏涛“强直，数事忤上官”，刘氏就建议说：“子以禄为养，巽以行直，毋危言以近祸而忧其亲。”又载魏氏家富，“群弟尽用且用负，君又偿以禄，夫人不以为难”④。这里可以看到夫君仕途上的险恶，以及官员用俸禄支持家族，给官员的妻子很直接的压力，妻子的态度对官员有直接的影响。南宋的胡太初在论述为官须廉洁时，曾指出当时地方官“物交势迫，浸不自由，素贫贱者，有妻子啼号之挠”，走关系、子女

---

① 关于宋代妻妾的研究很多，不能一一赘举。笔者所注意到的有：刘静贞：《女无外事？——墓志铭中所见之北宋士大夫社会秩序观念》，《宋史研究集》第二十五辑，台北：“国立”编译馆，1995 年。伊沛霞：《内闱：宋代的婚姻和妇女生活》，南京：江苏人民出版社，2004 年，第 104—115、191—205 页。邓小南师：《宋代士人家族中的妇女：以苏州为例》，《朗润学史丛稿》，北京：中华书局，2010 年，第 279—317 页。关于宋代的妾，最新的研究是柳立言《宋代的宗教、身分与司法》（北京：中华书局，2012 年）一书的下编《身分：以妾为例》，书中对前人研究有详尽的述评，可以参看。

② 邓小南：《宋代士人家族中的妇女：以苏州为例》，第 202—205 页。

③ 《后山居士文集》卷一八，上海：上海古籍出版社，1984 年，第 800 页。

④ 参见《后山居士文集》卷一八《朝奉郎魏君墓铭》，第 794—798 页，中言：“君始以进士濮州参军，贾以赂冒官族，脱市版，州下其事，君不受”，则魏涛当时任濮州的司理参军（刘氏墓铭云“濮狱掾”），此可见其“强直”；又言“家产万金，委群弟不问，在亡后争分，君又多予之，有难之者，君不答”。

婚嫁等都需要钱[①]。这也揭示了地方官实际上要受到妻子的负面影响。面对家庭的经济压力和外界的诱惑,地方官的妻子要管束家人,使官员不受家庭的掣肘,是很困难的。

从程师孟、钱观复的实例来看,地方官的妻子对地方官的政治生活可以直接产生影响,甚至为他们断案提供建议。她们虽然可以约束家人,成为贤内助,但也可能会逼迫官员、干预政事。她们的“言动”是否“得理”是因人而异的。

宋代的士人和富民纳妾相当普遍,妾的一个重要职能就是“征歌逐色”,供士人和富民娱乐之用[②]。胡太初指出,地方官在节日宴饮时,常常“聚集娼妓,出入宅堂”,不止于此,他们还“多买姬妾,却令妓女之精于乐艺者,教习歌舞”。这样,妓女就能自由出入官员的宅堂,随时与姬妾“笑语”,两者之间借由教习歌舞而建立密切的关系,“情好稠密”[③]。《州县提纲》也提及“若容侍妾令妓辈教以歌舞,纵百姓妇女出入贸易机织”,则当时亦有“百姓妇女”借推销丝织品的机会进入官员宅堂,与侍妾等人发生关联[④]。

一方面,妓女出入宅堂、百姓妇女出入贸易,会影响到官员的声誉,所谓“管弦之声转彻于街坊,抑亦淫辟之语浸入于闺阃”,或者“启子弟奸淫”。另一方面,更重要的是,这些妓女、商贾等借机请托,或者成为外人“交通关节”的媒介,因为“外人观其出入深熟,嘱之以事”。当然这两方面又是密切关联的,前者为后者奠定了基础。

上述侍妾的形象比妻子的形象显然要负面得多,但两者所扮演的角色是有交织的,不能完全对立,妻子也会与推销丝织品的商贾发生关联,侍妾也可以影响官员的态度。《作邑自箴》亦言:“勿放尼妇出入,收生之妇,事毕亦然。”[⑤]这些尼姑和收生的妇女也是因为与官员的妻妾的关系,可能产生“交通关节”的弊端,因而受到限制。

3. 地方官的子弟亲戚和仆从

与妻妾要局限在闺阃之内相比,地方官的子弟和仆从则可以走出宅堂,与外面的各色人等发生关联,很多时候更以官员的代理人出现,或者被当作官员的代理人。

地方官的子弟跟随父辈来到地方,随侍左右。他们一方面与官员及其

---

① (宋)胡太初:《昼帘绪论·尽己篇第一》,丛书集成初编本。

② 参见柳立言《宋代的宗教、身分与司法》,第140—141页。

③ 《昼帘绪论·远嫌篇第十五》。

④ 《州县提纲》卷一“严内外之禁”条。

⑤ 《作邑自箴》卷一。

同僚近距离接触，熟稔官场，“不患人事不熟，议论不高，见闻不广”，甚至有时藏在照壁后看到官员之间的交际往来，“訾相人物、指摘仪度，见其或被上官诋诃，进退失措者，莫不群笑，声闻于外”①。宋廷曾有规定，禁止帅臣、监司、守贰命随行子弟亲属“接见所部官”，子弟亲属“亦不许自接见”②。说明当时地方官的子弟与父祖辈的下属官员有所接触，或者受地方官之命与下属官员“接见”，或者（甚至是打着其父祖辈的旗号）自己主动“接见”下属官员。

另一方面，他们因为与地方官的亲密关系，被官衙的胥吏和地方人士所看重，成为交通关节的重要媒介。《州县提纲》论述说：“子弟不能皆贤，或为吏辈诱以小利，至累及终身”，因此要子弟“当绝见客”③。《昼帘绪论》也指出：“子弟门客勿令与外人、吏辈交接，或恐有结托之嫌，则祸起萧墙。”④外人和胥吏结交官员子弟，“诱以小利”，其目的自然是要借此打通关节，肆行请托。所谓“小利”，实为“厚利”，因为如上所述，子弟之见闻颇广，人事熟稔，显非“小利”可以打动。

虽然不少地方官对子弟严加约束，使“子弟绝见客，勿出中门，仍严戒吏辈，不得与之交通”。王元规在河清县任官，民谣中“以民吏不识知县儿为第一奇”⑤。既然是“奇事”，反而说明大多数地方官无法做到。南宋的袁采曾说：

> （贵官之子孙）其随侍也，私令市贾买物，私令吏人买物，私托场人买物，皆不偿其直；吏人补名，吏人免罪，吏人有优润，皆必责其报；典买婢妾，限以低价，而使他人填陪；或同院子游狎，或干场务放税，其他妄有求觅亦非一端，不恤误其父祖陷于刑辟也。⑥

这条资料很细致地反映了地方官的子弟对官衙胥吏的驱使和敲诈，胥吏的升迁、获罪与搜刮民脂，都会受到官员子弟的影响，两者之间有着密切的利害关系。看来不能仅仅看到子弟受胥吏的利诱，子弟本身的贪婪也是重要因素，两者的关系是相互为用、彼此获利的。

---

① （宋）周煇撰、刘永翔校注：《清波杂志校注》卷五《随侍子弟》，北京：中华书局，1995年，第209页。

② 《庆元条法事类》卷四《禁谒》，《中国珍稀法律典籍续编》第一册，哈尔滨：黑龙江人民出版社，2002年，第34页。

③ 《州县提纲》卷一“防闲子弟”条。

④ 《昼帘绪论·尽己篇第一》。

⑤ 《州县提纲》卷一“防闲子弟”条。

⑥ （宋）袁采：《袁氏世范·睦亲》，《丛书集成初编》本。

作为衙内,地方官的子弟"狐假虎威",享受惯了父辈的权力带来的种种好处,平时何曾想到自己的贪婪会给父辈的仕宦带来不测风云。宋代地方官因为子弟为恶地方遭到罢官丢职的例子很多。如欧阳修曾弹劾过汾州知州范尹"年老昏昧,不能检束子弟,在州贩卖,骚扰人民"[①];绍兴二十六年(1156),知永州晏孝本罢知州,因为转运司查其"在任不戢子弟,干预郡事"[②];淳熙十六年(1189),龚準因为知南剑州时"纵容子弟交通关节、般贩私盐、屠牛开酤,丑秽狼藉",遭到弹劾[③]。所以袁采发出了"不恤误其父祖、陷于刑宪"的"怒其不争"之语。

地方官赴任,除了妻妾子弟外,还会有乡党亲戚等跟随。这些亲戚有时会成为官衙的胥吏。北宋初,官员不能带亲属至治所,太平兴国六年(981)曾诏岭南、四川、江南、两浙等地的职官,可以带"期功亲"一人随行,但不得参预政事[④]。既然是地方官的亲戚,总会有参预政事的机会。范仲淹告诫其子说:"莫纵乡亲来部下兴贩。"[⑤]这些乡党亲戚跟随而来是为了凭借地方官的势力来兴贩经商以获利的。《州县提纲》论说:

> 士大夫闲居时,亲戚追陪,情意稠密。至赴官后,多私贩货物,假名匿税,远至官所以求售,居官者以人情不可却,或馆之廨舍,或送之寺观,以其货物分之人吏,责之牙侩,而欲取数倍之利,甚则纵其交通关节,以济其行。一旦起诉,咎将谁归?要当戒之于未至之先,或有为贫而来者,宜待之以礼,遗之以清俸,亟遣之归,毋令留滞。[⑥]

据此,地方官的乡党亲戚有时是主动来到官员的任所的,他们在官员居乡时竭力讨好,经营乡情和亲情,在官员赴任后,就借机贩卖货物,假借官员之名可以漏税,在官员任所更是依靠官员的政治资源来牟取暴利,官府的馆驿和寺观的房屋为他们提供方便,官衙的人吏和当地的牙侩,也要看在地方官的面子上为其奔走效劳。据此,官员的乡党亲戚在其任所依恃地方官府的庇护,行事便利。他们中不少人本身就是地方官的随从,或者与地方官的随从有着乡邻亲属关系。

---

① 《欧阳修全集·河东奉使奏草》卷下《论不才官吏状》,北京:中国书店,1986 年。

② 《宋会要辑稿》职官七〇之四六。

③ 《宋会要辑稿》职官七五之五二。

④ 《续资治通鉴长编》(以下简称《长编》)卷二二,太平兴国六年十二月戊辰,北京:中华书局,1979—1986 年,第 506 页。

⑤ 《范仲淹全集·范文正公尺牍》卷上《三郎官人》,南京:凤凰出版社,2004 年,第 597 页。

⑥ 《州县提纲》卷一"戒亲戚贩鬻"条。

袁采曾描述当时富家多用"族人邻里亲戚"中有所谓"狡狯子弟"作为"爪牙",他们多"恃强凌人,损彼益此","内既奸巧,外常柔顺",富家子弟对他们加以"责骂狎玩","常能容忍",因此得到重用①。这也许可以帮助我们来把握官员的乡党亲戚的特点,因为这里的"富家"应当也包含"官户"在内,地方官的乡党亲戚中也不乏这样的"狡狯子弟",来依附地方官,作为其爪牙。

有的官员随从人员是其仆人,身份较为低下。宋代官户的田庄,常常雇"干人"(或"干仆"、"庄干"等)来经营。有时官员雇胥吏为仆,如王钦若任亳州幕职官时,有"厅干"祁睿"休役之后,始佣于家",为"奴",而"未除州之役籍"②。祁睿应是同时兼有仆人和胥吏的身份。官员到地方任官时常带有干人赴任,干人即其亲随。

在《名公书判清明集》的一份判词中,有一位提刑司库子(守仓库的胥吏),因为替人打通关系,索取钱财,被送到州院审问,乃称是打着提刑司的一位刘提辖的旗号,"叮嘱开拆司投上申状",经州院知录的审问,刘提辖乃是提刑官的宅堂干人刘达,但实际上提刑司唯一的一位提辖并不姓刘③。后经审查,是库子攀咬(其中有州院的知录及胥吏的教唆罗织)。干人刘达实际没有担任提辖的职务,却被称为提辖,应当是库子等胥吏在平时的交往中对刘达的敬称,于此亦可见官员的私家干人(《清明集》称为"亲随")往往带有胥吏的色彩,在普通的胥吏眼中颇有权势。还有一份判词说到,一位赵司理不按照市价买丝,遂派厅吏用大秤强迫牙人代购,后又将牙人审讯拷打,退还所买的丝(应是用小秤)。在这个过程中,赵司理的亲随彭德开始是和牙人到酒店饮酒,向其索要贿赂,后又让赵司理"贴耗退丝",将牙人"捆打吊缚"④。前述《州县提纲》中提到官员的"四不宜带",即包括"亲随、仆"(这两者有时是交织的),它接着说:

> 夫彼之随来,其意必有所觊,人见其亲密,往往有掣肘事,多宛转嘱之,彼固自知其不敢言,然意在罔利,不可不设辞以相诳,或侥幸偶中,则人必以为真此辈通关节,不中则取赂至讼,在我无以自明矣。⑤

这是亲随、仆(包括医卜、僧道)凭借与地方官的亲密关系,而成为地方吏

① 《袁氏世范》卷三"狡狯子弟不可用"条。
② 关于"干人",王曾瑜先生有专论,见《宋朝阶级结构》第十六章《干人》,第318—328页。
③ 《清明集》卷十一《办公吏摊亲随受赂》,第429—431页。
④ 《清明集》卷一《杖赵司理亲随为敷买丝》,第22—23页。
⑤ 《州县提纲》卷一"四不宜带"条。

民请托的中介,从中获利。所谓“侥幸偶中”,并不是侥幸,而是真正能“通关节”。《州县提纲》又接着说:

> 况亲随、仆,置之于中门之内,则往来之亡禁,妾婢之交杂,诚为难防,置之于外,则入酒肆,游妓馆,交通吏民,无所不至,诚不若不带之为善。①

这里虽然强调亲随(男仆)在中门内外都是不安定的因素,但亦说明他们能够影响中门内外,既能与妾婢(妻亦不能例外)往来方便,又能与外界的吏民自由来往,为官员和中门之内的妻妾婢仆提供了了解和接触的渠道。“无所不至”一语,既说明亲随(男仆)的影响力很广泛,在某种程度上也反映了地方官的权力在社会上的弥散。

相比于不能离开治所的州县地方官,其亲戚随从的影响局限于衙署和州县城,监司官员经常要巡视所部州县,其亲戚随从会对于这些州县产生更加广泛的影响。孝宗隆兴二年(1164),有臣僚建议:“乞专降指挥,应监司并不许将亲戚、仆使在任所。如遇出巡,除依条合带吏人二名,客司书表一名,当直兵级十五名,不得以承局茶酒等为名别差人数,及不得令随行人吏、兵级于合任日数外借支食钱等乞取钱物。如违,许人越诉。监司不互觉察,与同坐。”②如前所述,不少地方官的随行人吏是由其亲戚、仆人担任的。显然,监司的亲戚、仆使还是会追随其左右,其出巡的随从人吏也不仅仅是“乞取钱物”,而是对地方政治有着直接的参与。度宗咸淳七年(1271)时曾下诏说“诸路监司循按刑狱,傔从扰民”,并命御史台严加监督③。监司巡察刑狱,其随从不仅仅是“扰民”的问题,而是对于地方治理秩序的潜在影响。

4. 人情和利益:地方官与随从人员的关系

以上对宋代地方官周围的随从人员进行了一番考察,他们虽然只是属于地方官的私人生活圈,在制度规定上与官府的公权力本无甚关联,但又因为他们与地方官的私密关系,成为地方上的吏民竭力结交的对象,是交通联系的关键环节,成为地方政治不可忽视的一股力量。他们围绕着地方官形成了地方政治权力运作的核心集团。

地方官是这个集团的中心,其随从人员都是因为与地方官的私人关系而结合在一起。妻妾和子弟与官员共同构成了一个家庭,婢仆和幹人则为

---

① 《州县提纲》卷一“四不宜带”条。

② 《宋会要辑稿》职官四五之二四,隆兴二年九月十五日条。

③ 《宋史》卷四六《度宗纪》,咸淳七年十二月甲午条,第908页。

官员私人服务，乡党亲戚则与官员有地缘和血缘上的关联。地方官对于妻妾和子弟，一则因为自己“汩于词讼，窘于财赋，困于朱墨”，没有时间和精力来顾及“闺门之内”，“类不暇察，至有子弟受人之赂而不知者”，一则一旦发生请托、案情涉及到闺门之内，就说“事干闺门，尤难施行”。对于从故乡远道而来的乡党亲戚，也因为“人情不可却”，而给予种种方便。显然，地方官因为涉及自身的家庭、家族关系，最后只能妥协，这样的妥协在《州县提纲》和《昼帘绪论》的论述中得到了包容①，两者给出的解决办法只好是切断闺门内外的交通，依靠阍人来禁止出入，让子弟“绝见客”，对亲戚则“遗之以清俸，亟遣之归，毋令留滞”，甚至建议不带亲随仆人赴任，朝廷也规定官员的随行子弟亲属不得接见所部官员。这种“严内外之禁”的办法无法改变实际上“内外交通”的状况，因为地方官无法排除人情的困扰，这些禁令和约束“治标不治本”，毫无成效可言，只能寄希望于官员的清心、节俭和妻妾子弟的品行，这也是宋代地方行政上的一道难题。

更重要的是，这个集团的存在关涉到地方官和随从人员的丰厚经济利益。宋代官员对于经营商业和产业的态度与前代有了较大的转变，官吏热衷于经商，通过其所掌握的政治势力作为后盾，各方面都比普通商人来得便利，其获利也远远超过他们②。这在地方官的身上表现尤为突出。例如淳熙六年(1179)，新任的知鄂州周极被罢职，因为他在知秀州时，曾“自带私家，坐船于本州酤卖私酒”，被酒务的人逮捕了，周极恼羞成怒，诬告酒务之人抢劫，将抓他的人“绷拷有至死者”③。这样的例子很多，不再赘举。因为官员经商在朝廷是有各种禁令的，所以很多时候地方官是通过其子弟、亲戚或仆从来经商的，地方官成为其幕后操纵者和支持者。这一点是以往的研究没有注意加以区分的。如天圣九年(1031)，诏前河北转运使王沿服阕后授给“僻小知州”，因为在考核时被查出曾“假官舟贩盐，以男为名，令其幹酿”④。治平二年(1065)，前提点福建路刑狱公事王陶因为不能觉察

① 参见刘子健《包容政治的特点》，收入所著《两宋史研究汇编》，台北：联经出版事业公司，1987年，第41—77页。宋代的包容政治问题，是刘先生首先在《背海立国与半壁山河的长期稳定》一文(同上书，第21—40页)中提出的，对于讨论宋代地方的政治状况颇多启发，极为深刻。

② 全汉升：《宋代官吏之私营商业》，《中国经济史研究(一)》，北京：中华书局，2011年，第330—390页。王曾瑜：《宋朝阶级结构》，第196—238页，尤其是第216—219、231—234页。

③ 《宋会要辑稿》职官七二之二五。

④ 《宋会要辑稿》职官六四之三二。《宋史》卷二九九《胡则传》载：“初，则在河北，殿中侍御史王沿尝就则假官舟贩盐，又以其子为名祈买酒场。”胡则曾任河北都转运使。

其子履洁"兴贩私茶盐、收买铜器,受客人银钱、夹带私盐",被责降为建宁军节度副使、不佥书州事①。这是地方官子弟经商的例子。王陶是否确实不知道其子私贩茶盐之事,很值得怀疑。嘉定八年(1215),新知房州廖视被罢职,因为他"到任之初,多令私仆贩运纱布,贪污酷毒"②。这是地方官私仆经商的例子。前述魏涛妻刘氏拒绝了地方豪强托乳医献上的"大珠",亦说明地方官的妻妾有收取贿赂的机会。而乡党亲戚远道来到地方官任所"兴贩",也是试图通过地方官的权势来牟取"数倍之利",就是其中的利益远远超过普通商人的正常经营所得,这些利益自然也有地方官的份额。

为了逐利,有时不限于经商,还有直接侵吞官府财产的情形。朱熹弹劾唐仲友的奏状中,言唐仲友任台州知州,觊觎前任留下的公使库钱,遂派亲信为监官,和公库手分(胥吏)"日夕握手",谋划将公使库"诸色官钱巧作名色支破",变成"官会",让其子分批"作文字,行李担押归"③。这是地方官与子弟、胥吏共同侵贪官府财产的例子。唐仲友之子似乎在为其父作账目,并负责将官会押运回家。

在这个集团中,随从人员能够交通关节、擅作威福,其根源在于地方官的权力。随从人员在某种程度上是地方官的代言人。他们在地方兜揽请托、经营商业和各种产业,地方官则隐藏在其背后,即使追究起来,也是用随从人员来作替罪羊。地方官不仅通过其随从人员获得经济上的利益(包括纳贿和经营所得),还通过他们来影响地方社会,或者可以说由于随从人员在灰色地带的存在,地方官的权力更加膨胀起来了,且隐蔽得多。

总之,以地方官为中心,紧密联系其随从人员,形成了一个庞大的既得利益集团,其获利之丰厚、便捷,使得任何道德说教都显得那么苍白无力了。正因为如此,前引范仲淹给其子的信中曾告诫说:"自家且一向清心做官,莫营私利。"④作为公权力的执行人,地方官一旦牟取私利,就如洪水决堤,无可阻挡了。

（二）僧道医术

佛道二教在宋代取得了迅速的发展,尤其是佛教在两浙路、福建路势力更为强盛,僧道户也成为地主阶级的特殊阶层,在地方社会中的影响甚

① 《宋会要辑稿》职官六五之二五。

② 《宋会要辑稿》职官七五之六。

③ (宋)朱熹:《按唐仲友第三状》,《全宋文》卷五四四〇,第243册,上海:上海辞书出版社,2006年,第212页。唐仲友之案颇复杂,见本书第四章。

④ (宋)范仲淹:《范文正公尺牍》卷上,《四部丛刊初编》本。

至超过一般乡村上户①。本书所论的僧道主要是在地方上有社会影响的僧人、道士，他们是释道两派宗教群体的代表，而不是泛指所有僧人、道士。所谓“医术”，大致可以分为两类人群，一是“医者”，一是“术士”（包括法术、占卜和相术等）。在宋代医和术出现了分离②，但在地方社会两者还存在混合的情形，很多时候“医术”更侧重于“术”的层面。此外，从当时的材料来看，僧道往往兼修医术③。

历来论思想学术史者多注意宋代士大夫与僧道的交往，借此论证儒、释、道思想学术上的彼此影响④；而研究寺观在地方社会公益事业中的作用的社会史学者，则主要是从寺观所参与的地方事务来做单向的考察⑤。本书则关注僧道和医术之流与地方官的关系的结成及其对地方官府和地方社会的影响，尤其是在地方官府与民众沟通过程中的作用。对于僧道在

---

① 王曾瑜在《宋朝阶级结构》第三编第五章中专门从社会经济的角度论述了宋代的僧道户（第397—398页）。参见黄敏枝《宋代佛教社会经济史论集》第四章、第五章（台北：学生书局，1989年，第119—200页）。

② 这里所谓医和术的分离，主要是医者逐渐脱离医术（或医巫）混融的状态。杜正胜将中国古代医者的发展划分为三个阶段：上古混同于巫；战国至唐通合于道；宋代以下攀援于儒，认为儒医在宋代的出现，反映了医者社会自觉意识的兴起。《作为社会史的医疗史——并介绍“疾病、医疗与文化”研讨小组的成果》，《新史学》第六卷第一期，1995年，第121—126页。关于先秦至汉代医与巫的关系，可以参看林富士《汉代的巫者》，台北：稻乡出版社，1999年，第59—64页，以及金仕起《古代医者的角色》，原载《新史学》第六卷第一期，后收入《台湾学者中国史研究论丛·生命与医疗》，北京：中国大百科出版社，2005年，第1—35页。关于宋代儒医的出现及其背景，可参看陈元朋《两宋的“尚医士人”与“儒医”——兼论其在金元的流变》，台北：台湾大学出版会，1997年。

③ 僧道在地方的活动往往通过行医、施法来扩大他们的社会影响力。

④ 援佛入儒，或者儒、释、道三家思想的渗透、沟通，是思想史研究经常讨论的话题。陈弱水对中唐儒家复兴以前“外儒内道”与“外儒内佛”的现象加以考察：《柳宗元与中唐儒家复兴》，原载1994年《新史学》第五卷第一期，后收入《台湾学者中国史研究论丛·思想与学术》，北京：中国大百科出版社，2005年，第89—98页；漆侠在《宋学的发展和演变》（石家庄：河北人民出版社，2002年）中辟有专章讨论宋学形成前儒释道三家思想的渗透、沟通，主要是围绕释智圆和晁迥来展开的，第140—174页；范立舟也从援佛入儒的角度来考察隋唐时期新儒学的发展，以及北宋初期黄老道学的影响：《理学的产生及其历史命运》，西安：陕西人民出版社，2001年，第10—27页。但上述研究多侧重于个体思想的呈现，余英时则关注僧道与儒家士大夫之间的往来，从而更逼近地考察了宋代道学的形成过程：《朱熹的历史世界：宋代士大夫政治文化的研究》，北京：生活·读书·新知三联书店，2004年，第64—109页。

⑤ 黄敏枝《宋代佛教社会经济史论集》，第127—147、186—193、413—442页。所谓“单向的考察”，主要是针对其只是从佛教寺院的角度来考察它们对地方社会的重要和贡献（第127页），而没有考察它们与地方社会各方面的互动关系。参见本书第六章。

地方社会中所扮演的角色及其作用，学界已有较多的讨论，而对于医术之流则较少涉及，故本书着重探讨后者，在涉及僧道时，也多与医术相关。

地方官与僧道、医术的交往，除了存在思想学术上的交流之外，还反映了他们对“术”的兴趣。虽然宋代的士大夫对于术士有不少批评，但他们又始终没有放弃对于法术（或者巫术）、占卜和相术等的关注。士人投身于科举考试之时，及第与否在他们心头萦绕不散，考试之前求卦占卜成为一种风气，笔记小说记载了许多名臣高官及第前得到相士或日者的预言。入仕为官后，仕途休咎仍时刻牵动其心，士大夫常常通过占卜来预测其仕途前景。《清波杂志》卷三载：

> 政、宣间，除擢侍从以上，皆先命日者推步其五行休咎，然后出命。故一时术者，谓士大夫穷达在我可否之间。朝士例许于通衢下马从医卜，因是此辈益得以凭依。今谈天者既出入贵人门第，揣摩时事以售其说，偶尔符合，遂名奇中。卜以决疑，卦影乃验于日后，反致人疑。死生、祸福、贵贱，各有定分，彼焉能测造化之妙。晁文元平生不喜术数之说，每谓：“自然之分，天命也；乐天不忧，知命也；推理安常，委命也。何必逆计未然哉？”①

这是徽宗朝极端的情形，由于朝廷任命官员要听取日者的意见，所以术士的预测会影响到士大夫的仕途。同时，上述材料亦反映医卜、日者努力通过权贵来“揣摩时事”，预测人事的变动，故每能应验，显然他们的预测为官员所瞩目，离不开他们和权贵的交往、对政治局势的洞悉。洪迈曾记述术士王浪仙游历到临安府，知府喜好方技，“至者必厚待之”，经过一次测试，甚为灵验，“自此馆遇加礼，遂询休咎”，试图让其预测仕途的前景②。凭借其医卜之术，术士可以接近地方官。

士大夫乐于奖掖后进，常被称为善于“藻鉴”（即观察、品评人物），这也与相术有所关联。北宋欧阳修《归田录》载：“钱副枢若水尝遇异人传相法，其事甚怪，钱公后传杨大年（即杨亿），故世称此二人有知人之鉴……”③在位者要借助相术来品鉴人物，这也使得士大夫官僚竞相仿效，对结交相士趋之若鹜。如宣和三年（1121），太仆卿王亶因为被弹劾“挟相术奔竞交结”而遭到罢官④，这里相术成为王亶交结权贵的途径。

---

① （宋）周煇撰、刘永翔校注：《清波杂志校注》，北京：中华书局，1994 年，第 104—105 页。

② （宋）洪迈：《夷坚志·夷坚丁志》卷一，北京：中华书局，1981 年，第 538—539 页。

③ （宋）欧阳修：《归田录》卷一，北京：中华书局，1981 年，第 3 页。

④ 《宋会要辑稿》职官六九之一〇。

另据《宋会要辑稿》记载，绍兴二十六年(1156)，因为朝中大臣的妻、子好方士之说，敷文阁待制陈桷遂“奉道求合”，遭到弹劾而落职[①]；淳熙十年(1183)，知潼川府王敦诗“从事医术，谄媚上官”，遭到弹劾而罢官[②]。可见，当时士大夫官僚(包括其亲属)喜好医术，也带动了其下属借用医术来逢迎和结交上级。前述术士王浪仙预言知府某月日将要接到诏命，后果应验，被诏赴阙。知府“谢以钱百万”，并邀其一同入京。知府邀请王浪仙一同进京，当有利用其方技来交结权贵的意图。据《建炎以来系年要录》记载：

(绍兴二十六年四月己卯)左朝请郎、两浙西路提点刑狱公事谢邦彦，大理寺丞石邦哲，右通直郎、提举两浙西路常平茶盐公事司马倬，并罢。先是，平江土居右朝散郎曹雲召邦彦、倬于其家，与之蔬食。侍御史汤鹏举论雲平江大侩，以卖卜为业，交结士大夫，遂得一官。邦彦、邦哲顷与妖人交游，论列放罢[③]，因钟世明荐于魏良臣，复得起发，犹尚不知自新。倬与王会、曹雲为死党，今又赴雲吃菜之会，闻坐间设出山佛相，邦彦为师，雲为弟子。事实怪诞，臣安得不论。乃并罢之，仍移雲郴州居住。[④]

则在士大夫官僚之间已经出现传习妖幻之术的情形，并且形成一定规模，并使得曹云可以通过占卜交结士大夫，由牙侩一变而为官[⑤]，士大夫官僚甚至成为传法者。

以上主要从士大夫官僚的角度来考察医术成为民众与地方官沟通媒介的可能性。另一方面，医术之流自身在宋代出现的变化，亦是他们能与士大夫之间建立密切联系的重要因素。南宋的袁采曾经指出：

士大夫之子弟苟无世禄可守，无常产可依，而欲为仰事俯育之计，莫如为儒。其才质之美、能习进士业者，上可以取科第、致富贵，次可以开门教授，以受束修之奉；其不能习进士业者，上可以事笔札、代笺

---

① 《宋会要辑稿》职官七〇之四五。

② 《宋会要辑稿》职官七二之三九。

③ 《建炎以来系年要录》卷一六五绍兴二十三年十月庚申条，第3140页。参见《宋会要辑稿》职官七〇之三七。

④ 《建炎以来系年要录》卷一七二，第3289页。参见《宋会要辑稿》职官七〇之四四。

⑤ 《宋会要辑稿》职官七一之一三载，乾道二年(1166)，诏监察御史刘贡放罢，因为“纵容术人干求差遣”。这反映当时有术士向朝廷官员谋求一官半职，他所凭借当与他所掌握的方术有关。

简之役，次可以习点读，为童蒙之师。如不能为儒，则巫医、僧道（四库本作“医卜、星相”）、农圃、商贾、伎术凡可以养生而不至于辱先者，皆可为也。子弟之流荡至于为乞丐、盗窃，此最辱先之甚。然世之不能为儒者，乃不肯为巫医、僧道（四库本作“医卜、星相”）、农圃、商贾、伎术等事，而甘心为乞丐、盗窃者，深可诛也。凡强颜于贵人之前，而求其所谓应副，折腰于富人之前，而托名于假贷，游食于寺观而人指为穿云子，皆乞丐之流也。居官而掩蔽众目，盗财入己，居乡而欺凌愚弱，夺其所有，私贩官中所禁茶盐酒酤之属，皆窃盗之流也。世人有为之而不自愧者，何哉？①

据此，宋代士大夫子弟除了为儒之外，巫医、僧道（或医卜、星相）、农圃、商贾、伎术等也是他们的择业取向。仅就与本节相关之巫医（实际上包含了医卜、星相）、僧道而言，宋代士人中有尚医之风气②，对医卜、星相之学不再完全持否定态度，这与前代的观念有所不同，不少士人由于科举无望和家庭的生存压力，不得已转而从事医卜、星相之业③，此外，亦有著名的儒僧。正如真德秀一方面认为相术属于“小技”④，另一方面在其文集中却有许多与相士以及从事看相占卜的道士来往的记载。他在《送张宗昌序》中说道：

大道隐而百家之学兴，人各以其所长争骛于世，太史谈、刘歆所叙至与儒者并列，夫儒道之（夫）[大]犹天地也，百家众技之流则穹壤间一物尔，可侪而论之邪？谈、歆所叙盖失之矣。而后之学者遂谓吾所知者道，它非吾屑也，不知阴阳卜筮皆《易》之支流馀裔，微而百工之事，亦圣人实为之，一能一艺，莫非世用所急，而一切薄陋之，可乎？括苍张宗昌曜之，幼尝涉猎书传，以贫不得尽力，而于洞林之要指、锦囊之秘诀、秦扁治疗之法、甘石巫咸之占，皆究心焉，甚哉其富于技也。以吾道律之，固不免致远恐泥之讥，而就其所长，亦有不可废者。……

① 《袁氏世范》卷二“子弟当习儒业”条，丛书集成初编本，第40页。

② 陈元朋对宋代士人“尚医”之风形成的物质条件和思想背景有深入的探讨，《两宋的“尚医士人”与“儒医”——兼论其在金元的流变》，第47—223页。

③ 陈元朋对宋代士人“尚医”与科举竞争日益激烈的关系进行了考察，认为士人人数的激增和落第士人的增多，迫使很多士人“弃仕为医”，《两宋的“尚医士人”与“儒医”——兼论其在金元的流变》，第170—175页。士人之从事占卜和相术，当亦与此有关。

④ 《真文忠公文集》卷二八《赠叶相士序》云：“叶仁仲以相与奕游缙绅间，或诮之曰：‘夫二者于工为贱工，于技为小技，子书生也，而胡此焉嗜？’”其“诮之”者当即真德秀本人（《四部丛刊初编》本）。

虽然，以曜之之敏晤，使获毕力于学，其所就讵止于此？良可惜也。然曜之虽贫，能遣其子负笈从师，文辞日赡以蔚，是将变方技为儒者之门，又可喜也。因其行，序以勉之。①

这里反映了真德秀对于从事医卜、星相之业的士人抱有同情理解，不仅如此，他还将其上升到理论层面，在坚持儒家之说主导地位的同时，认为阴阳卜筮之说源自儒家经典《易经》，强调"洞林之要指、锦囊之秘诀、秦扁治疗之法、甘石巫咸之占"的价值。正如僧人有"儒僧"、医者有"儒医"，这里真德秀更勉励医术之家变为"儒者之门"。同时，不得已选择医卜的士人始终没有放弃对儒学的向往，或将希望寄托在下一代身上。这种彼此的互动，为地方官与医术之流（包括掌握医术之僧道）提供了一种身份和思想的认同基础。

洪迈曾记述绍兴九年（1139），邕州通判朱履有棋癖，"尝愿得高僧逸士能此艺者，与之终身焉"，他任满还家，顺带押送大量官银纲，途中有一道士求见，自言棋品甚高，"其人长身美须，谈词如云"，与通判对弈终日，后又托故随行，朱通判"无日不同食"，同时还有一个秀才同行，此道士"皆能痛饮高歌，颇出小戏术娱其子弟，上下皆悦之"，但后来却是这个道士率领一伙强盗杀了朱通判一家，劫了官银纲②。据此，道士凭借其棋艺、戏术、歌词可以得到地方官的信任，而他与地方官的子弟、随行人员娱乐嬉戏，也是他获得地方官欢心的重要途径。与士大夫和僧道谈禅说道不同，这里呈现了地方官与僧道医术之流的交往富有生活气息的一面。

以上从士大夫与僧道医术两个方面探讨了宋代地方官与僧道医术交往的社会和思想背景，地方官与僧道医术的密切关系应该置于此背景下加以理解。地方官与医术僧道的来往大致可概括区分为两个层次：一方面，地方官治理地方，可以通过僧道医术获得反馈信息，而地方事务的开展也会征询道士的意见。据《徐神翁语录》卷上记载，元丰年间，蒋之奇（字颖叔）为发运使时，曾询问徐神翁其"为官如何"，徐神翁"云官人好聪明；再三问之，云宜减刑。不减刑如何？公以手扪背曰：'瘤子痛，说不得也。'盖蒋背有瘤，盛怒则痛，至不能语，未尝告人也。"同卷又载蒋氏为发运使日"欲开龟山河，心计之久，未尝语人。一日怀此事见公。公遽云：'开则便

① 《真文忠公文集》卷二九。此文个别字词参校了《西山文集》（文渊阁《四库全书》本）卷二九。

② 《夷坚志·夷坚丙志》卷一九"朱通判"条，第524—525页。

开,何须问人。'其意乃决"①。至于地方公益事业的开展,与僧道的倡率有密切关联,经常采用官督僧(道)办的形式,此不赘述②。

另一方面,正如《作邑自箴》所述,僧道医术之徒往往凭借他们与地方官的关系"起动人户",成为影响地方社会的特殊群体。据真德秀所撰《谯殿(令宪)撰墓志铭》记载:

> 初,开禧中,有旨令江西转运司括在官若废绝寺观田,赐兴国军之瑞庆宫。官吏急于奉承,往往妄夺民产,自洪之分、武宁与兴国之通山,失业者亡虑数百家,争斗欢然,至有杀人纵火者。守令诸司多请复以还民,而道流嚣讼弗已,朝廷为下邻路,属公(按即谯令宪)予决。公(真)[具]论本宫豪夺为非是,且曰:"令既还民矣,复夺以予之,是启无穷之争也。"始,道流有所挟而至,意公必禀听。公笑曰:"吾所知者理尔,去就利害,奚其恤。"寻三上归田请。③

显然在"道流嚣讼"的压力下,官府欲从其所请,夺民田而予道流。所谓"道流有所挟而至,意公必禀听",其所挟者有关乎谯某的"去就利害",当是从其上司那里游说得来的承诺。又据黄榦《崇真观女道士论掘坟》的判文,为了占夺坟地,在本县判决之后,崇真观女道士王道存"复经转运司论诉,一时定夺官员不凭人户文书,乃欲给还观中"。其所以能够得逞,在于她"恃其澜翻之口舌,奔走于贵要之门"④。上述二例,反映了道士通过他们与地方官的关系影响地方事务的开展。不仅如此,由于僧道医术与地方官形成了密切的私人关系,这也成为地方民众与地方官乃至官府发生联系的途径。据《州县提纲》所论"防私觌之欺",医术者凭借其谒见的机会,为他人打通关节、行请托之事,他们往往"受赂于袖,诈言以予官人,傍则令所赂之人远观,彼见其接之私室,与之私语,以为诚然"⑤,虽然这里强调医术之辈试图通过谒见地方官的机会来获利,对贿赂者亦有不利,但无疑也透露了医术之辈沟通民众与地方官联系的能力,前述豪强通过乳医贿赂狱掾魏涛之妻刘氏,意图打通关节,亦是一例⑥。《州县提纲》论说地方官在地

---

① 《道藏》三二《虚静冲和先生徐神翁语录》,文物出版社(北京)、上海书店、天津古籍出版社联合出版,1988 年。

② 黄敏枝在《宋代佛教社会经济史论集》中曾专门讨论过僧人在地方公益事务中的贡献,尤其是两浙路和福建路的材料更为集中。

③ 《真文忠公文集》卷四四。此条参校了四库本《西山文集》。

④ 此据《名公书判清明集》附录二,第 583—584 页。

⑤ 《州县提纲》卷一"防私觌之欺"条。

⑥ 《后山居士文集》卷一八《昌乐县君刘氏墓铭》。

方上“四不宜带”，其中就包括医卜和僧道，谓“夫彼之随来，其意必有所觊，人见其亲密，往往有掔肘事，多宛转嘱之，彼固知其不敢言，然意在罔利，不可不设辞以相逛，或侥幸偶中，则人必以为真此辈通关节，不中则取赂至讼，在我无以自明矣”[①]。《作邑自箴》亦说“勿放尼妇出入”[②]。显然医卜僧道不是不敢言，也不一定是“侥幸偶中”，他们确实能通关节，因而成为民众求助的对象。官箴书中强调其侥幸和罔利，不过是一厢情愿地削弱医卜僧道等对地方官府的影响，确立地方官清正廉洁的形象。

通过上述对地方官的亲戚随行以及僧道医术的考察，可以更切近地把握地方官在地方社会中的处境，在胥吏之外，他们还时刻为其亲戚、随行和地方上的僧道术士所环绕，亲情、故旧之情乃至与僧道医术的交谊，构成了他们难以回避的人情网络，更重要的是这些网络成为地方民众与地方官建立联系、进而影响地方官府的有效途径。另一方面，这些网络也是地方官了解地方社会、与各阶层民众建立联系、融入地方社会的桥梁。

小结

本章考察了宋代路、州、县三级机构在信息收集和传递方面的运作，对不同机构的官员在此过程中所发挥的作用进行了初步的分析，进而考察了在官员周边活跃的胥吏、亲戚随从乃至僧道医术在官民之间的信息沟通中所扮演的媒介角色。可以明了在官民信息沟通过程中，各级官府构成了一个多层级、多渠道、交错复杂的信息系统，每个官府机构则围绕着官员形成了多层次、边界盈缩变化的信息节点，宋王朝对其地方的治理正是通过这个信息系统和众多信息节点得以展开和维系。

---

① 《州县提纲》卷一“四不宜带”条。

② 《作邑自箴》卷一。

第二章　政令的传布——粉壁与榜谕

政令的传布是中国古代官府与民众之间信息沟通的重要内容，它构成了官府体制运作的关键环节，也是民众获知官府意旨的主要途径。政令的传布首先有其公布的场所及载体。就宋代而言，州县官府的政令在地方上不同场所的粉壁上公布，包括衙署门、城门、市曹、通衢、津渡和驿馆等要闹之所，这反映了政令传布的广度和路径；同时，政令又通过榜谕这一载体，经由州县官府加以宣讲和张布，以及地方父老的讲谕，为民众知悉。榜谕的传布及贯彻过程，反映了政令传布的基本渠道。

本章试图考察宋代粉壁的空间分布和榜谕的形成、传布过程，来探讨州县官府的政令传布（包括朝廷的诏敕指挥等经由州县传布）。同时，官府的制度或政策的施行往往与民众的反应交织在一起，对政令传布的考察离不开对民众态度和实际反应的分析，这将会揭示传布过程所蕴含的更复杂的信息。

一、粉壁的空间分布与政令传布的网络

粉壁，是指经过粉刷、可供书写的墙壁。有关骚人墨客在粉壁上写诗作画的记载屡见于文献之中，粉壁成了他们个人进行文学艺术创作的所在[①]；同时，中国古代的朝廷和官府也很早就利用粉壁来录写、公布诏敕政令，粉壁又是传布政令的所在。本章的重点在于后者，关注的是州县官府运用粉壁来公布政令的情形，希望借此进而探讨州县官府与民众沟通联系的途径和实际状况。

（一）宋代以前的粉壁

粉壁古已有之，它被官府用来发布政令、传递信息，在汉代就已经出现。汉代诏令即有录写于乡亭墙壁（也即粉壁），或录写于木板再悬挂其

---

① 丁建军：《中国题壁文化的颠峰——宋代题壁文化论略》，《河北大学学报》（哲社版）2004年第4期，第64—67页。

上的。汉简中有将官府教令“扁书乡亭市里显见处令民知之”或“各明白大扁书市里官所寺舍门亭燧堠中,令吏卒民尽讼知之”的记载[1]。乡亭市里以至官所寺舍等人群集中之处作为公布诏令的场所,往往立有粉壁,或供悬挂,或直接录写。粉壁上悬挂的“扁书”虽已无实物存留,但粉壁上录写的诏令尚有迹可寻。1992年甘肃敦煌悬泉置遗址出土了墨书题写于墙壁上的“诏书四时月令五十条”,时间为汉平帝元始五年(5),墙壁残块涂以白土,以赭石阶栏,直行隶体[2]。

唐代诏敕向民众传达,也要选择人群集中的处所来录写公布[3]。陈子昂的奏疏中说:“陛下布德泽,下明诏,将示天下百姓,必待刺史县令为陛下谨宣之,……不得其人,但委弃有司而挂墙壁尔。”[4]王建《原上新居》诗十三首之九中说:“门前(按指城门前)粉壁上,书著县官名。”[5]《唐大诏令集》所载《咸通八年(867)痊复救恤百姓僧尼敕》之末指出:“此敕到,仰所在州县写录敕,榜于州县门并坊市村闾要路。”[6]英藏敦煌S. 8516号文书上有“使帖榜衙门”[7]。综合来说,当时官府的政令正应该是公布于衙门、要路的粉壁之上[8]。

《五代会要》载有长兴二年(931)五月一道敕文,是戒饬内外臣僚不

---

① 关于汉代官府公布诏敕方式的研究,可以参考汪桂海《汉代官文书制度》,南宁:广西教育出版社,1999年,第153—159页。

② 汪桂海:《汉代官文书制度》第157页注3。汪氏称其为“汉代题壁公布诏令文书之极好物证”。这份考古材料已经在《文物》2000年第5期上公布,第41页图版六,参见同期所载《敦煌悬泉汉简内容概述》。

③ 关于唐代诏敕的公布过程和场所,可以参看[日本]中村裕一《唐代制敕研究》,东京:汲古书院,1991年,第859—909页。

④ 《陈子昂集》卷八《上军国利害事·牧宰》,上海:中华书局,1960年,第186页。

⑤ 《全唐诗》卷二九九,北京:中华书局,1960年,第3395页。

⑥ 《唐大诏令集》卷一〇,北京:商务印书馆,第1959年。

⑦ 此件文书名为《广顺三年(953)十二月十九日归义军节度使曹元忠榜》,它的发现,得益于荣新江先生的指点,谨致谢。另据阪尻彰宏的研究,这种官府(节度使)榜文来源于“帖”,通常张贴在衙署(节度使)门前(《敦煌牓文书考》,《东方学》第百二辑,2001年7月)。

⑧ 唐代官司经常要将各个部门的格式条令书于厅事之壁。《唐会要》卷三九载文明元年(684)四月十四日敕云:“律令格式,为政之本。内外官人退食之暇,各宜寻览。仍以当司格令书于厅事之壁,俯仰观瞻,使免遗忘。”(北京:中华书局,1955年,第705—706页)。这种厅事之壁也是粉壁之一种,起到了传布朝廷律令的作用。宋代文献中也保存了大量的郡县厅壁记。这些“厅壁记”所面对的主要是官员,而非民众,与本书中心无涉,故不予详论。

可接受请托、妄荐公人，其文末云："兼敕到后，但是州府，并于铺驿及显要处粉壁具录敕命晓谕，常令申举，永使闻知。"①虽然这道敕文是针对某些官员的，但为使民众也闻知其情，以便举报、揭发，要在州府的"铺驿及显要处"的粉壁上抄写敕命。后晋高祖天福二年(937)二月针对社会动乱期间逃入山林或者结众聚事的民众，发布一道召民复业的诏敕，其末云：

> 委逐处长吏遍下管内，令于山谷、道口、津渡如法粉壁晓谕，仍不(任)[住]差人四向专切招携，如是不能悛改、尚务结集者，委逐处差兵掩杀。②

结合以上两则材料，可以看到五代时期官府在州县的驿铺、津渡以至山谷、道口设立粉壁，以颁布诏敕。

（二）粉壁的位置

宋代州县官府公布诏敕政令亦须凭借粉壁。据北宋末年成书的《作邑自箴》云："通知条法，大字楷书，榜要闹处晓告民庶，乡村粉壁如法誊写。"③乡村立有粉壁"誊写条法"可以确证，而要闹处出榜似指与乡村相对的城市，要闹处是否立有粉壁则仍需进一步论证。

徽宗时，为了推行五礼新仪，各州"将新仪指摘出榜、书写墙壁"④。据此可知当时为了推行政令，要将榜文书写于粉壁之上。杨时《上渊圣皇帝》回忆说：

> 自崇宁迄于宣和，宽恤之诏岁一举之，宣之通衢而人不听，挂之墙壁而人不睹，以其文具而实不至故也。⑤

则徽宗崇宁至宣和期间，宽恤诏敕每年要墙壁上张贴公布。绍兴四年(1134)十月十七日，宰执进呈臣僚的奏疏中说道："车驾进发有日，恐州县以供亿扰民，朝廷虽已降约束，乞粉壁晓谕。"高宗说："朕常出使河朔，见宣和间茶盐条法粉壁列屋长廊，徒为文具，适以害民，不如多出文榜。"⑥这

---

① 《五代会要》卷二四，北京：中华书局，1998 年，第 298 页。

② 《册府元龟》卷一六六，北京：中华书局，1960 年，第 2067 页。"任"，据《宋本册府元龟》(北京：中华书局，1989 年)改作"住"。

③ 《作邑自箴》卷一，《四部丛刊续编》本。

④ (宋)李新：《乞州郡讲习五礼新仪札子》，《跨鳌集》卷一三，文渊阁《四库全书》本。参见《历代名臣奏议》卷一二〇，上海：上海古籍出版社，1989 年。

⑤ 《龟山集》卷一，文渊阁《四库全书》本。

⑥ 《宋会要辑稿》刑法二之一四八，北京：中华书局，1957 年。

可以印证上述《作邑自箴》和杨时的说法，即北宋徽宗朝在州县曾大规模修建粉壁，来公布诏敕政令。此前，绍兴四年二月有臣僚上疏奏论创立粉壁之弊，遂下诏说："今后诸路有颁降诏令，并仰监司关报州县，真书文字，镂板印给于民间。仍约束巡尉不得以修葺粉壁为名，差人下乡骚扰。"①则南宋初，由于有巡尉利用修葺粉壁下乡扰民，朝廷规定州县官府只发文榜，而不为之专设文榜。但北宋时期的粉壁不可能全部被毁，州县官府的文榜仍在这些粉壁张贴。更重要的是，修建粉壁来公布榜文已经成为一种惯例，在实际过程中得以延续。

王庭珪《与宣谕刘御史书》云：

至今提刑司出榜放，转运司出榜催。两司争为空文，俱挂墙壁。以此罔百姓可也，朝廷可欺乎？至于比年以来，御书宽恤及平反刑狱等诏，则虽墙壁亦未尝挂。顷传大旆压境之始，纷然劳民，造亭宇粉壁，榜其上。视其后，乃绍兴三年三月书。其灭裂文具，虽儿戏尚不如此。②

可以看到南宋初期，由于战乱频仍，朝廷的宽恤和平反刑狱的诏书无法在墙壁上张挂公布，但提刑司、转运司的榜文却能"俱挂墙壁"，则粉壁作为张布官府政令的功能仍然存在，只不过有些诏令并不能得到州县官府的重视，而只公布和赋税有关的榜文，这主要是由于地方官府当时的工作中心不在宽恤和平反刑狱。至于文末所描述的"灭裂文具"，与州县官府的执行不力有关，反而说明粉壁是州县官府公布朝廷诏书的所在。南宋的官箴书《昼帘绪论》中也说道：

爱民之要尤先于使民远罪。夫民之丽刑，岂皆顽而好犯哉？愚蒙亡知，故抵冒而不自觉，(令)[今]宜以其条律之大者榜之墙壁，明白戒晓，曰某事犯某法、得某罪，使之自为趋避。③

则当时官府要在粉壁上公布朝廷的法律条文。

值得注意的是，随着粉壁公布诏敕政令成为一种惯例，"粉壁"的含义出现了泛化的倾向，粉壁的意义不再局限于具体的物质形式，所谓"粉壁晓示"实际上是泛指在特定场所公布政令，尽管实际上可能没有设立专门的

① 《宋会要辑稿》刑法二之一四八。

② 《卢溪集》卷二七，文渊阁《四库全书》本。

③ 《昼帘绪论·临民篇第二》，《丛书集成初编》本。

粉壁[1]。文献中常见“揭牓通衢”，近乎套语，而不及粉壁，这反映了官府对公布政令的场所更为重视，而粉壁的真正意义也正在于这些场所。

史料中常述及朝廷官府的诏令要于“要闹”“要会”或“要害”的场所“粉壁晓谕”，具体来说，主要分布于州县衙署门、治所城门、市曹、通衢、驿铺、津渡、邸店以至乡村村落中，其共同特点在于它们都是人们公共生活的场所，人群集中或往来频繁，便于传播信息，是官民发生接触的关节点。对这些场所的考察，是把握粉壁传布官府政令功能的关键。

州县衙署门被视为官府出令之所，带有浓厚的政治象征意义[2]。官府的诸多榜文通常首先在衙署门的粉壁上予以公布。

州县官府的衙署门在文献中一般称为州、县门（或称谯门[3]），是发布朝廷诏敕以及一州一县带有全局性的政令之所在。乾兴元年（1022）三司奏将农田旧敕“令于逐县门榜壁晓示人户”[4]。“榜壁”当即在粉壁上张贴榜文。据《庆元条法事类》，皇帝的手诏“事应民间通知者”要“榜监司州县门首”[5]。此外，监司下发给州县、州下发给县的政令需要公开的也多在州县门公布。《名公书判清明集》之《人品门》“公吏”类收入一组江东提刑蔡杭（久轩）[6]的判词，是对属县犯法胥吏的判决，最后申明要“榜本县”[7]。另一篇刘克庄所作《南康军前都吏樊铨冒受朝廷爵命等事》是对南康军胥吏的判决，其文末云“仍榜本军”。这里榜本军、榜本县应该都是在州县门（谯门）张贴晓示的[8]。

---

① 从南宋初期的材料来看，粉壁晓谕与文榜之间仍有所区别。专门创设粉壁有时成为民众的负担，朝廷为了减轻其负担，避免扰民，一度规定不设粉壁而只发榜文。但总体而言，官府的文榜是在粉壁上张贴的。而且政令能否传布的关键不在于是否创设粉壁，而是载有政令的榜文能否在这些设有粉壁的“要闹处”张贴公布。

② （宋）刘宰《漫塘集》卷二○《武进县门记》，谓建造县衙门，“盖政教之所从出也”，文渊阁《四库全书》本。

③ 谯指谯楼，门指县门，或称仪门，两者位置邻近，合称谯门。

④ 《宋会要辑稿》食货一之二○。

⑤ 《庆元条法事类》卷一六《文书门》诏敕条制类、赦降类，中国书店1948年据燕京大学图书馆藏版影印本。

⑥ 据《宋史》卷四二○《蔡杭传》，蔡杭曾任江东提点刑狱，以下数条所言弋阳、铅山隶属于江南东路之信州。

⑦ 《清明集》卷一一。

⑧ 《清明集》卷一○《人伦门》之《兄弟能相推逊特示褒赏》称“仍榜市曹、两县”，这里将市曹和两县并举，可见两县是有特定含义的，笔者以为当指县门，而非泛指全县。

有些州县门前立有手诏亭(或称宣诏亭)和颁春亭[①]。手诏亭用来公布朝廷的诏敕指挥,绍兴二十五年(1155),大理评事巩衍在面见高宗时,请求"令监司督责守令修葺手诏亭宇,每遇宽恤指挥,专一揭示,使民通知",高宗从之[②]。颁春亭是州县官府每年春季颁布劝农诏敕政令之所。《宝庆四明志》载:"宣诏亭:奉国门外之左,亭之右又有晓示亭;颁春亭:奉国门外之右,亭之左又有晓示亭。"[③]据此,宣诏、颁春二亭外,还设有晓示亭来公布地方官府制定的政令。显然,晓示亭中公布的政令要比宣诏、颁春二亭更加广泛,多与地方官府的具体事务相关。在亭宇宣布诏敕政令的功能实际上是通过其中的粉壁来实现的,亭宇只不过是一种"门面"而已。

除了州县门之外,其他衙署的门阙也是发布官府政令之所,需要建立粉壁。民户到官府仓库送纳两税苗绢时,胥吏则会乘机加以勒索。朝廷对此制定了各种规定,加以限制,允许民户越诉,并要求将有关禁令在受纳之处"大书板榜晓谕"[④]。在官府设置的场务中,官府收税的条法及所收物名、税钱则例等按规定要"大书版榜,揭于务门外"[⑤]。有时是在衙署门前立碑。《淳熙三山志》所载《戒船户》文,其后说道:"其碑立于左院前碑亭及南台临津馆门外。"[⑥]此处所谓左院应指州司理左右院的左院,负责推勘狱讼之事。立碑和发布榜文形式有别,与立碑相较,在粉壁上公布榜文显然更加便利。有时以碑刻的形式来公布"榜"文,乃求长久的效果[⑦],而相比之下,在粉壁上张贴榜文则更加普遍。

与衙署门相比,一般城门所面对的人群更多更复杂。如平江府有五座城门,其中西南的盘门和西北的阊门最为重要,是交通最为繁忙的地段,成为商贩往来、人群流动量集中的区域。平江府所属各县的民户为了诉讼,要经过各城门进入府城。两税苗米是经由盘门而运抵府仓的,和籴则由阊

① 《景定严州续志》卷一:"谯楼因州门为之,门之外左为宣诏亭,右为颁春亭。"(《宋元方志丛刊》本)

② 《建炎以来系年要录》卷一六八,绍兴二十五年四月丁丑朔条,第3189页。

③ 《宝庆四明志》卷三,《宋元方志丛刊》本。

④ 《宋会要辑稿》食货六八之六一七,绍兴二十四年四月十八日条、二十五年十二月二十四日条。

⑤ 《庆元条法事类》卷三六《库务门》商税类引场务令,《中国珍稀法律典籍续编》第1册,哈尔滨:黑龙江人民出版社,2002年,第550页。

⑥ 《淳熙三山志》卷三九,《宋元方志丛刊》本。

⑦ 《北京图书馆藏中国历代石刻拓本汇编》第四十四册收有《绍兴府学牓示碑》,叙说了府学和佃户之间的纠葛和绍兴府的处理办法,其碑文有曰"右牓府学前张挂,各令通知"。(郑州:中州古籍出版社,1989年,第108页。)

门到北仓送纳[①]，则输纳苗米、和籴的民户（或揽纳人户）需要经过盘门、阊门进入平江府城。宋代的田产交易频繁，交易的契约需要到官府请买或用印，因此，平江府吴、长洲二县的民户需要进入平江府罗城，到县衙请买契约纸和用印，并交纳工本费和交易税。商贩在经过平江府时，过境者需要交纳过税，在府城中进行交易者另外要交纳住税。城门是征取商税课利的重要关口，据《平江图碑》所示，盘门之内侧即设有收税亭，官府最新的征收税物名及其税钱都会在此公布[②]。福州治所子城南有虎节门，官府的戒谕文就在此发布，《淳熙三山志》中有所记载，如《戒山头斋会》"其碑立于虎节门下"，《教民十六事》亦"立碑于虎节门下"[③]。《太平圣惠方》也是以立碑的形式榜于"虎节门内"[④]。立碑的多是变动较少的诏敕政令，日常频繁颁布的政令应是在粉壁上张布，便于更新。无论是张榜还是立碑，均反映了城门附近的粉壁是官府公布政令的重要场所。

从《清明集》卷十《兄弟能相推逊特示褒赏》条和朱熹的《知南康军榜文》[⑤]可以看到，市曹也是公布州县政令的重要场所[⑥]。上述《清明集》对胥吏的判决多是在"本县"公布的，而在其《户婚门》《人伦门》中的不少判词，多是在"市曹"加以公布的。这一定程度上反映出州县门和市曹之间存在一种区别，对胥吏的惩戒（如慢令、赃污等）可以视为官府内部秩序的调整，而《户婚门》和《人伦门》中的判决包含着对风俗的教化，要"榜市曹，以示劝戒"，是官府对民间行为的规范，显然市曹更为接近民众的生活[⑦]。在《清明集》的《人品门》"公吏"类所收对胥吏的判文也有榜于"县市"的，如《去把握县权之吏》，此判"仍榜县市"，这当与"士民连日列状"有关，是对

---

① 《吴郡图经续记》卷上"仓务"条，南京：江苏古籍出版社，1999 年，第 16 页。

② 《庆元条法事类》卷三六《库务门》商税类所引场务令言及诸税务征收的税物名及税钱说："仍委转运司每半年一次，再行体度市价，增损适中，应创立者审定申尚书户部，仍并多给文榜，于要闹处晓示客旅通知。"（第 550 页）城门作为客旅来往的要闹之地，自然成为这些文榜公布的重要场所。

③ 《淳熙三山志》卷三九《戒谕》门。

④ 《淳熙三山志》卷三九《戒谕》门。

⑤ 《朱熹集》卷九九《知南康军榜文》，郭齐、尹波点校，成都：四川教育出版社，1996 年。

⑥ 侯旭东在《北朝的"市"：制度、行为与观念》一文中曾论及北朝时期"市"的功能，其中有"刑人于市，与众弃之"、"明刑立威"两条，反映了当时市作为官府推行威刑的重要场所。见《北朝村民的生活世界：朝廷、州县与村里》，北京：商务印书馆，2005 年，第 172—230 页。随着市在唐宋时期的演变，更成为官府推行礼乐教化的重要场所。

⑦ 黄震在江西提刑司任上所颁《晓谕遗弃榜》，所针对的是民间"遗弃"之俗，其榜文也是"榜谕司前、局前、市曹，使众通知"。见《黄氏日抄》卷七九，文渊阁《四库全书》本。

民意的一种积极反馈。朱熹就任知南康军时，曾就下属都昌、建昌两县发生的兄弟争财案件做了一次判决，这篇判文最后“出榜市曹并星子县门、都昌、建昌县市张挂，晓示人户知委”①。这篇判文被榜于南康军市曹以及都昌、建昌两县的市，同时出榜星子县门，朱熹借此来扩大该判文的影响，反映了他对风俗教化的强烈关注。《开庆四明续志》卷八《榜》条所载取消砂岸税场的告示除了要在“有砂岸县分及翁山诸坊、慈溪县酒务张挂晓示”之外，还要“备榜府前、市曹”。除了州县门、府衙门，此处的“有砂岸县分”和“翁山诸坊、慈溪县酒务”等都是与榜文内容直接相关的处所，但官府的榜文还是要在市曹加以公布。这两则材料反映出市曹在传布政令和教化风俗方面的重要性。

如果说市曹是城中的人群集中之“点”，那么通衢就是连接着人群往来的纵横之“线”。在通衢公布榜文也是官府传达政令的重要手段②。绍兴二十六年六月丁丑，右正言凌哲请求朝廷命诸路州县“将去年十月以后所降宽恤指挥并臣僚论列得旨章疏，如约束受纳催科、推排差役之类，榜之通衢、揭之粉壁，使民通知”，得到批准③。所谓“榜之通衢、揭之粉壁”，就是将录有政令指挥之榜文揭于通衢等要闹处的粉壁上。

官府的政令除了在州县治所之地的各处粉壁颁布外，还走出城门，向县和乡村传布。在州和县之间，驿铺既是传递文书的环节，其本身也是张贴官府政令的所在。前面曾论及，利用驿铺、津渡的粉壁来颁布朝廷官府的诏敕政令，在五代时期就已经出现，这种方法也为宋代所沿用。宋代驿和铺已经分化，在接待往来宾客和传递文书上有所分工。馆驿设置较少，多在交通要道，递铺设置较广，遍布馆驿所不及之处④。馆驿、递铺既为朝廷官府公文的传送以及运输官物服务，由它们所构成的官道网络，同时也是商旅往来必经的要害之所⑤。在津渡、桥梁等交通要道设置关卡，除了

① 《朱熹集》卷九九《晓谕兄弟争财产事》。

② 参见朱传誉《宋代新闻史》，台北：商务印书馆，1967 年，第 134—135 页。

③ 《建炎以来系年要录》卷一七三，第 3305—3306 页。

④ 曹家齐：《宋代交通管理制度研究》，开封：河南大学出版社，2002 年，第 11—16 页。

⑤ 据《宋会要辑稿》方域一〇之三—四所载，神宗熙宁十年（1077），在讨论成都府至凤州的新旧官道时，成都府路提刑司称旧路“阁道平坦，驿舍马铺完备，道店稠密，行旅易得饮食，不为艰难”，而新路“随山崎岖，登陟甚难，复少居民，又无食物，人情以此厌劳”，以为新路不便。同书方域一〇之六—七载，政和六年（1116），知福州黄裳上书称：“本路八州军，建、汀、南剑州、邵武军驿路从来未曾种植，并福州尚有方山北铺，亦未栽种，遂致夏秋之间往来行旅冒热而行，多成疾疫。”据此官府所设之驿铺也是行旅往来经过的处所。

“辨查奸诈及禁物”外①，收取往来客旅的商税是重要目的②。所以在驿铺、关津等交通的要点设立粉壁，可以通过这些往来的人群（包括官员、胥吏、输纳税物的民户和商旅等）来传布政令。因此前述《淳熙三山志》所载《戒船户》的榜文，其碑要立于南台临津馆门外，据同书卷五地理类五驿铺条，南台临津馆为福州以南的驿馆之一。驿馆的粉壁之上当是公布政令的所在。《清明集》卷一四《惩恶门·霸渡》中收入《霸渡》和《晓示过船榜文仍移文邻郡》两判，从中可以看到在津渡当设有发榜之粉壁。

在衙署门、市曹和驿铺等要闹场所设立粉壁来张贴、录写榜文，主要是利用其人员集中、流动的特点来传播信息，而在乡村设立粉壁则是将官府的政令直接在乡村中公布，政令的传布在此已经到达了终端。朝廷的手诏、宽恤指挥、大赦德音等由监司而州县、印榜下达到乡村③，州县的劝谕文字也有下达到乡村的，朱熹知南康军的到任榜文“别给印榜，每县各一百道，委巡尉分下乡村张挂，不得隐匿”④。《作邑自箴》卷六记载知县的劝谕文要“镇市中并外镇步逐乡村店舍多处各张一本，更作小字刊板，遇有耆宿到县，给与令广也”。《文献通考》载：

> （宣和）五年，手诏：访闻保甲法行既久，州县玩习弛废，保丁开收既不以实，保长役使又不得时，如修鼓铺、饰粉壁、守败船、（沿）[治]道路、给夫役、催税赋之类，科率骚扰不一，……⑤

虽然这条手诏强调的是保甲法觉察防弊的功能，但还是从中可以了解到修饰粉壁成为乡村保丁的劳役负担。又据《作邑自箴》卷第七《榜耆壮》条指

① 《宋会要辑稿》方域一二之三—四载，仁宗天圣六年（1028），有人上书说：“四川往来商旅有公（平）[凭]者则由剑门经过，无者并自阆州往来，盖自利州如阆州，由葭萌寨并有私路入川。乞令葭萌寨依剑州置关，委本寨使臣验认公凭，放令往来。”神宗熙宁七年，诏定诸关门并黄河桥渡常切辨察奸诈及禁物。

② 在关津收取商税，是在唐代中后期至五代逐渐突出。[日]青山定雄：《唐宋时代の交通と地志地图の研究》，东京：吉川弘文馆，1963 年，第 127—160 页。参见爱宕元《关于唐代桥梁和津渡的管理法规——以敦煌发现唐〈水部式〉残卷为线索的研究》，原刊于梅原郁主编《中国近世の法制と社会》（京都大学人文科学研究所，1993 年），其中译稿收入冈野诚主编《中国法制史考证》丙编第二卷，北京：中国社会科学出版社，2003 年，第 458—492 页。除了在关津收取商税外，宋代州县官府还在交通要道上设置都税务、商税务，专门负责收税。

③ 《庆元条法事类》卷十六《文书门》诏敕条制类、赦降类，第 340—341 页。

④ 《朱熹集》卷九九《知南康军榜文》。

⑤ （元）马瑞临：《文献通考》卷一五三，北京：中华书局，1986 年。参见《宋史》卷一九二《兵志》六宣和三年条。按《宋史》所载此手诏为宣和三年，与《文献通考》所载有歧异。

出,乡村耆长必须“里堠粉壁及牓示常切照管,不得稍有损坏”。榜(牓)示当是在粉壁上公布的。对于广大的乡村而言,乡村粉壁最为近民,其上所录写公布的政令,或者是要使皇帝的“德泽广被”,或者是对民众的教化,或者是切近而具有实际内容的“条禁”。刘随在《上仁宗乞禁夜聚晓散及造仪仗祀神》中所论涉及“闾阎之中”,故请求将禁夜聚晓散和造仪仗祀神二事“散下诸道,令乡村要路粉壁书写,重新晓谕,使民知禁,不陷刑章”①。

苏轼在其《与朱鄂州书》中论说当时的生子不举之风时,建议说:

> 准律,故杀子孙,徒二年。此长吏所得按举。愿公明以告诸邑令佐,使召诸保正,告以法律,谕以祸福,约以必行,使归转以相语,仍录条粉壁晓示,且立赏召人告官,……②

据此州县的谕告通过保正等职役人员向下传达,并在乡村粉壁加以录写晓示。

邸店的粉壁也是张贴、录写官府榜文的所在。据《作邑自箴》卷六,知县的劝谕文是要“镇市中并外镇步逐乡村店舍多处各张一本”,店舍粉壁应当就是“张”挂知县的劝谕文之所。

官府通过上述诸场所中的粉壁,使得官府政令在城市、乡村以及交通路线上传布开来。

(三)粉壁的沟通作用

粉壁的所在,作为传播信息的场所,通过政令的传布,在地方官府与民众之间建立起联系。地方官府在衙署门、城门、市曹、驿铺等要闹之所设立粉壁,一方面是希望利用这些场所中聚集的人群及其流动来传布朝廷官府的诏敕政令,另一方面,官府亦试图对粉壁加以控制,从而掌握舆论的传播。

官府运用粉壁来传布政令,民众亦有占据粉壁、发布信息的情形。《清明集》卷一二所收《为恶贯盈》记载,鄱阳人骆省乙“擅写知府都大右司御位姓名,及当司姓名,标揭通衢,勒令民户出钱。……按律:诸诈为官私文书以取财物者,准盗论。”骆省乙被断以伪造官文书勒索财物之罪,而其用知府名义伪造的官文书亦需要在通衢的粉壁上公布。《黄氏日抄》中载有一份《逐婺源注疏人出界榜》云:

---

① 《宋朝诸臣奏议》卷九八,上海:上海古籍出版社,1999 年。

② 《苏轼文集》卷四九,北京:中华书局,1986 年,第 1417 页。

> 昨日出迎诏书，见文昌桥上帖婺源庙注疏印榜，此必有师巫庙祝之徒来此骗胁吾民，帖三厢官遍在城内外揭毁其榜，搜逐其人，限一日取肃静状申，外四县帖请一体行。若客店停著者杖一百，或本州有为之地道、干缘行疏者徒断移徙。榜示州前，仰吾民各自敬畏天地、孝养父母、遵守国法。世界道理不过如此，若舍此不顾，反信邪费财、奉事泥块，必罚无恕。①

显然，“婺源注疏人”被逐，是由于张贴于文昌桥上的印榜（显然不止文昌桥一处）被知州发现。于此我们可以看到在民间信仰的传播涉及人伦、国法时，官府和民间传教者可谓是针锋相对：“师巫庙祝”到处张贴注疏印榜来宣扬自己的信仰，官府则揭毁其榜、搜逐其人，同时“榜示州前”。从上述材料还可以看到注疏的张贴范围颇广，这反映师巫庙祝之徒的活动更具渗透性，与官府控制固定的粉壁不同，他们还在桥梁等场所张贴文字，这些场所是民众日常生活中注意力所及之地。通过在粉壁上张贴文字，某些民间人士侵削或对抗官府的权威，因而受到官府的抑制。从官府的角度来看，民众在这些场所反映的也是一种民意，能够被官府获悉。

尽管粉壁通过颁布政令将官府和民众联系起来，但宋代士大夫却经常要批评州县官府在粉壁上传达官府政令是“徒挂墙壁”，对粉壁晓示的效能持怀疑态度。这属于官府运用粉壁的实际操作层面的问题。下面试从两个方面来做进一步分析。

一方面，官员的主观态度始终是影响粉壁实际效能的重要因素。徽宗时李新上《乞州郡讲习五礼新仪札子》言：“臣尝谓吉凶二礼，士民所常用，今州郡将新仪指摘出榜、书写墙壁，务为推行之迹，而苟简灭裂、增损脱漏、诵读不行，未越旬时，字画漫灭不可复（攻）［考］，民庶所行既未通知，至与新仪违戾，或僭或陋，实非民庶之过。臣欲乞诸州并许公库镂板，仪曹（局）［旬］以某礼行下属县，置籍抄录，［季行］检示粉壁，及察民间所行之礼过与不及。”②据此，有些地方官只是做表面工作，在粉壁上录写的政令“苟简灭裂，增损脱漏”，以致“诵读不行”。所以，李新建议要统一镂版刊印，减少差误，并检查粉壁和政令的实际贯彻情况。这反映了地方官在粉壁上录写政令内容时有一定的活动空间。另据洪箴所撰《张公行状》记载，张纲在秦桧死后官至参知政事：

---

① 《黄氏日抄》卷七八，文渊阁《四库全书》本。

② 《跨鳌集》卷一三，文渊阁《四库全书》本。参校《历代名臣奏议》卷一二〇。

初秦桧久擅政柄，以严刑峻法钳天下之口，太上皇帝慨然总(览)[揽?]，尽去苛刻之政，自尔诏令之下无非宽恤民力。公建意以颁降重复、官吏奉行不虔，恐民庶不能通知，乃令有司看详，取其切于利民者得八十余事，止标大意及降旨月日，其间繁文一切削去，奏乞镂版宣布中外，仍令州县揭诸粉壁。于是天下晓然皆知吾君之德意矣。①

据此，官吏之所以不能尽职地颁布宽恤民力的诏令，在录写诏令时加以删减，这与朝廷诏敕存在重复之处不无关联。地方官有时削去繁文、“止标大意”的做法，反而有利于诏敕政令的传布。

另一方面，官府运用粉壁公布政令、宣传教化是和派员讲谕结合在一起的。汉代朝廷官府的教令下传到乡村，需要文吏的宣讲来传布②。宋代地方官府也有类似之举。前述苏轼在《与朱鄂州书》指出县邑令佐首先要对诸保正进行讲谕，“使归转以相语”，然后录写于粉壁上晓示。县邑令佐对保正的讲谕，保正的“归转以相语”，是与粉壁晓示相关联的重要环节。朱熹曾指出：

《周礼》岁时属民读法，其当时所读者，不知云何。今若将孝弟忠信等事撰一文字，或半岁，或三月一次，或于城市，或于乡村聚民而读之，就为解说，令其通晓，及所在立粉壁书写，亦须有益。③

在朱熹看来，在粉壁书写的同时，聚读、解说是令民通晓、贯彻孝悌忠信观念的关键。这也符合当时社会的实情，如熙宁年间吕惠卿所说：“夫田野山谷之氓，止知蚕而衣，耕而食，生梗畏怯，有自少至老，足不履市门、目不识官府者，有生平不敢自出输税，而倍价募人代之输者，其于文字目不能识，手不能书，岂能晓有司簿法之巧说，吏文之烦言，榜式状之委曲苛细耶？”④显然在广大的乡村，由于民户不能识字，很少直接与官府打交道，粉壁晓示效能的发挥更离不开讲谕人的沟通⑤。

---

① (宋)张纲：《华阳集》卷四〇附录，文渊阁《四库全书》本。

② 汪桂海：《汉代官文书制度》，第153—159页。

③ 《朱子语类》卷八四，北京：中华书局，1985年，第2177—2178页。

④ 《长编》卷二六九熙宁八年十月邓绾言手实法条，第6605页。

⑤ 关于宋代民众的识字率，可参看包伟民《中国九到十三世纪社会识字率提高的几个问题》，《杭州大学学报》1992年第4期，第79—87页。

综上所述，官府的政令在不同场所的粉壁张贴公布，使地方官府与不同阶层的民众沟通联系。通过诸处场所中的粉壁，朝廷官府统治的触须向下延伸，从中央到地方，从城市到乡村，官方的制度和规范就是沿着这些粉壁所连缀起来的"脉络"贯彻下去，形成中央到地方的统治"网络"。而这些网络的正常运行，仍然离不开州县官员的努力和讲谕人的宣讲，否则只能是"徒挂墙壁"罢了①。

二、地方官府的榜谕与地方事务的运作

榜谕是中国古代官府公布政令的一种常用文书，以出榜晓谕的形式，向民众传达朝廷、官府的意志。榜谕的源头至少可追溯到汉代。朝廷、官府的诏敕政令写于"牓"（即木片）上②，后来抄录于纸，亦称为"榜"③。汉唐时期的朝廷官府即已运用榜谕来公布不同形式的诏敕政令了④。宋王朝对榜谕的利用在广度和深度上更超迈前代。而且前代的榜谕多是口头传达或手工录写的（宋代仍然存在这种情形），宋代则开始采用雕版印刷

① 申万里对于元代的粉壁进行了研究，除了官民信息沟通之外，还关注其广泛的社会职能。见《元代的粉壁及其社会职能》，《中国史研究》2008 年第 1 期，第 99—110 页。

② 汉代朝廷的诏敕和官府教令的下传，主要采取逐级传达宣讲的方式，最后要书于乡亭壁上，或者写在木板或简册上，悬挂于乡亭墙壁。这可以算作榜谕的早期形式。参见汪桂海《汉代官文书制度》，第 153—159 页。同时汪氏还指出这种公布诏敕的方式是源自周代的。

③ 敦煌和吐鲁番出土的官文书中保存了数件唐、五代时期官府的榜谕文书。中村裕一曾引到两件文书，一是法藏敦煌文书 P. 2598 号《正月廿一日榜文》，据推测是中和年间（881—885）所写，但此件文书并无官印，加之书写粗劣，可能不是正式颁布张贴的榜文；一件是吐鲁番文书 73TAM509:26(a)号《唐宝应元年(762)五月节度使衙牓西州文》，《唐代公文书研究》，汲古书院 1996 年版，第 146—148 页，265—266 页。此外，英藏敦煌文书 S. 2575 号为《天成四年(929)二月六日都僧统海晏准普光寺置方等道场牓》和《天成四年三月九日都僧统准普光寺置方等道场牓》，都钤有官印，当是正式的牓文。英藏敦煌文书 S. 8516 号还保存了一份牓文《广顺三年(953)十二月十九日归义军节度使曹元忠榜》，其 A1 片清晰地写有"敕归义军节度使榜"，并钤有官印。参见荣新江编著《英国图书馆藏敦煌汉文非佛教文献残卷目录》，"85161A + B"条提要，新文丰出版公司，1994 年，第 94—96 页。阪尻彰宏先生曾对这一组断片作一连缀和研究，见前引《敦煌牓文书考》。

④ 参见上注。《唐大诏令集》卷一〇所载《咸通八年痊复救恤百姓僧尼敕》指出"此敕到，仰所在州县写录敕，牓于州县门并坊市村间要路"，第 65 页。同书卷八六载《咸通七年大赦》说"赦书到后，各委本道全写录于县门牓示"，490 页。参见禹成旼《唐代赦文研究》（北京大学 2002 年博士论文），第 37—41 页。

的方式大量、快速地发布诏敕政令,谓之"镂榜"或"印榜"①。

宋代官方的榜谕就其公布的范围来说,大致可以分为两类:一是在中央朝廷公布的榜谕;一是在地方州县公布的榜谕。据《长编》记载:

> 司马光言:"臣伏见皇帝陛下初临大宝……渴于求谏,于五月三日特下诏书,大开言路……又前来诏书止榜朝堂,所询不广,见者甚少。臣愚欲望圣慈下学士院别草诏书……仍乞遍颁天下,在京于尚书省前及马行街出榜,在外诸州府军监各于要闹处晓示。不以有官无官之人,应有知朝政阙失及民间疾苦者,并许进实封状言事……如此则下情无不通,嘉言罔攸伏,聪明周四达,海内如指掌矣。……"从之。②

可见,关于开言路的诏旨首先是由御史台出榜朝堂的,属第一类榜谕,而"见者甚少";后来朝廷采纳了司马光的建议③,在京师的尚书省及马行街、地方州军的要闹处颁布榜谕,则基本属第二类榜谕,"有官无官之人"皆得闻见。此外,路级监司、州、县等各级地方官府皆有自己的榜谕,在辖区内颁布④。

本节主要考察的是宋代地方官府公布的榜谕,尤其是州县官府的榜

① 学界对宋代榜谕的研究,最早是朱传誉先生在《宋代新闻史》(台北:"中国学术著作奖助委员会"出版,1967 年,第 127—153 页)中对榜文有专论,主要集中于靖康年间京师开封城被金人攻陷前后官府所颁的一系列榜文,可资参考。此外,宫泽知之、小林义广、伊藤正彦等人对宋代的劝农文、谕俗文以及劝学文有深入的探讨,详见下文。Victor H. Mair 曾从大众文化的角度对清代的圣谕的传布有深入的研究,虽然主要论述皇帝的"圣谕",但足供参考,给人启发。见"Language and Ideology in the Written Popularizations of the *Sacred Edict*," *Popular Culture in Late Imperial China*, edited by David Johnson, Andrew J. Nathan and Evelyn S. Rawski, Berkeley and Los Angeles: University of California Press, 1985, pp325 - 359. 这篇论文的发现得益于韩森教授(Pro. Valarie Hansen)的指点,谨致谢。参见王尔敏《清廷〈圣谕广训〉之颁行及民间之宣讲拾遗》,《"中研院"近代史研究所集刊》第二十二期下册,1993 年,第 255—276 页。最近,伊沛霞(Patricia Buckley Ebrey)发表了对于榜谕的新研究,见"Informing the Public in Song China," *Harvard Journal of Asian Study*, Vol. 79, Numbers 1&2, 2019, pp. 189 - 229.

② 《长编》卷三五七元丰八年六月丙子条,第 8535—8537 页。参见同书卷三五三元丰八年(1085)三月壬戌条,卷三五六同年五月乙未条及卷三五七同年六月丁亥条,第 8465—8466、8508—8511、8548—8549 页。

③ 据《长编》卷三五七同年六月丁亥诏条,朝廷接受了司马光的建议,指出"应中外臣僚及民庶,并许实封直言朝政阙失、民间疾苦",虽然没有在诏书中明言颁布的场所,但"中外臣僚及民庶"反映了此诏书是广泛张布的。

④ 《宋会要辑稿》职官四五之九:(政和三年)九月二十三日,臣僚上言:"应御笔宽恤手诏,乞令监司类次,悉于孟月上旬印给,令民间通知。违者比稽缓制书律加二等。"从之。

谕。这些榜谕所公布的政令来自中央朝廷、路级监司和州县自身,层级不同,涉及了地方民政、财政、刑狱、地方治安与教化风俗等诸多方面。榜谕的颁行,构成了地方官府事务运行过程的重要环节。本书所关注的问题是:地方官府通过榜谕这一政令的载体,向各阶层民众传递了什么样的信息,从而将官府的意旨贯彻到地方社会;其次,榜谕作为直面民众的官方文书,它是如何颁布的,在这一过程中,地方官府与民众之间的关系如何。

(一)榜谕的种类与功能

榜谕的颁布是地方官府运作的众多环节之一,既与地方官府的各类事务密切关联,又因应地方社会状况的变化,形成了不同的种类。当社会稳定时,州县官府通过榜谕向民间传达朝廷、官府的诏敕政令,以巩固和维护现时的秩序,这类榜谕包括官员到任榜、公布赋役诉讼等政令的榜谕、劝农文、谕俗文等;当社会受到灾荒、动乱等冲击时,官府又通过榜谕与各阶层民众积极沟通,协调各方面的关系,重建地方社会的秩序,这类榜谕包括赈恤榜、劝粜榜和谕贼文等。显然,榜谕包涵了丰富的内容,官府的各类政令正是通过它们加以公布,是民众获得官方信息的主要渠道。

地方官一赴任,即颁布"知某州(县)榜",是为到任榜。它是州县长官到任后的第一次亮相,给民众留下第一印象,奠定其整个任期的基调,因而受到地方官的重视。《作邑自箴》指出:"才礼上,便出榜十数要闹处并市镇晓谕:'无亲戚、门客、秀才、医术、道僧、人力之类随行。'"争取与地方民众和睦共处,是地方官到任榜关注的所在①。朱熹淳熙六年(1179)就任知南康军时,首先颁布了《知南康军榜文》②,始曰:

> 当职……到任之初,伏自惟念圣天子所以搜扬幽隐、付畀民社之意,固将使之宣明教化,宽恤民力,非徒责以簿书期会之最而已。顾虽不能,其敢不勉?今有合行询访、劝喻事件下项:
>
> 一、本军土瘠民稀,役烦税重,……今恐管下士人、父老、僧道、军民诸色等人有能知得利病根原次第,合作如何措置,可以宽恤,并请子细开具着实事状,不拘早晚,赴军披陈。切待面加询问,审实相度,多方措置……③

① (宋)李元弼:《作邑自箴》卷一"处事"条。参见同书卷七所载《知县事榜》。

② 《朱熹集》卷九九,第5051—5053页。

③ 参见真德秀《政经》附录所载《知泉州军事》,其文末亦言:"比者入境之初,延访父老,田里利病虽已略闻,本末曲折未能周悉。凡士民有知其详者,遇见客受词之日,不惜条陈以告,当加斟酌,次第施行。今后郡政或有未合事宜,亦愿指陈无隐。……"文渊阁《四库全书》本。

朱熹还在榜文中表彰南康军前朝和当代的孝子节妇，以励民风，并陈述自己考察、修缮当地圣贤遗迹的经过，期待地方士民父老的响应，配合朝廷官府的诏令。朱熹的到任榜反映了他意图与地方民众沟通的急切愿望，在民众面前呈现了一个勤政爱民的形象。此外，宋代地方官到任之时，地方豪民的请托、嘱求也随之而至，朝廷对地方官接受民众的请谒有禁令①。地方官到任时出榜对此加以禁止，拒绝请托，亦在民众面前展现了一种“风采”②。

劝课农桑是地方官府的重要事务，也是地方官考课的项目之一③。到北宋徽宗朝，劝农成为地方官定期要举行的仪式。劝农文则是重要的劝农手段④，笔者所见宋代最早的劝农文，是广南西路静江府龙隐岩上所刻嘉祐六年（1061）提点刑狱李某所作《劝农示》⑤，南宋劝农文更加普遍⑥。北宋的劝农文与农业生产密切相关，主要劝谕百姓务本业、勤耕垦、不妨农事⑦。南宋时期，州县长官出郊劝农⑧，其“印榜劝谕”的内容主要包括三个方面：一是宣扬农本及儒家伦理的观念；一是督促垦殖和兴修水利，公布和传播先进的农业生产技术；一是公布地方官府的其他政令规定，如赋役、诉讼以至经界法等⑨。实际的劝农文会存在不同的侧重点，但大致都可纳入

---

① （宋）窦仪《宋刑统》卷一一“请求公事”条，北京：中华书局，1984 年，第 174—176 页。刘馨珺《宋代的请托风气——以“请求”罪为中心之探讨》，宋代官箴读书会编《宋代社会与法律——〈名公书判清明集〉讨论》，台北：东大图书公司，2001 年，第 139—211 页。刘氏之文详细探讨了北宋以至元代的请托风气，一方面是朝廷官府的禁令层出，一方面是请托的难以遏制，其中官府的禁令引用甚富。

② （宋）周密：《癸辛杂识》后集“马裕斋尹京”条，北京：中华书局，1988 年，第 83—84 页。黄震《黄氏日抄》卷七九所载《客位榜》作于黄震江西提举任上，亦可供参考。

③ 邓小南师：《宋代文官选任制度诸层面》，石家庄：河北教育出版社，1993 年，第 70—75 页。

④ 包伟民、吴铮强：《形式的背后：两宋劝农制度的历史分析》，《浙江大学学报》（人文社科版）2004 年第 1 期，第 38—46 页。

⑤ 《金石萃编》卷一三五《李屯田劝农示》，经训堂本。

⑥ 伊藤正彦指出北宋政和三年（1113）以后，劝农主要是州县长官仲春望日（二月二十五）出郊集父老发布劝农文，南宋以后，劝农文逐渐盛行。见《元代勧农文小考——元代江南勧农の基调及その历史地位》，熊本大学文学会《文学部论丛》49，1995 年，第 1—27 页。

⑦ 《宋会要辑稿》职官四八之三一政和二年四月三日条记载了县令出郊劝农的十二个方面。

⑧ 宫泽知之有专文研究南宋的劝农文，见《南宋勧農論——農民支配のイデオロギー》，收入中国史研究会编《中國史像の再構造——國家と農民》，文理阁，1983 年，第213—253 页。宫泽强调宋朝国家支配的力量，本书主要关注劝农文的信息传递功能及其所反映的官民沟通。

⑨ （宋）陈傅良：《止斋先生文集》卷四四《桂阳军劝农文》，《四部丛刊初编》本；《朱熹集》卷一〇〇《劝农文》，第 5105—5108 页。

上述三个方面。其中,第一个方面不可或缺,而其他两个方面则围绕它展开。

教化风俗是州县长官的重要职能之一,谕俗文则是其推行教化的重要手段。宋代地方官眼中的风俗通常有两个相关联的层次,一是地方社会的伦理秩序;一是读书之风,即民众积极让子弟入学受教育的风气。对于后者,宋代有劝学文[①]。广义上的谕俗文包括了对这两个层次的风俗的教谕。此外,劝农文包含了宣扬家庭、宗族和乡党伦理秩序的成分,也起到了教化风俗的作用,在此意义上可与谕俗文等量而观[②]。这反映了宋代士大夫对风俗教化的关注[③]。现存最早也是最典型的谕俗文,是北宋庆历七年(1047)陈襄知台州仙居县时颁布的《劝俗文》,后来的谕俗文大致不出于它所涵盖的范围:由家庭、宗族到乡里的社会伦理秩序[④]。经常的情形是,地方官就某件事对伦理关系的一个方面做有针对性的劝谕,如蔡襄嘉祐初知福州曾作《戒山头斋会》一文,指出丧葬奢靡费财之俗使人们不敢实时发丧,是为"不孝之人",因而严加禁止,并立碑告民[⑤]。真德秀知泉州时亦曾颁布《劝孝文》[⑥]。

地方官撰写谕俗文,多引经据典,积极宣扬儒家的伦理观念。如元祐

---

① 宋代的劝学文又有不同的内容,一是劝谕地方民众"读书为学"以"知礼义孝弟之教",如陈襄《劝学文》,《嘉定赤城志》卷三七,《宋元方志丛刊》本;一是针对地方官学的学子,如真德秀在潭州《劝学文》劝谕"学校庠塾之士"要兼修周程之学和科举时文,见《西山先生真文忠公文集》卷四〇,《四部丛刊初编》本。这显然是不同类型的劝学文,本书侧重在前者,其对象是一般民众,如陈襄的《劝学文》所示,劝学的目的也是在于维护社会的伦理秩序,即要使子弟"知礼义孝弟","宗族和睦","闾里康定",读书向学之风的兴盛能够促进地方上风俗的"美厚"。参见[日]小林义广《宋代の"勧學文"》,《中國の伝統社會と家族——柳田節子先生古稀記念》,东京:汲古书院,1993年,第295—310页。

② 魏了翁在《潼川府劳农文》中将朱熹的《示俗文》"刊刻头连在前",《鹤山先生大全集》卷一〇〇,《四部丛刊初编》本。参见小林义广《宋代の谕俗文》,宋代史研究会编《宋代の政治と社会》,东京,汲古书院,1988年,第35—63页。

③ 岸本美绪曾指出"风俗"的概念在某种程度上反映着当时为政者或士大夫的社会观,他们最终目的是在普遍的立场来谋求天下万民的幸福。见《"风俗"与历史观》,《新史学》第十三卷第三期,2002年9月,第7页。这里所呈现的宋代士大夫对于风俗的关注,亦反映了他们努力在构建一种普遍的风俗。

④ 这篇《劝俗文》应是总结前此州县长官教化风俗经验的产物,而不是个人的创造,但它奠定了南宋谕俗文的基础,影响深远。见《嘉定赤城志》卷三七。陈襄《古灵集》卷一九作《劝谕文》,文渊阁四库全书本。朱熹在知漳州时曾颁布了《揭示古灵先生劝谕文》,见《朱熹集》卷一〇〇,第5098—5099页。

⑤ 《淳熙三山志》卷三九《戒谕》门。

⑥ 《西山先生真文忠公文集》卷四〇《泉州劝孝文》。

二年(1087)天台县令郑至道就“采诸经传,择其文理易明而可以感动人之善心者,为《谕俗七篇》”①。朱熹知南康军时所作《示俗》一文干脆就引述《孝经·庶人章》的五句正文,然后加以简明的解说②。由于理学在南宋中后期逐渐受到重视,朱熹的谕俗文及其论著也被作为经典加以引用。魏了翁在《端平元年劝农文》中说:“尚虑尔农不谕吾志,今以先儒朱文公《孝经解》一章列于篇首,尔尚聪听之,以告尔子弟毋忽。”③同时,与劝农文类似,谕俗文在劝谕的同时亦公布官府的政令规定。如朱熹在漳州任上所颁《劝谕榜》,除了七条劝谕士民风俗外,还包括三条禁约④。陈傅良在《桂阳军告谕百姓榜文》中主要运用朝廷的律敕来劝谕民众,教化风俗。真德秀在《劝孝文》中宣布了对不孝之子的惩罚,和对割股救母者的奖赏⑤。

值得注意的是,上述榜谕的内容通常与民众的生活相关联,而没有流于空泛的教条。如劝农文中推广农业生产的技法,谕俗文则借着民事案件的宣判劝谕民俗。其次,榜谕中的劝谕与督促相辅,所谓“告以法律,谕以祸福”⑥,起到恩威并施的效果。如真德秀在讲孝悌时,对“罪该极刑”的不孝之子吴良聪“姑从轻杖脊二十,髡发拘役一年”,对割股救母的承信郎周宗强则“除依条支赏外,特请赴州,置酒三行,以示宾礼之意,用旗帜鼓乐鞍马伞扇送归其家”⑦。通过榜文,官府的奖惩及其倾向会得到更广泛的传布,放大了官府奖惩的社会影响。他甚至运用天地鬼神等神灵力量来劝谕民俗⑧,天地鬼神等力量有时比刑罚或儒家经典更具潜在的劝谕效力。三是运用了平易明白的语言(尤其是诗歌),注意民众的接受⑨。如前述郑至道的《谕俗七篇》就是采自经传中“文理易明”的内容;熊克曾写过《劝农十首》⑩。真德秀也曾写过劝农诗,针对“是州皆有劝农文,父老听来似不闻。只为空言难感动,须将实意写殷勤”的状况,以诗歌的形式来宣传农业技

---

① 《嘉定赤城志》卷三七《天台令郑至道谕俗七篇》,参见卷一一《秩官门》四所载县令表。

② 《朱熹集》卷九九,第5058页。

③ (宋)魏了翁:《潼川府劳农文》,《鹤山先生大全集》卷一〇〇。

④ 《朱熹集》卷一〇〇,第5100—5102页。

⑤ 《西山先生真文忠公文集》卷四〇《泉州劝孝文》。

⑥ 《苏轼文集》卷四九,第1417页。

⑦ 《西山先生真文忠公文集》卷四〇《泉州劝孝文》。

⑧ 《西山先生真文忠公文集》卷四〇《泉州劝孝文》。

⑨ Victor H. Mair指出清代地方官在传布康熙的圣谕时,已经用白话甚或图画等通俗的方式将圣谕改编为各种文本,或诱导或威慑。这似乎比宋代的榜谕的形式更加大众化了。见前引论文,第329—340页。

⑩ 《嘉定赤城志》卷三七《风土门》。

术、水利建设和伦理观念，意图“不教言语太艰深，为要人人可讽吟。把向田间歌几遍，儿童亦识使君心”①。

劝农文、谕俗文在宣扬儒家的伦理道德观念时，公布农业生产技术、朝廷官府的政令，寓令于教，这反映了一种务实的努力。对于赋役、诉讼等地方官府的日常事务而言，相关的政令更需要通过各类“约束榜”或“晓谕榜”加以公布，这应是官府榜谕使用频率最高的一类。

首先，皇帝的手诏、德音和宽恤大赦等要通过约束榜的形式贯彻到州县②。朱熹知潭州时所颁布的《约束榜》，其中一条说到：

> 照应本州近于七月十七日准登宝位赦书，内一项应官司房廊白地赁钱并放至绍熙四年终。已出榜都市晓示去讫。今访闻得街市有赁屋居民，都有妄称合从赦书到日之后纳起，致有争竞。州司契勘前项赦书，即无放至绍熙五年正月以后房钱之文。……使司已于七月二十六日出榜都市晓示讫。③

赦书的条文已于十七日、二十六日两次“出榜都市”晓示，民众获悉了榜文所载的赦文，且因其理解不同而产生纠纷，上述《约束榜》针对赦书公布后出现的新情况，再次加以申明，以纠正民众对赦文的曲解。此外，朝廷所颁的针对全国范围的条文，其内容较为笼统，州县长官需要结合各地的实际，在约束榜中公布具体措置④。

其次，朝廷、监司的指挥、政令需要通过榜谕来公布。如经总制钱的征发，其中的“典(宅)[卖]田宅契税”是由户部“印榜降下州县，令逐处晓谕”⑤。州县场务征收客旅的商税，首先要有转运司发给的“版榜”作为凭证⑥，其次还要将“所收物名、税钱、则例大书榜，榜揭务门外”，转运司甚至还半年调查物价一次，公布适中的物价，“多给文榜，于要闹处晓示客旅通知”⑦。

---

① 《西山先生真文忠公文集》卷一《长沙劝耕》。包伟民、吴铮强前引文作刘爚所作，根据的是文渊阁四库本《云庄集》，据梁庚尧先生考证，四库本二十卷《云庄集》大部分皆与《真文忠公文集》雷同，是一种伪本。见《刘爚〈云庄集〉的版本及其真伪》，《书目季刊》第8卷第2期，1974年9月，后收入所著《宋代社会经济史论集》，台北：允晨文化实业有限公司，1997年，第538—557页。包、吴文中当有误。

② 《庆元条法事类》卷一六《文书门》诏敕条制类、赦降类。

③ 《朱熹集》卷一〇〇，第5111—5125页。

④ 同上注“伏睹绍熙五年七月七日赦书内一项”条。

⑤ 《庆元条法事类》卷三〇《财用门》经总制类所引随敕申明。

⑥ 《宋会要辑稿》食货一八之一绍兴三十二年十一月十四日条。

⑦ 《庆元条法事类》卷三六《库务门》商税类引场务令。

再次,州县官府根据朝廷的指挥和地方各项制度,制定出具体的政令规定,也要通过约束晓谕榜加以公布。这些约束晓谕榜与州县官府的各项制度的实施密切相关①。其中,赋役的征发和狱讼是最为繁难丛脞的两项,下面试从这两个方面来考察约束晓谕榜在州县官府日常事务中的运用。

在赋役征发方面,两税起发前及其“中限”都会公布督催的榜谕②。它主要公布和强调两税的缴纳时限,对违法拖欠的行为提出警告。两税受纳之际,需要将有关的规定(如斛斗规制、加耗数目和脚钱数等)在榜文中加以公布③。两税之外,官府的其他征调规定也利用榜谕来公布。如州县科配人户时,需要“明以印榜开坐实数于前,次具乡村户口若干、依等第每户合出若干”④。在征收和买绢、身丁钱的过程中出现政策的调整,也要及时“遍下诸县乡村晓谕通知”⑤。《景定建康志》卷四〇载:

> 咸淳元年,上元、江宁两县推排和买,比旧额各有增数。大使马公(按指马光祖)判云:……札江宁、上元两县,且将今年和买绵绢照登承数起催,仍榜市曹并两县门晓谕,仰两县遍榜乡都贴挂,各令通知。
>
> 咸淳四年四月内放免人户夏税市例钱。大使马公判云:……备榜五县,并镂小手榜散贴,俾深山穷谷小民皆户知之,务在经久,庶可持循。⑥

和买绵绢的增数与夏税市例钱的放免,通过榜谕得到了及时的、最大限度的传布。除了在乡都贴挂之外,还通过小手榜发布到深山穷谷之中。差役

---

① 就其结构形式而言,它们大致可以分为两类:一是各类或者一类禁令和规定的合编,多称为“约束榜”,如朱熹在知漳州时所颁《约束榜》,就是涉及讼状、赋税、仓库、钱币、禁赌诸多方面规定;黄震知抚州时所颁《词讼约束》,则包括词讼的总说、条例和时限等三个方面的规定(《黄氏日抄》卷七八)。一是单独的一项禁令或者规定,随事颁行,或加以解释晓谕,如朱熹《朱熹集》卷九九所载之《晓谕兄弟争财事》。参见《黄氏日抄》卷七九黄震任浙东提举时所颁布的《禁划船迎会榜》和《约束因捕盐欺诈榜》。

② 《作邑自箴》卷二,同书卷八载《夏秋起催先出榜》《税到中限便出此榜》二榜。南宋时期应该继承了这种方式。参见《朱熹集》卷九九《受纳秋苗晓谕》,第5069页;《止斋先生文集》卷四四《桂阳军告谕纳税榜文》。

③ 《宋会要辑稿》食货六八之二〇嘉定五年闰九月二十三日条。

④ 《宋会要辑稿》刑法二之一〇八绍兴元年五月十四日条。

⑤ 《宋史全文续资治通鉴》卷二六淳熙五年四月辛未条,文渊阁四库全书本。

⑥ 《景定建康志》卷四〇,《宋元方志丛刊》本。“小手榜”,文渊阁《四库全书》本作“小字榜”。

是由户头据“引”来排定的，征发差役时则要“出榜县门空处”[①]。此外，有关差役的条令、服役民户的职责，也要“遍牒诸路提举常平司，令大字镂榜，发下所属州县，严行禁戢”[②]。

关于诉讼，官府通过约束晓谕榜来公布诉讼程序和规定，如黄震知抚州时所颁布的《词讼约束》[③]。朱熹知潭州时所颁《约束榜》长篇累牍，其中有三分之一的内容是公布关于诉讼的各种规定，涉及告状者、写状书铺和官吏诸方面的关系，从书状、印状、投状到引押审判的一系列程序，甚至越诉的期限、状词字数、状式等[④]。其次是宣示审判结果，如前文所提到的《晓谕兄弟争财产事》，是朱熹知南康军时对一起兄弟争财案件所做的判决[⑤]。这在《清明集》中有集中的表现，此不赘引[⑥]。在公布词讼条令、约束和官府的判决时，约束晓喻榜带有劝谕教化的色彩，关注伦理风俗，寓教于令，这又和劝农文、谕俗文等榜谕文字殊途同归。显然，约束晓谕榜与谕俗文有时不能截然区分开来，这主要是由于教化风俗贯穿到了官府各项职能之中。

上述地方官府如何运用各类榜谕来公示诏敕政令，主要是从官府的角度来考察榜谕的社会功能。其实民众运用榜文的情形，亦可反映民众对于榜谕的态度和榜谕的实际影响，从另一侧面揭示官府榜谕的社会功能。建炎四年（1130）九月，岢岚军（今山西岢岚县）狂人王师昊“揭榜通衢，喧突关门”。高宗称其“至于狂惑诞众，不免略须禁止”，这说明王师昊可以利用榜文来制造舆论[⑦]。《清明集》卷一四所收《说史路岐人仵常挂榜县门》记载说史人仵常“辄大张榜文，挂于县外，与本县约束，并行晓示，肆无忌惮，自合惩断”。仵常之被逐，不仅在于他“言伪而辩，鼓惑众听”，是“执左道以乱政之人”，还在于张贴榜文，与官府唱对台戏。张贴匿名榜也是民众利用榜文的重要方式。北宋真宗景德二年（1005）曹州民赵谏在京师因为意图请托新任通判李及被拒，遂怀恨张贴匿名榜，诬告李及非毁朝政。后

---

① 虽然没有发现现存的征发差役的榜文，但《作邑自箴》卷二记载了北宋差役的征发情形。

② 《宋会要辑稿》食货六六之二七庆元五年二月二十一日条。

③ 《黄氏日抄》卷七八。

④ 《朱熹集》卷一〇〇《约束榜》，第5111—5125页。

⑤ 《朱熹集》卷九九，第5059—5060页。黄震在任江西提举时曾颁布《晓谕新城县免仇杀榜》，也是公布审判案件的结果，与此相类，《黄氏日抄》卷七九。

⑥ 《清明集》卷三《赋役门》“戒揽户不得过取”条、“州县不当勒纳预借税色”条、“已减放租不应抄估吏人资产以偿其数”条，第63—65、68—69页。

⑦ 《宋会要辑稿》职官三之六八建炎四年（1130）九月二十日诏条。《建炎以来系年要录》卷三七同时的记载较简略。

来赵谏因其一贯“凶狡无赖,恐喝取财,交结权右,长吏多与抗礼,率干预郡政”而被斩①。此则是地方豪横以匿名榜来要挟官员。熙宁五年(1072)七月己亥,“司农寺言:‘近有人于封丘县北门以匿名榜扇摇保丁,使不得安。已檄诸县密行禽捕给赏,更乞朝廷严约束。’”②此则是有人利用匿名榜来动摇变法,引起了朝廷的注意。在《清明集》载翁甫所作《匿名榜连粘晓谕》一判中,称有“此邦士友”怀着“欲相警戒成就之美意”张贴匿名榜,责“知县通关节、纳苞苴事”,后来匿名榜为官府的衙探所获,呈给地方官。虽然翁甫对此匿名榜宽容地接受了,但他仍认为“所可恨者,不札以指陈,乃匿名而标贴,则恐非古人忠厚意耳”,反映了匿名榜对官府产生的消极影响,以及地方官对匿名榜不以为然的态度③。可以看到民间榜文能够影响舆论,反映民情,对于民众、地方官府乃至朝廷皆有影响,引起各方面的关注,一旦公开,各方都需要认真面对,官府亦难以回避。在这个意义上,榜谕对于地方官府的意义不再是一纸命令的问题,而成为牵动各方社会关系、控制社会舆论的关键。

以上主要考察了社会秩序稳定状态下地方官府颁布的榜谕所传递的信息,可以看到,从到任榜、劝农文到约束晓谕榜,地方官的态度、地方官府所宣扬的伦理观念以及地方官府各项制度的规范,都通过榜谕来公布。地方官在到任榜中表明自己积极、明确的姿态,努力构建在民众心中的第一印象,为地方官府的各项事务营造有利的氛围。地方官在劝农文和谕俗文中,劝课农桑,教化风俗;在各类约束晓谕榜中,则公布官府各项制度的规范,使民众有规可循,使制度的施行公开化,防止各种弊端④。这些榜谕是州县官府沟通与民众联系,和控制社会舆论的关键。

(二)榜谕的形成与传布途径

榜谕的颁布是州县官府推行各项制度、施行教化的重要环节。虽然颁布榜谕的行为是由州县官府这个主体来进行的,但显然这些榜谕不是无源之水。它们一旦形成,通过各种途径加以传布,又推动州县官府各项制度和教化职能的展开。换言之,官府榜谕的形成与传布,使州县官府、制度与

---

① 《长编》卷六〇真宗景德二年六月丁亥条,第1345—1346页。

② 《长编》卷二三五。

③ 《清明集》卷一四《惩恶门·匿名书》。

④ 《景定建康志》卷四〇“镂榜式”条云:“勘会咸淳四年分夏税物帛开场在即,已选委官受纳,所有场众旧例合收市例钱今并与除放。既放之后,却恐吏奸揵出,渔猎于常例之外,合从官司措置官钱代给,除已备榜五县及场所晓示外,所合镂榜遍行张贴晓谕人户知悉。”显然,“镂榜遍行张贴晓谕”针对的正是“吏奸”。

地方社会三者勾连起来。

榜谕作为制度的一个环节，有时是作为一种惯例，是制度长期运作的产物。如到任榜就是地方官赴任时的一种惯例，并在《作邑自箴》这部官箴书中形成了一定的格式，虽没有制度上的规定，实际的到任榜也多样而不统一，但这也显示了到任榜的内容已经成为地方官的一种共识了。劝农文是伴随着劝农制度而逐渐形成的，到南宋时期每年两次的劝农仪式都要由地方官宣读劝农文。谕俗文日益普遍，也成了一种惯例。

榜谕又是因应现实的需要而形成的。上述约束晓谕榜很多都是为公布朝廷官府的各项规范而颁布的，尤其是制度、政策的变化，使得前后的衔接上出现漏洞，更需要公布榜谕来及时弥缝。如前述马光祖因为和买绵绢的增数与夏税市例钱的放免，遂颁布了两篇榜文，广泛张贴。即如谕俗文已经形成了一定的内容和结构，地方官还是要借着各种个案，有针对性地劝谕民众。

更重要的，地方官在颁布榜谕之前进行详细的调查，这是官府榜谕形成的重要环节。在前述朱熹的《约束榜》中，关于祭祀当地先贤、忠烈的具体规定，是在他翻检正史和《长沙图志》中的记载之后公布的。同一篇榜文中所说的“本州近于七月十七日准登宝位赦书，内一项应官司房廊白地赁钱并放至绍熙四年终。已出榜都市晓示去讫。今访闻得街市有赁屋居民，都有妄称合从赦书到日之后纳起，致有争竞”，遂在《约束榜》中加以重申。这里官府的“访闻”或者来自于地方官的主动调查，或者来自于民众因纠纷而到官府的陈诉。

在社会稳定状态下，榜谕中像“访闻”这样笼统的说法反而会掩盖了其中的复杂过程，使官民之间的互动难以彰显。而灾变时期地方社会处于不安定之中，地方官府需要积极地与地方民众沟通联系，共渡难关，地方官府所颁布的榜谕往往能透露更多的信息。下面试以南宋晚期黄震在江西抚州赈济时颁布的一系列榜谕为例，考察其形成的过程。

咸淳七年(1271)春，抚州发生饥荒，朝廷疾派黄震知抚州前往赈济。当时，官府仓库空虚，朝廷的征敛依旧，地方的富室上户乘机闭粜以抬高米价，贫户则在部分地区发生聚众抢粮的骚动①，面对上下左右的压力，黄震“凛凛栗栗”地周旋于富室上户和贫户之间。在整个赈济过程中，黄震“不

① 《黄氏日抄》卷七五《乞照应咸淳六年和籴申省状》《乞照应咸淳六年和籴申省状》《乞照户部元行折绢钱抱解申省状》。参见卷八四《与江西陈运使》。

经吏手而本职亲手接受文书之往来"[①],州衙先后颁布了劝粜榜、发廪榜和禁曲榜等榜谕,这些榜谕构成了官府赈济活动的重要环节,推动了赈济的进行。《黄氏日抄》中保存了这些榜谕及相关的申状、奏札,为考察榜谕的形成及其传布的过程提供了详细的材料。

黄震赴抚州赈济之时,官府无粮可粜,加之整个朝廷财政的困窘[②],赈济所面临的问题主要是如何促使富室上户出粜。因此,官府在发布劝粜榜之前首先需要和他们取得沟通。黄震自绍兴府急赴抚州的途中,即向抚州富室上户发出了劝粜的公札。数日后又拟了一篇《预发劝粜榜》。但这篇榜谕并没有什么具体内容,因为黄震对抚州的情形尚不甚了了,劝粜的公札还只是单方面的通知。公布官府的具体劝粜措施的榜文是在当面对上户劝谕之后才颁布的。

黄震后来追述说:"昨当职在绍兴府,被命之初,闻本州大饥而富室闭粜,不胜骇惧,即采访于相隔千二百里之外,发札于未到二十余日之先,预期十三日到州交事,即于当日礼劝上户。昨日十三,已荷上户如期到州,面行劝谕讫。"[③]其中,官府给富室上户的公札与到州衙面谕是两者沟通的两个环节。

黄震在赴任途中发给上户的《劝粜公札》中说到:

> 某滥叨牧养,适值艰食,对越一忱,惟欲安富恤贫,使彼此相安而共济,决不敢从事一切抑价劝分,置场拘数,使富室或至规避,而吏胥得以夤缘也。然抚州米贵,于斯为极,乘时急粜,足以接济乡曲,而利亦在其中。否则价平复旧,虽欲售不能,而乡曲之怨亦归之,两失之矣……[④]

这道公札是官府差专人送达诸上户的,初步表达了官府的意旨。其后马上发出了约请上户到州衙面议的公札。有些上户应公札之约"如期到州",

① 《黄氏日抄》卷七八《专请乐安县十提督牒》。

② 汪圣铎:《两宋财政史》,北京:中华书局,1995 年,第 155—175 页。参见包伟民《宋代地方财政史研究》,上海:上海古籍出版社,2001 年,第 164—195 页。

③ 《黄氏日抄》卷七八《四月十四日再晓谕发暂榜》。

④ 《黄氏日抄》卷七八《咸淳七年三月二十八日中途先发上户劝粜公札》。公札之体,在宋代官文书中多属下级官府向上级官府申报的上行文书,如黄榦《勉斋集》(文渊阁《四库全书》本)卷二六所载的一组"公札",都属于此类;其下行文书则有牒、符、帖等,见《庆元条法事类》卷一六。此处的公札是知州发给上户的下行文书,文献中较为少见,其性质当是知州以官方名义发给上户个人的信札。其末云:"谨兹禀控,伏乞台照。"这也是宋代书启常见的套语。

有的上户并没有积极响应，官府就再发公札[①]，甚至“按籍点请”[②]，采取强制措施。虽然没有直接的材料说明富室上户对公札的具体响应，但在黄震之前，文天祥在江西吉州白鹭洲书院就学时，曾给知吉州江万顷写了一封信[③]，或可给我们提供一个参照。其文如下：

> 某伏蒙公札下问劝分，仰见岂弟父母救民水火之盛心，某实共邦人额手大赐……他时不待劝率，自是举行。明年系紧要年分，或须使榜一申严之，至期却当取禀……（下划线为笔者所加）[④]

文天祥时为在学士子，其家“以诗礼起门户”，祖辈是没有科名官职的士人[⑤]，则其为富室上户当无疑义。这封回信中，文天祥对知州的公札持积极态度，主动配合官府的“劝分”活动。虽然劝粜和劝分有异[⑥]，但公札沟通官府和上户的作用是相通的。

在州衙中的面议，一方面是知州的当面劝谕，宣布官府的赈济方针乃是“恤贫安富”，如苏轼曾建议地方官召见保正，“告以法律，谕以祸福”[⑦]；

---

① 《黄氏日抄》卷七八《咸淳七年三月二十八日中途先发上户劝粜公札》《四月初五日中途预纳上户四月十三日到州面议札》《四月十四日再谕元约不到上户书判》，后者说到“再差元投札虞候禀闻各宅”。

② 《黄氏日抄》卷七八《四月十四日再晓谕发誓榜》。

③ 这封信当作于淳祐元年至三年之间（1241—1243），时文天祥正就学于白鹭洲书院。据李之亮的考证，时知吉州者为江万里（万顷之兄），而万顷则没有知吉州的记载。见《宋两江郡守易替考》，成都：巴蜀书社，2001 年，426 页。李氏所据为《宋史》本传及《抚州府志》，与《文山先生文集》有异。参见杨正典《文天祥的生平和思想》，济南：齐鲁书社，1992 年，第 4—7 页。

④ 《文山先生全集》卷五《与知吉州江提举万顷》之二，《四部丛刊初编》本。下文所述真德秀《浦城谕保甲文》亦可参照。

⑤ 参见杨正典《文天祥的生平和思想》，第 1 页。

⑥ 劝分与劝粜都是发动地方富室上户参与赈济的方式，前者有强制色彩的摊派，后者重在劝谕。前者多是平时由官府科配，吏易为奸；后者多指灾荒中劝富室出粜，强调富室的积极性。张文认为劝分逐渐成为宋代荒政中利用民间力量施行赈济的主要手段，但他将劝分与劝粜视为同物（《宋代社会救济研究》，重庆：西南师范大学出版社，2001 年，第 126—134 页），则需要辨析。黄震在《专请乐安县十提督牒》中说：“不劝分而劝粜，不以官司提督而以寓贵转恳，不经吏手而本职亲手接受文书之往来。”（《黄氏日抄》卷七八）欧阳守道在《吉州吉水县存济庄记》批评劝粜之弊，主张行劝分良法（《巽斋文集》卷一七，文渊阁《四库全书》本）。欧阳守道与黄震为同时代人，吉州和抚州同隶于江南西路，则至少在南宋后期江西地区的劝粜和劝分是有差异的两种手段。

⑦ 《苏轼文集》卷四九《与朱鄂州书》，第 1417 页。

另一方面也是知州听取上户意见,彼此磋商、磨合的过程[①]。据黄震在灾后的申报可知,他到任初曾仓促地推行“劝分”(按即强制摊派),但上户“罕有应令”,遂“亟谋之寓公故老”,他们都建议知州向朝廷申请“赏格”以吸引上户出粜。由于时间紧急,黄震就“擅便”以朝廷赏格来诱劝上户出粜,对响应者授以官资。这就是发粜榜中官府所立“赏格”的由来[②]。此处的“寓公故老”主要是“寄寓”或退闲于地方的士大夫,发粜榜的有关内容显然曾咨询过他们。禁造红曲榜的形成也反映了这种沟通。黄震在其《第三榜》中透露说:“昨缘请教寄居尊上程帅参,故于在城酒户略开一路,而特禁村市造红曲之家。”[③]所以在第一榜中官府禁止造红曲的范围仅限于乡村,而没有波及在城酒户的利益,这显然是接受了寄居官的建议。州衙中的面议当包含了类似咨询的内容。正是在这种公札约请在先、到州磋商在后的过程中,经过沟通和访查,劝粜等榜谕才得以形成。

在发布给上户劝粜公札的同时,黄震“采访于相隔千二百里之外”,“继此沿途探问,乃闻闭粜自若,米价日增……甚至闻金溪管下尝有饥民群扰富室”。正是在把握了抚州上户和饥民的情形之后,知州黄震再次颁布了劝粜榜,公布具体的规定[④]。黄震在给乐安县的《发粜榜》中详细列举了詹良卿等三十余乐安县上户的名目,所谓“邑内风俗当职虽未能周知,如出等税家彰彰在人耳目者,已略得其概”[⑤]。说明官府在发布该榜之前就对乐安一县的富室上户有了基本的了解,这些信息来自于他到抚州后进一步的“采访”。

发廪榜(或称发粜榜)[⑥]是在劝粜受到上户抵制或者上户高价出粜牟利时,官府采取强制措施而颁布的榜谕。黄震此前即告诫说:“若十日之内

---

① 黄震《四月初十日入抚州界再发晓谕贫富升降榜》中所公布的“今与富室约”云云,当在这次面议中正式提出,其后所颁布的《四月十三日到州请上户后再谕上户榜》,则是再次将面议的相关内容向没有赴约面议的上户传达(《黄氏日抄》卷七八)。

② 《黄氏日抄》卷七五《乞推赏赈粜上户申省状》。参见同书卷七八《四月十九日劝乐安县税户发粜榜》中所述立赏格事。

③ 《黄氏日抄》卷七八。

④ 《黄氏日抄》卷七八《四月初十日入抚州界再发晓谕贫富升降榜》。

⑤ 《黄氏日抄》卷七八《四月十九日劝乐安县税户发粜榜》。

⑥ 黄震在乐安颁布的是数篇《发粜榜》,在临川颁布的称为《发廪榜》,名称不同,但内容一致。这里统称为发廪榜。其中《四月十九日劝乐安县税户发粜榜》针对的还是全体“税户”,也没有强制的内容,所以只能算作劝粜榜的另一种形式。

不粜者,轻则差官发廪,重则估籍黥配。”[①]在赈济过程中,黄震强调官府要“体访”偏远乡村中的“闭粜中止之家”,逐步推行发廪[②]。黄震在抚州的临川、乐安两县先后各颁布了三篇发廪榜。这些榜谕是官府不断获取临川、乐安两县上户闭粜的消息后接连颁布的。在临川,通过知县的访闻申状获悉陈孟八官人、张曾十翁等有米不肯粜,遂颁布了第二篇发廪榜;在颁布第三篇发廪榜之前,官府曾对临川县北部诸乡上户的出粜价格做了详细了解[③]。在乐安,黄震早在《发粜榜》中就指出“其或吝藏如故,长价不已,亦请提督密具姓名申,及密差人探报,当重作施行矣”[④]。提督是知府礼请的寄居士大夫,协助地方官府的赈济事务[⑤]。通过知县、提督等人的报告,获悉周九十官人无视提督的劝谕,勾结胥吏,欺瞒官府,贿赂监粜官,阻碍了官府的劝粜,遂连续颁布了两篇发粜榜[⑥]。禁曲榜也是在了解抚州酒户、曲户造红曲消耗了大量本来就紧缺的粮食的情形后,为配合劝粜而颁布的。除了知县的申报和知州秘密差遣的公吏采访之外,由地方士人担任的提督的报告,以及民众的陈诉[⑦],都构成了知州获取信息的不同渠道。

通过对上述榜谕的形成过程的考察,可以发现,地方官府颁布的榜谕,既是官府制度长期运作的产物,又是因应现实需要,在官府的调查、民意的上达这种官民互动过程中形成的:地方官从各种渠道主动获取信息,并形之于文,在榜谕的形成过程中扮演了重要的角色[⑧];地方父老(其核心是寄居官和无官而声望高的士人)的建议、申报为地方官制定榜谕提供了一定

---

① 《黄氏日抄》卷七八《四月十四日再晓谕发誓榜》。

② 《黄氏日抄》卷七八《六月初一日劝税户陆续赈粜榜》。

③ 《黄氏日抄》卷七八《四月二十五日委临川周知县出郊发廪榜》《委周知县发廪第二榜》《委周知县发廪第三榜》。

④ 《黄氏日抄》卷七八《四月十九日劝乐安县税户发粜榜》。

⑤ 《黄氏日抄》卷七八《专请乐安县十提督牒》。

⑥ 《黄氏日抄》卷七八《五月二十五日委乐安梁县丞发粜周宅康宅米》《六月二十日委乐安施知县发粜周宅康宅米》《又再委施知县榜》。

⑦ 《黄氏日抄》卷七五《乞照应本州岛已监勒饶县尉贷社仓申省状》中云:“哀诉满庭。”《乞省罢宜黄县监酒申省状》云:“照对某近因民词诉寄居饶县尉不贷社仓。”

⑧ 地方官作为朝廷诏旨和地方官府政令的传达者,采用各自不同的词汇、口气撰写榜谕,直接影响了榜谕的面貌和民众的理解、接受。本书所论以地方官府来涵盖地方官,即将地方官的个体努力融入地方官府的体制,其实这两者是有区别的,限于篇幅,以及本节的关注点所限,没有对此展开论述。Victor H. Mair 也指出清代圣谕的传布需要用大众化的途径,而地方官是实现这种大众化的关键(前引文,第 342 页)。

的依据[①]。即如劝农文这样成为例行公事的榜谕，它的制度根源也在于官府与民众两者的现实需要，在实际的劝农文中，对此前劝农文的施行状况的"访闻"也是地方官颁布新的劝农文的根据[②]。在灾变时期，地方富室上户与一般民众的动向、态度，更是地方官府在颁布榜谕之前要详加考虑的。在这个意义上，官府颁布的榜谕亦可视为一种地方官府制定的"约"，如苏轼所建议的，地方官召见保正时，"告以法律，谕以祸福"，并且"约以必行"，然后"归转以相语，仍录条粉壁晓示"，所谓"约"，表明榜谕是官府与民众相互协商过程中形成的[③]。至于这些"约"所包含的规范能否发生效用，则赖于榜谕进一步的传布、贯彻。

地方官府颁布各类榜谕之后，如何传布这些榜谕，是榜谕所承载的制度、规范以及观念得以贯彻的关键。榜谕的内容是否关乎现实、劝谕与督促并重以及语词是否明白晓畅等，都是影响榜谕传布的内在因素。但与此相对，榜谕的形制、传布的场景和宣讲人等则直接构成了其传布的重要

---

① 这里所谓"民意的上达"，主要还是以地方父老的意见为代表。日本学者守屋美都雄指出，秦汉时期地方社会存在代表乡、县舆论的父老，他们在地方上的活动比里拥有更广泛的地域社会关系，政府政策的施行，需要与代表了民众舆论与利益的父老进行磋商和协调(《父老》，《日本学者研究中国史论著选译》第三卷，北京：中华书局，1992 年，第 564—584 页)。虽然，宋代地方父老的构成与秦汉时期已有较大的差异，但作为民众舆论和利益的代表，宋代地方父老仍是官府制定、颁布榜谕时磋商、协调的对象。南宋江西南丰的黄世成"虽绝意仕进，其于国之治忽、民之休戚，未尝不关其心。故旧居职任事者，每赖以有闻。江西之救荒，湖广之弭盗，往往出其策。比年移书左司杨廷秀、谏议谢昌国，其言尤剀切深至。二公还书，推重嘉叹，然卒不能有所施行。"据此，黄世成是没有官的身份的地方士人，不仅地方官要咨询他，他亦主动为地方官出谋划策，甚至影响到中央朝廷的官员。(《陆九渊集》卷二八《黄公墓志铭》，北京：中华书局，1980 年，第 323—324 页)。这可以和黄震赈济抚州时的寄居官的情形相互发明。柳田节子亦曾讨论过地方官从父老获取地方社会的相关信息，见柳田节子前引文。

② 朱熹淳熙六年(1179)知南康军，次年在所颁布的《劝农文》中指出："昨去冬尝印榜劝谕管下人户，其于农亩桑蚕之业、孝弟忠信之方详备悉至，谅已闻知。然近以春初出按外郊，道傍之田犹有未破土者，是父兄子弟犹未体当职之意，而不能勤力以趋时也。……"见《朱熹集》卷九九，《劝农文》(原注：知南康军日)(第 5062—5063 页)，参见淳熙六年十二月所颁的《劝农文》(第 5060—5062 页)。

③ 增渊龙夫在探讨战国秦汉时期社会集团的"约"时，指出地方官所定之"约"之所以具有强制力，除了背后有国家权力的支持外，"协助国家权力实施的三老、父老对里民的指导与约束力量，也发挥着很大的作用"，地方官所定之"约"能够成立，离不开民众与这些"约"之间的内在关联的建立。见[日]增渊龙夫《战国秦汉时期的集团之"约"》，[日]籾山明主编《中国法制史考证》丙编第一卷，北京：中国社会科学出版社，2003 年，第 270—271 页。

环节。

首先，榜谕的形制对其传布有直接影响。宋代多数的官府榜谕仍是抄录的，但州一级官府已经可以大量刻印榜谕，谓之“镂榜”，其传布的范围广、效率高①。朱熹知南康军的到任榜要求“别给印榜，每县各一百道，委巡尉分下乡村张挂，不得隐匿”②。马光祖发布放免夏税市例钱的命令时，要“镂小手榜散贴，俾深山穷谷小民皆户知之”。据南宋董煟《救荒活民书》载，在发生蝗灾时，要将唐代姚崇等人的辩论“急刊此作手榜散示”，以消除民众对蝗灾的恐惧，“附郭乡村即印捕蝗法，作手榜告示，每米一升换蝗一斗，不问妇人小儿，携到实时交支，如此则回环数十里内者可尽矣”③。显然形制较小的“手榜”④便于携带，更易于快速广泛传布。

其次是宣读、张贴榜谕的地点场所。前文讨论粉壁时曾论及，官府的榜谕一般先在衙署门前公布，然后多选择要闹场所来张贴，如城门、市曹、邸店、驿馆、津渡、通衢等，通过集中、流动的人群来传布。至于劝农文的公布，除了要“印榜”传布之外，首先是在治所郊区与地方父老的宴会上加以宣读，作为劝农仪式的一个组成部分⑤。此外，地方父老进入衙署内，也会有获悉官府榜谕的机会。如朱熹的到任榜中提到，发给司户、州学教授的牒文，要求将牒文“仍榜客位，遍呈寄居、过往贤士大夫，恐有知得本军上件事迹详细，窃幸特赐开谕”⑥。客位，或称客次，指衙署内的待客之所。榜于客次，易被那些来访的地方士大夫知悉。前述马光祖禁止请托的榜文也是揭于客次。陈襄颁布《劝学文》，则是地方父老来祝贺元旦时，由其门人管师复“宣读于庭”⑦。这种宴会、待客的场所具有亲和的氛围，使榜谕易于传布。

再次，地方父老的宣讲是官府榜谕传布的重要环节，是使一般民众真正知晓榜谕内容的关键。前述苏轼在其《与朱鄂州书》中建议说：

> 愿公明以告诸邑令佐，使召诸保正，告以法律，谕以祸福，约以必

---

① 这里涉及当时印刷术对信息传播的影响，皮庆生对政府对于印刷术的运用有所论述，可以参考，见《两宋政府与印刷术关系初探》，《文史》2001 年第 3 辑。

② 《朱熹集》卷九九，第 5051—5053 页。

③ 董煟：《救荒活民书 · 补遗》，文渊阁《四库全书》本。

④ 据《居家必用事类全集》辛集所引《吏学指南》“榜据”条云：“手榜，谓片著示人也。”《北京图书馆古籍珍本丛刊》影印明刻本。

⑤ 《八琼室金石补正》卷一一三载《坦山岩劝农记》（绍兴十五年），吴兴刘氏希古堂本。

⑥ 《朱熹集》卷九九，第 5051—5053 页。

⑦ 《嘉定赤城志》卷三七《劝学文》所附李兼的跋书。

行，使归转以相语，仍录条粉壁晓示，且立赏召人告官……①

可见他期待通过保正的“归转以相语”来贯彻州县的政令。保正是官府差发的民户，其身份介于官民之间，宣讲官府律令乃其职责所在。更多的情形是通过地方父老的讲谕来传布官府榜谕的意旨。前述《夏秋税起催先出榜》亦云：“右仰诸乡村通晓，父老详认今来告示，互相讲劝。”陈襄的劝学文是地方父老到官府衙署时接受宣讲的，参与劝农仪式的也多是地方父老，他们首先获知劝学文、劝农文等榜谕的内容。据《坦山岩劝农记》，在劝农过程中，与会的“庞眉鹤发之叟”数十人，“傧相揖进于庭，对扬王之休命，言逾详复，使人人咸知君上无一念不在斯民”。对于官员的讲谕，地方父老有积极的响应，“以手加额”，表示要劝谕父兄子弟，“以供王民之职”。与会者包括“进士曹宗度、门人安世隆、华亭柳大成、新巡辖李景超、新辰沅巡辖曹汉、新平阳令安世忠、前判官万亿”，前三人皆为无官之地方士人，后四人则为有官之士大夫，或为前资官，或正待赴新任②。虽然地方父老仍包括年长者在内，但士人始终是其核心的力量。这些父老参与劝农仪式，聆听劝农文，将直接影响地方上一般民众对劝农文的态度③。

真德秀颁布《潭州谕俗文》时，对于“不识文义”的民众，要求“乡曲善士”用通俗的语言和道理讲解，“使之通晓”④。后来他在浦城县乡居时，扮演起父老的角色，曾配合官府推行保甲的政令，撰写了《浦城谕保甲文》，一方面仔细解剖官府推行保甲的各个环节，消除民众的疑虑；另一方面，提出“以此月中旬，与同社百家修祀于本坊之社，牲牢酒醴，皆一力自备，退而分胙，则百家之人皆预，不以士农工商为间，庶合古人崇重乡社之意……是日，当为陈说邻里乡党相亲相睦之义，及官司所以团结保甲本意，庶几众心晓然，无复疑惑。今先浼隅官总首遍行告报，仍为此文揭之门首，庶邻里通知焉”⑤。真德秀长期为官，后退居乡里，既知悉官府措置的利弊，又能以邻里乡党之谊陈说利害，其劝谕显然更加有力。他意图借着乡社的机会凝聚乡里，进行讲谕。他所利用的“隅官总首”带有半官方色彩，说明此举受到了地方官府的支持，或者是受其所托。可以看到，地方父老的宣讲，使得

---

① 《苏轼文集》卷四九，第1417页。

② 从排名的次序来看，无官之地方士人反在有官之士大夫之前，前三人可能为年高德劭之士人，在地方社会有较大的影响，后四人尽管有官的身份，从其差遣性质来看，属新进之士大夫，虽有社会地位，而社会影响反不及前者。

③ 《八琼室金石补正》卷一一三。

④ 《西山先生真文忠公文集》卷四〇。

⑤ 《西山先生真文忠公文集》卷四〇。

官府的“榜”真正能够达到“谕”的效果，而不再是官府单方面强制推行行政命令。

由于史料的局限，上述地方父老的宣讲仍有含混之处，前述《黄氏日抄》中所保存的一系列榜谕，复可用来进一步探讨官府榜谕与地方父老的宣讲之间的关系。黄震知抚州之初即声称“官司既不以文移滋吏奸，则通此脉络于公私上下之间者，乡曲好谊之士也”[①]，又说“不以官司提督而以寓贵转恳，不经吏手而本职亲手接受文书之往来”，可见官府榜谕的传布要依赖寄寓官僚和乡曲好谊之士的“转恳”。

黄震在榜谕中声说：

> 右请贵寓之贤，学校之英，乡闾岩穴抱道未仕之彦，各以天地民物为心，各以父母乡邦为念，以义理感动乡之富者，以恩威开谕乡之贫者，以施行之未当、事宜之未悉告、为州县之耳目不接者。[②]

据此，虽然官府颁布了诸多榜谕，但由于存在州县官府所不知悉的地方，榜谕的内容要被乡村上户获悉、接受，还要依赖寄寓官僚、士子等“家至户劝”。否则，“新官一旦之言，众听无从遽孚”[③]。显然，社会舆论（“众听”）是受到了地方父老的引导。

据黄震灾后的报告，出粜一万石以上的有待补国学生谭槐、待补国学生谭某、乐安县学生黄与孙、金溪县危运干本户等。这些士子、官户积极响应，各出粜一万石以上。其中危运干本户还“劝谕诸乡上户粜过米一万七千余石”。这与官府的赏格有关，他们期待地方官府的推荐，获得入仕或升迁的机会[④]。故寄寓官僚建议以官府的赏格来劝谕富室上户出粜[⑤]。在乐安由于黄省元等乡贤出任劝粜的提督，尽心劝谕，使得荒政“已见端绪”。

---

① 《黄氏日抄》卷七八《四月初十日入抚州界再发晓谕贫富升降榜》。

② 同上。

③ 《黄氏日抄》卷七八《专请乐安县十提督牒》。

④ 《黄氏日抄》卷七八《四月十九日劝乐安县税户发粜牓》曾述及官府的赏格说：“粜及二千石以上，本州岛并量其资品，随其志愿，特加旌赏，或径从本州岛借补充节制司准遣；粜及一万石以上，本州岛保明具申朝省，未有官者补官，已有官者升擢，此项已牒委提督官保明申矣。”据此，参与赈粜的待补国学生、县学生以至地方官户皆可获得官府的旌赏，或补官或升擢。从后来“被济户”和提督官的报告来看，这些士子、官户对官府的赏格也汲汲乎欲得。参见同书卷七五《乞推赏赈粜上户申省状》。

⑤ 《黄氏日抄》卷七五《乞推赏赈粜上户申省状》云：“被济户之陈词、提督官之申述，皆求践约（按即先前允诺的赏格），以信方来，事关民命，理难抑遏。”黄震接受寄寓官的建议，公布了赏格，地方上的提督官当以此来劝谕上户。

面对部分上户的闭粜,黄省元更是“代之哀痛,至誓天食素者两月”[①]。真德秀乡居时,亦自备“牲牢酒醴”,约请乡邻,在祭祀乡社的过程中宣讲保甲法。可以看到,以地方士人(包括寄居官、士子)为核心的地方父老的讲谕诱导,促使各类官府榜谕得以传布到乡村,使民众(尤其是上户)获悉官府的意旨。

以上考察了宋代地方官府榜谕的形成与传布过程,可以看到,官府在颁布榜谕之前,要调查、获取民众的意见,与地方父老之间沟通、协调;在颁布榜谕之后,则要依赖地方父老的宣讲、劝谕[②]。通过这两个环节,州县官府在掌握地方社会各方面信息的基础上,颁行各类的榜谕,并向地方社会传布。

(三)榜谕的贯彻与地方父老

各类榜谕的颁布虽然构成了地方官府传达朝廷与地方官府意旨、与民众沟通的渠道,他们的传布,亦离不开地方父老的讲谕,但从官府榜谕的传布到榜谕内容的贯彻,民众不是简单地服从官府的命令,地方父老也不只是个传声筒,榜谕的颁行实际上牵动了各方面的关系。通过考察官府榜谕在地方社会的传布过程中,如何作用于地方社会,对民众的生产、生活和观念有何影响,民众对官府榜谕的反应如何等问题,可以进一步把握地方社会中官府与各阶层民众之间的复杂交错的互动关系。

首先,官府各项制度长期运作所形成的模式化趋势,使榜谕可能演变成具文。劝农文在南宋时期更加普遍,推广了技术,它和谕俗文的传布对社会风俗发挥了潜移默化的作用,但劝农文、谕俗文也存在模式化、凝固化的趋势,不同程度地脱离了社会现实,难以贯彻。朱熹淳熙六年(1179)知南康军,次年在所颁布的《劝农文》中指出:“昨去冬尝印榜劝谕管下人户,其于农亩桑蚕之业、孝弟忠信之方详备悉至,谅已闻知。然近以春初出按外郊,道傍之田犹有未破土者,是父兄子弟犹未体当职之意,而不能勤力以

① 《黄氏日抄》卷七八《五月二十五日委乐安梁县丞发粜周宅康宅米》《六月二十日委乐安施知县发粜周宅康宅米》两榜。

② 元代的谕俗文由社长宣讲,似乎已经成为制度。杨讷:《元代农村社制研究》,南京大学历史系元史研究室编《元史论集》,南京:南京人民出版社,1984 年,第 242—253 页。参见熊慧岚《从王结〈善俗要义〉论元代社会经济状况》,发表于台湾清华大学历史研究所二十周年所庆暨研究生论文发表会。明清时期出现了定期宣讲圣谕的制度,见前引 Victor H. Mair 一文,第 349—350 页。参见王尔敏前引文,第 264—276 页。尽管如此,地方士人一直是官府依赖的重要力量。

趋时也……”[1]即如朱熹这样积极致力于地方政事的官员，劝农文内容还是难以得到切实的贯彻。

嘉定年间(1208—1224)，林駉在论述当时的劝农和劝农文时说：

> 今之为官吏者，果无负九重念农之仁乎？闻有带劝农之衔矣，木铎方闻，东郊有作，不过设供帐，以为园林游乐之举。闻有示劝农之文矣，老氓玩视，胥吏循常，不过挂墙壁，以为里巷无用之物。是岂有真情实意哉？呜呼！吾农愿无催税打门之声，不愿有斗酒彘肩之赐；愿无黄放白催之文，不愿有连篇累牍之语。朝廷以此责州县，州县以此宽吾民，则不至为具文尔。[2]

劝农仪式成为宴会游乐之举，劝农文更成为一种无用的“具文”。一般民户和官府胥吏都视之为“无用之物”，林駉亦怀疑其是否有“真情实意”。陈襄颁布《劝俗文》和《劝学文》之后，虽然时人称士风民俗因之大变，民莫肯犯礼法，父老对劝学更是“相与感泣叹嗟，从之翕然”[3]，但是陈襄在其所撰的《劝学文》中却说：“前年曾有文书教谕汝乡民，令遣子弟入学，于今二年矣，何其无人也。”其《劝俗文》的效果也值得怀疑[4]。谕俗文、劝学文宣扬儒家伦理观念，以实现教化风俗。但是，风俗之移变，不可能仅仅依靠几篇榜谕来实现。据《清明集》载一《计嘱勿毁淫祠以为奸利》的判例，官府虽然曾颁布谕俗榜文，用来开明人心，“非不甚悉”，但由于民众受到淫祠“之惑也滋甚”，加上实际利益的错综盘结，使官府的谕俗文难以发生实效，毁拆淫祠也遇到了诸多阻挠[5]。可见劝农文、谕俗文等的效用最终要

---

① 《朱熹集》卷九九《劝农文》，参见淳熙六年十二月所颁的《劝农文》。

② (宋)林駉《古今源流至论》后集卷一〇“劝农”条，文渊阁《四库全书》本。据清代乾隆年间所修《福建通志》卷三五《选举三》载“林駉，嘉定七年乡举附。”文渊阁《四库全书》本。参见同书卷五一《文苑》“林駉”条及《昼帘绪论·临民篇》。《宋会要辑稿》职官四七之三三载：“(绍兴)二十八年正月二十七日，诏诸州县今后止许守令出郊劝农，不得别行差官，每岁并用二月十五日，仍不得将带公吏及因而游玩饮酒搔扰，其劝农饮食并依时价折钱，给付父老，仍多出文榜晓谕人户知悉。……”前引《坦山岩劝农记》所载参与劝农的官员即多达九人。

③ 《古灵集》附录叶祖洽所撰行状，门人孙觉所撰墓志铭及友人刘彝所撰的《陈先生祠堂记》。

④ 《嘉定赤城志》卷三七，其《劝学文》说：“予自到任以来，居常悯尔邑民不识为学，父子兄弟不相孝友，乡党邻里不相存恤……乃相煽炽，嚣讼成狱。”据《古灵集》所载年谱，《劝俗文》应先于《劝学文》而颁布，所以这篇《劝学文》某种程度上可以反映《劝俗文》的实际效果。

⑤ 《清明集》卷一四，第543—544页。

落实到官府的具体措置上，它们始终是官府各项制度运作的一个环节。

其次，官吏的实际操作与榜文的文字存在差距，甚至矛盾。在交纳赋税、应付徭役时，民众通过榜谕可以“尽知数目”，榜谕的公布张贴揭穿了官吏奸弊，这在某种程度上使得州县官府的制度运作趋向“透明化”。州府为防止县官勾结胥吏为奸，县官为防止胥吏勾结豪强随意科配、骚扰乡里，都在榜谕中申明赋役征发的禁令规定，使民周知[①]。但这从侧面反映了官府榜谕的颁布实际会遇到官府内外的阻力。《建炎以来系年要录》中记载：

> （绍兴二十六年八月）癸酉，右承议郎程昌时知桂阳军代还，论州县科配被于细民而不及豪右。上谓大臣曰：“科敷不均，最为民害。出榜之说，朝廷累有指挥[②]，唯是官吏为奸，恐民间尽知数目，不得而欺隐，所以不肯出榜耳。”[③]

据此，地方官吏有时隐瞒朝廷的指挥，不愿出榜公布。朱熹也曾指出州府所给榜文有“沉匿”的可能[④]。可见“指挥”所体现的朝廷“德意”，由于州县官吏千方百计地避免公开这些数目和个中弊端，暗箱操作，造成了“科配被于细民而不及豪右”的现象[⑤]。有时不仅仅是隐瞒、沉匿，而是公然不顾榜谕的禁令，各行其是。

一方面在城门、仓场库务等处张贴有各种官府禁令的榜文，另一方面，民众却会处处看到官吏的种种勒索、刁难。民户送纳仓库的苗绢要受到检察，胥吏也会乘机加以勒索，甚至“无问美恶，辄留宿仓，或半月一月而受输

---

① 《作邑自箴》卷八《夏秋税起催先出榜》，《止斋先生文集》卷四四《桂阳军告谕纳税榜文》。

② 《建炎以来系年要录》卷五一绍兴二年正月六日戊戌条载：“先是，手诏：‘因军期所须索之物，令州县以印榜实数科理，毋得多取于民。’（事见元年六月）（知绍兴府陈）汝锡受诏，不行之属邑。侍御史沈与求劾之，下台狱。”（文渊阁《四库全书》本）。又《宋史》卷一七四《食货上二》载：“绍兴元年五月诏：‘民力久困，州县因缘为奸。今颁式诸路，凡因军期不得已而贷于民者，并计所用之多寡，度物力之轻重，依式开具，使民通知，毋得过数科率。’”《要录》“元年六月”有误，当从《宋史》，见梁太济、包伟民《〈宋史·食货志〉补正》，杭州：浙江大学出版社，1994 年，第 170 页。

③ 《建炎以来系年要录》卷一七四，第 3326 页。参见《宋会要辑稿》食货七〇之四五、《宋史全文续资治通鉴》卷二二。

④ 《朱熹集》卷九九《受纳秋苗晓谕》。

⑤ 《州县提纲》卷二“禁差役之扰”条言：“县令不明，则吏因差役并缘为奸，如差甲得赂，辄改差乙，差乙得赂，辄改差丙。本差一户，害及数家，争竞扰扰，久而未定。”（《丛书集成初编》本）。

官不至"[①]。商贩入城时受到兵级和税务公人的检察，后者对前者的勒索、留难亦随之出现[②]。商贩进入场务纳税时，首先需要了解官府收税的条法及所收物名、税钱则例，这些内容按规定要"大书版榜，揭务门外"[③]，但实际过程中，场务官吏却明目张胆地在法定税物、税钱之外巧立名目，无视榜谕中公布的税物、税钱则例，称为"虚喝""花数"[④]。

上述矛盾的现象，使榜文所传递的朝廷、官府的"德意"与仓库场务官吏的行为所呈现的强横交织在一起。相比之下，官府颁布的榜文在民众眼中往往成为一纸具文。

第三，地方上的豪右有时无视地方官的榜文，肆行请托。如前述马光祖书于客次的榜文，禁止幕僚、胥吏交结地方势力，接受请托。虽然幕僚和胥吏对之持敬畏的态度，不敢违越；但是，即使如马光祖之"峻峭壁立"，在"贵人"之"势"的压力下，却接受了薛监酒的请托[⑤]。因此，所谓榜谕的"透明化"功能不能只是一厢情愿的理解，而要置于榜谕内容与官府的实际操作之间的矛盾中来认识。

上述三种情形，是考察榜谕的贯彻时需要考虑的三个方面。在实际的过程中，这三方面往往是交织在一起的，只是史料所呈现的多是片段。而细致考察前述《黄氏日抄》所载抚州赈济的榜谕的贯彻过程，可以提供较为全面的认识。

在黄震赈济抚州的过程中，尽管官府颁布劝粜等榜谕，积极地与上户沟通协调，产生了一定效应，得到了寄寓官僚、士子们的支持，部分上户主动发粜来赈济贫民[⑥]。但是劝粜、发廪和禁造红曲毕竟触及了富室上户的利益，加之官府在赈济过程中可能出现的"失当"，使得劝粜诸榜谕的贯彻不可能一帆风顺。

虽然黄震在前赴抚州之任的途中就向上户发送了劝粜的公札和榜谕，但结果却"闭粜自若，米价日增"[⑦]。黄震感到原因在于缺乏与抚州上户的

---

① 《宋会要辑稿》食货六八之二五嘉定十四年八月二十九日条。

② 《庆元条法事类》卷三六《库务门》商税类所引厩库敕，第547页。

③ 《庆元条法事类》卷三六《库务门》商税类引场务令，第550页。

④ 《庆元条法事类》卷三六《库务门》商税类所引随敕申明（淳熙五年），第554页。

⑤ 《癸辛杂识》后集"马裕斋尹京"条。

⑥ 《黄氏日抄》卷七八《六月初一日劝税户陆续赈粜榜》云："近荷寄居、税家减价出粜，遂得帖然。"《六月二十日委乐安施知县发粜周宅康宅米》复云："本州岛饥民已荷上寓、富室次第发粜，小民赖以全活。"

⑦ 《黄氏日抄》卷七八《四月初十日入抚州界再发晓谕贫富升降榜》。

沟通，因此发出了敦请上户到州面议赈济的公札，并在到抚州面谕上户后颁布了新的劝粜榜。即使如此，也还是出现了部分所请上户不到州的尴尬局面[①]。

面对官府新的榜谕，以及寄寓官僚、士子等人的劝谕，一些上户勉从官府的号召，出粜赈济，但同时在抚州各县不断出现了部分上户消极和公开的抵制行为。在临川县，南塘饶宅虽然在官府的恩威并施之下，登记出粜，但又暗中作弊[②]。后又调查到陈孟八官人等六上户"各有米在本宅，皆未肯粜"[③]。除了这种公开的闭粜之外，有些上户则暗自高价出粜，以牟厚利[④]。

在乐安县，上户对官府劝粜榜和发廪榜的抵制手段更加多样、巧妙。有康十六官人、周九十官人两宅"米最多而独不粜"，而"两宅中又独周宅为尤不可劝"。面对提督黄省元的哀恳，"而周宅不恤也，至反申县诬其搔扰"。不仅如此，在知州派遣梁县丞前往周、康二宅强行发廪时，周宅又和吏胥勾结起来，厅司先硬押着县丞的轿番到康家，使得周官人有时间"搬藏米谷"，然后用"空仓虚历"来欺瞒县丞，"称为已粜"。最后，连号称"极廉"的梁县丞也为周宅所收买，"日饮周家之醇酎，昼卧周宅之凉床"[⑤]。

更为激烈的是宜黄县的前谷城县尉饶立对官府劝粜榜和发廪榜的抵制，"劝之虽切，藐无报应"。饶立具备雄厚的经济势力，且善于经营牟利[⑥]，同时他在地方有强大的政治影响力，"威制一州"，以至知州派遣官员和吏卒监督其发粜社仓米时，他们"或叩头乞免，至于垂泣"。连知州黄震也对之莫可奈何，只好求助于朝廷的支持[⑦]。饶立对官府的监粜，一方面

---

① 《黄氏日抄》卷七八《四月十四日再谕元约不到上户书判》。

② 《黄氏日抄》卷七八《四月二十五日委临川周知县出郊发廪榜》。

③ 《黄氏日抄》卷七八《委周知县发廪第二榜》。

④ 《黄氏日抄》卷七八《委周知县发廪第三榜》。

⑤ 《黄氏日抄》卷七八《五月二十五日委乐安梁县丞发粜周宅康宅榜》《六月二十日委乐安县施知县发粜米》《又再委施知县榜》。

⑥ 《黄氏日抄》卷七五《乞照应本州已监勒饶县尉贷社仓申省状》云："遍抚州诸邑乡落积租（元刻本作"祖"）皆有社仓，丰年乐岁多取贷息，及今荒年，筭计目今米贵，将来得息而或价倾，恐反失利，遂一粒不贷。惟深其扃鐍以待客贩，以此民怨入骨，哀诉满庭。"

⑦ 同上。另据《宋史》卷四六《度宗纪》记载，朝廷接受了黄震的建议，诏"饶立削两秩，武冈军居住"（第907页）。黄震在同书卷七八《七月初一日劝勉宜黄乐安两县赈粜未可结局榜》中说："本州劝粜实取怒富家巨室之事，应干劝粜官吏及提督寄居士友人人危惧。"可见与富家巨室同乡的"提督寄居士友"等对其政治势力抱有由来已久的恐惧。

以金钱收买监粜的官员来躲避发粜[①]，另一方面则是向监司诬告，以图中止劝粜和发廪，在宜黄、乐安两县就出现了“大姓上户买游士以假大义，分哗干（按指哗徒和干人）以愬肤受，伺候仓台，乘机投诉，必欲挠败见行荒政”[②]，饶立应该就是这些大姓上户的重要代表。

面对上述的抵制，地方官除了加强监督和上奏朝廷之外，还连续发布榜谕，将邻近的吉州因为抬高米价而遭雷劈的事件在榜谕中公布[③]，或宣布对粜米上户的褒扬和对闭粜者的惩罚，形成舆论上的压力。在禁曲榜的连续颁行过程中，官府的榜谕则是官府与酒户、曲户关系的晴雨表，这些不断颁布的榜谕成为官府与民众沟通的媒介。

劝粜榜与发粜榜所针对的主要是乡村上户，禁曲榜所要面向的则是在城酒户和乡村曲户，他们是城市坊郭户与乡村上户的特殊群体[④]。抚州的在城酒户具备雄厚的经济实力[⑤]。同时，他们又与官府有利益上的关联，乃“为官司趁办之人”，州府从其经营所得中收取课利。如黄震所说，在城酒户“亦与曲户平日人情稔熟”，说明两者之间存在业务上的利益关系。

官府颁布禁曲榜，直接触及了在城酒户与乡村曲户的利益，因而遇到了他们的抵制，这一过程大致可以分为两个阶段。第一阶段是在城酒户与乡村曲户联合起来对抗官府的禁曲榜。第一篇禁造红曲榜虽然只涉及了乡村曲户，但由于乡村曲户与在城酒户之间的利害关系，有在城酒户主动出面“求免曲户私曲之禁”。知州遂将其为首者枷锁示众一日，同时颁布了第二篇禁曲榜。第二阶段，第二篇禁曲榜颁布后，在城酒户和乡村曲户并没有停止红曲的制造和销售。为了推进赈济的开展，黄震遂颁布了第三

---

① 《黄氏日抄》卷七五《乞省罢宜黄县监酒申省状》载：“差宜黄县不厘务监酒、权北厢监押赵与垌私受饶县尉计置官会一千八百贯，将所分航步等三仓不尽行监贷，纵容仓斡搬贩出界。”

② 《黄氏日抄》卷七八《七月初一日劝勉宜黄乐安两县赈粜未可结局榜》。

③ 《黄氏日抄》卷七八《委周知县发廪第二榜》。

④ 宋代施行酒专卖制度，除了直接的榷酒外，还允许买扑酒户和特许酒户来经营酒的酿造、销售，官收课利：买扑酒户多是衙前、豪民大户和坊郭大姓、官宦人家、富商巨贾等来充当，一般民户投充酒户，要有坊郭大姓等有财有势者为其作保；特许酒户之中除了诸京酒户之外，还有乡村酒户，是官府榷酒范围之外被特许酿造沽卖酒曲的民户，他们也需要“检视其资产，长吏及大姓共保之”。参见李华瑞：《宋代酒的生产和征榷》，保定：河北大学出版社，1995 年，第 198—241 页。抚州的在城酒户当属于买扑酒户，乡村曲户则与乡村酒户相类。

⑤ 《禁造红曲第二榜》云：“到处州郡皆靠酒息，又比元额递年增添。独抚州制于抱息酒户，总一个大州府，只纳得来百来贯钱，无他郡十分之一，又是二十年前之额。今时酒价比旧增多少，而纳官无分文之增。是抚州一郡之利源全归酒户。”

篇禁造红曲榜,其范围由乡村扩展到城市,对在城酒户的制造、销售也加以禁止①。

虽然在上述两个阶段,官府的禁曲榜颁布之后遭到了在城酒户与乡村曲户的强烈、不断的抵制,但透过三篇榜谕的颁行过程,我们还可以发现它们背后的信息:在颁布第一篇禁曲榜之前,黄震曾咨询程帅参;赈济于四月就已经开始,第一篇禁曲榜却迟至六月才颁布,其间有一段缓冲时间,而且只针对乡村曲户,并没有涉及在城酒户,这也是在向后者暗示某种信息;到第二篇榜谕颁布,官府虽然对为首到官府喧哄的在城酒户给予枷锁示众的惩罚,但同时又声言"罚不及众",即向在城酒户表示官府不愿意扩大矛盾;第三篇榜谕的颁行,则向在城酒户表明了官府妥协的底线,官府虽然将禁令的范围扩大到城市,在城酒户也成为禁令的对象,但是,从颁行第一篇禁造红曲榜到此榜开始执行,在城酒户共有一月余时间来获取了丰厚的利润,甚至在榜谕中声言要酒户将造好的酒曲"须于三五日辟逻了当,莫留遗踪"。所以,官府的三篇禁曲榜是在官府一面施行压力、一面妥协退让的过程中曲折颁行的。

官府和官户的紧张状态,使得官府榜谕的内容做出相应的调整,这进而对地方社会其他阶层产生间接影响。首先,是对一般地方上户(非官户)显然有一定的引导作用,后者往往通过榜谕的变化来观望事态发展,以确定其策略。这时,榜谕就成为官府营造、引导舆论的有力工具。当寄居官僚、士子等人主动响应官府榜谕时,就会推动一般上户出粜,如危运干就劝谕诸乡上户出粜一万余石,这也是官府榜谕着力加以宣传的内容;当如前述之饶县尉抵制劝粜、发廪诸榜谕的施行,在城酒户到官府喧哄闹事时,一般上户(包括乡村酒户)则观望不前,所以官府在榜谕中公布对他们的惩罚措施后,声说"况无官等户,凡尔富室,各请自爱"。显然,官府是想以此来争取、敦促一般上户出粜赈济贫民。

下户是地方上的"弱势"群体,他们对官府榜谕的态度也很复杂,一方面他们急迫地需要官府和上户的救济,企盼官府赈济的榜谕,另一方面他们又惧怕官户的权势,对官府的榜谕持怀疑态度,如在乐安,即使周宅出粜,下户却"过疑周宅他日相害,宁忍饥饿,不敢籴其米"②。此外,黄震指出,安富和恤贫是相互为用,不可偏颇的,恤贫正是安富的条件③,这是地

---

① 《黄氏日抄》卷七八《六月二十八日禁造红曲榜》、《第二榜》、《第三榜》。

② 《黄氏日抄》卷七八《又再委施知县榜》。

③ 《黄氏日抄》卷七八《四月初十日入抚州界再发晓谕贫富升降榜》。

方社会秩序正常运行的两个方面。所以贫弱下户并不能完全被视为被动地接受施舍者，他们的态度和行为亦对官府榜谕产生影响。在抚州，由于官府和部分上户的努力，没有发生民众动乱，但是下户对于上户没有及时推行赈济表达了诸多不满，即所谓“乡曲之怨亦归之”[1]，有诅咒上户“落地狱担铁枷”[2]，或者频繁到官府论诉[3]，甚至在金溪县出现过“尝有饥民群扰富室”的情况。官府亦在榜谕中公布上述情形，使上户切实地感受了社会不安定所蕴藏的威胁。

与上下户的复杂情形相关联的，官府本身在赈济过程中发生着分化，会对榜谕的贯彻产生直接的影响。一方面，知州黄震接受朝廷的任命，到抚州“专以救荒为第一事，对越一念，凛凛栗栗，固甚欲恤贫，亦甚欲安富”。他从朝廷和乡邦的长远利益出发，颁布了劝粜诸榜谕，与地方上户协调沟通。另一方面，有些官僚和吏胥面对地方官户的政治势力深怀忧惧，有些则接受上户的贿赂，转而维护上户的利益，对劝粜诸榜谕的贯彻暗中掣肘。在榜谕的贯彻过程中，上述一般上户、下户和官吏自身的复杂状况，是和部分官户的抵制、对抗交织在一起，彼此呼应的。

在劝粜诸榜谕的颁行过程中，上户的抵制和公开对抗是和官府的强制、妥协交织在一起的。在这种背景下，官府榜谕的劝诫作用不能概言为民间屈从于官府的权威，而体现为一种沟通协调，官府和上户之间的矛盾既表现在前后颁布的榜谕中，也在榜谕的颁行过程中得到一定程度的消解。榜谕的真正贯彻，对社会各阶层产生影响，只有在经历了一番折冲后才有可能逐渐实现。

官府榜谕在地方社会的传布，一方面得到了民众的响应，地方父老宣讲官府的榜谕，并以身率之，直接推动了榜谕的贯彻，这在黄震赈济抚州的过程中有直接的反映。但另一方面由于官府内部的复杂矛盾，官吏或出于自身利益的考虑，隐瞒朝廷的诏令而不予公布，或受到地方形势户的贿赂和影响，在执行榜谕时从中作梗，地方上的形势户为维护自己的私利，暗中抵制或公开对抗官府的榜谕，这使得官府榜谕的实际贯彻受到诸多阻力。在出现紧张的矛盾冲突时，连续颁布的榜谕更成为官府与上户对话的媒介。

地方父老的意见是官府榜谕形成的重要依据，他们的宣讲，对官府榜

---

① 《黄氏日抄》卷七八《咸淳七年三月二十八日中途先发上户劝粜公札》。

② 《黄氏日抄》卷七八《委周知县发廪第二榜》。

③ 《黄氏日抄》卷七八《四月二十五日委临川周知县出郊发廪榜》。

谕的传布有直接的影响。官府榜谕的贯彻更离不开地方父老的积极配合。需要说明的是,本书所论的地方父老主要指官府所称扬的“寄居”“上寓”“乡曲贤士”,至于如饶立那样抵制官府榜谕的强势的前资官,官府在榜谕中谓之“豪强”或“豪横”①。可以看到,父老与豪横有时存在交叉,如饶立亦有士大夫的身份,他与支持官府赈济的待补国学生谭槐、待补国学生谭某、乐安县学生黄与孙、金溪县危运干本户等皆属于同一阶层的群体,从榜谕的颁行过程来看,他们在因应官府榜谕时呈现了不同的倾向,采取了各异的对策,因而呈现为父老与豪横的不同面相。正是这种复杂多样的力量,赋予官府榜谕以更丰富的社会内涵,而不仅仅是朝廷、官府的一纸命令。

以上从种类、功能、过程三个方面考察了南宋时期地方官府的榜谕,借此探讨官府政令传布的过程,及其所反映的地方官府与民众之间的互动关系。可以看到,地方官府通过榜谕来推行各项制度政策,施行教化,榜谕的形成与传布、贯彻需要得到地方父老的协助,同时在榜谕传布过程中由于地方豪强的暗中抵制甚至对抗引起的紧张状态,也通过榜谕来沟通而加以消解。

小结

综上所述,朝廷官府的诏敕政令通过张贴在要闹之所的榜谕向民间传布,使州县官府乃至朝廷的意旨被各阶层的民众知悉,在州县官府与民众之间建立起联系。粉壁与榜谕彼此关联,是官府政令传布的两个方面。设置粉壁的诸要闹场所成为信息集中的公共空间,是联系官府与民众的枢纽。粉壁沟通上下的作用有赖于榜谕的公布,榜谕的公示功能通过要闹之处的粉壁来实现。

榜谕是地方官府政令的载体,榜谕的形成、传布的过程推动了政令的传布,是地方官府日常事务运作的一环,对于防止弊端、宣传教化有直接的影响。与官方其他文书不同的是,榜谕是直接面向民众的,其接受程度与反馈自来受到格外的重视。它们在实际的颁布过程中,牵动了地方社会各阶层的复杂关系,在官府与地方父老、豪横之间形成互动的格局。

官府的榜谕虽然体现了王朝在地方的政治统治力,榜谕的多样内容也是朝廷、官府为维持社会秩序而制定的不同层次的规范,但这些规范不仅

① 参见梁庚尧《豪横与长者:南宋官户与士人居乡的两种形象》,原刊于《新史学》第四卷第四期,1993年,后收入所著《宋代社会经济史论集》,台北:允晨文化实业股份有限公司,1997年,第474—536页。

仅是王朝权威的呈现和诱导(或迫使)民众顺从的指挥棒。它们的形成离不开官府对民意的调查、以及与地方父老的磋商;它们的传布也离不开地方父老的讲谕和响应。在实际的贯彻中,又会遭到抵制以至公开反抗。此时,新一轮的官府榜谕则成为官府与民众进一步沟通、协调的渠道。

第三章　宋代地方官府与民众的诉讼

自北宋以来，随着人口、经济的发展，土地的买卖频繁，民间关于财产的纠纷亦日渐增多，民众因纠纷而进入官府，举行诉讼，与官府有了更多的接触①。民众进入官府进行诉讼，同时也是官府介入民众纠纷的过程。民众投状陈诉其冤情，地方官则通过听讼，对纠纷加以裁决，使之归于平息。

狱讼和赋役是地方官府两大繁难事务，与赋役的强制特征相比，民众进入官府、投状兴讼，则需要争取官府权威的支持，解决纠纷。在赋役征发过程中，地方官府主要依靠颁布榜谕来传布政令，地方官一般不用与民众发生直接接触。在诉讼的过程中，"两造"（即诉讼双方）会接触到书铺、讼师等中介机构和人员，需要和胥吏打交道，还要进入官衙接受地方官的审问和裁决，一旦不能及时结案，还要身陷牢狱之中。

学界对于宋代民众诉讼的研究，主要是着眼于法律制度和程序，在立法、司法机构和诉讼程序等方面取得了丰硕的成果②。近年来随着《清明集》的整理出版，推动了南宋法制史研究的深入，对法律的条文进行了细致的解析③，亦有对当时的法律观念、司法过程、法官与诉讼者之间关系等问

---

① 陈智超认为土地交易频繁是导致诉讼增多的社会根源：《宋代的书铺与讼师》，《刘子健博士颂寿纪念宋史研究论集》，京都：同朋舍，1989 年，第 113—119 页。青木敦则以江西地区为中心考察宋代的健讼现象，揭示了人口、土地交易等因素对"健讼"现象的推动作用，见《健讼の地域的ィメージ——一一一三世纪江西社会の法文化、人口移动をめぐって——》，《社会経済史学》六五卷三期，1999 年。

② 王云海主编的《宋代司法制度》（开封：河南大学出版社，1992 年）和郭东旭的《宋代法制研究》（保定：河北大学出版社，1997 年）是这方面的代表作，其中前者所论司法制度是较为狭义上的法制史研究，而后者则属于广义上的法制史研究，实际上包含了很多官制方面的内容。

③ 宋代官箴研读会编：《宋代社会与法律——〈名公书判清明集〉讨论》，台北：东大图书股份有限公司，2001 年。

题从文化的层面加以探讨[①]。上述研究的整体框架一方面受到了西方近代法学的极大影响，另一方面具体的研究又时常跳出法学框架的束缚，发现有些内容不能完全合乎近现代法学的理论框架和范畴，随着法社会学、法律人类学等交叉学科的兴起，人们的关注点逐渐由法律条文向法律操作的实际过程转移，注重当时人的观念和文化对于法律本身的影响。

本章首先考察宋代民众诉讼的多层次渠道，这为上级官府了解地方狱讼和官员裁判的情形提供了更丰富信息，其次考察诉讼过程中民众接受地方官审问、裁决的情形，探讨地方官、当事人、胥吏、书铺、讼师乃至牵涉的证人之间的互动关系。本书的讨论不欲停留在诉讼的程序或者司法过程本身，而是关注诉讼所涉及的各方的彼此接触和影响，及由此而形成的秩序格局。一定程度上，诉讼过程进行的状况影响着整个地方社会的稳定[②]。再次，本章还通过官文书的运转来考察南宋地方的司法裁判过程，着重探讨不同层级官府在裁判中扮演的角色，及其对裁判的影响。此外，本章还要考察书铺和讼师在诉讼裁判中扮演的角色，尤其是探讨他们所起到的媒介作用。

一、民众诉讼的渠道

民众的陈诉一般首先经县衙审理，并做出裁决，然后逐级申报，经过知州、监司官的"详阅案牍"，加以定断，所谓"由县及州，下佥厅，入州院，送法官"[③]，重大的刑事案件还需要申报朝廷部、省，甚至奏请皇帝裁夺。多数民间纠纷在县衙就可以得到裁决，但当事人如果对县官的裁决不服，在反复诉讼仍不能得到满意的结果时，他们就会寻求其他的途径，到其他官衙投状论诉，这就是民众的次第陈诉和越诉。

因此民众可以向不同层级的官府提出诉状，所谓"次第陈诉"，即按照县、州（府）、路级监司以至部省的层级逐级上诉；或者越过县或州（府）向上一级官府提出诉状，就是"越诉"[④]。民众的次第陈诉与越诉构成了民众诉讼的多层次渠道。前述民众诉讼的一般程序，限于材料，也为了论述的

---

① 柳立言：《宋代的社会流动与法律文化：中产之家的法律》，《唐研究》第十一卷，北京大学出版社，2005 年，第 117—158 页。

② 《清明集》卷一二《与贪令捃摭乡里私事用配军为爪牙丰殖归己》载宋慈判语云："湖南之盗贼，多起于下户穷愁，抱冤无所伸。"诉讼不能伸其冤，"下户穷愁"，将导致社会的不安定（第 464 页）。

③ 《清明集》卷四《漕司送下互争田产》，第 120—122 页。

④ 参见郭东旭：《宋代法制研究》，保定：河北大学出版社，1997 年，第 596—609 页。

便利,暂时忽略了这种层级上的差异对民众诉讼以及地方官审理过程的影响。但从实际的情形来看,民众次第陈诉或越诉,对民众的诉讼手段、效果,以及官府的审理,都产生了不同程度的影响,有进一步探讨的必要。本节试图从官府与民众的沟通渠道这一视角出发,通过《清明集》中的实际案例,考察民众的次第陈诉与越诉活动。

(一)民众诉讼的多层次渠道

民众采取次第陈诉或越诉,首先是由于官府内部存在层级的差别,即在县以上还有州府、路级监司,以至朝廷的刑部、大理寺和御史台,这些不同层级的官府衙门都可以接受民众的诉状,并加以审理。这提供了民众多层次的诉讼渠道,县断不公则投状于州,州断不公则投状于路,以至到上京诣阙、拦御驾,或者县未断即赴州、监司论诉。《清明集》有不少案例就是从州、监司发下,即反映民众向不同层级的官府陈诉。

其次,不同地方官对于同一案件可能有不同的裁决意见,这提供了民众的次第陈诉或越诉获得成功的重要因素。《清明集》载一转运司送下的余焱、黄子真田产纠纷案件,已有县、州的各级官员加以审理,都认为是黄子真"违法交易,不经批退,监勒受钱退业"。州院的赵知录更将黄子真田产之一部折钱拘没入官。通判范应铃对此案详加推究,指出赵权县、州佥判厉史君以及州院的赵知录的裁决均存在漏洞,以致黄子真"既不得田业,又亏折价钱,乌得无词?"他进而认为,官府的裁决"如事涉户昏,不照田令,不合人情",则民众"遍经诸司,乃情不获已",甚至认为民众"累年交讼,紊烦上司,失在州县,民户所不足责"[①]。黄子真不伏县官及州佥判、州院知录的裁决,一再申诉,直到上诉转运司,被发下州通判,重加审理。据上述过程,黄子真当是在县、州裁决之后,因为不满意县、州的裁决,又到转运司陈诉,后被发下通判重加审理。正是由于范应铃能够体察黄子真的内情,对地方官在听讼、裁决之际的差误较为警惕,最后使黄子真之冤抑得到申雪。

黄榦在江西新淦知县任上,有一起田产纠纷,一方"始讼之于县,又三诉之宪台,又两诉之帅司",此案经过了县、州、提刑司、帅司等不同层级官

① 《清明集》卷四范西堂《漕司送下互争田产》,第120—122页。另有一判《侄假立叔契昏赖田业》,州佥厅长官(应为佥判)先拟出裁决意见,再呈知州断案。知州称"昨来佥厅所拟,谁曰不然,及反复案沓,则有大不然"。他认为"佥厅所拟,间得其情",但在裁决时"未免真伪混淆,是非易位",要求佥厅做出解释(同上书卷五建佥《侄假立叔契昏赖田业》,第146—148页)。案此判中有"昨来佥厅所拟"、"佥厅盍申言之"、"前此佥厅所拟云"等语,则此判并非"建佥"之作,而可能是知州在"建佥"拟判之后所做进一步的裁决。

府的六次裁决，但这六次裁决又分为三派，意见不同。虽然后来由安抚使定断，但被告却“不肯照所断分析”，引起原告再次赴县上诉①。被告之所以“蔑视帅司所定”，与六次裁决的分歧有关，诉讼双方都可以从不同的裁断中寻找支持自己的依据，从而使诉讼累年不能结绝。比较上述两种情形，可以看到不同层级地方官府的裁决出现了歧异，既增加了民众的冤情获得申雪的概率，又可能给无理之人以口实，频繁上诉，使纠纷的解决陷于困境。

第三，地方官府不同层级之间、机构之间，由于彼此衔接上出现的迟滞和空档，也为某些健讼之徒提供了可乘之机。《清明集》有一“昏赖田业”的案例，陈经略宅买到黄文炳之田，后黄文炳之孙黄清仲涂改砧基簿，将所卖之田改为典田，欲从陈家赎回，由于陈家的契据已经丢失，又一时无法提供砧基簿，所以赵知县和谯运使都将陈家所买田断给黄清仲，并发给了公据、断由。直到后来陈家拿出砧基簿，到户部陈诉，才察知黄清仲涂改砧基簿的情弊，遂经部断、府断、通判审断，由转运司、提刑司结绝，断田还陈家。但由于黄清仲为乡里豪猾，实际上他一直霸占着陈家之田，官府的裁决并没有得到执行。在重审的过程中，由于户部将案件发下使府结案时，没有申报转运司将原来发出的公据“毁抹”，这个漏洞被黄清仲加以利用，他重新到转运司陈诉（而不是到府、县陈诉），并隐瞒户部送下使府重断的情节，使转运司依据原判，再给断由，让黄清仲长时间占据陈家所买之田，并将转运司前后发给的两件断由和被疏漏的公据作为其占据田产的物证②。正是由于府与转运司之间衔接上的疏漏，给黄清仲重新陈诉的机会，而转运司也被其蒙蔽。

《州县提纲》亦曾论述说：

> 县令苟明，追证既备，罪有所归，则诬告者惧罪，不待理断，而妄饰其词，今日走郡，明日走监司，脱其转送或索案，则又因循迤逦以幸脱矣。③

虽然县令能够洞察诬告者，但他们往往能够通过次第陈诉或越诉，州与转运司因此将案件转送他官审理，或索取案牍到州、监司，重加审理，诬告者则在此转送或索案的文书运转中，拖延时日，寻机逃脱其诬告之罪。《清明集》有一判文指出，豪民“作奸犯科，州县不敢谁何者，监司才要究见分晓，

① 《清明集》附录二黄榦《郭氏刘拱礼诉刘仁谦等冒占田产》，第606—608页。

② 《清明集》卷一三刑提干拟《以累经结断明白六事诬罔脱判昏赖田业》，第509—511页。

③ 《州县提纲》卷二“告讦必惩”条。

自度不得志，即越经台部，埋头陈词，脱送他司”。有一豪民留又一即运用此策，使监司已断明的案子转送给仓司审理，“仓司佥厅明知省部送下事件，符到呈行，因何于符未到之前，只凭留又一之词，便索本司案，如恐不及。又追本州吏抱案，曾不移时”。以至监司官感叹“尤见留又一财力足以役使吏人”。豪民通过“越经台部”，使仓司“急索去案”，意图使监司“不得（以）[已？]再催照断，而坐受其控扼耳”[1]。显然仓司如此卖力、急迫，与豪民的财力能“役使吏人”有密切关系，而仓司官员也难脱干系。县、州、监司（包括转运司、提刑司以及仓提举常平司等平行的官衙）的层级与复杂关系，使得健讼者获得活动的空间，得逞其志。由于这些机构之间文书运行的迂缓，审理不得不淹延难断，所以健讼者最不济也能逃脱诬告之罪。

综上所述，次第陈诉和越诉为民众提供了诉讼的多层次渠道。从县、州到监司以至省部，不同层级官府之间的复杂关系（包括同级官府内部的关系），官员之间的监督互察，一定程度上纠正了官府裁决的偏差，为民众的次第陈诉与越诉提供了可能。但同时这种各级官府之间的制衡也造成了体制运作的迂缓，和各部门之间的掣肘，为某些豪民利用其空隙，通过次第陈诉和越诉来紊烦官司，达成其目的。

（二）民众的次第陈诉

民众的陈诉，“县不直之，又诉于州”，以至向路一级的监司（转运司、提刑司、提举司等），甚至安抚司提出陈诉，是谓次第陈诉。

一方面，次第陈诉为民众提供了继续申诉的机会，使得冤屈得伸。如吴革知临安府时，一原告“始有词于县”，知县所判有利于原告，但被告不伏，“乃有词于府”，知府吴革“初亦疑其健讼，反覆看详，盖有说焉”。经过一番辨析，知府指出原告的“虚妄之罪”，认为原告受到了别人的教唆[2]。

前面曾论及豪猾健讼的黄清仲篡改砧基簿，将陈铁所买的田业改为“典业”，经由官府乞请赎回。由于陈铁没有直接的证据，知县遂“只凭黄清仲偏词”，“给据令黄清仲为业”。后来陈铁又向州、转运司提出诉讼，但“未有明证”，转运使还是维持知县原判。直到他有了物证，“经（户）部番诉”，揭穿黄清仲的“作伪情弊”，复经过“部断、府断、西通判审断”，转运司、提刑司予以“结绝”，皆断田还陈氏[3]。可见，在陈铁次第陈诉的过程中，由于新物证的出现，使本来面临绝境的陈氏“柳暗花明”。又如黄榦

---

① 《清明集》卷一二《豪民越经台部控扼监司》，第 458—459 页。

② 《清明集》卷六《以卖为抵当而取赎》，第 168—169 页。

③ 《清明集》卷一三《以累经结断明白六事诬罔脱判昏赖田业》，第 509—511 页。

在新淦县任上，有民户宋有论谢知府宅侵占坟地，“曾经县，经军，经转运司论诉，竟不获伸”，黄榦即认为是谢知府宅“依恃形势”，而判谢知府宅归还其坟地①。显然，如果不是宋有不懈地次第陈诉，就不可能使其冤获伸。

另一方面，民众不断次第陈诉又加重诉讼事务，在地方官眼中形成“嚣讼”的印象。如吴革就曾怀疑次第到府陈诉的被告“健讼”。更多的地方官判词显示，有豪民或健讼之徒利用次第陈诉的机会巧取豪夺、横霸乡里。《清明集》载建州一案例，有陈鉴“垂涎资财，见利忘义”，妄诉陈铁之妻傅氏立继不当，“欲以己子搀继”。此案“自县而州，自州而监司，自监司而省部，滚滚二十馀年，词讼始绝”。其后陈鉴“欺凌孤寡，侵占安吉寄庄田”。迫使傅氏卖掉田产，携幼赴官求助，中途而病归。一波未平，陈鉴又兴“黄渊交易违法之讼”，事不干己，意欲侵夺陈兴老的家产。“讼之于县，已责退状，又复翻讼。讼之于州，已行结绝，又复兴词。”后又“上烦监司（此指提举司）听受”，被送给州通判裁决②。观此，陈鉴两次通过次第陈诉的方法，欺凌寡幼，从中渔利。黄榦知新淦县时，有谢骏诉嫂黎氏立继不当，此案历时五年，经由两任知县、赣州佥厅及本州赵司法裁决，其中赵司法所判乃提刑司委送的，说明谢骏曾经赴县、州以至路级的提刑司次第陈诉，最后知县、佥判、司法“皆以为立嗣当从黎氏，谢文学不应争立”。谢骏却“健讼不已，复经转运使台，必欲争立”。黄榦认为谢骏“乃敢蔑视官府，违慢条法，欺凌孤幼，斥责族长，显是豪横，难以轻恕”③。陈鉴因为次第陈诉被地方官认定为嚣讼，谢骏之健讼则被视为豪横，均与官府处于对立状态。但吴革所疑之健讼者经过反复看详，其次第陈诉却有其合理之处；陈铁在没有物证的情况下曾到州、监司陈诉，以至到户部番诉，显然这本身就带有健讼的嫌疑，但后来他拿出了物证，又得到了各级官府的支持。

尽管次第陈诉能够提供民众更多的诉讼渠道，使民情得以通过这些渠道被官府获悉，得到公正裁决的机会；但是诉讼毕竟是贫弱民户的沉重负担，更多的情形则是地方豪猾健讼之徒利用次第陈诉的机会牟利害民，在乡里逞威立霸。对于官府而言，一方面次第陈诉是法律上认可的诉讼程序，各级官府有责任受理，为民平冤，另一方面次第陈诉又带来了官府诉讼

---

① 《清明集》附录二黄榦《宋有论谢知府宅侵占坟地》，第590—591页。

② 《清明集》卷一三《挟仇妄诉欺凌孤寡》，第504—505页。

③ 《清明集》附录二黄干《谢文学诉嫂黎氏立继》，第605—606页。

的繁难局面，即使是得到公正裁决的次第陈诉，也难免地方官对民众“嚚讼”的指摘。

（三）民众的越诉

民众不按照层级次第进行诉讼，而“越经上台”，即不经过县衙，而直接向州府或路一级监司以至中央的省部提出诉讼，即是越诉。历代王朝为维护其官僚体制运作的正常秩序，对民众的越诉行为都严令禁止，宋朝亦不例外。但历代又不乏民告官、赴阙告御状的记载，这又是出于王朝监督地方官的需要，宋朝亦不乏其例。不仅如此，从北宋徽宗朝开始，宋王朝更颁布了一系列的“指挥”，在一定范围内允许民众越诉。朝廷允许民众越诉的指挥，主要是为了监督地方官①。但朝廷允许越诉的范围有限，多是为了限制地方官额外征收、法外增加民众负担，以维持中央财政与地方州县财政之间的均衡，通过民众的越诉来加强对地方官的监督。实际上由于北宋中后期以来，中央财政日益集中，宋代地方州县的财政处于日益困窘的境地，州县官府不得不在朝廷的法定赋税之外，多列名目，额外征收，以补地方财政之阙②，所以朝廷允许越诉的“指挥”也很难有实效。但是朝廷颁布允许越诉的指挥，却对民众以往就存在的越诉行为产生了推动作用③。民众的越诉活动，主要围绕切身的婚田诉讼展开，不同于王朝监督地方官的意图，对于地方官府的诉讼事务产生了深远的影响。

民众的越诉一方面是为了使其冤屈得伸，其所以选择越诉而不是次第陈诉，主要是由于其被告在州县属于豪强势力，多与官府的官吏暗下勾结，使州县官难以从公裁决。蔡杭出任江东提刑时，始入境（按指巡历属县），

① 王云海主编的《宋代司法制度》（开封：河南大学出版社，1992年）将“当事人的越诉”作为司法监察制度的一个要素来论述（第431—433页）；参见［日］青木敦《北宋末～南宋の法令に附された越诉规定について》，《东洋史研究》第五十八卷第二号，1999年。张兆凯等亦认为南宋越诉之法“主要是为了利用民众力量，加强对州县官吏非法害民行为的监督与制裁，借以达到宽恤民力，恢复生产、巩固中央集权的目的（《中国古代司法制度》，长沙：岳麓书社，2005年，第121页）。

② 参见包伟民《宋代地方财政史研究》，上海：上海古籍出版社，2001年，第164—195页。

③ 《宋会要辑稿》刑法三之二九载，绍兴二十七年（1157）七月二十二日，侍御史周方崇言：“民间词诉，必有次第经（曰）［由?］，若侥妄蓦越，则坐之以罪。苟情理大有屈抑，官司敢为容隐，乃设为越诉之法，而敕令该载者止十数条。比年以来，一时越诉指挥亡虑百馀件，顽民反恃此以扰官司，狱讼滋长。望行下刑部，将一时许越诉指挥非编敕所载，并令敕令所重加删除，以省讼牒。”虽然说朝廷的越诉之法是针对“情理大有屈抑，官司敢为容隐”的情形而设，但其主要目的并不在于为民申冤，只不过在实际过程中，越诉成为民众诉讼的一条特殊途径。

"即有遮道群泣,诉为豪强方阎罗震霆百六官虐害者。继而累累道途,诉之不绝"。民众之所以乘提刑司长官入境时"遮道"越诉,主要是因为方氏豪强有钱有势,"承幹酒坊,俨如官司","出骑从徒,便是时官",平时"以私酤为胁取之地,以骗胁为致富之原";同时,他还"不吝钱、会,以结有求之吏,不惮殷勤,以结无识之士,不惜宝货,以结无耻之官","势焰熏灼,是以州县猾吏,匍匐归之",即使官府试图加以惩治,也"每不能伤其毫毛"。方氏"豪断取财",为害州县,民众欲向州县官府论诉而不可行,只有越出其势力范围,直接向路一级的监司陈诉[①]。宋代的监司官按规定每年都要定期对所辖地区分区进行巡查,"所至有词讼及官司违法,虽非本司事,并听关送案治"[②]。这种巡历提供了民众直接陈诉的机会,虽然这是监司官的职责所在,但民众的陈诉实际上却构成了越诉行为。蔡杭巡历入境时接受民众遮道陈诉,由于与方氏没有直接的利害关系,使他有可能较为公正地裁决,惩处地方豪强。

但另一方面,贫弱民户除了监司官巡历州县的机会之外,很难有财力从县到州以至监司进行越诉,所以更多的情形则是地方富豪或健讼之徒利用赴州、监司越诉的机会,"越经上司,争讼不已"[③]。《清明集》载一判文,有"以劫夺财物"诬告别人者,本因醉争道,却诬告其"白昼行劫","正经陈于县,又越诉于宪台,牵连追呼,不一而足"。提刑司"灼见虚伪,押下本府结绝",诬告者乃"中道而逃"[④]。又如学谕陈国瑞父子租赁沈氏屋宇在先,有涂适道对其"有觊觎之望",乃诱使沈氏重叠交易,"(轻)[径]经使府上司十年论诉,必欲强赎"[⑤]。这些豪横或健讼之徒的越诉,一般是要送下本州、本县加以审理,这给下级的州、县官造成压力,如果反复争讼,拖延时日,这往往会影响到上司对下级政绩的考评,所以地方官对于民众的越诉常常责以"紊烦上司"之罪。因此豪横或哗徒的越诉,不仅得逞其私欲,还能影响官府,甚至要挟州县,达到"劫制立威"的效果。他们"有重财,有厚力,出入州郡,颐指胥徒,少不如意,即唆使无赖,上经台部,威成势立,莫敢谁何"[⑥]。据此,地方豪横借着次第陈诉和越诉,在地方社会确立其社会影响,对官府亦可以加以挟制。

---

① 《清明集》卷一二《豪横》,第452—454页。

② 《长编》卷二八三熙宁十年(1077)五月戊午条。

③ 《清明集》卷五翁浩堂《僧归俗承分》,第138—139页。

④ 《清明集》卷一三胡石壁《以劫夺财物诬执平人不应末减》条,第497—498页。

⑤ 《清明集》卷六叶岩峰《谋诈屋业》,第192—194页。

⑥ 《清明集》卷一三蔡久轩《撰造公事》,第482—483页。

民众因田产纠纷等婚田细事而越诉，是民众诉讼的一条非常规渠道，不被朝廷认可，更被地方官府视为健讼的行为。但《清明集》中的很多案件都是“漕司送下”或“使州送下”，这些案件多由上司转发下级官府审理，说明民众的越诉实际上往往能传达给官府。民众的越诉造成了“紊烦上司”的结果，同时上司的送下一般都有一定的时限，这对州县官府有直接的压力和督促作用，这与赴县陈诉、次第陈诉等由民众直接推动的诉讼的效果不同。如上所述，地方豪横或哗徒深谙越诉的利弊，他们平时“把持公事”，或兜揽、教唆词讼，从中渔利，“及所求不满，则又越经上司”①，争讼不已，不仅得利，更能通过官府内部的上下关系，来挟持州县官府，在地方上造成“威成势立”的局面。

综上所述，由于地方官府存在层级差异，次第陈诉与越诉为民众诉讼提供了多层次渠道，不仅可以将民众的冤屈陈告给州、监司等不同层级官府乃至朝廷，尤其是在乡里受到豪横欺压的贫弱民户无处申冤，可以借此脱离豪横的势力范围，到州或路投状陈诉。同时，这些渠道也成为地方豪横或健讼之徒横霸乡里、挟持州县的重要手段。豪横通过越诉来“控扼”地方官府，是利用官府的条法来达到目的。官府虽然制定、执行条法，但它也受到了法条的制约，被豪横加以利用，来限制官府。

对地方官府而言，虽然民众的次第陈诉与越诉是造成“健讼”的重要原因，使地方官府的诉讼事务更加繁重，但是从另一种角度来看，这使得地方社会的民众纠纷（尤其是婚田诉讼）进入官府的裁决范畴，而不仅是诉诸宗族、乡里等民间仲裁。“紊烦官司”，换言之就是将从县、州到监司以至省部的各级官府卷入其中，这使得地方官府与民众的关系日益紧密。同时，虽然州县官府经常指责越诉者（包括次第陈诉者）“紊烦上司”，但实际上越诉和次第陈诉是上司掌握下级官员政绩的有效途径。朱熹曾经指出：“如做监司，只管怕讼多，措置不下。然要省状，也不得。若不受词讼，何以知得守令政事之当否？全在这里见得。只如入建阳，受建阳民户讼，这个知县之善恶便见得。”②

二、宋代地方的诉讼过程及文书运作

学界对于宋代民户诉讼和官府审判的研究，主要是着眼于机构设置和

① 《清明集》卷一二蔡久轩《讼师官鬼》，第473—474页。

② 《朱子语类》卷一〇六，第2648页。

制度规定，在立法、司法机构和诉讼程序等方面取得了丰硕的成果①。近年来随着《名公书判清明集》的整理出版，推动了南宋法制史研究的深入，对法律的内容进行了细致的解析②，亦有对当时的法律观念、司法过程、法官与诉讼者之间关系等问题从文化的层面加以探讨③。总的来说，上述研究关注点在于制度规定和实施效果两端，而对连接两端的重要环节——法制文书及其运行——尚未进行系统的考察，这无疑阻碍了对宋代诉讼裁判过程和法制文化的进一步探讨④。

这里所谓的法制文书，大致包括两个层面：一是民户在进行诉讼活动时直接涉及的文书，主要有诉状、供状、契据、断由等；一是地方各级官府在受理民户诉讼或裁决刑事案件过程中的往来文书，主要有州县向上汇报或请求上级官府裁决的奏状、申状，以及监司和州对下级官府拟判的批复，以及对疑难案件的裁决文书等。本书所要讨论的对象是前者，即试图通过对这一类法制文书的形式和运转情况的考察，借此来厘清民户的上诉途径，及其接受地方官审问、裁决的情形，进而探讨在诉讼和审判过程中，地方官、双方当事人（被称为“两造”）、胥吏、书铺、讼师乃至牵涉的证人之间的互动关系。

本节所讨论的时段集中在南宋，这是因为《清明集》和官箴书等材料所反映的主要是南宋时期的情形。但在具体的论述中，本节亦间或考察南

---

① 日本学者宫崎市定的《宋元时代の法制と裁判机构》（《东方学报》（京都）第二十四册，1954 年 2 月。中译节文收入《日本学者研究中国史论著选译》第八卷，北京：中华书局，1992 年，第 252—311 页）一文具有开创意义，徐道邻对宋代的审判制度亦有详细的讨论，见于徐道邻《中国法制史论集》，台北：志文出版社，1975 年。王云海主编的《宋代司法制度》（开封：河南大学出版社，1992 年）和郭东旭的《宋代法制研究》（保定：河北大学出版社，1997 年）则是这方面较具影响的代表作。

② 宋代官箴研读会编：《宋代社会与法律——〈名公书判清明集〉讨论》，台北：东大图书股份有限公司，2001 年。

③ 柳立言：《宋代的社会流动与法律文化：中产之家的法律》，《唐研究》第十一卷，北京大学出版社，2005 年，第 117—158 页。刘馨珺的《明镜高悬：南宋县衙的狱讼》（台北：五南，2005 年）从一系列环节对南宋县衙的狱讼进行了细致的探讨，进而探讨南宋基层社会的法制理念。

④ 刘馨珺在《明镜高悬：南宋县衙的狱讼》一书中对县衙的狱讼活动中出现的法制文书的形成过程进行了初步的探讨，搜讨颇广，但她的关注点似乎不在法制文书的系统考察，而是借此来探讨诉讼审判所反映的法律观念和文化。因此，对于这部分法制文书仍有进一步研究的必要。戴建国《宋代的田宅交易投税凭由和官印田宅契书》一文是对法制文书的个案考察，对于考察宋代民事诉讼有重要参考价值（《中国史研究》2001 年第 3 期，第 97—111 页）。

宋制度的源流及其变化，会涉及到北宋的情形。本节所讨论的案例主要是所谓“户婚”类的民间纠纷，而不涉及刑事案件。从《清明集》的篇幅结构来看，“户婚”门的案例占了全书的大半，可见这是构成当时南宋地方官府（尤其是州县）狱讼事务的主要内容。因此，本节的探讨可以较为充分地呈现南宋地方官府的诉讼和审判过程。

（一）诉状的形成

民间的纠纷要进入官府，得到地方官的裁决，首先是要提交诉状，称为“投状”或“入词”。南宋时期，大部分民户需要求助于书铺“写状投陈”。这里的书铺（主持者称书铺户），是为民户“入词”提供撰写诉状等中介性服务的民间机构①。

作为民户入词的中介，唐代即有“为人作辞牒”者②，北宋前期亦有“写状人”“代写状人”“代笔人”的情形③，从当时的规定上来看，这些代写诉状者已经需要承担一定的法律责任。至北宋后期出现了“书铺”这样专门的中介机构，得到了官府的经营许可，为民户撰写诉状是其主要工作。从上引朱熹、黄震的榜文来看，这一点为南宋所继承。书铺的出现，一定程度上反映了当时地方官府诉讼活动的频繁，关于书铺的一系列制度规定，也说明诉讼制度日趋严密和程式化，这在诉状形式的统一上尤为明显。

北宋末年成书的《作邑自箴》记载了当时书铺替民户撰写的“状式”，对于考察南宋诉状的形式也有重要参考价值，引录如下：

> 某乡某村耆长某人、耆分第几等人户姓某、见住处去县衙几里
> 人系某乡村居住、至县衙几里
> 右某年若干、在身有无疾荫（妇人即云有无孕及有无疾荫）
> 今为某事，伏乞县司施行，谨状

---

① 关于书铺，可参见陈智超《宋代的书铺与讼师》，以及戴建国《宋代的公证机构——书铺》（《中国史研究》1988 年第 4 期）。本章第四节亦有论述，可参看。

② 《宋刑统》卷二四记载，唐代已规定：“诸为人作辞牒，加增其状，不如所告者，笞五十。”后周的规定更具体：“所陈文状，或自己书，只于状后具言自书；或雇请人书，亦于状后具写状人姓名，居住去处，如不识文字及无人雇请，亦许通过白纸。”则北宋以前已有“写状人”为人撰写诉状，收取费用，但此时并没有成为制度（北京：中华书局，1984 年，第 375—380 页）。

③ 《宋会要辑稿》刑法三之一二载咸平六年（1003）十一月十七日诏书云：“其代写状人不得增加词理，仍于状后著名，违者勘罪。”同书刑法三之一四载景德四年（1007）五月十三日诏书云：“如是令人代笔为状，即不得增添情理，别入言词，并元陈状人别无枝蔓论奏事，被代笔人诱引，妄有规求者，以代笔人为首科罪。”这些禁令从一个侧面反映了北宋前期代写状人在诉讼活动中的活跃，对诉状的内容有直接的影响。

年月日姓某押状①

词状之前又有"朱书事目"。据此,入词者的姓名、籍贯、户等、疾病、事目、入词年月等是民户所投之词包含的基本内容。

《州县提纲》中说到要"详审初词",谓:"讼者初词,姓名、年月、节目必须详览。"②这里所谓的初词,就是民户第一次提交的诉状。据此,民户的诉状至少包含姓名、年月、诉讼节目(当即事目)等项内容。朱熹知潭州时所颁布的《约束榜》,曾规定民户向潭州投递的诉状状式包括:

【一、】某县、某乡、某里,姓名。

一、年几岁,有无疾荫,合为状首,堪任杖责,系第几状。

一、所诉某事合经潭州。

一、即不是代名虚妄,无理越诉,或隐匿前状,如违,甘伏断罪号令。右某(入事明注年月,指涉某人、某事尽实,限二百字。)须至具状披陈,伏候判府安抚修撰特赐台旨。③

这些规定,除了"系第几状""所诉某事合经潭州""无理越诉或隐匿前状"等项,涉及州县受状的区别与越诉规定外,其他各项应可反映南宋地方官府诉状的主要内容。同时,比较上述两种状式,南宋要比北宋更趋严密,如规定"堪任杖责""指涉某人、某事尽实",对字数的限制亦值得注意。

除了上述一定的格式外,每件纠纷的"事目"的"书写"方式,值得深入探讨。它直接影响到诉状能否为官府受理,并促使地方官做出利于投状人的判断,以求胜诉。虽然地方官希望诉状"指涉某人、某事尽实",但实际上"大抵人之所讼,互有短长,各言其长而掩其短"④。从官府的角度来看,民户的入词"率自掩其过而归咎于人,甚至凿空撰造以欺有司"⑤。当时甚至有夸大其词以引起官府注意的情形,所谓"小人陈词,往往借实翼虚,张大其事,以动官司之听"⑥。《州县提纲》说得更具体:

近世风俗,大率初入词辄以重罪诬人者,不可不察。如白日相殴于路,则必诬曰劫夺;入于其家而相竞,则必诬曰抢劫;与其妇女交争,则必诬曰强奸;坟墓侵界,则必诬曰发骸骨。似此类其真实者岂可谓

① 《作邑自箴》卷八。

② 《州县提纲》卷二"详审初词"条。

③ 《朱熹集》卷一〇〇《约束榜》。

④ 《袁氏世范》卷二"讼不可长"条,《丛书集成初编》本。

⑤ 《州县提纲》卷二"判状勿凭偏词"条。

⑥ 《清明集》卷六《叔侄争》,第190页。

无，但凿空假此以为词讼之常谈者可怪耳，甚至公然以大辟诬人，略不知惧。[①]

利用"重罪诬人"，既能混淆视听，又能迫使官府不得不受理案件。虽然这条材料亦带有地方官的主观倾向，但也说明诉状的"写法"，是民户诉讼得到官府受理的关键[②]。

（二）入词和审词

诉状撰写完之后，民户就进入到诉讼的下一个程序——入词，即民户呈缴诉状和地方官府接受诉讼的过程。官府接受民户的诉状有一系列的规定，包括投状时间、投状人的年龄、身体，还有担保人，等等，学界都有所探讨，此不赘述[③]。下面主要考察诉状进入官府的过程，关注胥吏和地方官在此过程中所扮演的角色。

民户向官府投状，最先接触到的是地方官府的阍人或门子。阍人和门子都是公人的序列，是地位较低的胥吏[④]。他们对民户投状能否受理有直接的影响。如果地方官又不勤于政事、约束胥吏的邀阻，民户的入词往往被阍人阻遏。过了门子这一关，民户的诉状会得到初步的登记和分流。《州县提纲》记述县衙受状的情形说：

出箱受状，其间有作匿名、假名状投于箱中者，稠人杂沓，莫可辨认，兼有一人因便投不要紧数状及代名数人者，要当于受状之日，引自西廊，整整而入，至庭下且令小立，以序拨三四人，相续执状亲付排状之吏，吏略加检视，令过东廊，听唤姓名，当厅而出，非惟可革匿名、假名之弊，且一人止可听一状，健讼者不得因便投数词，以紊有司。[⑤]

据此，官府曾设置受状之"箱"，民户可直接投状于其中，而不必接受检察、核实，因此出现民户匿名、假名入词的情形，更有健讼者一人而投数词，这给地方官府增加了不少负担。因此，《州县提纲》做出了上述措置，加以防治。这种措置一定程度上保证了一人一状，杜绝了匿名、假名状，但也使得

① 《州县提纲》卷二"诬告结反坐"条。

② 夫马进在讨论明清时期的民事诉讼时，曾指出撰写状词的技巧是吸引官府受理案件的重要因素，见《明清时期的讼师与诉讼制度》，[日]滋贺秀三等著，王亚新等编译：《明清时期的民事审判与民间契约》，北京：法律出版社，1998年，第403—407页。宋代诉状的书写离不开书铺和讼师，详见后文。

③ 参见刘馨珺《明镜高悬：南宋县衙的狱讼》，第88—108页。

④ 参见第一章。

⑤ 《州县提纲》卷二"受状不出箱"条。

胥吏在民户投状时掌握更多的权力,负责排状的胥吏"检视"民户诉状、传唤核实,这对于民户人词能否被受理或者何时被受理有直接的影响。虽然胥吏"检视"的详情现在无从查考,但诉状是否合乎格式应是其重要内容,因为除官员、士人、公人、军人、僧道等人群外,一般民户的诉状需要由书铺按照一定的格式来撰写,否则官府不予受理。很显然,检视诉状为胥吏诛求乞觅(即索要财贿)提供了可乘之机。

朱熹在《约束榜》中对潭州州衙接受民户诉状进行了详细的规定:

> 引押状词日分预批历,请台判轮委职官一员或两员就大厅侧畔,用朱划号数监,用朱批事因……
>
> 类状名色:官吏受财枉法,将吏侵克役使,杀人行劫,杀略奸盗,聚众斗打,或抵拒官司,豪家大姓侵扰占夺细民田业,奸污妇女,斗打见血,官员、士人、公人、军人、僧道执状,已上当使厅引押;诉婚田地、诉分析、诉债负,斗打不见血,差役陂塘,已上都厅引押。①

据此,在官府受理词状期间,民户先到大厅侧畔登记,然后根据其身份与词状的内容,被分流到使厅和都厅引押词状。使厅(即签书判官厅)是签书判官办公之所,而都厅(即州院)则是录事参军办公之地,显然上述分流反映了不同案情受重视程度有所区分。官员、士人、公人、军人、僧道等人群因为身份的缘故,受到了较高的待遇,重视程度与刑事重案相等同。

官府"受状"之后,地方官要进行"审词",即对民户的诉状详加审阅。地方官的"审词",一是获取诉状的基本信息,即所谓"初词姓名年月节目必须详览",其中对于"初词"(也即第一次所入之词)更为重视,因为"案牍动至数万言,虽若繁夥,然大率不出乎初词,倘后词与前异,前词所无,而其后辄增者,皆为无理"②。对于反覆陈诉的情形,地方官可以比较其前后诉状的变化,做出判断。二是对民户诉状中的"偏见"要根据事理加以辨析。由于案牍繁杂,入词者更是"各言其长而掩其短",隐藏自己的"偏见",地方官在"审词"时必须"详阅案牍"。地方官如果"惮案牍之繁,倦于详览,

---

① 《朱熹集》卷一〇〇《约束榜》,第5111—5124页。

② 《州县提纲》卷二"详审初词"条。同书卷三"详究初词"条言:"今之县狱,初词乃讼之权舆,郡狱悉凭之以勘鞫。凡里正及巡尉解至犯人,多在外经停,唆教变乱情状。若县令不介意而辄付之主吏,则受赇偏曲,一律供责,其后欲得真情难矣。……"。《清明集》有一判词即反映了这种前后异词的情形,称"今卢兴嗣为见论其卑幼之说不可行,近方经佥厅入词,论震卿有弟,年未及格。……兼卢兴嗣经府初词,并无震卿有弟卑幼之说,岂容逐旋枝蔓其词,眩惑官府。"(《清明集》卷六《出业后买主以价高而反悔》,第175页)

遽执偏见，自以为得其情而辄剖决者，其过误多矣”[①]。《清明集》载地方官的判语说：“事有似是而实非，词有似弱而实强，察词于事，始见情伪，善听讼者不可有所偏也。”[②]民户的入词对于事实是非的陈述显然受到其词之“强弱”的影响，也即在民户的状词背后隐藏着自身的主观态度，这也是官员“审词”时需要加以“详阅”的。

据《昼帘绪论》记述，当时县官受理词状之日，“多者数百，少者亦以百数”，经常出现积压的情形[③]。显然地方官不可能每件诉状都会加以审理，有些诉状由于状词不合乎状式，或不经由书铺撰写，或在时限内反复陈词，或在断限内越诉，在胥吏检视时就被驳回，不予受理，有些诉状夸大其词，在地方官审词时被驳回，所以官府所受理的诉状实际上只占民户入词的一小部分而已[④]。

（三）听讼的场合

民户的诉状一旦为地方官府受理，就进入听讼的程序。在这个阶段，民户与官府直接做正面的沟通，官府要“究问”“证验”，即对涉案的人证与物证加以审问、核实，民户则对官府的究问做出回应，或提出新的证据。民户的回应和邻保的证词有口头的，也有书面的，即“供状”。在户婚一类的纠纷中，契据是主要的物证。

听讼一般是在衙署中进行的，地方官、涉案双方参与其中。《州县提纲》谓：“凡吏呈事案，须先引两竞人立于厅下，吏置案于几，敛手以退，远立于旁，吾惟阅案有疑，则询二竞人。”[⑤]则胥吏亦参与听讼的过程。不仅如此，由于官府要对相关的人证、物证进行问验，更多的人群被牵入听讼的过程中。

1. 供状

虽然按规定由官员亲自审问，但实际上很多是由胥吏负责的[⑥]。如

---

① 《州县提纲》卷二“详阅案牍”条。

② 《清明集》卷五《侄假立叔契昏赖田业》，第 146 页。

③ 《昼帘绪论·听讼篇》。

④ 夫马进曾就明清时期的民户诉讼案件的数量和官府受理的案件数量作了深入的探讨，据此可以了解当时官府受理的案件只是民户诉讼案件的一小部分，见前引夫马进《明清时期的讼师与诉讼制度》一文。参见黄宗智《清代的法律、社会与文化：民法的表达与实践》，上海：上海书店出版社，2001 年，第 144—159 页。

⑤ 《州县提纲》卷二“示不由吏”条。

⑥ 宋代胥吏在州县事务中占有重要的位置（参见第一章），其中推吏（或狱吏）更有代替官员审问案件。参见徐道邻《宋朝的县级司法》，《中国法制史论集》，第 142 页。

《清明集》有“送狱根勘，供招自明”之说，可能即由狱司的胥吏责供[1]。所谓“责供”，是要求陈诉的民户报告案情。据《州县提纲》记载，胥吏在听取民户的口头“供吐”之后，写成供状，“多不依所吐，往往必欲扶同牵合，变乱曲直”，则胥吏呈送给地方官的供状与民户的口供之间存在差距。这则材料又指出，胥吏写成供状要让民户过目，或者向其宣读，如果遇到民户不识字的情形，胥吏就有可能乘机对案情加以篡改。因此，地方官要“面审所供”，不能凭信胥吏的“责供”。虽然胥吏会利用责供的机会求取贿赂，地方豪强和讼师等也乘机与之勾结，甚至出现“豪强之人、教唆之徒公然据司案而坐，指挥叱咤，变情节”，但胥吏所写的供状始终是地方官获取案情的重要渠道，即使地方官亲自审问，查知供状不实，最后还是要由胥吏来责供[2]。

关于胥吏如何撰写供状，《州县提纲》亦有所记述。它指出地方官结案时需要依据当事人的“亲供”，不能为了方便省事，而让胥吏提交经过删节的供状，原因在于：“不知甲乙对竞，甲之赂厚，则吏具申甲之词必详，乙之词虽紧要者，亦且节去，以此误长官之判多矣。既有元词，自当详览，以定曲直，又具情节，适为赘耳。”[3]这里的“元词”当是指民户的诉状，“情节”则是胥吏责供后所撰写的供状。据此，民户在地方官听讼之前所做的供对被胥吏写成供状，也可能被“案吏”上下其手，对紧要的内容加以增删，进而影响地方官的裁决。虽然《州县提纲》认为胥吏责供是多馀的，胥吏会借此收取贿赂，对诉讼的裁决会产生负面的影响，但官府所接受的诉状数量繁多，内容也复杂多样，由胥吏先对诉讼双方进行责供，然后撰成供状，这对于提高地方长官的工作效率不无助益。

根据《清明集·户婚》一门的案例，官府的责供除了当事人各自的供对之外[4]，比较常见的是邻保的“证对”[5]。《清明集》有一判说：“续据胡楠状，除认归正赵少傅苗税外，其周通直一户，元是黄义方起立，既蒙监纳官

---

① 《清明集》卷四《吴肃吴镕吴桧互争田产》，第 112 页。

② 《州县提纲》卷二“面审所供”条。

③ 《州县提纲》卷二“呈断凭元供”条。

④ 《清明集》卷四《罗琦诉罗琛盗去契字卖田》《漕司送邓起江淮英互争田产》、卷五《从兄盗卖已死弟田业》。

⑤ 此外，在有关立继的纠纷中，官府还要召族长、房长等人责供，以作参证。《清明集》卷七《先立已定不当以孽子易之》云：“阳梦龙继八二秀，祖命也，阳攀鳞继八五秀，父之命与祖母之命也，亦既历年多矣，亲书遗嘱，经官给据，班班可考，质之房长，并无异词。”（第 206 页）

物,合与给付元田。……田邻黄政所供一同。"[①]对胡楠的供状,官府传唤其邻居供对加以印证。这里邻居的供对可能是口头的。《清明集》又有云"据邻保所供究实状"[②],邻保所供当是进呈之供状,实际上并没有亲身到官衙。上述情形是官府根据案情传唤邻保或者让其进呈供状,核实诉讼双方的陈诉。此外还有当事人自己要求官府传唤邻保为自己作证词。《清明集》有一判案云:"照对准县衙委请标钉聂忠敏与车言可所争之田。……及又据车言可口覆,田邻皆是聂忠敏之党,独有汪彦祥备知田段的实。今据汪彦祥责立罪赏状,亦明言见争田段系聂忠敏之田是的,在车言可又复何说?"[③]显然汪彦祥是被车言可主动牵涉进来的,此处言其供状为"罪赏状",表明具有法律效用,立状者亦对供状内容负有法律责任。

《清明集》有云"仍请下乡保,系勘会陈某有无兄弟,逐一具申,以凭施行"[④],这里要求乡保核实有关案情,其结果要写成申状上报。又有"申府帖县,差无碍保正,再集邻从公勘会。今建阳县申,据保正常吉同邻人钟五九等称"[⑤]。可以看到,在责邻保提供证词的过程中,保正扮演着重要角色,负责召集邻里当众立状[⑥]。从乡村到州县城,对于乡村民户是一个负担,所以由保正召集邻里当众立状,未尝不是便利的举措;实际上保正本身就是官府最重要的人证,他们身在乡里,熟悉各方面的关系,比较了解案情,因而是官府经常传唤作证的对象。

《州县提纲》曾指出存在"里正会实,受财偏曲"的情形,因此建议由地方官亲自点差"里正"[⑦]。这里的"会实"似即上述保正召集邻里当众立状。《州县提纲》中说到:"斗殴必追证,而证不可凭一人之词,争界必会实,而会不可尽信耆邻之说。盖富者有赂,则可以非为是;贫者无赂,则可以是为非。专凭证会,则凡贫弱者皆无理矣。斗殴之讼,必察其人之强弱、情之是否;争界之讼,须令详画地形,考之契要,反复参究,必得其实,然后可决。"[⑧]《清明集》还有一个判例,显示被告先是伪造保司(保正、保长等)的

---

① 《清明集》卷四《胡楠周春互争黄义方起立周通直田产》,第113页。

② 《清明集》卷四《随母嫁之子图谋亲子之业》,第124页。

③ 《清明集》卷五《田邻侵界》,第157页。

④ 《清明集》卷三《限田外合计产应役》,第79页。

⑤ 《清明集》卷五《经二十年而诉典买不平不得受理》,第162页。

⑥ 《作邑自箴》卷七《榜耆壮》谓:"取责人户文状,须是呼集邻保对众供写,或不能书写,令代写人对众读示,令亲押花字,勒代写人并邻保系书照证。"此处所记为耆长负责召集撰写供状,反映的是北宋时期的情形,亦可供参考。

⑦ 《州县提纲》卷二"再会须点差"条。

⑧ 《州县提纲》卷二"证会不足凭"条。

印记,作假究实状(即供状),后买通保司,使之为其掩饰,混淆是非[①]。这两个案例既反映里正或保正在撰写供状时有受贿作假的机会,也说明这些供状是地方官审判的重要依据。

2. 契据的证验

《州县提纲》中曾论说:"田产之讼,官司考之契要,质之邻证。"[②]相对于邻证来说,在田产纠纷的审判中,"契要"更具关键的作用。《清明集·户婚门》中的判例被分十馀类,概括起来大致包括田产的侵夺与典卖、家庭分析与财产继承三个方面,都属于"田产之讼"的范畴。这些纠纷或源于砧基簿,或源于田产典卖时双方所立契据,或者源于家庭分析关书(或称为分关书),或者源于遗产继承的遗嘱。同时,在《清明集·户婚门》的判例中,砧基簿、典卖契据、关书和遗嘱等文书又是作为关键的物证出现[③]。

《清明集》记载一叔侄争夺田产,叔吕宾典到其侄吕文先的田产,文先死后无嗣,其兄文定告吕宾占据田产。由于典卖的"契要分明",所以官府否认其叔"占据昏赖"[④]。所谓"契要分明",即是官府对民户所呈缴的契据进行了一番验证。《清明集》又有《随母嫁之子图谋亲子之业》一判,虽然随母亲改嫁之子拿出了十一道"朱契",但官府对这些朱契的立契年月、押字和投印逐一详加考察,结合邻保关于他与其母平日行径的"究实状",认为这些契据无效[⑤]。又如在"章明与袁安互诉田产"的纠纷中,地方官按照州所颁规定,丈量田产,"各以见佃为主,不得以远年干照",有人乘机"妄行争占",章明所呈上的契书无法确认其投印准确时间,而且立契已超过五十年,所以不能作为依据[⑥]。以上数判,可以反映当时两争人所提供的契据是官府判案的关键物证,并需要加以严格审查;契据订立的年月、押字和官印是地方官府证验的重要项目。

---

① 《清明集》卷五《争山妄指界至》,第157—158页。

② 《州县提纲》卷二"案牍用印"条。

③ 王云海主编的《宋代司法制度》(开封:河南大学出版社,1992年)一书,在第五章《证据制度》中对契据一类文书有初步的论述,称为"书证"(与一般的物证相区别)(第222—226页)。但现在对砧基簿、契据、关书和遗嘱等文书的个案研究却不多见。戴建国《宋代的田宅交易投税凭由和官印田宅契书》一文,是其中的重要成果。他对田宅交易中的两类法制文书进行了细致的考订,认为官印田宅契书是政府用来行使管理职能,监督买卖双方合理交纳税租,公平履行赋役义务的法律文书,而与交易时的契约不同。

④ 《清明集》卷四《吕文定诉吕宾占据田产》,第106页。

⑤ 《清明集》卷四《随母嫁之子图谋亲子之业》,第124页。

⑥ 《清明集》卷四《章明与袁安互诉田产》,第111页。

正因为契据具有关键的作用,所以存在民户为了胜诉而涂改契据文字的情形。《清明集》卷五载《揩擦关书包占山地》一判,原告为了占夺被告所赎之坟山,将分家的契据(即关书)"揩擦改写",作为自己的物证,但被书铺的查验出来[①],同时认为被告经官投印的"钱领"为有效。最后原告败诉,其改动过的契据也被官府没收了[②]。《清明集》中也有案例反映,经过和官府档案对照,官府察觉民户所执契据的差异,经过比对,发现"乃是续于干照内增益亩数,更改字画,浓淡疏密,班班可考"[③]。这是民户借助涂改"契照",侵夺、争占田产的情形。据《清明集》记载,当时也存在家道中落之家在交易立契时,"或浓淡其墨迹,或异同其笔迹,或隐匿其产数,或变异其土名,或漏落差舛其步亩四至",而买者没有及时核实,最后引起纠纷[④]。

众所周知,宋代土地买卖频繁,有"千年田,八百主"之说,其中既有辛勤劳作、惨淡经营者,亦有巧取豪夺者,但两者所引发的土地买卖都离不开契据。契据的订立既是交易者之间订立的契约,也是官府介入土地买卖的产物。南宋时曾有臣僚论说:"州县交易,印契所以省词讼,清税赋,而投报输直,亦有助于财计。"[⑤]所谓"印契",即是加盖官印的契据。此外,有些契据是由官府统一印发的,由民户按规定的项目填写[⑥]。通过印契,官府既可以增加财政收入,亦为平息诉讼提供了依据。

契据在南宋听讼过程中扮演着愈来愈重要的角色,但当时对契据的认识比较复杂,不能仅仅从合法与否来看待契据。从王朝的赋役制度出发来看,民户故意不到官府投印契据,躲避交易税,不及时推割田产所应承担的赋役义务,这即是通常所谓的"诡名寄产""产去税存",减少了朝廷、官府的赋税收入,增加了民户的赋役负担。从地方官府的角度来看,交易不印契所引发的纠纷,日益成为官府的负担,亟须加以规范化,袁采曾指出"官中条令,惟交易一事最为详备,盖欲以杜争端也"[⑦],所以地方官的裁决需

---

① 宋代有承担为官府辨验文书、契据的书铺,参见戴建国《宋代的公证机构——书铺》以及陈智超《宋代的书铺与讼师》。从发表的时间来看,这两篇论文差不多同时完成,前者侧重于书铺的公证职能,不限于司法诉讼,后者将书铺与讼师一起讨论,着重诉讼领域。

② 《清明集》卷五,第159页。

③ 《清明集》卷五《揩改文字》,第154页。

④ 《清明集》卷五《物业垂尽卖人故作交加》,第152页。

⑤ 《文献通考》卷一九《征榷考》六载宋宁宗嘉定十三年(1220)臣僚言。

⑥ 参见前引戴建国《宋代的田宅交易投税凭由和官印田宅契书》。

⑦ 《袁氏世范》卷三"田产宜早印契割产"条。

要以经官府认可的朱契为依据。但有时地方官要面对更复杂的情形，采取不同的措施。如前述《清明集》记载家道中落之家涂改契据，意图昏赖交易，地方官“但知怜贫扶弱之说”，而不认真查验契据的真伪，匆忙裁决，导致词诉不绝[①]。这种现象显示，在某些地方官眼中，田产的纠纷加剧了贫富强弱的分化，是社会不安定的根源，他们关注的是如何平衡或消解这种分化，以至于富豪利用合法手段兼并贫弱之家的田产，由此引发的纠纷地方官有时不能完全依法加以裁决，他们不仅仅是作为法官来裁决纠纷，在法条、契据之外，还需要考虑到整个社会的平衡与调和。此外，在契据不明的情形下，地方官对民户纠纷的裁决不得不另求他途。一是地方官自己的主观判断[②]，二是民间的惯例[③]有时亦可成为地方官判断的依据[④]。

另一方面，某些民户仍以民间的私契作为交易的依据，不在乎交易“违

① 《清明集》卷五《物业垂尽卖人故作交加》，第 152 页。

② 《清明集》记载一“从兄盗卖已死弟田业”案的判文，民户丘庄乘其从弟身死，盗卖其田产，经过县官的审理，已经招认，并有人证。但一出衙门，丘庄就推翻所供，声称“县狱所供尽是抑勒”。由于丘庄前后所供反复，交易各方所供又有彼此差互，致使各方供词难作凭证；在听讼过程中，朱总领没有出面，由其幹人对交易过程作了一个书面说明，而没有出具更具说服力的契据。在此情况下，迫于上级官府的期限，地方官只能“以意密察之”，即凭自己的主观判断来裁决。一方面根据丘庄前后反复异词即断言“其伪可知”，这显然是带有明显倾向性的草率判断，而丘庄所声称的县狱的“抑勒”，并没有得到地方官的重视，不免有官官相护之嫌。另一方面，朱总领的权势对地方官的裁决产生了极大影响，一者地方官认为“朱府名贤之阀，举动悉循理法”，断定对此交易不知情，为其脱卸责任；二者因为不敢直接向朱府索要契据，导致究问无法进行，最后只能对丘庄勘杖一百了事，由其赎回盗卖之田。据此，地方官的主观判断与他所处的位置和士大夫的身份有紧密的关联，他与县官站在同一立场，对县官的裁决加以回护，“名贤”与“理法”则反映他与朱总领则有着身份和思想上的认同。见《清明集》卷五，第 144—146 页。

③ 宋代文献中常有“乡原体例”“乡例”“逐乡体例”“本乡则例”等说法。高桥芳郎认为“乡原体例”指“从前的方式、规定”，“乡”通“向”，与民间的惯习无关，见《宋代浙西デルタ地带における水利惯行》，《宋代中国の法制と社会》，东京：汲古书院，2002 年，第 111—148 页。柳田节子经过考证指出，“乡原体例”、“乡例”等指的是民间的地域惯习，与朝廷官府的公权力相对而言。《清明集》卷五《争山各执是非当参旁证》，将“乡例”中的“批凿支书”与“在法”的契据相对举，则柳田之说较为妥当。见[日]柳田节子：《宋代乡原体例考》，《宋代の规范と习俗》，东京：汲古书院，1995 年，第 91—117 页。此外《清明集》卷三《归并黄知府三位子户》言及“本乡则例”（第 84—85 页），同卷《走弄产钱之弊》有“都例”之说（第 80—82 页），并可参证。

④ 《清明集》有一《争山各执是非当参旁证》的判文，双方皆有契据可凭，但由于年代久远，立契之人已经亡没，没有了人证，使得官府难以查实。在劝两家厅外和解不得行的情况下，加之合法的“契照”难以为据，地方官不得已退而求引用“建阳乡例”来加以裁决。见《清明集》卷五，第 160—162 页。

条”,即使引发官司也在所不惜[①],虽然地方官的判词中对这种私契多取否定的态度,但私契在很大程度上仍能约束破坏契约的行为、维护交易双方的利益。而另一部分像袁采这样的士大夫,则认为“交易宜著法绝后患”,“凡交易必须项项合条”。他们大都有担任地方官的经历,对于民间的田产交易和官府的条令都很了解,他们对于当时的“贫富无定势,田宅无定主”的现象抱有深切的危机感,对于词讼的破坏力亦有切身的体会[②],所以与其说他们主张交易须“项项合条”是对官府法条的服从,不如说是他们保护自身的一种手段。

不论是民户主动提供“契要”,还是官府索要“干照”,也不论契据的真与伪,这都反映了契据成为推动诉讼活动进行的关键。民户的田产典卖或许存在“契要不明”、诡名寄产的情形,但一旦进入诉讼的领域,民户必须依靠合法的契据来维护自身的利益,或者利用涂改过的契据巧取田产。

3. 地方官的究问

民户通过诉状发起诉讼,地方官的审判亦离不开诉状、供状和契据等不同类型的文书所提供的信息,但这些文书的运转并不能代替地方官的“究问”,民户亦必须到官衙做“供对”,这就构成了地方官听讼的基本内容。同时,对诉状、供状和契据的核实,也要在官衙进行,使两造能当面对质。更重要的是地方官不能停留在“审词”的阶段,他们必须通过究问,来说服两造接受其裁决,达到平息诉讼的目的。

虽然地方官经常让胥吏来责供,然后进呈供状,但在听讼过程中,还是要由地方官亲自在官厅究问,如《清明集》云:“追上江子诚之子淮英,当官取问,谓是未准告示之先,已尝退与邓先为业,见今九姑坛田产自是邓先之物,于己无预。及唤邓先供对,其说一同。”[③]江淮英和邓先的供对应该就是当厅进行的。

地方官听讼,除了要参考当事人提供的契据等物证,还要审问诉状、供状中的确切内容,以便进一步获得人证。如为了确认一妇人是否正式成婚,地方官究问了何人主婚、行媒、何人写婚书、成亲时请了什么亲戚、邻里,婚宴请何人担任庖厨等细节问题[④]。为了获取更准确的事实依据,除了在官厅内进行究问,地方官有时还需要走出衙署,亲自考察。如《清明

---

① 《袁氏世范》卷三“违法田产不可置”,第 62 页。

② 《袁氏世范》卷三“田产宜早印契割产”“违法田产不可置”“交易宜著法绝后患”“富家置产当存仁心”诸条,第 61—62 页。

③ 《清明集》卷四《漕司送邓起江淮英互争田产》,第 119 页。

④ 《清明集》卷五《争田合作三等定夺》,第 143—144 页。

集》有云“照对准县衙委请标钉聂忠敏与车言可所争之田。……至正月二十二日，躬亲前去定验，得见其地头田段，疆画翼翼，殊不淆杂，仍与多方询访，得之众论，皆曰聂忠敏祖聂仕才元有田叁段，……”①又有“详地头体究及诣狱引问”的情形②。这些询访和引问可以算作官衙究问的延续。相对于地方官亲自出衙察访（或是派人察访）的方式来说，地方官更多是采用传唤的方式来召集邻保等人证。

从入词的民户（尤其是乡村农民）来说，他们进入官衙接受地方官的究问无疑是一个挑战，“其理虽直”，由于心理紧张，不能清楚明白地陈诉案情，如果官吏纵容胥吏从旁呵斥其进退，陈诉者“终于泯默受罪”了。因此，地方官在责供时需要观察陈诉者的举止，对于从未进官府打官司之人，要近距离、和颜悦色地究问，同时禁止胥吏对其呵斥阻拦，这样“庶几其情可通”③。《州县提纲》中还记载：“若对吏引问，则囚必一切诬服，不敢吐实。故引问时，须令主吏远立，仍和言唤囚近案，反覆穷诘，必得真情。”④这也反映了在听讼过程中地方官的态度和胥吏的行为，会影响到民户供对的内容与效果。

地方官的究问不仅有对诉状内容的当场核实，亦对供状、契据的验证结果当厅公布，使当事人双方能见是非曲直，为最后的裁决做好准备。同时，在听讼的过程中，地方官还会遇到当事人（或通过有势力者）的请托⑤，这对地方官府的证验和裁决产生着间接的影响。

（四）裁决的传达

民户入词是要第三方（官府）对其纠纷加以裁判或调解，官府审核当事人提出的人证、物证，并通过听讼获取纠纷的“实情”，求其是非曲直，这样诉讼活动就进入了第三个阶段——官府的裁决。在这个阶段，民户从官府那里得到了官府的告示和结案的断由。《清明集》记载官府裁决后，“当厅读示，给断由为据”⑥。

官府听讼、裁决之后一般会给出正式的意见，类似判决书。《州县提纲》中曾论述：

---

① 《清明集》卷五《田邻侵界》，第155页。

② 《清明集》卷四《乘人之急夺其屋业》，第131页。虽然撰写此判者并不是到“地头体究”之人，但至少是官府所委派之人。

③ 《州县提纲》卷二“通愚民之情”条。

④ 《州县提纲》卷三“审囚勿对吏”条。

⑤ 关于诉讼中的请托行为，详见第五章。

⑥ 《清明集》卷四《吕文定诉吕宾占据田产》，第106页。

田产之讼，官司考之契要，质之邻证，一时剖判既已明白，无理者心服无词，有理者监系日久，一得判辄归，未必丐给断凭，元案张缝率不用印。数年之后，前官既去，无理者或嘱元主案吏拆换，或赂贴吏窃去，兼主案吏若罢与死，辄隐匿诈言不存，彼乃依前饰词妄争，有理者欲执前判，无所考据，则前判皆为虚设矣。凡事判案须即用官印印缝，仍候给断凭讫始放。①

据此，民户须向官府请求发给"断凭"，否则会给败诉者再兴词讼的机会，他们会贿赂胥吏来拆换或偷窃原始案卷，使胜诉者查无实据。可见官府出具的"断凭"可以起到防止无理者"妄争"的作用。由于《州县提纲》中保存了部分北宋时期的材料，发给"断凭"可能是北宋时期的情形。

"断由"似乎始出现于南宋高宗朝。据《宋会要辑稿》记载，绍兴二十二年(1152)有臣僚上书说："今后民户所讼如有婚田、差役之类，曾经结绝，官司须具情与法，叙述定夺因依，谓之断由，人给一本。如有翻异，仰缴所给断由于状首，不然不受理，使官司得以参照批判，或依违移索，不失轻重，将来事符前断，即痛与惩治。"高宗批准了这个建议，并对宰臣说："自来人户陈诉，自县结断不当，然后经州，由州经监司，以至经台，然后到省。今三吴人多是(经)[径]至省，如此则朝廷多事。"②据此，断由的出现当在本年，其目的是对人户不断上诉加以限制，断由上记录了地方官裁决的依据和过程。

发给断由的政策虽然得到高宗的批准，但实际施行却经历了一个过程。据《宋会要辑稿》记载，乾道七年(1171)，有臣僚上书说："民间词讼多有翻论理断不当者，政缘所断官司不曾出给断由，致使健讼之人巧饰偏词，紊烦朝省。欲望行下监司州县，今后遇有理断，并仰出给断由。如违，官吏取旨行遣。"③则绍兴二十二年被批准出给断由的建议确实曾在州县颁行，但州县官府实际上并没有严格遵守。结合高宗所述，由官府出给断由可以使健讼之徒无法"巧饰偏词"，因为断由上明白记录了官府裁决的依据。另据绍熙元年(1190)臣僚的上书说：

州县遇民讼之结绝，必给断由，非固为是文具，上以见听讼者之不苟简，下以使讼者之有所据，皆所以为无讼之道也。比年以来，州县或有不肯出给断由之处，盖其听讼之际不能公平，所以隐而不给。其被

---

① 《州县提纲》卷二"案牍用印"条。

② 《宋会要辑稿》刑法三之二八。

③ 《宋会要辑稿》刑法三之三四。

冤之人或经上司陈理，则上司以谓无断由而不肯受理，如此则下不能伸其理，上不为雪其冤，则下民抑郁之情皆无所而诉也。乞诸路监司、郡邑自今后人户应有争讼结绝，仰当厅出给断由，付两争人收执，以为将来凭据。如元官司不肯出给断由，许令人户径诣上司陈理，其上司即不得以无断由不为受理，仍就状判索元处断由。如元官司不肯缴纳，即是显有情弊，自合追上承行人吏，重行断决。①

这里所陈述的由官府出给断由的理由，与绍兴二十二年高宗所说的理由有所不同，即是要使有冤屈的人户有上诉申雪的机会，使其抑郁之情有所诉，而后者是针对健讼之徒。同时，这封上书中也说明了地方官不愿出给断由的原因，即想隐瞒听讼苟简、裁决不公的真面目。朝廷批准了这封上书，既有保持民冤可以上达申雪，也有监督地方官处理狱讼的意味，更重要的是“皆所以为无讼之道”，即平息诉讼。

《清明集》的刊布大约在理宗景定二年（1261），书中所收的判例大部分发生在宁宗后期到理宗一朝（1210—1260）②。从《清明集》的判例可以看到，出给断由至南宋中后期已经成为一项制度了。其中有一判云：“其元给公据，责本县吏人监索解来，毁抹附案，仍给断由，（附）[付]阿甘收执。”③说明此案结绝后官府发给了断由。又有一判云：“看详诸处断由，见得范通一有子四人，……参考断由，范遇系曾经徒断之人，不孝于其父与母，……”④则上级官府在受理下级官府结绝的词讼时，参考了此前各级官府发给当事人的“断由”。

民户有否断由，是上级官府在接受其进一步的诉讼时，判断其是否为越诉的关键。如果有断由，则其上诉为次第陈诉，上级官府一般要予以受理；反之则是越诉，上级官府则可不予受理。但由于词讼淹延岁月，长年不能结绝，民户为申其冤，即直接向上级官府投状，而没有下级官府的断由。如朱熹知漳州时，规定在一定期限内，民户在没有得到县官的裁决的情形下上诉，州官不予受理；超过一定的期限，民户虽然没有县官的裁决而上诉，要在状词内“分明声说的于某年月日经县陈诉，已经几日，本县不结绝，

① 《宋会要辑稿》刑法三之三六—三七。

② 陈智超：《宋史研究的珍贵史料——明刻本〈名公书判清明集〉介绍》，《清明集》附录七，第685页。

③ 《清明集》卷八《夫亡而有养子不得谓之户绝》，第274页。

④ 《清明集》卷八《嫂讼其叔用意立继夺业》，第260—261页。

以凭行遣",州官应予以受理①。

官府的裁决不限于出具断由,如《清明集》有一判案云:"案给断由付江氏收执,当官除附,备榜县门,申州并提举司照会。"②除了付给断由,官府还将裁决结果在县门(案指县衙之门)上张榜公示。又如:"欲门示虞锥、虞继,仍帖县备示刘氏知委。"③所谓门示,应是在官衙门口发布告示;而县的"备示"则是对刘氏宣布裁决结果。在衙门口(或者市曹)等公共场所发榜公布官府的裁决,意在借机教化风俗。真德秀谓"盖闻为政之本,风化是先,……至于听讼之际,尤当以正名分,厚风俗为主"④。诉讼中的争夺田产、家庭财产纠纷总是与地方社会的家庭、宗族和乡里的伦理秩序密切相关,官府对这些民户纠纷的裁决也是对社会伦理秩序的一种扶正。如《清明集》有一"义子包并亲子财物"案,官府因其"事关风俗,备榜市曹"⑤。而对诉讼的双方当事人"读示"裁决结果,则是要"示无理者以法",所谓"和颜呼之近案,喻之以事理,晓之以利害,仍亲揭法帙以示之,且晰句为之解说",目的在于"弭讼"⑥。

此外,还有所谓"聚录",即当众宣读地方官的裁决结果。《文献通考》中记载:

> (乾道四年)五月,臣僚言:"民命莫重于大辟,方锻炼独在聚录之际,官吏聚于一堂,引囚而读示之。死生之分,决于顷刻,而狱吏惮于平反,摘纸疾读,离绝其文,嘈囋其语,故为不可晓解之音,造次而毕,呼囚书字,茫然引去,指日听刑。人命所干,轻忽若此。臣窃照聚录之法,有曰人吏依句宣读,无得隐瞒,令囚自通重情,以合其款,此法意盖不止于只读成案而已。臣谓当稽参'自通重情以合其款'之文,于聚录时委长贰点无干碍吏人,先附囚口责状一通,覆视狱案,果无差殊,然后亦点无干碍吏人依句宣读,务要详明,令囚通晓,庶几伏辜者无憾,冤枉者获伸。"从之。⑦

据此,"聚录"意在使囚犯了解案情,而不仅仅是让其被动接受官府的裁

① 《朱熹集》一〇〇《约束榜》,第 5111 页。

② 《清明集》卷八《已立昭穆相当人而同宗妄诉》,第 247 页。

③ 《清明集》卷八《立昭穆相当人复欲私意遣还》,第 249 页。

④ 《清明集》卷一《咨目呈两通判及职曹官》,第 1—2 页。

⑤ 《清明集》卷七,第 243 页。

⑥ 《州县提纲》卷二"示无理者以法"条。

⑦ 《文献通考》卷一六七《刑考》六。

决，目的在于使“伏辜者无憾，冤枉者获伸”。但在实际过程中，官府的裁决由胥吏宣读，胥吏“读示”的速度、效果则会影响囚犯的理解，如果他们从中作弊，使囚犯不能知悉官府的裁决缘由，几同草菅人命。上述情形属大辟的刑事案件，但胥吏在“读示”中的弊端，当亦存在于民事纠纷的裁决宣布过程中。

地方官公布裁决之际，出现了两种可能，一是诉讼得以平息，一是新一轮诉讼即将开始，如何将裁决引导向第一种可能，而避免第二种可能，是地方官裁决时思考的中心问题。《州县提纲》谓“执状勿遽判”，“判语须活，不可偏执”①。这里不仅要考虑朝廷、官府的法条，还要视周围的情势加以灵活处理，包括当事人的贫富强弱和外部环境的影响，以及裁决对案件所牵涉的各方力量的影响，乃至社会风俗的教化作用。

以上对宋代地方民户诉讼和裁判的过程进行了概要的考察，可以看到，与诉讼双方有关系的其他人群（亲属、宗族、邻里等）都卷入到这一过程中，如《州县提纲》所论：“有司追究不尽，则恐终不能绝词。若悉追究，则牵连动是数十人，淹延动是数月，都保之追逮，邻里之供证，一乡骚然。”②同时，也可以发现各种文书在诉讼和审判过程中扮演着越来越重要的角色，日益规范和严密，对地方社会产生着日益广泛的影响。当然，文书在诉讼和审判过程中的作用，与两造、书铺户和讼师、胥吏、地方官有着密切的关联，离开这些角色的行为以及他们之间的复杂关系，文书的形成和运转也就无从谈起。

三、地方官府的裁判及其覆核

宋代地方上的诉讼案件按照判罚的级别，由不同级别的官府来裁判，一般杖罪以下由县级官员（知县县令）裁决，徒以上罪则要经过州的裁决，死刑重案更要由路级监司来裁决，并在裁决后上报中央覆核③。因此，从制度上说，杖罪以下案件多不申报到州、路（更不必说中央），这些案件多属于“婚田细事”，但实际上还是有不少这类案件被州、路获悉乃至否定县官的裁决，重新加以裁判，《清明集》的《户婚门》中有很多案例，史籍中也有不少记载说明这类案件被中央乃至皇帝获悉，并重加裁判。刑事案件

---

① 《州县提纲》卷二“执状勿遽判”条。

② 《州县提纲》卷二“禁告讦扰农”条。

③ 北宋前期，州可以裁决死刑案件，而不必申报监司裁决，但在元丰以后，死刑重案多由路级提刑司来裁决。《宋代司法制度》在第二章第一节《审判管辖》对于审判的级别有详细论述，可参见（第237—241页）。

(尤其是死刑重案)受到各级官府的重视,要层层上报覆核,甚至经过宰执乃至皇帝的裁决。地方难以裁决的疑难刑事案件则上报大理寺加以裁决,再经刑部和审刑院覆核①。本节即以《清明集》的《户婚门》中所见杖罪以下的民事纠纷(徒罪以上的刑事案件暂不涉及)为例,通过地方司法裁判中的文书往还(包括地方的路、州、县各级官府在裁决各类狱讼案件过程中所应用的各种文书如申状、牒、帖等),考察民间纠纷如何通过文书的渠道被不同层级的官府获悉,这对不同的官员的裁决有何影响,他们采取了什么样的对策。

(一)县级官府的裁判

杖罪以下的民事案件一般由县裁决,不必申州。但实际上由于陈诉人不伏县官所判,又赴州甚至赴监司陈词。州和监司就不得不时常介入民事案件的裁判。如《清明集》卷六《兄弟争业》一案"今县断既不伏而经府,府断又不伏而陈词,反覆嚣讼,首尾四年"②。卷八《侵用已检校财产论如擅支朝廷封桩物法》一判中说道:"湖湘之民,率多好讼,……本府未及结断,而遽经漕司;漕司方为索案,而又经帅司;帅司方为行下,而又经宪司。"③一个案子要经过县、州乃至监司的审理,就需要各种文书来沟通联系,县的裁判要申州或监司,监司、州的裁判要帖县,监司之间、监司与州也要通过牒来行文。同时,在县有知县(县令)与县丞、主簿等官员之间的文书往还;在州亦有知州与属官之间的文书往还。

《清明集》收有三篇题名"莆阳"撰写的判词,根据内容来看,应是莆阳县的主簿所撰写。第一篇《典卖园屋既无契据难以取赎》中说:

> 官司非不知之,如前政赵知县所判,已得大概,然竟无如之何。良以县道权轻,彼挟官势,劝之以理,则彼有所不从,绳之以法,则此有所不敢,是以其讼方兴而未艾。……当职到任之初,首蒙县判,送下胡应卯、曾爚互论赎园及争采桑叶等事,考阅案牍,披详款状,详加体问,……先来县司不知凭何干照,与之交钱寄库,与之出据管业。虽有转运司台判,寄钱给据,然据胡应卯偏词,自合备前后词情具申,听候行下。以此推之,案吏情弊显然,……赵判县④已谓可以傍照。……前政赵主簿已见得契书在其弟处矣。……县司先来所给无凭公据,合

① 《宋代司法制度》,第321—327页。

② 《清明集》卷六,第173—174页。

③ 《清明集》卷八,第280—282页。

④ 疑当作"赵县判"。

缴回县案收毁。……又照得当职下僚小吏,尽言无隐,……合备申县衙,乞备榜晓示,……①

据所云"当职到任之初,首蒙县判送下",则其为知县属官无疑,又有"前政赵主簿",则"莆阳"或即县主簿。"合备申县衙,乞备榜晓示……"则说明此判词的内容要写成申状上报知县。据此判,此案先经前任赵知县裁决(似乎还经过转运司的裁决),而实际难以执行,诉讼双方互论不已,遂由现任知县发给县主簿再次审理,主簿审理后将其拟断意见上申知县。第二篇《掌主与看库人互争》中说道:"县牒押下黎润祖、范雅等……县牒欲当职拟断具申,今合申县,乞将两争人押上,……案备申,仍将所押下人押回,听结绝,若二争不伏,一听县衙从条施行。"②据此,第一篇判词中的"县判送下"应该是用"牒"发给主簿的,这一篇判词中明确说县牒要求主簿"拟断具申"。还有一篇"莆阳"撰写的《主佃争墓地》中说道:"案具定断事理申,更取自县衙斟酌施行,两词并元案发解。"此亦主簿的申状。其后附《赵知县判》中明言:"主簿言之详矣。……馀照主簿所拟行。"③据此判,"莆阳"当即县主簿。同时,知县是根据主簿所拟断来进行裁决。

(二)州县之间和州内部

《清明集》收有五篇题名为"人境"的判词(实为申状)。据《田邻侵界》中有"照对准县衙委请摽钉聂忠敏与车言可所争之田","唤上乡司陈坦,当厅点对税簿"④,《揩改文字》中有"及将本厅出产图簿与两家所执干照参对"⑤,可以判断"人境"当为知县的属官,可能是主簿。在《物业垂尽卖人故作交加》一案中,莫如山"经使府论诉"⑥,"准台判送下,速与追人究勘审实,从公理断,申"⑦。据此,莫如山直接到府陈诉,知府没有作具体的裁决,而直接将案子送县裁决,并要求县裁决后将结果用申状上报知府。所以判词结尾写道:"今照条科坐,莫如江及莫如山各勘杖一百,……更取自台旨施行。"由于此案是知府发下的,县主簿的裁决(有可能是代县令所拟)要上报知府。《田邻侵界》一判中说道:"当职拖照使府台判,如本人赎回祖产分明,车言可有揩改图簿实迹,合与追究,从公结绝。……窃意聂忠

① 《清明集》卷五,第148—150页。

② 《清明集》卷九,第339—340页。

③ 《清明集》卷九,第325—326页。

④ 《清明集》卷五,第155—157页。

⑤ 《清明集》卷五,第154页。

⑥ 标点本《清明集》"使府""使州"多点断(但亦有不点断的),误,不当点断。

⑦ 《清明集》卷五,第152—153页。

敏昨使府论诉，……”则此案是民户向知府陈诉，经过知府具体的裁决，其中需要县加以核实，主簿将核实的结果上报知府，判词结尾即说“今画到地图，连粘在前，更取自台旨”①。“更取自台旨”也说明两个案子最后要经知府裁决。《后立者不得前立者自置之田》一判言：

> 至嘉定九年，阿游听信其幼男如玉之言，入状乞以其次子尧蓂再与如旦立后，是致庆安有词。前政陈奉议见阿游不曾出官，前后词状皆非亲笔，所立尧蓂必非己意，遂照阿周与其阿姑游氏元初关约，只令庆安立继如旦之后，亦可谓公当矣。其汪如玉不伏，却用其九岁男尧蓂名字，经使府番论。……今备申使府，各人着家知管，听候指挥。②

据此，这件立继案先经县裁决，当事人不伏，又经府论诉。虽然判词没有明说，知府应该将这个案子发回县再审，主簿审理后写申状上知府，由其裁决。

《清明集》收有吴恕斋（名革）的判词22篇，当是作于吴氏知临安府任上③。《已卖而不离业》一判言：

> （前略）今年正月，（阿章）忽同鼎孙陈词，当来只典与徐麟，不曾断卖，仍欲取赎。本县已令徐十二交钱还业。今徐十二又有词于府，称是徐麟见其修整圆备，挟曩年吝赎之恨，……但本府未审阿章果曾离业与否，难以遽为一定之论。今两词并不到府，暑天又不欲牵连追对，宗族有争，所合审处。欲牒昌化佐官，更与从公契勘，限五日结绝，申。④

据此，此案曾经县裁决，徐十二不伏再上诉于府。由于诉讼双方不能亲身到府，知府难下定论，又因为不想暑天让双方到府对质，更重要的是知府认为宗族内部的纠纷处理要慎重（尽量和解），所以最后知府将案子用牒发给昌化县佐官审结，并限五日用申状上报知府。《抵当不交业》一案，开始是县断，后来由于县断存在疏漏，陈诉人“尚敢固执己私，紊烦官府”，当是又经府陈诉，知府一方面认为县断“已为允当”，一方面指出其疏漏所在，最后“欲帖县，照已断示徐子政知委，再敢妄状，从条施行”⑤。知府是用帖

---

① 《清明集》卷五，第155—157页。

② 《清明集》卷八，第271—272页。

③ 参见《清明集》附录七，第682—683页。

④ 《清明集》卷六，第164—165页。

⑤ 《清明集》卷六，第167—168页。

来传达自己的裁决。《叔侄争》一案经过本县和察推（府的观察推官）的裁决，但两者的裁决仍存在疏漏，知府指出“本县合唤友能根问，……仍合唤友闻与盛荣面对，……”又因为“若就府一一追究，恐隔蹇掩延”，不想将诉讼双方追到府来，所以“欲将盛荣连案押下县佐厅，追人索契，从公指定，限三日申”。该判后附《再判》，应是知府在知县申状之后再判，前判要求县佐“追人索契”，再判中就说到“今追到友闻、友能供对，照得桑地一段，委系盛荣父文旺先买得文智之产……”，知府的再判“欲帖县，监友闻先卖契字，仍给还友能营业。……欲并帖委官，照分书将上件竹地标钉界至……”①。

《清明集》收有翁浩堂（名甫）的28篇判词，其写作时间和地点当有不同。其中一篇《经二十年而诉典买不平不得受理》，有言“馀照佥厅所拟行”，则翁氏时当任佥判之职。该判言：

> 吴生所诉范僧妄认墓山事，索到两家契照，昨送司户看详。据申范僧兄弟三人，长诚之，次元之，末位僧，开禧三年已立支书分析印讫。曾宅系于嘉定元年十月内买范元之鸡笼山下之山，范七六为牙，涉三十馀年，卖主范元之已身故，无凭唤对，申府帖县，差无碍保正，再集邻从公勘会。今建阳县申，据保正常吉同邻人钟五九等称，范元之嘉定四年身故，即无子孙。又称鸡笼山下有曾知府、卢安人、江孺人三坟三十馀年，又有王家古坟，即不曾见范僧有丧安葬在山。又称……某照得所争之山，范元之卖与曾宅在嘉定元年，范元之身故在于嘉定四年，范僧今以（淳）[绍]熙三年之契争理，谓山内有所养母阿黄及兄诚之两墓，曾宅又指为王氏古墓。……今勘会即无范僧有墓在山之说，曾宅掌业安厝既已年深，合还曾宅照契管业，所有山内见在墓穴，亦不许曾宅开掘。仍帖县照应，取台旨。奉王侍郎台判，诸典买田宅经二十年，而诉典买不明者，不得受理。曾知府所买范元之坟山三十年，若是范僧分业，何不于曾宅所买之时陈诉。况钱、业主俱亡，亦不在论理之限。门示范僧，馀照佥厅所拟行。②

此判词颇能反映州县之间裁决民事纠纷的复杂情况：吴生应是到州佥厅陈诉范僧妄认墓山事，佥厅遂索到两家的契照，先由州司户参军“看详”契照，司户参军将看详的结果用申状报告佥厅。根据司户的申状，“卖主范元之已身故，无凭唤对”，遂用申状报告知府，由府发帖下建阳县，由县召集邻

① 《清明集》卷六，第188—191页。

② 《清明集》卷五，第162—163页。

居和保正"从公勘会"(即取人证)。建阳县又将勘会的结果用申状报告知府,佥厅据此勘会的申状,进行拟判,"合还曾宅照契管业,所有山内见在墓穴,亦不许曾宅开掘"。佥厅拟判要"取台旨",即经过知府的裁决。知府的台判基本认可佥厅的拟判,而略作补充①。同时,知府的裁决最后要"帖县照应",则本案直接由府结案,只是将裁决结果告知县而已。

(三)监司与州县之间

《清明集》有一判《争业以奸事盖其妻》,当为县判②。该判首即言:"近准宪台送下孙岑状论孙达善、孙斗南等争园地,使府帖押下孙斗南、王氏论孙达善奸乱,及朱氏理孙斗南重叠交易园事。"其中孙斗南是直接到州论孙达善与其妻王氏有奸。县在判词最后说"仍备申使府及宪台照应",因为此案是州和提刑司发下的,其裁决结果自然要告知知州和提刑。另有翁浩堂一判词《僧归俗承分》,亦为县判。其结尾云:"备榜县门,申州并提举司照会。"此案实际上没有经过州和提举司,县为何要上报州和提举司呢?该判中说:"万一信教唆之言,不遵当职之判,越经上官,争讼不已,则何氏之业立见破荡尽净,此事理之所必至也。"③则县试图提前告知州与提举司,以防止诉讼双方越诉,争讼不已。

《清明集》有作者题为"司法拟"的《立继有据不为户绝》④,据司法拟判言"赵知县深烛其情,遂有均分议嫁之判",则此案曾经县判;又言"又失仓台恤孤之意",则此案亦经提举司判;司法属州,则此案当是提举送下州。故司法拟判末云"欲与移文通城县取会却作施行",即此判要由县来施行,又云"所有案官引用户绝分拨女分之拟,本司难于检断,仍乞备申仓台照应",即同时要告知提举司,最后言"管见如此,取台判",则是对知州而言,拟判最后要由知州来定夺。

又有题"建仓"所撰《父子俱亡立孙为继》,后附《所立又亡再立亲房之

① 此亦可见知府与佥判之间的细微差异。另《清明集》卷九有赵推(标点本据明本改作"赵惟斋",根据内容应从宋本作"赵推",即作者是州推官)《诸定婚无故三年不成婚者听离》中言"奉判府黄监簿台判,所拟已当,案备帖本县照行",则知府没有对推官的拟判有什么改动或补充。

② 《清明集》卷六,第180—181页。按此判并无题作者名,当从前判作韩似斋所判。但韩氏其他几篇判词则显示韩氏应为知州,如卷七《房长论侧室父包并物业》中说到"馀从(佥厅)拟行,帖县照应"(第232—233页),或者此判是他不同时期所作。

③ 《清明集》卷五,第138—139页。

④ 《清明集》卷七,第215—217页。

子》①。据两判末云："奉提举徐户部宫讲台判行""奉提举徐户部台判，所拟甚当，从行"②，则两判均为提举司属官所拟。前判云：

> 王圣与有二子，长怡，次蜀，皆不幸早世。于是立广闻之子惠孙为怡之后，立广祚之子衡孙为蜀之后。适不幸王广闻之长子渊道俱死，其惠孙只得归所生父家，承绍王广闻之业，而王怡之香火绝矣。……族长王圣沐经本司陈乞，照条择昭穆相当人，为王怡命继，义当然也。本司遂与行下通判厅指定。寻据申到因依，见得惠孙虽归所生父家，尚欲包占王怡一位绝业，此圣沐所以有词。兼王齐翼（即圣与之父）同男圣与、妇余氏在日，曾于嘉定十三年经县陈称，不欲立广汉为圣与之嗣（广汉即圣与之侄），遂立堂侄王广闻之子惠孙，为男王怡之嗣。今来惠孙既已归宗，只得就本宗内选一昭穆相当人，继承王怡香火，其理甚明白。本司遂与行下本县。续据申，唤到王家族长王圣沐等，契勘只有王广炳子渊海，方三岁，唤王怡系是叔行，此外别无可继之人。本司再下契勘，如果诣实，即与立继讫，申，盖欲更加详审耳。今却据族长评议，已立渊海继王怡外，更欲立王广汉为圣与之后。究其所以，乃谓余氏在日，有此遗嘱，殆与前此通判所申王齐翼父子并余氏不欲立广汉之说背驰。设果有遗嘱，便合经官印押，执出为照，不应直待王怡命继后，方赍出遗嘱搀立，为族长者又附会，而为双立之说，此不过又生一秦，相与破荡王怡物业，于理委是难行。只合行下本县，听立渊海为王怡后，……奉提举徐户部宫讲台判行。

可以看到提举司直接受理了王圣沐的陈诉，先下州通判厅负责立继之事，通过通判的申状了解到更多的信息，又下县负责立继事，根据县的申状，获悉只有一人符合立继的条件，提举司又"再下契勘"（应是下县契勘），（据县申）获悉族长王圣沐又立王广汉为圣与后，与前通判所申矛盾。为避免双立（渊海继怡，广汉继圣与）导致"破荡王怡物业"，提举司行下本县立渊海为王怡之后。但王广汉尚"争诉在官"。不久渊海"忽尔身故"，应以王广汉之次子为王怡后，但"县道有失契勘，乃立王奇为渊海子"，王奇不久亦"不在"，王圣沐又意图为渊海立子，提举司遂识破王圣沐之"奸计"，指出其"号称族长，握继立之权，专事教唆卖弄，前后词诉，此人必入名于其中，惟知鼓扇族人起争，以为一己邀求之利，全不念族人败家失业"。提举

---

① 《清明集》卷八，第262—264页。

② "台判行"或即"奉提举徐户部台判，所拟甚当，从行"的省略写法。

司在后判中裁决“欲帖县，照条从公以广汉次子王椿为王怡后，除附给据”，同时又认为王圣沐“为人不公，不当干预”，“仍告示王圣沐，如再有词，定断以健讼紊烦之罪”，“限三日申”，即命县在收到提举司帖施行后要再用申状上报。

又有“叶宪”所撰《夫亡而有养子不得谓之户绝》①，涉及提刑司、提举司、州、县之间的复杂关系。据此判词，丁昌生前有三岁以下养子，死后其妻阿甘招到接脚夫，有朱先告丁昌为户绝，知县判为户绝，并将其田宅物业籍没入官，朱先则经官购买这些田宅（显然是与县官勾结，低价购买），阿甘当又陈诉，双方反复告论，后来又经提举司判为户绝。阿甘在提举司结案后又经提刑司陈诉，提刑“叶宪”有判云：“阿甘见在虽招到接脚夫，而有三岁以下收养之子，非户绝分明。帖县将所籍之物给还阿甘母子，牒提举司照会。”但知县似乎不伏所判，又以申状“具到因依”，实际上是进行了自辨，并引提举司判为据。“叶宪”遂再判，对知县所申加以驳斥，指出“朱先无赖，伺人子幼家危之际，妄告户绝。官司（即知县）亦惟微利是嗜，不顾义理，不照法令，便从而没夺之，几于上下交征矣”，同时认为提刑司的裁决“系据理据法，兼在提举司结绝之后翻诉，施行自有次第”，“本县不遵本司后断，乃辄将提举司元牍不当文移，混乱妄申”，于是“再帖”下县，“仰将丁昌物业一文以上，并照条给还阿甘管领，取领状申”，“仍给断由，附阿甘收执”，同时“牒提举司、本州各照会”②。对于朱先则“本合坐罪，经赦原免”，其用于购买丁昌物业的钱也由其领回。

据上述监司的判词，监司可以直接与县发生联系，其介入民事纠纷相当深入，通过申状可以详细了解案情的细节和变化，并用牒、帖来指挥州县③。监司之间、监司与州之间也可以通过牒来沟通协调，避免冲突。民户亦可越过州县向监司“陈乞”立继。

（四）地方与刑部、御史台之间

民事纠纷与朝廷的刑部、御史台很难发生关联，但《清明集》仍有几个上达刑部、御史台的案例。一为方秋崖（名岳）所撰《契约不明钱主或业主亡者不应受理》，其中说道“读刑台台判，洞烛物情”，“披阅两契，则字迹不

---

① 《清明集》卷八，第272—274页。

② 前判只是牒提举司，后判则增加了牒州，显然是增强沟通。“照会”一词颇耐寻味，这里的深层含意是通过牒提前打个招呼，不用面对面容易出现矛盾和尴尬。

③ 参见本书第五章。

同,四至不同,诸人押字又不同,真有如刑台之所疑者”,刑台当即刑部[①]。据此,刑部曾受理过此案,并有判词,所以方秋崖[②]在判末说“申部照会”。

又有一“许宰”所撰《正欺孤之罪》,为县判,其裁决云:“仍揭示县门,令郑八娘立视一日,使之详味所断,痛自循省前非,归与□孙主持夫家,以舒九泉之怨愤,以厚一邑之风俗。”最后说“仍申台、省照会”[③]。根据判词,没有此案与台、省(御史台和尚书省)发生关联的线索。所以很难知晓“许宰”为何要将此案“照会”台省,或许是他觉得事关人伦风俗,有必要上报朝廷。

又有蔡久轩(名杭)所撰《出继子卖本生位业》,应为提刑司判[④]。判云:“李安抚宅抵拒监司、州郡及御史台已判断毁抹之契,十五年不肯出官,强行收苗,横已甚矣!……仍申御史台照会。”据此,此案此前曾经监司、州和御史台裁决,前后有十五年,所以提刑司在裁决后需要以申状照会御史台(应该同时要牒其他监司和州)。

从这几个案例可以了解到民事纠纷亦有可能上达台省,其推动力应在于民户的不断上诉,但亦有地方官主动上报的。

以上考察了地方监司、州、县之间进行民事纠纷裁判过程中的文书往还,可以看到监司与州通过牒、帖、申状与州县沟通联系,获取案情,辨析法理、人情,传达裁判结果,以推动民事纠纷的解决。

虽然大部分民事纠纷应该是由县官来裁判的,但从《清明集》的《户婚门》中的案例来看,监司和州参与裁判民事纠纷的情形很多,从其与州县的文书往还来看,其参与的程度也往往很深入细致。由于县判能够保存的很少,我们很难判断监司和州介入民事纠纷裁判的程度具体有多大,所以也不能借此来探讨王朝对于乡里秩序的影响到底有多大。但借由监司和州参与民事纠纷裁判的具体手段和状况,还是能不同程度地感受到当时地方官(包括监司、州和县的各级官员)介入民事纠纷的具体考量和态度。

从《清明集》的案例来看,监司与州介入民事纠纷的裁判,主要是由于

---

① 龚延明认为“刑台”系指提点刑狱司,所据即这篇判词。见《宋代官制辞典》,北京:中华书局,1997 年,“路提点刑狱司”条,第 487 页。但提刑司多作“宪台”,而且从判词结尾的“申部照会”来看,“刑台”应指刑部。

② 方氏当时可能任袁州知州,参见《清明集》附录七,第 683 页。

③ 《清明集》卷七,第 234—235 页。

④ 《清明集》卷九,第 297—298 页。该判作者蔡杭时应为江东提刑,参见《清明集》附录七,第 681—682 页。本判下一判《卑幼为所生父卖业》亦为蔡杭所作,有言“本司检法之所拟”“本司不欲侵运司事”,亦可证其为提刑司。

民户经州和监司陈词引起的,监司与州很少主动介入。监司与州的介入对于县官的裁判必然产生影响[①]。首先,由于民户越经上司,使得县官面临上司的质疑,这对其仕途必将产生不利影响。故县判中对于民户越经上司陈词多有微词,所谓"紊烦官司(上司)"。但亦有上司肯定县官的裁判。前述县主簿"人境"有一判《田邻侵界》,题下有小注云"以此见知曹帅,送一削"[②],即他的这篇判词上报知府(当即曹帅,路的首州知州兼安抚使),得到其肯定,"送一削"应该是为其写了一封举荐状。显然,知州发下的案子给县官也带来了机遇。其次,上司的介入有时也为县官的裁判带来突破。翁浩堂《继母将养老田遗嘱与亲女》中即曾说道:"蒋汝霖之事久而不决者,盖缘叶氏不曾到官。今准本州押下,方见底蕴。"[③]第三,监司和州的裁决多有时限要求,这对于县的裁判来说也构成了一种压力。翁浩堂另一判《争山各执是非当参旁证》中就说:"此本文字既难得参详,使府严限,不敢有违,案具所拟事理申,取自使府别委官点对结绝,庶得公当。"[④]县官还没有完全审理明白,就结案申府了,显然是迫于知府的"严限"。

监司与州介入民事纠纷的裁判,主要依靠文书来进行,很少直接与诉讼双方接触。首先,州县官的裁判是监司和州再次裁判的基础。监司和州官或者认可州县判,或者驳斥州县,或者加以辨析、补充、修正。其次,监司和州需要通过牒帖向州县取索案卷和相关契据,或者让州县核实、实地调查、临时取得供状后再用申状上报。上述提举司为民户立继一案,很突出地反映了监司对于州县申状的依赖。第三,从《清明集》的案例来看,有些监司官和知州对于民事纠纷颇为关注,介入程度较深。刘克庄有一判《继绝子孙止得财产四分之一》即为显例。该判刘氏文集题作《建昌县刘氏诉立嗣事》,时刘克庄为江东提刑[⑤]。此案累经提刑司十四判"千百言",历时数月,上自知州(两任)、佥厅、司理(两任),下至县尉、甲头[⑥]。第四,宋代民户越过县向州、监司陈诉,尤其是监司包括转运、提刑、提举、安抚等平行的官衙,往往兴词不已,在不同官衙之间寻找突破口,也使得民事纠纷的裁判旷日持久。

---

① 第四章和第五章通过个案的研究,对监司(提举和提刑)介入州县的治理进行细致的考察,可以参看。

② 《清明集》卷五,第155页。

③ 《清明集》卷五,第141页。

④ 《清明集》卷五,第162页。

⑤ 《清明集》卷八,第252—257页。按,此判《清明集》只收了一半,标点本据文集补全。

⑥ 刘克庄此判内容丰富,层次复杂,参见本书第五章的论述。

四、书铺与讼师

如上所述，南宋时期民众因为田产典卖、财产继承等引发的纠纷，而经常进入官府，诉诸诉讼，这一类民事诉讼在《清明集》中已占有了一半以上的分量，成为地方官府的沉重负担。适应这种形势，北宋末已经出现了书铺的制度，专门从事抄写诉状、辨验文书契据，并得到了官府的承认①；同时还出现了一批以协助甚至操办词讼为业的人群，他们没有合法的身份，为地方官所不容，被称为讼师、哗徒、官鬼等②。从沟通的角度来看，诉讼是民众纠纷被官府获悉，其裁决最后传达给诉讼当事人的过程，而书铺与讼师就是民众与官府接触的媒介，是两者之间的中介性服务机构和人员。关于书铺的制度和讼师的身份及其活动，研究者已有深入的讨论，但其关注点主要还是法律诉讼本身，本节试图通过考察书铺与讼师在诉讼过程中扮演的角色，进而讨论两者的出现及其活动对地方官府与民众沟通联系的影响。

（一）书铺与投状

民众的诉讼，除了“投白纸”的极端情形外，大多需要撰写诉状③。由于身份和文化水平的差异，除了“官人、进士、僧道、公人”等人群外，大部分民众需要求助于书铺“写状投陈”④。这里的书铺是一种中介性的服务机构，其主持者称为书铺户。

撰写诉状，是书铺工作的重要内容。此外，它还替民众填写纳税的“税钞”，因而被称为“写状钞书铺户”⑤。官府为书铺规定了诉状的格式（即前述“状式”），除了诉讼的具体事由，还包括民众及其所告者的户口、住址、道里等信息⑥，书铺为民户撰写诉状，要对诉状的格式是否符合规定与内容是否如实负有连带的法律责任。这促进了诉讼的规范化，有利于提高官府受理诉讼的效率；为防止民众的越诉，还规定民众所诉只有在县官“违期

---

① 唐代及北宋的情形已见本章第二节。

② 陈智超：《宋代的书铺与讼师》，第113—119页；刘馨珺：《南宋狱讼判决文书中的“健讼之徒”》，《宋史研究集》第三十一辑，台北：兰台出版社，2002年，第357—429页。

③ 《朱熹集》卷一〇〇《约束榜》规定：“自今后，除贫窭、老病、幼小、寡妇，或被劫盗并杀伤，事干人命，初词许于放词状日投白纸外，自馀理论婚田债负或一时互争等事，人户须经由书铺依式书状，听引状日分陈理。”黄震在《词诉约束》中也规定：“不经书铺不受。”（《黄氏日抄》卷七八）。所谓“白纸”，一般认为是未经书铺“依式书状”并加印的诉状，参见刘馨珺《明镜高悬：南宋县衙的狱讼》，第97—98页。

④ 《朱熹集》卷一〇〇《约束榜》，第5111—5124页。

⑤ 陈智超：《宋代的书铺与讼师》，第113页。

⑥ “状式”见前文所引述之《作邑自箴》卷六。

不行结绝”时，才允许“赴州陈诉”，并要求在书铺撰写的诉状内“分明声说的于某年月日经县陈诉，已经几日，本县不结绝”①。如果诉状不是请书铺撰写，亦要在“状钞上称说系某亲书”②。在听讼过程中，不能书写的民众也要请书铺撰写供状③。书铺户从官府领取木牌、印子，木牌挂于门首，标明其合法身份，印子则是为民众写状后用印。没有经过书铺而直接递交的诉状，除了上述“官人、进士、僧道、公人”之外，官府不予受理，甚至书铺写状不用印子，就让民众投状，则书铺户“除科罪外，并追毁所给印子”④。可以看到，民众进入诉讼的过程，一般需要书铺作为中介，同时，书铺户因此有连带的责任，介入诉讼活动中⑤。另一方面，民众请书铺户撰写诉状时，有书铺户乘机“多要钱物”⑥。《作邑自箴》中还曾记载官府的禁令，指出书铺在撰写诉状中的“弊端”（详见下文）。前述诉状中出现的“张大其事”“凿空撰造”等情形，与书铺户所扮演的角色不无关联。民户的诉讼有虚假无理之处，书铺要“一例科罪”⑦，其原因不仅是由于书铺具有一定的担保之责，更在于它直接参与了诉状的撰写过程。在实际的诉讼过程中，书铺也不仅仅是一种公证机构，还运用其熟悉官府条令和运作规则，撰写诉状，帮助民户胜诉。后者与讼师有类似之处。

书铺一方面为民众的投状入词提供服务，另一方面，随着专业化日益加强，使得书铺户逐渐依靠民众的诉讼为生。后者亦造成了一定的弊端。书铺户在撰写诉状时多有邀求勒索，这使得贫穷者无法赴官陈诉，只好“投放白纸”⑧，这虽然扰乱了官府受理词状的一般程序，但同时有钱有势者自然多能得其协助，在利益的驱动下，书铺户或“揩改”状钞中紧切处，或“添借语言、多入闲辞，及论诉不干己事”，或语词模糊，“虚立证

---

① 《朱熹集》卷一〇〇《约束榜》。

② 《作邑自箴》卷六。

③ 《昼帘绪论·听讼篇》。

④ 《作邑自箴》卷六；参见《朱熹集》卷一〇〇《约束榜》。

⑤ 《朱熹集》卷一〇〇《约束榜》云：“若人户理涉虚妄，其犯人并书铺、茶食人一例科罪。”据此，似乎书铺要为诉讼的虚妄承担责任，即它负责的不仅是单纯的抄写工作，而是相当程度地介入诉讼过程之中。

⑥ 《作邑自箴》卷六。

⑦ 《朱熹集》卷一〇〇《约束榜》云：“若人户理涉虚妄，其犯人并书铺、茶食人一例科罪。”这里的茶食人主要是一种担保人，与书铺具体参与诉状的撰写不同。

⑧ 《朱熹集》卷一〇〇《约束榜》“人户投放白纸”条。

见，妄攀人父母妻女赴官，意在凌辱”①，千方百计地帮助有钱有势者打赢官司。

此外，在宋代的诉讼活动中，还有茶食人、安停人等为民众与地方官府打交道提供中介服务。茶食人与安停人则都是与民众的诉讼有关。茶食人与书铺户相类。据《清明集》记载：“成百四，特闾巷小夫耳。始充茶食人，接受词讼，乃敢兜揽教唆。”②则茶食人能够接受词讼，他们还可以充当“保识”（即担保人）③。成百四还进一步教唆人户诉讼，所谓“小民未有讼意，则诱之使讼；未知赇嘱，则胁使行赇。置局招引，威成势立，七邑之民，靡然趋之”，他甚至贿赂胥吏，出入官府，“专一打话公事”，“受词之日，越趄刺探”（即疏通关节）④。所谓安停人，似为提供民众进行诉讼时的食宿之人，后代有所谓“歇家”。《州县提纲》中记载：“乡人之讼，其权皆在信听安停人，以为有理则争，以为无理则止。讼之初至，须取安停人委保。内有山谷愚民，顽不识法，自执偏见，不可告语者，要须追停保人戒谕，庶或息讼。”⑤很显然，安停人并没有什么专业知识，但他们长期接待诉讼民户，熟悉地方官府的构成和弊端。但同时安停人却为诉讼的民众所信赖，他们的言论将影响到“顽不识法、自执偏见”的“山谷愚民”的态度，进而左右诉讼的发展方向。

因为像“官人、进士、僧道、公人”等这些地方上的势力人群不必经由书铺投状，所以从供需关系的角度可以认为，北宋后期书铺的出现及其制度化，一定程度上说明一般民户愈来愈多地参与到诉讼活动中了。书铺（也包括茶食人、安停人）既居于民众进入官府举行诉讼的中介位置，通过“子细审问”民众，获悉案情的始末，据此撰写诉状，使民众投状能被官府受理。书铺等的中介职能既为民众所依赖，也得到了官府的承认⑥。如上所述，书铺户、茶食人等在此过程中既能“邀阻”民众，也能在诉状上做手脚，甚至“教唆词讼”，为民众疏通关节。前者阻断了民众诉讼的进程，后

① 《作邑自箴》卷八《写状钞书铺户约束》。此为官府所下禁令，从侧面反映了书铺户作弊的多样手法。

② 《清明集》卷一二《教唆与吏为市》，第 476 页。

③ 《朱熹集》卷一〇〇《约束榜》云：“人户陈状，本州岛给印子，面付茶食人开雕，并经茶食人保识，方听下状，以备追呼。若人户理涉虚妄，其犯人并书铺茶食人一例科罪。”

④ 《清明集》卷一二《教唆与吏为市》，第 476 页。

⑤ 《州县提纲》卷二“戒谕停保人”条。

⑥ 如学者所论，书铺的中介职能不仅限于撰写诉状或供状，还有辨验各类文书、契据的职能，戴建国先生将之概括为公证职能（《宋代的公证机构——书铺》，第 137—139 页）。

者则推波助澜,"紊烦官司"。书铺的作用即是在此二端之间摇摆,视具体情境(如民众的财富与势力)而变化。

(二)讼师与词诉

讼师在明清时期的诉讼活动中十分活跃,但它在南宋时期即已经出现,他们在诉讼活动中扮演的角色及其职能,也基本确立[①]。本节所论宋代诉讼活动中的"讼师",被官府斥为"哗徒、哗鬼、官鬼、把持人"等[②],他们为民众的诉讼提供协助,从中获利。本节关注的问题是讼师的出现对民众举行诉讼的作用,以及在此过程中对民众与官府的关系有何影响。

由于讼师之辈通过民众的诉讼来影响官府,使官府的诉讼事务更加繁难,他们甚至把持州县官府,一定程度上也削弱了官府在地方社会中的权威,因而被官府斥为哗徒、把持人。从实际的情形来看,民众认为讼师"果可凭借,遂争趋之,以抗衡官府"[③],成为民众在诉讼中与官府打交道可以依赖的力量。正是由于讼师在地方社会"专以教唆词讼为生业,同恶相济,实繁有徒。把持县官,劫制胥吏,颐指气使,莫敢不从",形成一股势力,能够影响州县的官吏,才使得民众"凡有争讼,无不并走其门,争纳贿赂,以求其庇己"[④]。《清明集》中有一判文记述讼师教唆词讼的情形说:

> 观彭才富之状貌,不过乡村一愚民耳,非能珥笔以终讼者。凡其狡狯之作,皆鲜再举有以教之。大抵田里农夫,足未尝一履守令之庭,目未尝一识胥吏之面,口不能辨,手不能书,自非平时出入官府之人,为之把持,则争讼何由而起。愚民无知,见其口大舌长,说条念贯,将谓其果可凭借,遂倾身以听之,竭力以奉之。……[⑤]

---

① 日本学者夫马进对明清时期的讼师有深入的研究,从其所探讨的讼师业务内容(教唆词讼;代作呈词;与胥吏、差役交涉)来看,这些职能在宋代就已经不同程度地存在了,《明清时代的讼师与诉讼制度》,滋贺秀三等著《明清时期的民事审判与民间契约》,北京:法律出版社,1998年,第389—430页。刘馨珺将宋代狱讼判决文书中的"健讼之徒"分为"紊烦官司"的顽民和专事诉讼的哗徒两类人群,认为这些健讼之徒未必如明清的"讼师"、"讼棍"那样具有清楚的社会角色(《南宋狱讼判决文书中的"健讼之徒"》,第358—397页)。但刘氏将"哗徒"与作为直接的当事人的"顽民"放在一起讨论,其重点已经转移到健讼问题上,而不再是辨析宋代的"讼师"等的角色,与夫马进研究的旨趣已自不同。

② 参见陈智超《宋代的书铺与讼师》,第116页。

③ 《清明集》卷一二《先治依凭声势人以为把持县道之警》,第475页。

④ 《清明集》卷一二《士人教唆词讼把持县官》,第477—478页。

⑤ 《清明集》卷一二《先治教唆之人》,第478—479页。

讼师鲜再举凭借其辩才和对官府法令的熟悉，诱使乡村的“愚民”兴讼。这里亦反映讼师经常出入官府，与官吏熟识，口辨能书。另一条判文则记述讼师诱使民众兴讼、暗中为其打点的情形说：

> 哗徒张梦高，乃吏人金眉之子，冒姓张氏，承吏奸之故习，专以哗讦欺诈为生。始则招诱诸县投词人户，停泊在家，撰造公事。中则行赇公吏，请嘱官员，或打话倡楼，或过度茶肆，一罅可入，百计经营，白昼攫金，略无忌惮。及其后也，有重财，有厚力，出入州郡，颐指胥徒，少不如意，即唆使无赖，上经台部，威成势立，莫敢谁何。乘时邀求，吞并产业，无辜破家，不可胜数……其他如民户止是小争，则装架词语，唆令越诉。官司止是索案，则与赇嘱并人申解。如兄弟止是争闹，则教作分产诬论。官司方行追究，则与之入状和对，颠倒反覆，尽出其手。未得钱，则嗾之使论，既得，则尼之使止。……①

据此，讼师以教唆词讼为“生业”，当作一种职业，他们积极地“招诱”民众举行诉讼。所谓“撰造公事”“装架词语”，当是策划撰写诉状。然后，他们亦能发挥其财力，调动各种手段（赇赂请托、越诉要挟等），所谓“百计经营”。而且，上述材料亦显示张梦高如何发家的历史，他开始只是招诱投词的人户，类似前述之“安停人”“茶食人”，赇赂胥吏，多方打探消息，后来他以此聚敛了大量财富，在州县亦培植了深厚的势力，熟悉了地方官府的弊端，懂得用越诉的方式来挟制地方官府。同时，张梦高是吏人之子，可以算作吏户，其他讼师多来源于士人、胥吏，亦有宗室成员②，这些身份对于他们与州县官吏打交道显然很有利，“承吏奸之故习”亦说明在地方官府的胥吏中有一定的关系网③。虽然讼师在诉讼过程中获利颇丰，他们对民众的诉讼活动有推波助澜的作用，加重了官府的诉讼事务。但从其对诉讼的进程和结果的影响来看，所谓“颠倒反覆，尽出其手”，也使得诉讼裁决的过程复杂化，而不能以地方官所秉持的法理、人情来概括，民众的诉讼是否能得到公正的审理，讼

---

① 《清明集》卷一三《撰造公事》，第482—483页。

② 胥吏之中有所谓罢吏和配吏，前者指退休或废罢之胥吏，后者则是曾触犯过法律被发配过的胥吏。参见陈智超《宋代的书铺与讼师》，第116—117页。

③ 在同一件判文中还记述官府在审问张梦高时，“又于便袋中搜出文牒一道，已拆去封皮，系是行在大宗正司牒本州追究哗徒赵时消不法事。牒内系是七月，此去行都仅数日程，岂有迁延月余之久。梦高、时消，皆本州哗徒渠魁，未必非阴相表里，擅自拆递折牒，藏之于身。即此一事，可见其全无官府，全不知有三尺”。据此，南宋地方社会的讼师为数不少，且相互存在关联，他们能够藏匿官府文牒亦反映其与官吏有密切的关系。

师所扮演了重要角色，这一角色也不能轻易地纳入法理或人情的范畴。此外，据《清明集》记载："豪民肆行，良民受抑，未必能诉，必有哗者出而攻之，纠合呼嗾，并力角特，虽甚豪亦未能免。"①这说明由于诉讼的举行和讼师的存在，没有势力的民众可以通过诉讼保护其自身利益，讼师亦已成为与豪民抗衡的力量，而诉讼成为其有力的工具。虽然南宋的士大夫官僚从维持乡里社会秩序的角度出发，意图抑制讼师的活动，但由于讼师的出现，使得传统社会中官府、豪民与一般民众的关系格局被打破，形成了官府、豪民、一般民众与讼师的制衡关系，这是唐以前法律诉讼活动中所未见的新局面。

由于讼师能运用其身份和各项资源，熟知官府的法令规定，与官吏熟识，又深谙官府诉讼的关节，通过各种手段影响了官府的裁决过程和结果②，使得他们能够获得民众的信赖，暗中代替民众与官吏打交道，操纵诉讼活动。从这个意义上说，讼师充当了民众在诉讼活动中与官府沟通的中介，他们的存在使得官府对民事纠纷的裁决趋向于不稳定，官府裁决所依据的法理或人情，并不能完全支配裁决的进程与结果。更重要的是讼师介入诉讼过程，形成了与地方官府相互牵制的力量，使得地方官需要审慎地做出裁决。

书铺的出现和制度化，讼师的日渐活跃，都反映了南宋地方诉讼活动的频繁③。正如学者指出的，前者具有合法性，后者则遭到地方官的指责。但就其实际的情形而言，两者在民众与官府、民众与法律制度之间充当了中介的角色。书铺与讼师的出现，书铺成为官府认可的正式制度，讼师在实际诉讼活动中的作用，都反映了民众和官府对专业人才和机构的共同需要。对民众而言，不仅是由于对朝廷、官府的诏敕政令缺乏了解，还在于对官府的运作体制、人际关系不甚熟悉，需要咨询书铺与讼师，得其协助；对官府而言，婚田细事所引发的诉讼案件

---

① 《清明集》卷一三《豪与哗均为民害》，第485—486页。

② 《清明集》卷一一《宗室作过押送外司拘管爪牙并从编配》记载："赵若陋者，专置哗局，把持饶州一州公事，与胥吏为党伍，与恶少为爪牙，……"（第398页）。

③ 民户因纠纷而进行诉讼，其动机比较复杂。首先他要考虑到地理远近及自身的身份，其次还要考虑诉讼的费用和对日常生活秩序的破坏，再次，民户纠纷的程度是促使他们入词的内在动力。即使在不喜民讼的地方官看来，"果抱冤抑，或贫而为富所兼，或弱而为强所害，或愚而为智所败，横逆之来，逼人已甚，不容不一鸣其不平，如此而后与之为讼，则曲不在我矣。"（《清明集》卷四《妄诉田业》，第123页）相对而言，凭借其权势，善于词讼之户，却借诉讼而意图夺人田产，也是民户入词的重要动机之一。但就南宋时期的诉讼活动而言，书铺和讼师的"招诱""兜揽"词讼是推动诉讼活动趋于频繁的新因素。

纷繁，不再是官府的官吏所能负担，特别是诉状的规范化，需要依赖书铺的协助。虽然书铺与讼师之间存在合法性的区分，但实际上书铺户（或茶食人）亦存在兜揽乃至教唆词讼的情形，在这个意义上，书铺与讼师对于南宋法律诉讼领域的影响，在于他们在官府与“两造”、法条与地方官所怀抱的情理之外增添了新的制衡力量，使得民众的诉讼与官府的裁决之间更具变数与理性特征。虽然书铺和讼师为经济利益驱动，往往为富豪所用，通过诉讼来欺压良善、巧取豪夺、横霸乡里，但亦为一般民户通过诉讼维护自身利益、抵制豪强提供了可能①。同时，在地方官看来，书铺和讼师日益介入到诉讼过程中，增加了官府的负担，并出现“行赇公吏，请嘱官员”的腐败现象，但从民户的角度来看，他们却拥有保证其胜诉的力量和手段。

应该看到，书铺户和讼师的这种作用，与他们的身份和地位有密切关系，他们之所以能够控制官吏，影响官府，取得胜诉，离不开他们平日里“百计经营”所建立的关系网和信息网，但从诉讼和审判的运作程序来看，他们善于撰写诉状，是民户得以胜诉的必要条件。一方面，诉状的格式日渐严密，并由书铺来贯彻，书铺户和讼师不论如何“哗讦欺诈”，都必须通过诉状来推动诉讼的进程，这在一定程度上保证了地方官府获取信息的基本途径。另一方面，虽然地方官总是指斥书铺户和讼师在撰写诉状时“添借语言、多入闲辞”或“凿空撰造”，但如果不论弄虚作假的极端情形，这却恰好在一定程度上说明他们撰写诉状的方式和技巧②，既增加了地方官审判的难度，也成为民户胜诉的有效途径。

小结

通过上述考察，可以明了宋代地方诉讼的渠道、诉讼裁判的过程和各级官府之间的沟通，以及民户诉讼的背景。多层次的诉讼渠道，在保障信息传递的同时，也增加了司法裁判中的博弈。裁判过程中包括诉状的撰造、呈交，契据的查验和裁判的传达，以及地方官与诉讼双方的互动往来。对于裁判覆核过程中各种往还官文书的考察，也揭示了各级官府在接受民户陈诉后的往复沟通。书铺与讼师在司法裁判中不但承担了诉状的撰写、

① 《清明集》卷一三《豪与哗均为民害》云：“豪民肆行，良民受抑，未必能诉，必有哗者出而攻之，纠合呼嗾，并力角特，虽甚豪亦未能免。”（第485—486页）

② 宋代地方有从事“讼学”的教育和学习的风气，除了与官府打交道的手段和方法之外，关于诉状的撰写方式、技巧是其重要内容，参见郭东旭《论宋代的讼学》，《河北学刊》1988年第2期。

证据查验等事务,还需要打探消息,甚至进行请托。总之,司法裁判的推进,离不开上述各种信息的流动,这些信息流动的畅通或阻塞,以及胥吏、书铺和讼师所发挥的媒介作用,是影响司法裁判乃至地方治理秩序的关键因素。

下编　个案研究

第四章　朱熹按劾唐仲友事件与台州政治

淳熙九年(1182)夏,江浙地区干旱,出现饥荒,朱熹被任命为浙东提举,负责赈济灾民。在前往台州巡视的途中,朱熹"访闻"得知台州知州唐仲友催督赋税"刻急",以及他"多有不公不法事件",遂向孝宗皇帝上了一道《按知台州唐仲友状》,其后连续上了五道按劾唐仲友的奏状。结果唐仲友罢知州,其改任江西提刑的任命被取消,朱熹本人也辞去浙东提举一职。这就是著名的朱熹按劾唐仲友事件。

对此事件的起因从南宋时开始就有不同的说法,主要着眼于朱唐的个人恩怨,前辈学者对此有不少辨析①。此外,也有学者围绕朱唐事件来考察地方的吏治②。上述研究对朱熹按劾唐仲友事件的背景和成因有深入的分析,并对该事件所反映的南宋时代的地方政治进行了有益的探讨。但就朱熹按劾唐仲友奏状的丰富复杂内容来说,现有的研究还有可以进一步分析的馀地,尤其是对朱熹奏状的复杂内容及其所反映的错综复杂的社会关系,仍有必要加以考察。

朱唐事件的发生及其动因反映了南宋淳熙七年至九年台州地方官府的运作状况,涉及官府事务的诸多层面,揭示了地方官府的诸多弊端,以及

---

① (清)黄宗羲、全祖望:《宋元学案》卷六〇,北京:中华书局,1996 年,第 1952—1954 页。邓广铭:《朱唐交忤中的陈同甫》,原载天津《益世报》1937 年 5 月 27 日《读书周刊》;《悦斋唐仲友生卒年份考》,原载天津《益世报》1937 年 7 月 1 日《读书周刊》,以上两文后收入《邓广铭全集》第八卷,石家庄:河北教育出版社,2005 年,第 705—715 页。朱瑞熙:《宋代理学家唐仲友》,原载《刘子健博士颂寿纪念宋史研究论集》(同朋舍,1989 年),后收入《疁城集》,上海:华东师范大学出版社,2001 年,第 50—67 页。束景南:《朱子大传》,北京:商务印书馆,2003 年,第505—530 页。

② 王德忠:《从朱唐交奏看南宋吏治》,《东北师大学报(哲学社会科学版)》1993 年第 4 期,第 7—11 页;俞兆鹏:《论朱熹按劾唐仲友事件——兼论朱熹的政治思想》,《江西社会科学》1991 年第 2 期,第 89—94 页;[日]户田裕司:《唐仲友弾劾事件の社会史的考察——南宋地方官の汚職と係累——》,《名古屋大学東洋史研究報告》31 号,2007 年 3 月,第 93—108 页。

知州与周围人群的复杂关系。本章即以朱唐事件为中心，对其中所见的台州官府事务加以排比，对其中所涉及的社会关系加以梳理，呈现台州地方治理的内在脉络，分析朱熹按劾唐仲友的真正动因，进而探讨南宋地方治理秩序形成的机制。

一、关于朱唐事件的史料

关于朱唐事件的记载主要有两方面，一是朱熹的奏状，一是当时人对朱唐事件的记述和议论。前人对后者多有引述、考证，对于了解当时的社会风气颇有助益，本书不欲再加赘述。前者是朱唐事件的直接史料，前人虽然也多有引述，或者径作为唐仲友"不法不公"的证据，或者用来概括为南宋吏治的特征，但奏状所蕴含的丰富信息还有待发掘。

朱熹的文集中所收按劾唐仲友的奏状共有六篇，直接反映了唐仲友在任台州知州期间[①]的各种"不公不法事件"。从这六篇奏状的上奏时间来看，朱熹按劾唐仲友的力度随着调查的逐渐深入而不断加大，所论唐仲友的不公不法事件多有人证物证。但正如不少学者研究指出的，朱熹按劾唐仲友不无"罗织"之嫌，不免小题大做[②]。朱熹按劾唐仲友无疑带有自己个人的强烈目的，为了将唐仲友罢免，朱熹在台州滞留一月有馀，接受民间的陈诉，多方搜罗证据，审问相关人员，甚至借助监司的身份，将有关人员送往绍兴府审问，这在当时的官场并不多见，与"因循苟且"的风气大相违背，这也是朱熹虽然最终劾罢了唐仲友，但自己也黯然请辞的原因。这一鲜明的倾向性提醒我们要注意这六篇奏状的局限性，不能完全囿于朱熹的一面之词。

朱熹按劾唐仲友的六篇奏状虽然颇为琐碎，带有倾向性，但所论事项多有人证、物证，不能算无中生有。参考相关的史料，经过仔细的辨析，这些奏状依然具有重要的史料价值，揭示了台州政治的诸多面相。首先，这些奏状对于了解唐仲友在台州期间的施政有重要价值，相比于如墓志、正史传记等人物传记资料较为正面，甚至溢美的记述而言，奏状中集中揭示唐仲友的"不公不法事件"，可以了解到他的另一面。其次，这些奏状所涉及的台州赋税、词讼、公使库等方面，是台州州县官府事务的重要内容，为

---

① 据《嘉定赤城志》卷九，唐仲友是淳熙七年十二月二十四日知台州，淳熙九年八月十八日改任江西路提点刑狱（《宋元方志丛刊》本，第7357页）。

② 参见前引《宋元学案》卷六〇《悦斋学案》，邓广铭《朱唐交忤中的陈同甫》，以及张继定、毛策《唐仲友之悲剧及其成因略考》，《浙江社会科学》2005年第5期。

考察台州地方官府事务运作提供了详细的史料。第三,这些奏状所反映的浙东提举朱熹按劾台州知州唐仲友的过程,集中反映了台州地方(甚至不局限于台州,涉及路级监司乃至朝中的宰相)不同力量之间的角力、博弈,为考察台州地方政治提供了一个极佳的案例。上述三个层面的内容又是相互关联的:唐仲友的施政是台州州县官府事务运作的核心,二者造成了台州错综复杂的政治局面,积累了尖锐的矛盾,并借着朱熹到台州巡视的机会爆发。

本章即在对朱熹按劾唐仲友奏状进行详尽辨析的基础上,参照、补充相关史料,对唐仲友在台州的施政和台州州县事务的运作加以论述,在此基础上对朱唐事件的始末脉络重加梳理,对其动因加以分析。

二、朱熹按劾唐仲友奏状所见台州官府事务

唐仲友在任台州知州期间曾上过一道札子①,论说“政事”与“财用”的关系,认为州县的“财用”“不过夏秋两税、榷酒征商之属尔”,“词讼淹延,追呼烦扰,则农桑必至于妨废,差徭不公,豪猾放纵,则户口必有逃移。理索不得其中,则贫富无以相资,过割不及其时,则版籍至于贸乱,如是而欲夏秋两税之及时,可得乎?”所以他主张“无政事则财用不足”。他批评当时的监司对于知州只要财赋能够征发齐备,就对其他方面“阔略假借”,即对其不公不法的举措加以包容。他又批评当时州县官在政事上专务苟且,“但得官物不欠”,就认为已经尽职了。他还指出州县官不留意民事,“词状有弥旬而后受者,追呼有累月而不到者,狱词、版图、契券、要会,视为不急,胥吏因缘为奸,豪猾得志,善良抑塞,催科既急,勾稽不明,形势鲜或谁何,下户重并追扰,户长破产代纳,数年未免监系”,可见由于不重视民事,州县政事被胥吏所把持,狱词、版籍不明,词讼淹延不决,赋税催督只及于下户,对于形势户无可奈何。唐仲友的上述议论无疑是极有针对性的,反映了当时地方官府治理地方的实际状况,这也是他任知州时所面对的难题。在朱熹的奏状中,这些唐仲友所尖锐批评的问题恰恰是他遭受弹劾的重点。但如果仔细加以辨析,可以发现唐仲友的施政与上述论说可相印证。

如前所论,朱熹按劾唐仲友的奏状虽然带有强烈的倾向性和目的性,是为了揭露唐仲友的“不公不法事件”,作为其贪赃枉法、横征暴敛的罪

① (宋)唐仲友:《台州入奏札子》,《全宋文》卷五八五六四,第260册,上海辞书出版社,2006年,第235—236页。

证，但这些奏状所涉及的“事件”大都是经过审问的，从而揭示了台州州县地方官府事务的诸多细节和弊端。这些官府事务主要集中于赋役、词讼、请托和公使库等方面，虽然不能全面反映台州官府的运作状况，但与朱熹按劾唐仲友事件有着密切关联，反映了台州地方政治的格局和各种矛盾关系。

（一）催督赋税

催督赋税是地方官府的重要职责，也是地方官府与民户发生交集的主要途径。因此，催督赋税是最容易造成官府与民户紧张关系的因素。朱熹在前往台州巡视途中，就从流民口中“访闻”到台州知州催督赋税刻急，这也成为朱熹按劾唐仲友的第一条罪状。

淳熙八年十月后半，唐仲友派其亲信的司户参军赵善德开设场务受纳秋苗糙米，赵善德“公然倍取合耗，高带斛面”（合耗、斛面都是一种附加税），最后不到半个月，就收完了当年的秋苗糙米额。赵善德又要求人户将没有缴纳的糙米折换成钱，这样人户不得不低价卖掉糙米，折成钱来缴纳秋苗米。临海县丞曹格依仗与唐仲友的亲戚关系（唐仲友长子之妻曹氏的叔叔），肆无忌惮，在受纳两税时，百般刁难，敲诈勒索，“多取合耗”，百姓送纳的“绢必挼挱令破，绵子晒或经月，米麦必十来日宿仓”。唐仲友还经常派赵善德和曹格来负责“非法估没人户财产”[①]。估没财产就是没收犯法民户的财产并估定其价值，是份油水很足的差事。

按照宋朝的法律规定，夏税在八月三十日的下限前缴纳，但当时朝廷户部擅自命令要在七月缴纳完毕，唐仲友则要求六月缴纳完毕，这种层层加码的做法在当时已成为惯例。知州不止下达了严命，还派亲信的官吏到各县催督，所属各县自然要听命行事，甚至“转相促迫”，变本加厉地催缴赋税[②]。但还是有不配合的官员和胥吏。淳熙九年，天台知县赵公植因为催督夏税迟缓了，到六月下旬只征到一半左右，唐仲友就派人“追请”其到州里，天台县人得知后加以拦阻，并答应十日之内将各户所欠的“零税绢”送州，赵公植才被“放免”。事后唐仲友直接发牒给县尉康及祖[③]，催缴上述“零欠”以及淳熙七年、八年所剩的未纳税赋，这次他还派州里的人吏牟颖到县里监督，州里的承局、禁子等胥吏也乘机络绎不绝地来到天台县勒索骚扰。同时，台州还派天台县主簿张伯温和州吏郑椿、姜允到宁海县催

① （宋）朱熹：《按唐仲友第三状》，《全宋文》卷五四四〇，第243册，第212页。

② （宋）朱熹：《按唐仲友第一状》，《全宋文》卷五四四〇，第243册，第207页。

③ 原文为“专牒县尉康及祖”，所谓“专牒”，即是将知县抛在一边，直接指挥县尉来负责催督赋税了。

缴淳熙八年所剩下的秋税苗米和下户的丁税，由于张伯温“追呼迫急”，导致人户“群聚喧噪”，欲殴打张伯温①。宁海县押录林仅因为“拘催夏税迟慢”，被唐仲友发配到本州的牢城②。

为了增加台州的财政收入，唐仲友采取了各种方法。(1)统计“隐落丁税”人户。淳熙八年春大旱，出现饥荒，为了赈济人户，发放救济粮，要求登记各县受灾需要赈济的人户姓名(所谓“抄札”)，唐仲友乘此机会派州里的人吏李回强迫各县的乡司统计“隐落丁税”(即登记户籍不实以逃脱人头税)的人户，每县增加了“隐落”的男丁数千人，五个县所收地丁产绢因此比往年增加了数千匹③。但因为在统计“隐落丁税”之人的过程中有“失实”的情况，引来了人户的陈诉④。(2)科罚。科罚即是各种名目的罚款，是南宋时期州县官府普遍存在的敛财手段⑤。唐仲友为了追缴“赃赏钱”，将民户关进监狱，其中就有周念五等一百七十六户没有缴纳的“酒曲赏钱”共计一千五百八十二贯五百六十二文，有王十二等一百三十六户没有缴纳的“杂色赃钱”四千五百四十七贯四百九十九文，还有台州驻军家属没有缴纳的“赎铜钱”一百三十六贯二百三十文⑥。(3)搜捉贩私酒之家。榷酒是宋代地方官府增加财政收入的重要途径，成为知州关注的重点。台州设有都酒务⑦，每天要上交榷酒的课利三百二十贯。淳熙九年台州干旱，“禾稻失收，细民阙食”，无法酿酒，这影响到都酒务的课利收入，但要是不能足额上交课利钱，酒务上下都要获罪，因此都酒务搜捉台州城

---

① (宋)朱熹:《按唐仲友第二状》,《全宋文》卷五四四〇,第243册,第208页。

② (宋)朱熹:《按唐仲友第四状》,《全宋文》卷五四四一,第243册,第230页。

③ 参见朱熹《奏台州免纳丁绢状》,《全宋文》卷五四三九,第243册,第189—190页。根据这篇奏状,有台州属县人户向到台州巡视的提举朱熹陈诉,台州将身丁税全折纳为绢七尺,而本来是一半纳绢(三尺五寸)一半纳钱,但根据朱熹的调查,宋朝的政策是第一等至第四等的丁产税钱全部折纳绢帛,只有第五等户的丁税只纳一半绢,一半仍纳钱,以免其折纳之困。所以向朱熹陈诉的台州属县人户应该是第一等至第四等户,而不是第五等的下户,他们的陈诉有意隐瞒了只有第五等户纳半绢半钱的规定,是想浑水摸鱼。最后朱熹虽然知晓他们的意图,但仍然下令台州所有人户的丁税纳半绢半钱。显然,陈诉之人的计谋得逞了,第五等下户固然不用全部纳绢,第一至第四等户也不用全纳绢了。

④ (宋)朱熹:《按唐仲友第三状》,第212页。

⑤ 包伟民:《宋代地方财政史研究》,上海:上海古籍出版社,2001年,第181—182页。

⑥ (宋)朱熹:《按唐仲友第四状》,第229—230页。

⑦ 《嘉定赤城志》卷七《都酒务》条,第7330页。

里面“贩私酒之家”，以罚款所得来补足课利[①]。

（二）狱讼中的穷究与请托

前面所引述唐仲友的论说中，曾言及由于地方官不重视狱词、版图、契券、要会等政事，胥吏“因缘为奸”，致使“词状有弥旬而后受者”。但据朱熹的奏状，唐仲友在任台州期间很少在州厅接收词状，而由人吏应褒、林木负责“签押”接收词状，他们乘机勒索财物，“无钱竟不得通”[②]。不仅如此，唐仲友还千方百计地锻造狱案，“穷究根底”，官吏借机勒索钱物，或者接受请托，曲法枉断。关于后者，朱熹的奏状中提供了很多线索，值得仔细排比考量。

众所周知，宋代民户（包括很多士大夫）对于词讼都有深深的警惕或者畏惧，因为词讼而导致家破人亡的情形并不少见，这既是因为词讼本身需要民户投入一定的时间、精力以及钱财，还因为官吏乘机邀取勒索（如前述应褒、林木的情形）。所以民户尽量不去官府陈诉，即朱熹所谓“民间初无词诉”。这显然减少了官吏勒索钱财的机会，也减少了官府收取诉讼费用以及各种罚款、没收民户财物等进项。朱熹在奏状中指出，唐仲友主动去“刺求富民之阴事”，然后“急遣吏卒奄至其家，捕以送狱”，并“择奸贪之吏锻炼考掠，傅致其罪，往往徒配”，但只要进行请托，就马上放人，案情的曲直和罪罚的轻重，全在唐仲友一念之间[③]。

朱熹言唐仲友“本性喜引致奸私公事，或告首事不干己，或帏箔暧昧不明，或僧道与人有冤，并行受领，皆欲穷究根底”[④]。在他看来，唐仲友接受词讼，所图在于索取贿赂。所谓“帏箔暧昧”之事，就是通奸这一类“阴事”，如应扬骚扰其舅李承节之妻，应扬又是李家的佃户，还有富室黄士龙、黄日新交换妻子淫乐，这类“阴事”一般不是当事人上诉，很可能是唐仲友刺探得知的，或者是“告首事不干己”之人告发的。对于这类案件，唐仲友不让司理院去审理，而是亲自审断，并且是在州治花园中亭馆或者宅堂后举行宴会的客厅中进行“鞫问”，也许是涉及“阴事”之故，“语言秽媟”，所以不在正堂审判。应扬一案在临判之际，得到了二千贯的贿赂，就不断罪

---

① （宋）朱熹：《按唐仲友第四状》，第230—231页。无独有偶，唐仲友在知信州时，也曾“多遣军兵，远出禁地，以捉酒为名，掠其所有财物”，并因此被提刑官按劾，见朱熹《按唐仲友第四状》，第221页。

② （宋）朱熹：《按唐仲友第三状》，第210页。

③ （宋）朱熹：《按唐仲友第三状》，第210页。

④ （宋）朱熹：《按唐仲友第三状》，第214页。

而放出[①]，黄士龙一案，通过唐仲友亲兄慈溪县令从中请托[②]，“既受其物，至今不断”[③]。所谓“僧道与人有冤”，就是僧人景猷和道士祝元善与人通奸之案，因为景猷“富厚”，所以索取贿赂甚重，景猷没有满足其要求，最后被判没收其“衣钵庄产”，同案的道士祝元善却通过栖霞宫的知宫李道士[④]向唐仲友行贿，没有裁断就被放了[⑤]。祝元善是天庆观的道士，他还因为与陈百一娘通奸被告发，经州院审理，司法建议“决杖十三还俗”，他又通过临海县丞曹格（前述唐仲友长子之妻的叔叔）请托，此案遂拖延不决[⑥]。

据朱熹的奏状，唐仲友受领词状后，都是和其子弟在宅堂“同坐商议判词”，甚至父子自相争执，同时歌妓、心腹的人吏以及乡僧、道士等人内外相通，肆行请托，取受货赂[⑦]。可见与词讼相伴随的是大量的请托行为[⑧]。本书根据朱熹奏状（主要是《按唐仲友第四状》）整理出来一份请托事项表（附表1）。据此表，所涉及的请托事项既有前述通奸案，也有触犯法律的刑事案件，还有谋求胥吏的职位、刺兵，甚至动用官府力量去捕人也可以请托，可见请托已渗透在台州官府的许多事务中。从此表还可以了解到，官员子弟、营妓和胥吏是请托的重要媒介，僧义玗可能就是朱熹所说的“乡僧”，而花康成是唐仲友的婺州“乡邻”。有的请托比较复杂，如朱绰然除了向十八宣教（唐仲友长子）请托外，还向高宣教请托，董承信请托先是找到书表司丁志、学院子金琏，再通过丁志、金琏找到营妓王静，王静再找到十八宣教。这种复杂的关系网是有层次的，官员子弟大多处于核心地位，营妓（有时会升级为核心位置，如严蕊）、亲戚乡党因为与官员及其子弟的亲密关系而处于次级地位，胥吏处于第三级。周士蘅理分一案比较特殊，

---

① 应扬还与董承信之妻通奸一案，最后由州司理院结案，董承信通过相熟的书表司丁志、学院子金琏，到营妓王静家，表示愿意在外和解，许给她一百贯，请其嘱托唐仲友长子唐士俊，最后该案判了个杖罪，但以赎铜了事。见《按唐仲友第四状》，第224页。

② （宋）朱熹：《按唐仲友第四状》，第226页。

③ （宋）朱熹：《按唐仲友第三状》，第214—215页。

④ 李道士是栖霞宫的知宫，祝元善则是天庆观的道士。栖霞宫与天庆观号“东西二宫”，见《嘉定赤城志》卷三〇，第7511页。

⑤ （宋）朱熹：《按唐仲友第三状》，第214—215页。

⑥ （宋）朱熹：《按唐仲友第四状》，第226页。后来又查出祝元善承担了修建盖竹洞庙时，曹格收受了他贿赂的丹砂二百馀粒。值得注意的是，盖竹洞庙是座供奉龙神的祠庙，其修建是因为淳熙七年唐仲友在此祈雨得到灵验。见《嘉定赤城志》卷三一，第7520页。

⑦ （宋）朱熹：《按唐仲友第三状》，第214—215页。

⑧ 参见刘馨珺《“请求罪”与公私之分际》，高明士编：《唐律与国家社会》，台北：五南图书公司，1999年；《宋代的请托风气——以“请求”罪为中心之探讨》，宋代官箴研读会编：《宋代社会与法律》，台北：东大图书公司，2001年。

是通过唐仲友长子请托营妓王静，可见有时受到知州宠信的营妓的作用还在官员子弟之上。请托的场合也值得注意，有间接地批条子请托的，也有营妓直接入知州宅行请托的。

（三）公使库的收支

台州的公使库包括酒库、钱库、银器库、帐设库、设厨，其钱物用来供给官员宴会、馈赠过往官员等①。台州公使库的收支情况很难确知，但唐仲友知台州时仅其卖酒一项，一年收入就可达到十万馀贯②，而据《嘉定赤城志》所载，台州上供中最重要的折帛钱也不过二十二万六千馀贯，经总制钱一十五万六千馀贯③，所以从总额上来说，公使库在台州财政收入中占有不小的比重。而公使库的收入是不用上交中央财政的，由州里支配使用。

唐仲友对公使库极为重视，千方百计增加收入，日常开销也多仰赖公使库，这也是朱熹按劾的重点。在增加公使库收入方面，唐仲友将本州所收的私盐税钱入公使库，每年一二万贯，这影响到了官府正常的盐课收入。从属县催缴来的秋苗折米钱按规定是要入籴本库④的，但实际上大都入了公使库⑤。按照朝廷的规定，公使库本来是不能卖酒的，但南宋以后卖公使酒所得已经是公使库的重要收入来源，台州的公使库就有酒库。一方面，公使库造酒多是取自州里其他仓库的"羡馀"，没有什么成本，利润丰厚，另一方面，为了保证公使库卖酒的高额利润，唐仲友加强了对私造酒曲和糯米糯谷买卖的查禁和处罚，据说两年间就有二千家因为从事私造酒曲而被没收资产，犯者被关进监狱，这引起了当地从事私酒制造买卖之家的不满和怨恨⑥。

---

① 关于公使库及公使钱的研究，参见俞宗宪《宋代公使钱研究》，收入邓广铭、徐规等主编《宋史研究论文集》，浙江人民出版社，1987年，第82—108页；以及包伟民《宋代地方财政史研究》，第58—59页。

② （宋）朱熹：《按唐仲友第三状》，第212页。

③ 《嘉定赤城志》卷一六，第7412页。

④ 台州籴本库属于军资库。军资库收贮的是中央规定由本地留用的钱帛与粮草，按规定由通判提举，录事参军监领。参见包伟民《宋代地方财政史研究》，第61—62页。但值得注意的是，台州的籴本库并没有和经总制库（亦属军资库）一样设在通判厅，而是设在州治的西庑。见《嘉定赤城志》卷七《军资库》。

⑤ 朱熹的《按唐仲友第三状》中曾言及唐仲友"自两年来，却以籴本库钱拨入军资库，军资库拨入公使库，以支供给"，第213页。《按唐仲友第六状》中言及几次支行公使库钱购买银子来抵还籴本库借支米本钱，作为籴本银起发，但有两千贯公使库钱买到银子，公使库的账簿没有记录清楚，第243—244页。

⑥ （宋）朱熹：《按唐仲友第三状》，第212—213页。

朱熹在奏状中指出,唐仲友将公使库作为自己日常开销的主要资金来源,用来"馈送亲知,刊印书籍,染造匹帛,制造器皿,打造细甲兵器",这些器物都被他送回婺州老家。笔者根据朱熹的奏状整理出唐仲友任知州期间的公使库支出一览表(附表2)。根据此表,公使库最主要的支出是馈送官员,所馈送的官员又存在亲疏远近之别,与唐仲友有亲戚关系的官员来往最密,所得最多,唐仲友还将其婺州乡里的官员列入馈送的范围。用公使库钱雕印的书籍有一半归入唐仲友个人,另外一半主要送给寄居的官员(官方名义),归入唐仲友的一半书籍也应该是用来馈送官员(私人名义),朱熹即说收到唐仲友馈送的一套《四子》,但被他退回给台州军资库①。同时,知州日常的宴会、私人家庭开销都由公使库来供给。

正是因为公使库为知州提供了丰厚的资金和极大的便利,所以唐仲友对公使库的管理也格外看重。专门委派心腹司户赵善德兼管公使库,赵善德还兼管籴本库,被任为秋苗受纳官②。所以本应收入籴本库的秋苗折米钱被挪到公使库。但籴本库属于军资库,由通判管辖,因此,赵善德听命于知州唐仲友,直接反映了知州和通判之间的矛盾。公使库造酒、卖酒也冲击了都酒务的收入,侵夺了正常榷酒的利益。负责公使库的使臣姚舜卿,和人吏郑臻、马澄、陆侃等皆为唐仲友心腹。每次唐仲友下发公使库支出单,他们马上为其办理出库③。馈送官员的公使库钱专门由手分马澄来支行④。根据马澄的供状,唐仲友每月派客将陈庚、周式、夏公明和书表司的杨楠写"单历",列出供送官员等折酒钱,杨楠向公使库库子叶志提交此单,请取钱去购买海味等,马澄手中保留了"付书簿"。根据杨楠的供状,唐仲友曾"口点"官员士子六七员,命其列"单状",到公使库支折酒钱,单状要有唐仲友所"批"之判语,杨楠支到的会子再送州衙的"书院"供纳⑤。所以公使库的支出是有详细的账簿可查的。当唐仲友得知朱熹要"勾追"

---

① (宋)朱熹:《按唐仲友第四状》,第220页。这里需要辨析的是,朱熹所收到的《四子》是唐仲友私人送给的,还是以台州名义送给他的,按照朱熹退回给台州军资库的结果来看,应该是以台州官方名义送的,但朱熹又不是寄居官员,不在台州正式馈送的行列。笔者以为朱熹所收到的《四子》仍是唐仲友个人所送,但被朱熹拒绝,并送归台州军资库。

② (宋)朱熹:《按唐仲友第三状》,第212—214页。

③ (宋)朱熹:《按唐仲友第三状》,第210页。

④ (宋)朱熹:《按唐仲友第三状》,第213页。

⑤ 这里的"书院"不是教育机构,不见于《嘉定赤城志》的"州治"条,从朱熹的奏状中可以了解,"书院"设于州衙内,里面有藏书,并受纳公使库支给的钱物,应是唐仲友临时设立的非正式机构。朱熹《按唐仲友第三状》言从公使库所支取的会子"就书院供纳",唐仲友所刊印的《四子》也是"节次径纳书院",后来有十部保存在书院。

马澄时，立即将公使库的账簿都“拘收入宅”，朱熹命通判赵善伋、司理王之纯前去索要，唐仲友“坚执不肯付出”①。

除了上述账簿所登记的收支外，还有不见于账簿的收支。公使库造酒卖酒，用来造酒的米麦之类，都是取自“仓库羡馀”（即额外收入），其所收的息钱“太半不曾收附公使库钱历”，朱熹说这些息钱都归了唐仲友个人②。司户赵善德兼管公使库，在即将任满之前，“以收买米曲物料为名”，一日之间支钱二万贯，并无他处簿书收附证照，朱熹认为这笔钱是归了他个人。唐仲友还设立“财赋司”，由人吏郑榛、陈忠负责，将“不系省（按即公使库）及诸库收附（按即如上述籴本库挪入公使库）”的财赋所得（主要是公使库卖生酒所得）用来买银子，而没有记录入账，赵善德乘机与二胥吏“同谋作弊”，常以犒赏为名支钱来贿赂，赵善德一岁所支达二三千贯，二吏所支也达数百贯③。唐仲友不肯交出账簿，一方面是其中有其支出的记载，会暴露其作弊的痕迹，还因为有不少“呆账”“死账”，即所谓“账目不明”的地方。但朱熹依然根据唐仲友所依赖的官员和胥吏的供状，查获了不少人证和物证（包括唐仲友来不及“拘收”的账簿④）。

朱熹奏状所指陈的唐仲友在赋税、词讼、请托和公使库收支等台州州县官府事务中的诸多“不公不法事件”，官府赋税催督刻急，词讼淹延，请托贿赂大行其道，官员狎妓之风甚盛，公使库被部分官员所控制，成为其个人中饱私囊、迎送馈赠、奢侈腐败的工具，这些都反映了当时地方官府事务推行的实际状况。关于催督赋税，虽然朱熹指斥唐仲友刻急，不遵朝廷指挥，但如前所述朝廷规定八月三十日受纳夏税完毕，户部则限定七月完纳，唐仲友要求六月完纳，这在当时已经是一种常态，朱熹以此来指责唐仲友不恤民情，未免苛责⑤。至于朱熹指责最多的请托之风，反映了当时政治生活中的痼疾，从前述请托的事例来看，唐仲友周边的人是请托的主要对象，当他的子弟、亲戚、乡邻、交好的营妓都接受请托的钱物时，这是一个既得利益集团在操纵地方官府的各种事务，唐仲友虽然是构建这个集团关系网的核心，但请托之风盛行，唐仲友个人也无能为力。朱熹对于营妓严蘂、王静等抨击尤多，其重点不在于唐仲友狎妓，而在于严蘂等肆行请托，这已

① （宋）朱熹：《按唐仲友第三状》，第210页。

② （宋）朱熹：《按唐仲友第三状》，第212页。

③ （宋）朱熹：《按唐仲友第三状》，第214页。

④ （宋）朱熹：《按唐仲友第四状》，第221—222页；《按唐仲友第六状》，第239—241、243—244页。

⑤ 在催督赋税方面，唐仲友与朱熹有不同的判断与取向，后文有详论。

经影响到台州官府的运作了。关于公使库的收支，一方面唐仲友确实存在大肆挥霍、以公为私的嫌疑，一方面他依靠公使库来建立其人际网络，笼络亲戚乡邻之心，结交过往官员，这在当时的官场是普遍存在的。因此，将上述台州官府的“不公不法事件”归罪于唐仲友，确实不免有“捃摭”之嫌。或者可以说，朱熹按劾唐仲友，所针对的并不是唐仲友个人，而是宋朝整个官府体系的痼疾。

三、唐仲友与台州的赈济、建设与教化

上述朱熹奏状所记述的内容都是于唐仲友极为不利的。除了这些“不公不法事件”之外，唐仲友在台州还推动了其他方面的官府事务，这在朱熹的奏状里面没有反映。

（一）赈济

从淳熙七年开始到九年，两浙路连续出现干旱[①]。所以唐仲友在知台州期间所上的奏札中，曾言及救荒的措置，当时对于民间的借贷，虽然朝廷下令地方州县官要劝谕富室上户宽限还债时间，禁止“转利为本”和“非理准折”，还债要等到蚕麦成熟时方可进行，但唐仲友担心旧债和新借都在蚕麦成熟时追讨，会增加“小民”负担，所以建议一方面劝谕富民“自陈蓄积之数”，除了保留家庭一年的用度之外，其馀的十分之七出售，十分之三借贷，县里“印给簿历”，约定还贷的日期，“簿历用合同印记，簿在富民，历付借者”，每月的利息不能超过三分；一方面，旧债不能算作新借之数，旧债要到“蚕麦成熟”时就可以追讨，新借的钱粮更要等到秋季收获时才能据印给的簿历追讨[②]。显然唐仲友的建议试图对灾荒时期富室上户的高利贷行为进行约束。另外，淳熙八年春正月庚午，唐仲友上奏朝廷，请求鳏寡孤独老幼疾病之人按照乾道九年例，取拨常平义仓米赈给[③]。朱熹到浙东任提举时，台州也曾申报提举司，请求拨钱买米，“数目甚多”[④]。前面曾述及唐仲友还前往祠庙举行祈雨，得到灵验后就对祠庙加以修葺[⑤]。可见唐仲友在救灾方面也采取了一些措置，不像宁海知县王辟纲“恬然不恤，亦无申

---

① 参见《宋史》卷三五《孝宗纪三》，第671—679页。朱熹在任浙东提举时，曾上《奏救荒画一事件状》，言：“本路诸郡频年灾伤，蒙被圣恩，仅获全济。今又亢旱，周遍七州，其幸免者不过三五县，比之去年，被灾地分大段阔远。”（《全宋文》，第243册，第173页）

② （宋）唐仲友：《入奏台州札子三》，《全宋文》第260册，第236—237页。

③ （宋）佚名：《皇宋中兴两朝圣政》卷五九，北京：北京图书馆出版社，2007年，第4册，第381页。

④ （宋）朱熹：《奏救荒画一事件状》，第174页。

⑤ 《嘉定赤城志》卷三一，盖竹洞庙就是因为淳熙七年唐仲友祷雨灵验而兴修。

报”,遭到了朱熹的按劾[①]。但朱熹的奏状也指出,在台州出现严重灾荒之际,唐仲友依然坚持催督赋税,这已见前述。即如祈雨,台州虽然也建立了祈雨的道场,但实际上祈雨已经完全形式化了。尽管地方人士发起组织了水陆道场,但从官员子弟的态度来看,知州并没有给予重视[②]。

(二)兴学

《嘉定赤城志》卷九的《郡守表》“唐仲友”条只提及“修学”和“建中津桥”两件事,这应该是唐仲友留下记载的主要政绩了。台州州学建于北宋康定二年(1041),后多次经过修葺,淳熙七年,知州唐仲友“始大修之”,“更戟门、两庑及斋舍”[③]。唐仲友亲自为此事撰写了记文。因为担心胥吏乘机舞弊,就在地方上的士大夫中选取三人来负责此次修学事宜,又选派僚属从旁协助,胥吏和兵卒只是“行文书,给呼召”。此次修学在朱唐事件发生前竣工了。修葺一新的州学“庭宇夷直,规制宏壮”,都超过了以往,官府所费有数千贯。唐仲友认为州学“选明师,教士以德行道艺,以培植风化,震荡习俗,使人知有礼义”,这是“王道之本,生民之命”,并认为“养薄则不足移体,居陋则不足移气”,要为士子创造良好的学习环境[④]。

(三)修桥

中津桥是一座位于临海县城南的浮桥,淳熙八年唐仲友任知州时兴建。桥长八十六丈,宽一丈六尺,共有二十五节,用五十艘船联接而成,称为“规制闳缜”,颇为壮观。临海城南有三条江,中间一条最为重要,是连

---

① (宋)朱熹:《奏知宁海县王辟纲不职状》,《全宋文》第243册,第182页。同时朱熹还按劾了衢州知州李峄不留意荒政,说他“专务掩蔽,不以实闻”,发生水灾却“执称无水”,遭了旱灾,却上报监司说“民不阙食”,甚至凭仗朝中的亲戚,压迫、影响来检查的官员,“但知一味差人下县督责财赋,急如星火”,朝廷拨给的救济米也不拨下县,并且不向民众宣布(《奏衢州守臣李峄不留意荒政状》,《全宋文》第243册,第155—156页)。当时朝廷派监户部赡军酒库张大声去检查衢州开化县灾伤,又派龙游县丞孙孜前去核实,但两人都观望知州李峄的态度,不到田头实地检查,而采取瞒报、少报的办法,所以朱熹对两人加以按劾(《奏张大声孙孜检放旱伤不实状》,第158页)。根据朱熹的巡视,当时浙东路普遍存在瞒报灾伤的情形,而衢州最为突出。

② (宋)朱熹:《按唐仲友第三状》,第217—218页。唐仲友同时从外县“拘收”歌妓十馀人和散乐二三十人,每天出入宅堂,名为“下棋弹琴”,有一天台州的寄居官员和士人、百姓在仪门下举行水陆道场,唐仲友长子唐士俊从临海县丞曹格家醉归,并且带着几个歌妓,在道场前观望,“嬉笑歌唱,无所不至”。

③ 《嘉定赤城志》卷四《先圣庙》条,第7310页。

④ (宋)唐仲友:《台州重修学碑》,《赤城集》卷五,《台州丛书》本。参见《嘉定赤城志》卷四《先圣庙》条。《全宋文》卷五八六四亦收有《重修台州郡学记》,比《赤城集》所载有大量删削(第260册,第351—352页)。

接台州与福建地区往来的要道，但受到海潮的影响，船只停靠极为不便。淳熙八年三月浙东提举官来巡视，其船从晚上开始一直到凌晨才得以登岸。提举官询问修桥事宜，唐仲友也认为“桥大利”，决意建一座浮桥。中津桥工程浩大，技术难度高，四月丙辰兴建，到九月乙亥方竣工。工程所需的桥栏舟筏是由台州的五个县共同承担的，黄岩县制作了竹缆，其他都由临海县负责，金木土石之工二万二千七百，州财政出钱九百八十万，米四百八十斛，酒二百六十石。可见中津桥的兴建主要是官府出资出物。中津桥的创建不但方便了交通，还因为在江面上可以按时开启关闭，来往船只需要等候通过，这给官府带来征税的契机。所以唐仲友命临海县尉、支盐官负责中津桥的管理，置吏属，行文书，其中有两名指使共同监视中津桥的开启关闭，并在桥边设立僧舍，有报恩寺僧行二人负责守桥，还有番将校二人负责巡逻警戒，守桥人十四人，其廪给颇为丰厚。唐仲友又“以度数名物为图书，禁防法守为要策，田亩财用为版籍，东湖岁输公帑数百缗改入焉，以备葺费”，还命黄岩县令负责中津桥的修葺事务。围绕中津桥的管理，唐仲友在人员和制度上颇为费心。他在《新建中津桥碑》最后说：“民可与乐成，难与虑始。方议作桥则疑，中则谤，既成则疑释谤弭，而悦继之，是皆常情耳。”[①]可见此桥的兴建从提议到修成，曾遇到不少阻力和议论。

过了十馀年，绍熙五年，周晔知台州[②]，第二年六月，中津桥被大风摧坏，遂重建该桥。此次重建由临海县丞和州司户负责规划，恢复了原有的规模，用钱百二十万，米百三十斛，酒七十石，显然要比唐仲友新建花费少很多。高文虎（淳熙九年时曾任台州添差通判[③]）为此次重建撰写了记文，言及唐仲友创建中津桥是为了“规截舟以事征剥，意靡在民”，并指出桥建成后有所谓“启桥钱”，交钱方能放行，“检匿煽虐”，即在官吏检查通行船只时发生了各种勒索，为害百姓。前文曾述及一案，就是中津桥检查时抓获了走私的糯米。高文虎还提及十三年前曾目睹此桥的建成，“不能伸其言”，这次重建，乃建言台州取消“启桥钱”和原来的各种措置，则“惠无穷也”。据此，唐仲友兴建此桥时遇到的阻力和议论或许与通判高文虎有所关联，而高文虎也是推动朱唐事件的关键人物之一。朱熹按劾唐仲友的罪状中就有兴建中津桥一条，称其“支万馀贯官钱，搔扰五县百姓数月方

---

① （宋）唐仲友：《新建中津桥碑》，《赤城集》卷一三。参见《嘉定赤城志》卷三《中津桥》条。《全宋文》卷五八六四所收《新建中津桥碑记》多有删削（第352—353页）。

② 《嘉定赤城志》卷九《郡守表》，第7358页。

③ 《嘉定赤城志》卷十《通判表》，第7368页。

就”,桥成之后“专置一司,以收力胜为名,拦截过往舟船,满三日一次放过,百端阻节搜检,生出公事不可胜计”,不到一年,所收力胜钱已达二千五百馀贯,所以朱熹说此桥是为“本州添一税场”[①]。

四、朱熹按劾唐仲友事件的动因探析

上述奏状所反映的台州官府事务运作状况,大都成为朱熹按劾唐仲友的罪状,即使是兴修中津桥也被朱熹列作征敛的罪状。这些罪状概括起来,即唐仲友催督赋税刻急、多有不公不法事件,专横跋扈,无视朝廷法条,顿辱良吏,苦虐饥民,刺求富民阴事,锻炼拷掠,纵容子弟、亲戚、乡党和胥吏交通关节,肆行请托,宠爱营妓,奢靡享受,贪赃枉法,“贪墨无耻,素乏廉称”。这是从奏状陈述的事项得出的结论,是朱熹按劾唐仲友的主要内容。但这只是奏状所呈现的表象,朱熹按劾唐仲友的真正动因仍未明了。

关于朱熹按劾唐仲友的动因,宋人的记载中多归之于陈亮挑拨朱熹与唐仲友关系所致[②],有学者认为朱熹的理学思想和平息民愤、稳定统治的现实政治需要,是促使他按劾唐仲友的根源[③]。全祖望推测是通判高文虎在幕后推动了事件,邓广铭亦以此为较为稳妥,并利用陈亮给朱熹的书信来证明,陈亮和朱熹在事后都意识到被小人误导,这个小人就是高文虎[④]。这种推测脱离了朱唐交恶的私人恩怨,而注意到朱熹按劾唐仲友还有其他力量在幕后推动,比较接近事实。这给笔者以启发,试将朱熹按劾唐仲友事件置于台州的社会环境中加以考察,将考察的视线移向唐仲友在台州的整个任期,不再局限于朱唐交恶。

(一)朱熹按劾唐仲友的始末及其信息来源

朱熹的六篇按劾奏状长篇累牍,内容繁杂、琐碎,尽管如此,我们还是可以从中寻绎出朱熹按劾唐仲友的前后始末。首先,在朱熹前往台州巡视的途中,从台州流民口中得悉台州“催税刻急”,并访闻知州唐仲友催督税租“委是刻急”,且在任“多有不公不法事件”,“众口讙哗,殊骇闻听”,朱熹遂上了第一状(七月十九日)。其次,朱熹在进入台州后,在天台县又遇

---

① (宋)朱熹:《按唐仲友第三状》,第 218 页。

② 宋人的记载可参见邓广铭《朱唐交忤中的陈同甫》,第 705—707 页。

③ 俞兆鹏:《论朱熹按劾唐仲友事件——兼论朱熹的政治思想》,《江西社会科学》1991 年第 2 期,第 90—92 页。

④ (清)黄宗羲、全祖望:《宋元学案》卷六〇,第 1953 页。邓广铭:《朱唐交忤中的陈同甫》,第 709 页。参见张继定、毛策《唐仲友之悲剧及其成因略考》,《浙江社会科学》2005 年第 5 期,第 148 页。

到“人户遮道陈诉”，告知州唐仲友“督迫属县，顿辱良吏，苦虐饥民”，朱熹遂有第二状（七月二十三日）。在朱熹到台州州城后，先接到了通判的申状，后有“士民陈状”，开始调查唐仲友的不公不法事件，再上第三状（七月二十七日）。因前三状没有得到朝廷快速决断，朱熹在八月八日、十日又连上两状（第四状、第五状），并上书请辞。九月四日，尚书省札子罢免唐仲友新江西提刑的任命，朱熹因惧案情出现反复，再上第六状。

根据朱熹的奏状，其获取信息的途径有三：一是士民的陈诉；二是台州属官的申状；三是涉案人员的审问。第三种途径在奏状中有详细的陈述，涉案人员的姓名、身份都有交代，但前两种途径在奏状中交代得很含混，且多不具名。但从上述事件的过程来看，士民陈诉和属官的申状在推动整个事件的进程中发挥着关键作用。从最早的流民，到朱熹在天台县遇到的“遮道陈诉”的人户，再到台州城中通判申状和士民陈状，乃至朱熹审问过程中的“发现”，可以看到有无形的手在不断推动朱熹按劾唐仲友。即使是第三种途径，在朱熹审问涉案人员过程中，哪些人是主动的，哪些人是被动的，其动机都需要仔细推敲。从这三种不同的信息渠道着手，对奏状的内容详加辨析，可以发现朱熹按劾唐仲友的真正动因所在。

（二）朱熹按劾唐仲友的动因

对朱熹奏状的内容详加分析，可以发现朱熹按劾唐仲友确有或明或暗的推动者，不只高文虎一人。唐仲友之被按劾，与他平日的施政密切相关，是日积月累的各种矛盾所致，朱熹的到来只是提供了一个契机。

1. 朱熹奏状所见唐仲友集团

欲探究朱熹按劾唐仲友的动因，需先明了朱熹按劾的虽只是唐仲友一人（其按劾唐仲友的动因详见后文），但其奏状所涉及的各种不公不法事件却不是一人所能为。从朱熹奏状中可以发现一个以唐仲友为中心的权力集团，这个集团包括了知州唐仲友、台州州县的官员和胥吏、唐仲友的子弟亲戚乡党，台州官府的营妓，以及台州的僧道和地方势力，他们实际上主导了官府事务，在地方上起到了支配作用。朱熹按劾唐仲友真正所针对的或许是整个唐仲友集团。

（1）台州官吏

台州知州之下的地方官员包括州级官员和县级官员。州级官员有通判、添差通判，他们是贰官，还有军事判官、军事推官、录事参军、司理参军、司户参军、司法参军等佐官，此外还有监支盐仓官、监在城商税务、监比较务、监赡军务、监酒房廊务等监官，还有兵官。台州下辖临海、黄岩、天台、仙居、宁海五县，每县知县（县令）下有县丞、主簿、县尉、巡检等[1]。

作为知州，唐仲友是台州的最高长官，对所部官员具有“保任”和“按劾”的权力[2]，对他们的仕途有着直接的影响力。前面也曾述及，天台县知县赵公植虽然颇得民心，但因为催督赋税迟缓，遭到唐仲友的斥责，只能靠边站，由唐仲友直接指挥县尉康及祖催缴税绢。所以，接到唐仲友催督赋税的命令，各县都要遵命行事，甚至为了迎合其意，变本加厉，更加刻急，这在当时应是常态。天台县主簿张伯温被派到宁海县催督上年的残米、下户丁税，“追呼迫急”，以致引发群体事件。

州佐官是知州治理地方的助手，县级官员则是政策实施的主体，按照制度规定，他们各有所司。但实际地方政治的运作并不能按照设官分职来进行，知州需要根据对所部官员的判断来配置人员，知州与他们的关系会影响到知州的判断，这也造成了知州所信任的“圈子”，他们是影响官府事务的核心人群。前面曾述及，唐仲友信任司户赵善德，由其兼管公使库以及籴本库（属于军资库），实际负责公使库的使臣姚舜卿为其心腹，财赋方面的文书也由临海县丞曹格及曹官范杉所控制，曹格系唐仲友长子妻曹氏的亲戚，两税的受纳也让赵善德和曹格来负责。赵善德亦为其出谋划策，姚舜卿对于唐仲友支用公使库钱物更是有求必应。

胥吏是州县日常事务运转的主要力量，州县的赋税催督、狱讼裁决都离不开胥吏。台州及其属县胥吏的人数及其配置，《嘉定赤城志》卷一七有比较详尽的记载，此不赘述。大体而言，南宋时期台州的胥吏大都是通过投名来募集的，而不是按照户等来差派的，有的给雇钱，大都没有雇钱。这使得胥吏的专业化和世袭化日渐突出，胥吏因无稳定收入而乞觅勒索成为地方官府的一个痼疾。从前述朱熹奏状所涉及的州县官府事务中，可以了解到胥吏与官员的关系颇为密切，例如唐仲友要派他们下县督促征税，要委派心腹胥吏负责公使库的收支，他要支用公使库钱物，始终无法回避胥吏。这些胥吏掌握了官员非法支用钱物的信息，这也是朱熹获取唐仲友不法事件的重要途径。胥吏无疑比寻常百姓更熟悉官府运作的规则，知晓请托的途径，因此他们可以借由官员的子弟亲戚和官员宠爱的营妓来进行请托，为自己谋出路，获取更好的职位，或者充当民户请托的媒介，从中获利。虽然朱熹奏状中所指陈的都是唐仲友与胥吏勾结的事例，但不能就此认为两者是沆瀣一气。如前述在州学兴修过程中，唐仲友专门从地方士人

① 《嘉定赤城志》卷一二《秩官门五》。

② 《宋史》卷一六七《职官七》。

中选取三人负责，又派僚属从旁协助，官府的胥吏和兵卒只是奉行文书，以防胥吏舞弊。

(2)子弟亲戚与乡党

从前述朱熹所述唐仲友的"不公不法事件"来看，很多与唐仲友的子弟、亲戚和乡党有关。他们与唐仲友有着血缘或地缘的联系，并凭借这种联系介入台州官府的事务中。

唐仲友有三子，长子名士俊(即十八宣教)，次子名士特，三子名士济，还有侄子唐三六宣教(王氏之子)，他们都"随侍"来到台州。唐仲友见客时，他们"立于屏侧"，唐仲友处理公事时，他们也"环坐于隅"，或者和胥吏"混立"①。他们虽然并没有在台州的官府中任职，但却能干预台州官府的各种事务，这在前述的请托诸例中有详尽的体现，既有奸案、私酒、斗殴等案件的裁断，也有刺军和胥吏的处罚升迁等事务。朱熹言其"有签押决遣，各出己意，不容其父下笔。多因贿赂先入，其父不止，明知有公受其欺者，是非曲直，一切反戾"，虽然不能因此将所有请托都归咎于唐仲友，但至少可以知道唐仲友的子弟对唐仲友的裁断决策可以发生影响。唐仲友的子弟与营妓之间肆行无忌，也引发地方人士的批评。

临海县丞曹格与唐仲友有姻亲关系，唐仲友长子的妻父曹宣教正是曹格的堂兄。同时曹格又是其所部的官员，得到唐仲友的信用。据朱熹的奏状所述：

> 以其妻出入郡斋，日有丑恶之声传播一郡，公然不时出入宅堂，或入其子舍传度关节，百端取受。并仲友长子之妻父曹宣教者，即曹格之堂兄，往来曹格之家，通同干预公事，全无顾藉。仲友弟妇儿女妇侄不时往曹格之家饮燕，媟狎无礼，靡所不至，全无廉耻。

如果置所谓"丑恶之声""媟狎无礼"等道德批评而不论，那么从中可以了解曹格凭借其堂兄的关系(唐仲友长子之岳父)，与唐仲友的家人有着密切的往来。曹格因此"妄作声势，凌侮同官，捶挞胥吏"，并与唐仲友的子弟通同请托②。

台州与唐仲友的故乡婺州相邻，唐仲友与婺州的联系非常紧密，朱熹多次言及唐仲友将钱物运回婺州的住宅，用公使库钱前往婺州的私家商铺购买布帛，利用职权在台州低价买入鱼货运回婺州的私家鱼铺。婺州人周

---

① (宋)朱熹:《按唐仲友第三状》，第217页。

② (宋)朱熹:《按唐仲友第三状》，第216—217页。

大雅、许与曾拜谒唐仲友,事后周大雅送绉纱二匹,许与送金条纱二批给唐仲友作“人事”[①]。在前述的请托诸例中,有婺州人周四(原名花康成)。周四之来台州,是因为他会放烟火,其妻会下棋,被唐仲友招唤来在宴会上表演。他的妻子入唐仲友宅堂下棋(应是陪女眷),周四本人则受唐仲友的委派“探听外事”。所谓“探听外事”,就是“犯奸首酒等事”。这也给了周四“在外邀求”的机会,“稍不如意,即时挑发”。周四不但靠在宴会上“呈艺”,得以支用公使库钱酒,唐仲友还让十八宣教命兵士同周四向州县的胥吏征收“索子钱”。周四和妻子与唐仲友及其家人的密切关系也成为人们请托的重要途径[②]。

(3)营妓

营妓严蘂与唐仲友的关系已成为讨论朱唐事件的焦点话题。学界对于宋代官员宿娼狎妓也有不少研究。狎妓是当时官场通行的风气,本书不欲赘论。上文也已经指出,朱熹按劾唐仲友狎妓的关键在于,营妓严蘂、王静等已经影响到地方政治的运转,成为请托的重要对象。严蘂与唐仲友关系最密,唐仲友公然为其落籍,并送归婺州别宅。营妓沈芳、王静等可以自由出入唐仲友的宅堂,并留宿供直仲友洗浴。唐仲友裁断公事,沈芳先与其商议,并“抱仲友幼女出厅事劝解”。

营妓又与唐仲友的子弟密切往来,唐仲友子弟经常出入营妓王静等人之家,“盘合简帖,络绎道路”,“盘合”是指盛装礼物的盒子,“简帖”是营妓与唐仲友子弟往来的书信(包括请托的“批子”),借此来向唐仲友进行请托[③]。有时营妓得到唐仲友的宠信,唐仲友子弟甚至要反过来通过营妓来请托。值得注意的是,严蘂落籍之后,王静接任为行首,成为营妓这个群体的首领[④],凭借其与知州及其子弟的私密关系,对台州官府各项事务多有介入,这可见于前述请托诸例。

营妓不但通过请托的机会获得钱物,还可借此为自己的亲戚牟便利。严蘂的兄弟周召在黄岩县任栏头(低级胥吏),因受到监官何承节的刁难欺压,得知妹妹严蘂成为知州唐仲友的“喜美信据”(即喜爱信任),即通过

① (宋)朱熹:《按唐仲友第四状》,第228页。但不知道他们行贿的目的何在,应该是请唐仲友给他们行方便之事。

② (宋)朱熹:《按唐仲友第三状》,第218页;《按唐仲友第四状》,第225—226页。

③ (宋)朱熹:《按唐仲友第三状》,第217页。

④ 王静成为行首,也是通过十八宣教请托唐仲友,十八宣教还给了王静五十贯官会和毛段一丈四尺。严蘂落籍后,王静即搬到严蘂旧屋居住,十八宣教随后“到家宿卧”。见《按唐仲友第四状》,第223页。

严蘗请求辞去栏头一职,唐仲友即将何承节和周召等人拘押到州押,后将周召等人"当厅免断"后释放,而将何承节一直拘押[①]。

(4)僧道

僧道是地方官周围时常出现的特殊人群。北宋末撰写的《作邑自箴》中曾言及县官上任,要"出榜十数要闹处并镇市晓谕:无亲戚、门客、秀才、医术、道僧、人力之类随行"[②]。可见当时不少县官赴任会带着道僧等。唐仲友到台州任知州还带来了婺州的僧人介登(即所谓"乡僧")[③]。报恩寺是台州诸禅院中首领[④],对各县佛寺有管辖之责。唐仲友任知州后,将其原来的住持"诬以他罪逐去",由介登来做住持。介登经常出入唐仲友宅堂,可见来往密切。台州所属五县寺院的住持逐渐换了个遍,"皆是婺州富僧",他们都是介登担保推荐的,每换易住持他都能得数百贯[⑤]。前述中津桥建成后,唐仲友除了派官员兵卒进行管理外,还在桥旁设立僧舍,由报恩寺的僧人负责守护中津桥。这与介登住持报恩寺或有关联,因为中津桥收取力胜钱,所获颇丰,负责守桥、管理浮桥启闭的官吏廪给甚厚。

前述请托事例中,有僧景猷与人通奸,天庆观道士祝元善也牵涉其中,"景猷富厚,责赂甚重",因无法满足所求,最终其衣钵庄产被官府没收,祝元善则通过栖霞知宫李某行贿,没有被判罪就释放了。李某因为善于弹琴得以出入知州唐仲友的宅堂[⑥]。祝元善还因为与人通奸,被判"决脊杖十三还俗",他遂通过曹县丞(当即曹格)请托唐仲友,拖延不予裁断[⑦]。道士李冲虚有一道童丁希言之兄丁全在州衙担任院虞候,被唐仲友派往宁海县押送"散乐弟子王丑奴、张百二"到州衙侍候,张百二没有到,丁全因故被抓入狱,李冲虚遂先通过十八宣教(唐之子)向唐仲友求情[⑧],再通过营妓王静请托[⑨]。栖霞知宫李道士或即李冲虚。又有人因为斗殴被抓,在唐仲友裁断之前,通过僧义玗向十八宣教请托,同时向手分陆侃、高宣教(唐之

---

① (宋)朱熹:《按唐仲友第四状》,第222—223页。

② (宋)李元弼:《作邑自箴》卷一、卷七,《四部丛刊续编》本。

③ 参见本书第一章相关内容。笔者一直没有找到关于道僧随地方官赴任的事例,唐仲友与乡僧的例子恰好符合。

④ 《嘉定赤城志》卷二七《寺观门一》,第7477页。报恩寺在寺院中名列第一。

⑤ (宋)朱熹:《按唐仲友第三状》,第215页。

⑥ (宋)朱熹:《按唐仲友第三状》,第214—215页。

⑦ (宋)朱熹:《按唐仲友第四状》,第226页。同一条奏状中还言及祝元善兴修盖竹洞屋宇,向曹县丞行贿了二百馀粒丹砂。

⑧ 李冲虚曾送给十八宣教旧琴一面,见《按唐仲友第四状》,第229页。

⑨ (宋)朱熹:《按唐仲友第四状》,第223—224页。

侄)行贿,进行请托[1]。上述三例反映了僧道与地方官、营妓、官员子弟、胥吏之间盘根错节的复杂关系。

(5)台州地方势力

在朱熹的奏状里面,地方势力[2]多受到唐仲友的打击压制,后文对此有详论。但也有例外,即是台州的市户应世荣,他与唐仲友关系密切,往来频繁,对唐仲友的施政给予积极配合和支持。朱熹的奏状描述说:

> 本州贩香牙人应世荣奸猾小人,因其家资稍厚,左右引致。以曾与仲友建立生祠,乃延为上客,与之颂赞,亲自题写。世荣乃刻石夸张,因此妄作声势,出入宅堂。仲友专一信委,为心腹爪牙,凡首奸获酒,尽是世荣发之,仲友却令临海县丞将带兵卒数十人追捕。每一如此,阖郡骚扰惊走。其他挑起事端及报其私冤,罗织平人,置于重宪,不可胜数。所断轻重,并出世荣己意,全无州郡。虽士大夫善人之家,亦被凌蔑,郡人指为殃祸。其人取受,前后不可计数,每事所得,必与子弟分受。若非送有司勘其情犯,编配远恶去处,何以赎陷害乡土善良无穷之罪。[3]

这条材料内容非常丰富,可以略作分析,有些地方还需要辨析:

a. 应世荣是个牙人,家资丰厚,在当地颇有影响。台州有座灵康庙,淳熙八年唐仲友曾加以修葺,庆元三年叶籈知台州时又加以重修,台州司法参军许兴裔为此撰写了记文,并记录了捐助修庙的当地人,其中就有登仕郎应世荣[4]。据此,应世荣在朱唐事件中并没有受到牵连,这可能与他主动交代帮助唐仲友偷税漏税之举有关。

b. 应世荣颇得唐仲友信任,往来密切,曾为唐仲友建立生祠。这里所谓建立生祠,恐是误传,或者是有意的误传,应该是上述淳熙八年唐仲友修葺灵康庙。据淳熙九年正月唐仲友所撰《灵康庙记》,淳熙八年台州干旱不雨,唐仲友到灵康庙祈雨得应,乃重修该庙,"州民欲献其力,有登仕郎应世荣者,勤恪能干,慨然先众人,身督工役,度材必良,择匠必能",此次修庙

---

① (宋)朱熹:《按唐仲友第四状》,第229页。

② 这里所谓的"地方势力",主要是指在地方上的头面人物,他们具有一定的经济实力、社会声望,又不在官府担任职位。其实上述的营妓、胥吏、僧道等特殊群体严格来说也属于地方势力的范畴,这里只是更细分一些。

③ (宋)朱熹:《按唐仲友第三状》,第216页。

④ (宋)许兴裔:《重修灵康庙记》,《宋代石刻文献全编》,第2册,北京图书馆出版社,2003年,第96页。

用公钱二十七万,民钱二十五万有奇[1]。应世荣不仅出力,肯定也出了钱。

c. 应世荣是唐仲友在台州的耳目,在其打击私酒的行动中出力甚多[2]。应世荣在这些活动中所获也颇丰,不仅可以借此树立威望(在受其打击者看来是“殃祸”),还抓住机会与唐仲友的子弟建立利益关系。

朱熹奏状没有更多的记载反映唐仲友与台州地方人士的密切关系,这并不能说明地方势力都不支持或者都反对唐仲友的施政。这与朱熹撰写奏状的目的有关,即是为了按劾唐仲友。但这也反映了唐仲友施政触犯了不少地方人士的利益。

上述唐仲友周围活跃的人群,形成了以唐仲友为中心的权力集团。唐仲友知州的身份和权力,是这个集团的基础。从唐仲友的角度来看,他也需要通过这些人群来建立其社会网络,作为治理地方的资源。他需要笼络亲信的官员来推行政务,通过胥吏来控制要害部门,通过子弟、亲戚、乡党、营妓来沟通内外,通过地方势力来贯彻自己的意图,执行朝廷和官府的政策。在唐仲友周围聚集的这些人群,他们既依赖他的权力,也利用他的权力。同时,唐仲友在台州催征税租虽然刻急,对走私也大力打击,对豪强毫不手软,又开征中津桥力胜钱,这些举措虽然招致非议(这种非议也值得分析,详见下文),但从朝廷和台州州县官府而言,又是举措得力,保障了朝廷和官府的财政收入。朱熹按劾唐仲友,即是在对抗唐仲友集团,如果加上唐仲友的姻亲宰相王淮以及在朝中担任高官的师友,朱熹所面对的阻力之巨和压力之大,可想而知,这也是他在台州留滞月馀,仍无法将唐仲友劾罢的原因所在。

2. 唐仲友施政所引发的矛盾冲突

唐仲友之被劾虽然与他的个人行止不无关联,他狎妓而无所顾忌,对子弟没有严格约束,灾荒年份催督刻急,对所部官吏强项霸道,这都使他的声誉受到影响,极易招来非议,但他之被劾主要还是与他在台州的施政密切关联,是在他任知州期间的举措所引起的各种矛盾冲突日积月累所致。

(1)与地方势力的矛盾

前文在论述催督赋税时曾言及唐仲友强迫“隐落丁户”的人户进行登记,并向民户、军户追缴各种“赃赏钱”。朱熹指责唐仲友“苦虐饥民”,引起“阖郡军民冤恨”。这里应该指出的是,上述“隐落丁税”之人多是乡村

---

① 《全宋文》第260册,第358页。案:此文录自《嘉定赤城志》卷三一。

② 此外,应世荣还利用牙人的身份,帮助唐仲友(通过其亲戚高宣教)偷税漏税。见朱熹《按唐仲友第四状》,第226—227页。

上户，而不可能是下户，科罚的对象并不是普通民户，需要缴纳“酒曲赏钱”的应该是走私酒的人户，需要缴纳“杂色赃钱”的应该是具有官员或胥吏身份的人户，需要缴纳“赎铜钱”的也应该是能够以钱赎罪的军官，而不是一般的士兵。唐仲友的很多措置都是针对地方豪强的，真正受到“苦虐”的不是“饥民”，心怀怨恨的也不是“阖郡军民”，而是那些“隐落丁税”、私贩盐酒之徒，所以全祖望说他“锄治奸恶甚严”①是有根据的。

唐仲友创建中津桥固然有征取税赋的意图，当时大多数地方官都在竭力寻找财赋来源（主要是征榷）②，但中津桥建成后征收力胜钱（启桥钱），影响到的只是往来贸易之人，高文虎之建议取消中津桥力胜钱（启桥钱），得到实惠的并不是普通百姓，也只是来往贸易之人③。从中津桥的各种管理制度和人员设置来看，唐仲友利用不同的人员（临海县尉、黄岩县令、报恩寺僧行）相互制衡，并割东湖每年的税赋收入作为中津桥的修葺费。朱熹认为启桥钱过重引发了很多纠纷，这虽然反映了征收启桥钱在实际施行过程中因为官吏的“搜检”不当、百端阻节而使得制度走形，但这无法否定中津桥的重要作用。

在搜捉贩私酒的过程中，都酒务企图乘机勒索，并依靠追缴赃钱来贴补酒务课利。如七月初九这天，都酒务探查得知临海县长乐乡沈三四等家在禁界（禁止贩私酒的地域）外，薄有资产，因为雇人来戽水，需要造酒供雇工吃用，遂派专知陈明、酒匠林春、脚子杨荣前去捉获，勒令沈三四等缴纳罚钱，企图用来补足课利，但沈三四等家不愿缴纳罚钱④，都酒务就将诸人押送到州里，并诬陷沈三四等家在禁界内卖酒，台州裁断沈三四等家徒罪，并关进监狱，逼其缴纳赃钱⑤。沈三四等家“无可送纳”，就到提举朱熹

---

① （清）黄宗羲、全祖望：《宋元学案》卷六〇，第 1952 页。

② 从中津桥的启桥钱年收入超过二千五百贯的结果来看，颇为可观，所以中津桥被风摧毁后，知州周晔马上加以重修，这从另一个角度也反映了往来的商船络绎不绝，并没有因为建桥收钱而萎缩衰败。

③ 朱熹奏状中有一请托案例，有“张应龙载糯谷二十石过浮桥捉住，系黄勉嘱托丁志（台州书表司胥吏）取受张应龙钱六十贯文九十六陌，丁志告覆仲友，遂得疏放”。见《按唐仲友第四状》，第 227 页。这里的浮桥应即中津桥，张应龙一次运送的糯谷达二十石，行贿丁志达六十贯文九十六陌，可见其富足，其运送糯谷被捉，也说明其为走私。

④ 《全宋文》之原文为“勒令逐人罚钱，以助课利。不纳解州，作徒罪科断，追纳赏钱”，“不纳”下应断开，作“不纳，解州，作徒罪科断”。

⑤ 原文作“监纳赃钱”，“监”即前述“监系”，指关押起来；“赃钱”，后文又作“追纳赏钱”，前面的“赃钱”是指违法所得赃款，后面的“赏钱”则是用“赃钱”的一部分作为酒务的奖赏。

那里告状[①]。沈三四等家“薄有资产”，并能雇人来“戽水”，造酒来供雇工吃用，也说明其具有较为雄厚的经济实力，不是普通下户。

朱熹奏状中记载，虽然较少提及反对唐仲友施政的地方人士姓名，但个别内容还是可以推敲发现地方人士对唐仲友施政的反击。有人户张见等状“诉仲友与弟子行首严蘂情涉，交通关节，及放令归去”[②]。张见等人户状诉知州狎妓、交通关节，显然不是一般民户所为，笔者疑其为地方豪强或者为其指派之人。还有周士衡理分公事，是朱十九助教托十八宣教写批子给营妓王静，王静“入宅请嘱”，这个案子的物证是十八宣教亲书的批子，被人户潘牧缴给朱熹告状[③]。此前“本州士民有得其子所与弟妓书简受关节者”，作为物证“连粘投状”到提刑行司陈诉，此与前者属于同一性质[④]。这一方面可见唐仲友子弟肆行请托，毫无忌惮，另一方面也暴露有人一直想借此来打击唐仲友。

(2)与属官的矛盾

对于唐仲友的施政，地方官既有贯彻执行的，甚至为迎合而变本加厉的，但也有贯彻执行不力的，如前述之天台知县赵公植没有按时完成夏税催纳，被“追请”到州(后因为县民的求情而没有成行)，唐仲友干脆直接指挥县尉。此可见其雷厉风行。知州所受领的案子多亲自在州衙的花园亭馆或宅堂后宴坐去处鞫问，而不愿“凭信狱官推司所勘”，“两狱”(州院和司理院)所收禁的罪囚，也“不容狱官依法裁处”，必须每日到知州处听取其裁断[⑤]。后来因为宠爱的严蘂被司理院审讯，他公然派吏卒“突入司理院门”，“拖拽推司，乱行捶打”[⑥]。由此可以看到他对司理院和州院官吏的不信任乃至打压。

与知州唐仲友矛盾最深的应该是通判赵善伋、高文虎。通判是知州的贰官，有与知州通署文书的权力，并对所部官员有刺举之责，在北宋时甚至与知州抗礼，南宋时因为战争的需要，专门负责钱粮，催征经总制钱，对于郡政的影响力有所减弱[⑦]。淳熙九年，台州通判为赵善伋(五月始到任)，

---

① (宋)朱熹:《按唐仲友第四状》,第230—231页。

② (宋)朱熹:《按唐仲友第四状》,第222页。

③ (宋)朱熹:《按唐仲友第四状》,第224页。

④ (宋)朱熹:《按唐仲友第三状》,第217页。

⑤ (宋)朱熹:《按唐仲友第三状》,第214—215页。

⑥ (宋)朱熹:《按唐仲友第五状》,第234页。

⑦ 《宋史》卷一六七《职官七》。参见龚延明《宋代职官辞典》“通判”条。

添差通判为高文虎[①]。高文虎的在任时间不能确定,但淳熙八年新建中津桥时他已在台州[②]。在朱唐事件中,朱熹七月二十三日到台州,就密切"体访"(亲自调查),收到了通判的申状,以及士民的陈状,揭发唐仲友不法不公事件[③]。朱熹的奏状中没有言明提交申状的通判为何人,且将通判的申状和士民的陈状混同起来,没有加以区分。但内中言"本州违法收私盐税钱岁计一二万缗,入公使库,以资妄用,遂致盐课不登,不免科抑","又抑勒人户卖公使库酒,催督严峻,以使臣姚舜卿、人吏郑臻、马澄、陆侃为腹心,妄行支用",等等,事关官府的盐课、公使库,非寻常士民所能知晓,必是通判所申。通判赵善伋当年五月始到任,对这些情形不能如此了解,则所上申状应该出自添差通判高文虎,或者是二人共同所上。朱熹每言及通判赵善伋则明具其名,而从不及高文虎之名,似有意掩饰。前面曾述及在新建中津桥时,高文虎即对知州征取力胜钱的做法并不赞同。另外,朱熹曾命通判赵善伋去索取公使库的"文历",从中午等到半夜都没有拿到。市户应世荣家状揭发唐仲友的偷税漏税行为,也是通过通判赵善伋交给朱熹的。朱熹在调查台州很多案子(如妇人阿王状诉其子卢宗配牢城不当,以及酒务捉沈三四卖酒)"送本州两通判根究",或"送本州通判赵善伋根究施行",通判也上申状,报告审问的结果。赵善伋还上申状,称收到诸指挥众军等状,陈诉州里克扣军粮,朱熹发牒给两通判调查此事。可见,通判与知州之间颇有矛盾,成为朱熹在台州调查唐仲友不公不法事件的主要力量。

知州唐仲友与通判的矛盾本质上是由宋代政治制度的制衡设置造成的,但也有其自身的原因。朱熹言其"簿历文字少经倅贰之手,惟倚临海县丞曹格及曹官范杉等"[④],这应该源自通判的申状,反映了通判对唐仲友专权的不满。所谓"簿历文字"主要是财赋方面的文书,可见知州已经侵夺了本属于通判的财权。前述公使库的收支中,公使库的支用被唐仲友的心腹所控制,甚至挪用了通判所管辖的军资库(籴本库)财物。这应是通判不遗馀力地推动朱熹按劾唐仲友的真正原因。

(3)与浙东提举朱熹的矛盾

尽管地方势力和台州官吏与唐仲友之间有深刻的矛盾,但在朱熹按劾

---

① 《嘉定赤城志》卷十《秩官门三》,第7368页。

② (宋)高文虎:《重建中津桥记》,《赤城集》卷一三。

③ (宋)朱熹:《按唐仲友第三状》,第210页。

④ (宋)朱熹:《按唐仲友第三状》,第211页。

唐仲友事件中，他们大都隐藏在幕后，在台前冲锋陷阵的却是浙东提举朱熹。

台州属于两浙东路，知州之上有监司，包括转运使、提点刑狱、提举常平等。朱唐事件的焦点正是知州唐仲友和提举常平朱熹之间的博弈。一方面是唐仲友的强项，对提举朱熹的百般抵制[①]。唐仲友与当朝宰相王淮有姻亲关系，其弟之遗孀王氏与他住在一起，他交好的朋友又多为朝中高官的子弟亲戚，朱唐事件发生时，唐仲友还受到了吏部尚书和侍御史的举荐，因为朱熹的不断按劾，已经被改任为江西提点刑狱。因此，唐仲友面对朱熹的按劾，虽然开始有些"惶恐"，但不久就得知朝廷另派浙西提刑来调查此起事件，就"忽复舒肆"，"言语诪张"，捶打审问严蕊的推司官，阻止通判赵善伋裁断严蕊等罪案。他在得知公使库胥吏被勾追后，马上将公使库的账簿全部收归私宅，不肯付出。他还上奏朝廷，诉朱熹拦阻其弟媳王氏出行，导致王氏心悸病危。

另一方面是朱熹紧追不舍，多方查访审问，坚持按劾唐仲友。朱熹按劾唐仲友，不但要和唐仲友斗智斗勇，还要面临朝中大臣的压力和掣肘。因为唐仲友的抵制，朱熹的调查并不顺利，有些胥吏开始不愿招供，他按劾唐仲友的奏状被朝中大臣隐瞒不报，迟迟没有消息，上报皇帝后也多方加以疏通，或加以拖延，并催促朱熹离开台州，另派其他官员调查。朱熹一面接受民户的陈诉以及台州官员的申状，寻找线索，讯问唐仲友亲信的官吏、营妓等，甚至将有关人员送到绍兴府去审问，取得了大量的人证和物证，一面不断上奏朝廷，连续六次上奏状，要求罢免唐仲友知州一职，并迫使朝廷取消唐仲友改任江西提刑的命令[②]。朱熹也因为受到朝中势力的压迫，辞去提举一职和新的江西提举的任命。

前文曾引述唐仲友论说当时"词讼淹延，追呼烦扰，则农桑必至于妨废；差徭不公，豪猾放纵，则户口必有逃移；理索不得其中，则贫富无以相资；过割不及其时，则版籍至于贸乱"，显然他也认为当时的官府存在"不公"和"理索不得其中"的弊端，但这和朱熹所论"不公不法"是有所区别的。朱熹虽然强调恤民，尤其是在灾荒时期要对民户加以存抚，否则会导致人口流移，甚至引发社会动乱，但他对豪强上户和一般下户不加区分，一

① 前面曾言及，唐仲友在知信州时就因为捉拿私酒受到提点刑狱的按劾。永康县派人到台州抓捕为唐仲友雕印书籍的蒋辉，唐仲友劫走蒋辉藏在住宅中，永康县申提刑司，提刑司发牒催台州遣送蒋辉，唐仲友以蒋辉身死上报提刑司。见朱熹：《按唐仲友第三状》，第219页。

② 关于朱熹在朱唐事件中的行事可以参看束景南的《朱子大传》。

味宽纵,其实得利最多的是豪强上户,这一点在前述朱熹请求朝廷免除台州丁绢的奏状中就可见一斑。唐仲友则认为对豪强上户不能放纵,差徭需要公平,豪强上户只有承担更多的义务(朝廷赋役),贫富人户才能"相资"。从唐仲友大力缉拿走私,催缴各种赃赏钱,经营公使库,开征中津桥力胜钱,这主要是为了增加官府财政收入,不能简单视为盘剥和中饱私囊。朱熹的指责有很多臆测和罗织,即其所谓"虽其曲折未必尽如所陈(指台州官属所言,士民陈诉),然万口一词,此其中必有可信者",他对唐仲友的按劾必有私憾在,故不顾罗织之嫌,力攻唐仲友而去之。但在更深的层次而言,朱熹与唐仲友对官府赋役征发和商税榷卖的不同取向,是导致二人发生激烈冲突的根源。

唐仲友在任台州知州期间,着重打击当地的富室、制贩私酒者和乡村上户,竭力征发朝廷和台州所需的财赋,引起了上述势力的怨谤,同时在官府内部,唐仲友与通判之间存在矛盾分歧,其个人专权独裁的作风引起了同僚和下属的反感和抵制,这两方面的力量借着朱熹巡视台州的机会,向唐仲友发动反击,暗中推动,配合朱熹按劾唐仲友。朱熹之所以最终能将唐仲友劾罢,也是因为受到上述势力的暗中支持。朱熹在《按唐仲友第五状》曾提及:

> 臣欲自此遍走诸州,计度救荒事务,而台州之人以仲友未罢,恐其一旦复出为恶,邀留臣车,不容起发。臣遂不免申尚书省,且住本州,恭俟奏报。

虽然朱熹逗留台州是为了继续向朝廷施压,坚持要罢免唐仲友,但从上文中亦可了解到"台州之人"(即包含了上述两种力量)恐惧唐仲友东山再起,将朱熹绑在他们的战车上,给唐仲友最后一击。

小结

上文通过朱唐事件所透露的丰富信息,来考察南宋时期台州的政治运作过程,对当时地方官府的赋税、诉讼以及公使库收支等事务进行了较为细致的排比,对其中所涉及的人物及其关系进行梳理,进而探讨了朱熹按劾唐仲友的真实动因。朱唐事件虽然是一个偶然事件,具有个案的特征,但其所揭示官府运作的细节和各种弊端颇有代表性,而且这一事件与唐仲友担任台州知州三年间的施政密切相关,积渐所致,长期积累的诸多矛盾借着朱熹巡视台州的时机爆发。朱熹按劾的是知州唐仲友,其批评的锋芒却指向整个唐仲友集团,反对唐仲友施政的地方官吏和地方势力乘机推波助澜，终于劾罢唐仲友。

朱熹按劾唐仲友事件不仅反映了台州政治的情形，也为探讨南宋地方治理提供了一个绝佳的案例。从台州的个案来看，当时地方官府与地方势力之间的关系日渐紧张（也有与官府合作的，如市户应世荣者），一方面地方官为了完成朝廷的赋税征收任务，不断向豪强上户施加压力，尤其是打击走私，严行征榷，不断扩大财源，另一方面地方势力在地方官府的强力打击下，虽然采取暂时的屈服，但始终利用地方官员之间的矛盾，对触犯其利益的官员不断加以攻讦而去之，借此来影响官府。台州地方官府与地方势力之间的博弈过程以地方势力获胜而告一段落，但这不是最后的终点，新的博弈将不断上演。

在这一系列博弈中，信息发挥着关键的作用，地方势力借着提举官巡历的机会陈诉知州的不法行为，无疑是推动事件发展的主要力量，唐仲友在台州竭力掌控各种信息，阻挠提举朱熹的调查，朱熹也力图跳出台州，利用外部力量来审问涉案的胥吏，获得关键的证据。同时，唐仲友的子弟和亲戚活跃在他周围，介入诉讼，收受胥吏的贿赂，与唐仲友关系密切的营妓也成为唐仲友与地方社会沟通联系的“关节”，和唐仲友的子弟、亲戚结成利益集团，此外，唐仲友对于所属官吏的控制，是通过其亲信掌控要害部门来进行的。这些子弟亲戚、营妓和胥吏不但成为唐仲友集团的核心人群，也是唐仲友与地方沟通渠道的实际掌控者。

第五章　名公书判:刘克庄的裁判与地方治理

刘克庄(1187—1269)是南宋后期的重要历史人物,与南宋后期政治史颇有关联[①],他在当时颇有文名和诗名,在文学史上有着一席之地[②]。另一方面,他在地方上为官,“吏事素长”,得到上司的好评,称其“真才吏也”。他从县令做到监司官,有着丰富的从政经验,善于断案,“剖决如神”,“臬狱案千纸,一览尽得其情”[③]。他的文集中有两卷是他淳祐四年至六年(1244—1246)担任江南东路提点刑狱期间所撰写的“书判”,这些书判是他写给所部官员的,直接反映了他治理地方(尤其是狱讼方面)的过程和能力。这些书判部分被收入《名公书判清明集》[④](以下简称《清明集》),《清明集》还保存了一些他在福建建阳县做县令时所写的书判,这也说明他的书判在当时被归入“名公”行列。本章主要围绕刘克庄的书判来展开论述。以往对宋代书判的研究,主要将其作为法制史的资料,研究宋代的司法审判,取得了丰富的成果。但书判并不局限于狱讼,从其形式而言,书判主要是官府内部对政务文书的批复(所谓“判”),直接反映了不同层级官员之间的往来互动[⑤],从其内容来说,除了民事纠纷之外,还有大量赋

---

① 参见孙克宽《刘后村的处世与交游》,《大陆杂志》二十二卷;《晚宋政争中之刘后村》,《大陆杂志》二十三卷。

② 程章灿所著《刘克庄年谱》(贵阳:贵州人民出版社,1993 年)非常重视刘克庄诗文的系年,颇具价值。关于刘克庄文学成就的研究较多,如王明见:《刘克庄与中国诗学》,成都:巴蜀书社,2004 年;景红录:《刘克庄诗歌研究》,上海:上海古籍出版社,2007 年;王述尧:《刘克庄与南宋后期文学研究》,北京:东方出版社,2008 年。

③ 《后村先生大全集》(王蓉贵、向以鲜校点,成都:四川大学出版社,2008 年。以下简称《后村集》)卷一九四《后村先生刘公行状》,第 4892 页。

④ 《名公书判清明集》,北京:中华书局,1987 年。

⑤ 如《后村集》卷一九二至一九三所收其在江东提刑司任上所撰书判中,第九至第十一篇都是关于州县报告旱伤的批复,而《清明集》中没有关于旱伤的书判。

税、赈济方面的事务①。刘克庄现存的书判,尤其是他在江东提刑任上的书判,除了上述内容外,还有很多对于地方官吏的按察乃至弹劾,以及对于冤狱的平反,是对地方治理中各种弊端的纠错。结合其他同时期的书判,可以对南宋后期江东路治理的复杂面貌有深入的了解②。

相比较而言,书判所呈现的地方政治面貌,比文集、方志、金石等资料所呈现的面貌更激烈,反映了各种力量之间的冲突及其妥协,虽然具有局限,在使用时需要加以辨析,注意其限度,但它仍可以进一步丰富我们对宋代地方治理的认识③。如前所论,本章所涉及的刘克庄书判,包括《后村先生大全集》和《清明集》所收录的书判(见书后附表1,L为"刘"字拼音首字母),两者有重复的地方,文集所收为刘克庄在江南东路任提刑时所撰书判,《清明集》所收除了有部分书判内容与文集所收相同外(其题名都进行了改写),还包括刘克庄在建阳县县令任上所撰书判④。此外,《清明集》所收蔡杭和吴势卿的书判⑤(见附表2、附表3,C为"蔡"字拼音首字母、W为"吴"字首字母),其中有很多是他们任江东提点刑狱时所撰,二人担任江东提刑的时间与刘克庄非常接近,其书判可以与刘克庄的书判相互参照,弥补其不足。《清明集》的其他书判资料虽然在地域上与上述三人不同,但也都在不同程度上可以作为佐证。

---

① 陈智超:《宋史研究的珍贵史料——明刻本〈名公书判清明集〉介绍》,《清明集》附录七,第658—680页。陈先生的研究从阶级的角度来考察书判的内容,颇给本书启发。

② 刘子健对于南宋政治有重要的讨论,即《包容政治的特点》一文(收入所著《两宋史研究汇编》,台北:联经出版事业公司,1987年,第41—77页),对于讨论南宋的地方政治也有重要参考价值。王曾瑜指出古代地方政治关系国家安危存亡和民间休戚祸福,是重要的古史研究课题,又是古史研究的薄弱环节,并对中国古代地方政治的整体特征进行了概括,很有启发意义。见所撰《回眸中国古代政治的贪腐与黑暗》一文,原载《史学集刊》2011年第1期,后收入《中华古政治史论集》,北京:中国社会科学出版社,2013年,第180—212页。

③ 这是考察宋代法制史的前提,即我们在讨论书判所见的法律问题时,不能脱离书判所处的政治环境。

④ 关于刘克庄文集和《清明集》所收刘氏书判之比较,颇可考见《清明集》的资料来源及其编辑特征,笔者拟另文讨论,此不赘。

⑤ 据陈智超先生的考证,蔡杭绍定二年(1229)进士及第,后任江东提点刑狱,淳祐十一年移浙东,知隆兴府,官至参知政事。表2所列书判多数作于其江东任上,但也有作于浙东任上,如C98(婺州)、C102(衢州)等。吴势卿(号雨岩)淳祐元年(1241)进士及第,曾知处州,任浙西转运使。表3所列书判多为江南东路的信州、饶州(书判中多言"本司",应该曾任江东提刑),也有浙东的婺州东阳县(W27)。则蔡、吴二人任官江东皆在刘克庄(淳祐四年至六年)之后。

一、福建建阳县的治政

(一)《行状》的记述

刘克庄是以荫补入仕的,嘉定三年(1210)初任靖安主簿,进入提举常平兼知隆兴府(今江西南昌)袁燮的幕府,袁燮非常看重他的文字。九年,改差真州录事参军,又得到主管淮东安抚司公事崔与之和江淮制置使李珏的器重,入李珏的幕府。十四年,他又被广西经略安抚使胡榘辟为安抚使司准备差遣。这十几年他徘徊于低级文官,主要以诗文名重于时。

嘉定十七年,他到临安,改宣教郎。宝庆元年(1225),他年已四十,得到举荐,出任建阳县令。他后来追述说:

> 宝庆初元,余有民社之寄,平生嗜好一切禁止,专习为吏。勤苦三年,邑无阙事,而余成俗人矣。①

可见,刘克庄颇为看重此次出任建阳县令,谓之"民社之寄"。所谓"平生嗜好"指写诗唱和,他在这三年期间的诗作大幅减少②。他在建阳县令上的作为,《行状》中有记载:

> 甲申,改宣教郎,知建阳县。新考亭之祠,祀朱、范、刘、魏四君子于学宫,庭无留讼,邑用有馀,增籴赈粜仓二千斛,大书其门曰"聊为尔民留饭碗,岂无来者续心灯",西山真公记之。更创西斋,北山陈公篆其扁,为赋于苏于之什。③

可以了解到,他在建阳县重视狱讼、钱粮,关注赈济。西山真公是真德秀(福建浦城人),北山陈公是陈孔硕(福建侯官人),都是当地的著名士大夫。宝庆元年八月,真德秀罢归浦城④,刘克庄师事之,"讲学问政,一变至道,崇风教,表儒先,如古循吏"⑤。他修缮朱熹的祠庙,并在县学祭祀朱松、范浚、刘勉之、魏掞之四人,应是受到真德秀等人的影响。⑥

(二)县令书判中的治政

《行状》所言"庭无留讼",为泛泛之言。《清明集》中保存了 14 篇他在

---

① 《后村集》卷九四《陈敬叟集》,第 2426 页。

② 参程章灿《刘克庄年谱》,第 90—91 页。

③ 《后村集》卷一九四《行状》,第 4880 页。

④ 浦城与建阳县相邻,同属建宁府。

⑤ 《后村集》卷一九五《墓志》,第 4900 页。

⑥ 《西山真文忠公文集》卷二六《建阳县学四君子祠记》,参《宋元学案》卷四三《刘胡诸儒学案》、卷四五《范许诸儒学案》。

建阳县任上的书判(L38—L51)①,为我们考察刘克庄在建阳县审理狱讼提供了宝贵资料,也为下文考察他在江东提刑司审理的狱讼提供参照。

这14篇书判有7篇收在《清明集》的《户婚门》,3篇收在《人伦门·兄弟》,1篇收在《人伦门·公吏》,3篇收在《惩恶门》。值得注意的是,上述书判中的涉案人员身份颇为复杂。其中有干预审理案件的祖主簿(L38),有豪民(L40),有牙人(L40),有"得中高科"的丘教授(L41),有刘教授宅宣教(L42),有刘贡士、赵将领市舶(L44),有"窜身吏役"者(L47),有县押录(L48),有公吏(L49),有乡书(L51)。这些人或为官身,或为官府之胥吏,或为豪民,或者是与豪民相勾结的牙人,是在建阳县具有权势或声望者,他们所涉及的案件占了全部案件约四分之三。

刘克庄在审理狱讼时既要直接面对地方上的权势力量,如受到上述寄居官员或地方形势户的请托干扰,还要与胥吏周旋。他在裁决时需要审慎考量,多调停,耐心劝谕(关于劝谕调停见后文,此且不论)。

1. 寄居官的请托②

在《争山妄指界至》(L38)一案中,俞行父和傅三七争夺山地,俞行父、俞定国兄弟首先伪造"保司朱记,假作究实",后来又收买保司,欺瞒官府,最后"挟寄居以求必胜"。这里的"寄居"就是祖主簿,他在刘克庄欲重断俞行父时求见,"自称是俞行父、定国表亲",并"以行父兄弟为直,以傅三七为曲"。刘克庄"尚恐祖主簿所言有理,遂委县尉定验"。在县尉到实地去核实情况时,祖主簿又想"以私干谒县尉",县尉没有接受,祖主簿遂"不胜其忿","将紧切邻人藏匿",并"公然用祖主簿条印封闭邻人门户",阻挠县尉的查验。在《女家已回定帖而翻悔》(L42)一案中,谢迪父子欲悔婚,拒不承认议亲的定帖,遭到男方刘教授家起诉,刘克庄判双方"和对",但谢迪仍不接受,反而"广求书札,又托人来干恳",所以刘克庄称其"倚恃形势"。

虽然刘克庄称"公事到官,有理与法,形势何预焉?",但实际审理过程难免受到请托的影响。在审理上述俞行父和傅三七争山一案时,虽然他知

---

① 其中L38、L48、L51可以确定为建阳县令所撰,其馀多可判断为县官所撰,据刘克庄的履历,他只担任过建阳县令,没有再担任过其他县令或知县。L47中有言"前此见于两府判之详议者至矣,尽矣,州家恐为风教之羞,且从佥厅所申,修以和议",似当作于江东提刑任上,存疑。

② 参见刘馨珺《宋代的请托风气——以"请求"罪为中心之探讨》,《宋代社会与法律——〈名公书判清明集〉讨论》,台北:东大图书公司2001年,第139—211页。刘氏之文详细探讨了北宋以至元代的请托风气,一方面是朝廷官府的禁令层出,一方面是请托的难以遏制。

道是“豪富”俞行父“妄乱是非”，千方百计侵夺“小民”傅三七买来葬亲的山地，但面对祖主簿的请托，也不得不派县尉查验一番。对于祖主簿的请托和干预，刘克庄认为其如此“使豪恃气，武断乡曲”，原因在于“县令人微望轻，不能主张百姓，使村民被寄居屈压，空自愧颜而已”。最后，由于县尉顶住了祖主簿的压力，查明俞行父所买山与傅三七所买田相隔一堑，“二山二处”，刘克庄据此将傅三七所买山地给还傅三七，并对俞行父父子“恃豪富压小民，挟寄居抗官府”的行为，加以“勘杖一百”的处罚。在此案中，寄居官的请托和县尉调查是改变案情走向的关键，前者试图误导县令的判断，面对后者又千方百计“藏匿”证人，阻挠其获取实情。

2. 建阳县胥吏

在《黠吏为公私之蠹者合行徒配以警其馀》一判中，刘克庄曾说到建阳县的胥吏：

> 建阳旧号壮邑，十馀年间，县道弗良于政，公吏黥配殆尽，今所存者，但是乌合不根、鼠窃狗盗辈。

则在刘克庄担任县令前，建阳县令与胥吏之间关系一直颇为紧张，胥吏遭到县令的打压。但刘克庄并没有肯定前任对胥吏的打压，因为他们所信用的胥吏比以前更不如，都是“乌合不根、鼠窃狗盗”之流。对于这些“奸诈”之徒，刘克庄主张“事制曲防，姑责其奔走使令，每有所犯，随事断治，未尝少贷”，对于其中“舞文弄法，背公营私，至为公私之蠹者”，则主张“条陈过恶，具解台府，乞行徒配”，即向知府检举其过失和危害，严加惩处，借此来警告其余，防范胥吏为非。具体到本案，是建阳县押录徐安“倚势作威，违法生事”，其罪名包括：①引诱丘信妻子，引来其姑阿郑论诉；②因为欠百姓钱，引龚纯有词；③受税户钱物，为其私立遗嘱，伪造县令的“批判”（指批复），盗用官印；④交结徒配江溓；⑤移用本县官钱，私买耕牛，在五通庙内宰杀。他因上述事发，被人告论，刘克庄对其“姑从轻杖罪断遣”。

后来刘克庄暂时被任命为权通判，徐安不再担任押录，但他让孙闰报名担任，实际上仍然控制押录的职权，同时他又“坐占箅交司（应是县里管理财税的部门）窠座”，“一意罔利”。此时，建阳县的官盐因为被建宁府截留（充作折纳），百姓只能吃高价盐，刘克庄禀告知府兼都转运使，发给建阳县官盐“两纲”，低价出售，刘克庄打算由商贩往来销售，每出卖五斤，“加饶三两”，意在减少商贩的成本。但徐安建议将官盐“俵卖”给胥吏，限期还钱，即由胥吏来控制官盐的销售，从中牟取暴利，且可“钳制徒党”（即控制其他胥吏），刘克庄不愿“与吏人为市”，拒绝其建议。徐安遂暗中抵制,命秤子等人“不得包裹零盐”(即不得将官盐分成分量较小的盐包),秤子“畏其凶焰,辄皆听命”,官府因为无法卖盐,失信于民,“人言籍籍”,非常被动。刘克庄认为胥吏“前后相承[①],吏强官弱”,是由于县令不能严格管理胥吏,使得“黠吏玩令”,他感到“愧见吏民”,即使对徐安“从重(轻)勘杖一百勒罢”,“不过与之爬搔耳”,终是无法改变其“前后相承,吏强官弱”的局面,因为刘克庄即将离任,不愿“纵奸弗治”,遂直接将徐安发配外地(“宁免议,罪配隶”)。

关于建阳县的胥吏,刘克庄的判文中还有涉及。一是县吏叶棠与蔡八三之妻阿李通奸(L49),被蔡告发,虽然遇到朝廷大赦,刘克庄认为他“身为公吏,不惧条令,与阿李奸通”,还是“杖一百科断”,“以为吏人之戒”。一是乡书刘棠,“以屠牛为业”,屡次因屠牛被告发(L51),他是“曾得解人”(即参加过科举并通过了乡试),按照法律,他虽然可以免去“公罪杖”,但杀牛是“私罪杖”,杀牛马三头即使遇到大赦也要被发配邻州,最后因为提点刑狱正“奉诏虑囚”,刘克庄不想“淹延枝蔓”,所以只是“勘杖一百”,同时让县尉差人将刘棠的酒坊肉店拆除。

建阳县胥吏之所以能够“倚势作威,违法生事”,在地方造成“吏强官弱”的局面,关键在于他们能“舞文弄法,背公营私”,直接把持了县政。这里的“舞文弄法”包括上述徐安“私立遗嘱”、伪造县令的“批判”、盗用官印等行为,叶棠的“不惧条令”也反映了他对于官府条令的熟悉,能够进行规避。官府胥吏依靠“前后相承”而结成利益集团,他们之间彼此勾连,甚至可以逼停县令的盐政。

面对上述寄居官和胥吏的纠缠掣肘,刘克庄甚感无力。这和前引刘克庄《行状》中所述的“庭无留讼,邑用有馀”,可谓大相径庭。绍定元年(1228)秋,刘克庄解任归里,二年被任命为潮州通判,未赴任,主管仙都观,家居,六年冬被任为吉州通判,赴任途中经过福州,被知福州、福建安抚使真德秀辟为帅司参议官,“府事一委重焉”。嘉熙元年(1237)春知袁州,仅数月就受到弹劾,中秋即归乡里。三年九月除江西提举,十月改广东提举。四年元日至广州,八月升广东转运判官[②],重阳以漕摄帅。淳祐元年

① “前后相承”当即徐安不担任押录,而派人担任押录,继续控制押录一职,此即宋人所言胥吏的世袭特征。

② 《行状》《墓志铭》皆云“陞漕”,程章灿《年谱》据此以为是升广东转运使,有误,据《后村集》卷一一三《广东除运判谢到任表》(第2935页),刘克庄应该是升任广东转运判官。转运使和转运判官一般不并设,转运判官即行使转运使之职权,转运判官主要是资历较浅。

(1241)六月召赴行在奏事,冬归莆田。其中在地方任官的时间只有袁州的半年和广东一年半,这期间关于他为官施政的资料较少,行状记载他在袁州"一以崇风化、肃纪纲、访故家、礼名贤为先务,因宽得众,郡以最闻"①;在广州任提举时"以婴孺视岭民,以冰玉帅僚属,岁计羡而商征宽,民夷安之",后升任转运判官,史嵩之独相,在两淮推行屯田,"敷耕牛于广右",刘克庄因为事关边储,"急为区画","市牛千头","既应令而民不知",此外他还用"俸给例卷(券?)"买田二百亩,用来周济到岭南做官而不幸去世的士大夫遗属,得到当地人的认可②。

二、江南东路提刑与地方治理

淳祐四年(1244)秋,刘克庄被任命为江南东路提点刑狱,年近六十,直到六年七月初九离开饶州赴临安③,前后近两年。他在《江东提刑谢到任表》中说:"强颜一出,举职极难。徒抱书生泽物洗冤之心,庶为明主祈天永命之助。……臣敢不精白乃心,咨诹所部。容奸人则善良奚劝,惮大吏则小且有辞。无瑕可以戮人,首盍砺律身之操;靡盬不遑将母,终当陈反哺之情。"④表示了对于"奸人"和"大吏"毫不手软的决心,这与上述他在袁州和广州期间的宽和为政(《行状》和《墓志》所述)有着显著的不同。《行状》中记述说他"一意访求民瘼,泽物洗冤,劾广信贪守,黥南康黠胥,皆有奥援者,公论称快"⑤。《后村集》所保存的一系列书判(亦有部分收入《清明集》)和相关的奏状为我们考察刘克庄在江南东路的施政提供了翔实的资料,也为考察州县地方的治理状况提供了可能,进一步可探究刘克庄作为提刑官是如何获取地方官府治理地方的实情和社情民意的,以及如何与各级地方官和民众沟通联系的。

(一)江南东路提刑司

南宋时期江南东路包括建康府、宁国府、徽州、池州、饶州、信州、太平

---

① 《后村集》卷一九四,第4882页。

② 《后村集》卷一九四《行状》,第4883页;卷一九五《墓志铭》,第4901页。刘克庄在广州的事迹,还可参看《后村集》卷七九所收《乞免循梅惠州卖盐申省状》《录回降省札》,此不赘述。

③ 《后村集》卷七六《江东被召辞免状》、《再辞免》,第2006—2007页。

④ 《后村集》卷一一三,第2936页。

⑤ 《后村集》卷一九四,第4883页。卷一九五《墓志》亦载:"起江东提刑,劾贪守,籍黠胥。"(第4901页)

州、南康军、广德军七个州（府）军①。江南东路的安抚司、转运司、总领所、都统制司设在建康府，提举司设在池州，提刑司设在饶州，此外饶州还有都大提点坑冶司（负责江、淮、荆、浙、福建、广南等路坑冶铸钱事）。江南东路提刑司在北宋时曾设在江宁府（南宋改为建康府），仁宗认为“诸路转运、提点刑狱同在一州，非所以分部按举也，宜拆处之”，而江南东路地形狭长，饶州距离转运司、安抚司所在的建康府路途遥远，且地形险要，所以将提刑司移到饶州②。从《后村集》所保存的书判看（参看附表1），所涉及的州县主要是西部的饶州、信州、南康军，东部的州军较少③，看来提点刑狱巡历的区域主要是西部诸州，作为其治所的饶州是其重心，其所接受诉讼案件也以饶州、信州民户最多，这与地理上的远近便利密切相关。在《饶州司理院申张惜儿自缢身死事》一判中，刘克庄谓“宪臣置司之所，狱事不得其平如此，则耳目何以及远哉”，即对饶州的狱讼表示更为关注。

1. 提刑司与其他监司的关系

如上所述，江南东路的监司包括安抚司、转运司（帅、漕二司治所在建康府）、提点刑狱司（治所在饶州）、提举常平司（治所在池州）。此外，还有一路或多路的其他机构，如总领所、都统制司（在建康府），饶州还有都大提点坑冶司。提刑司与其他监司都属于路一级机构，相互之间有分工合作和制衡的关系④。刘克庄曾与都大提点坑冶司联衔上奏朝廷，请求为饶州科降米⑤。不同监司之间在地方事务的管理上有所分工，彼此之间有其畛域。提刑蔡杭在给转运司的牒文（C1）中说：

> 得照各司案牍除经朝廷及台部取索外，其同路监司止有关借之例，即无行下取索，如待州县下吏之理。本职自去冬入境，应诉婚田，念其取使司遥远，间与受状，不过催督州县施行而已。其间有不得已结绝者，皆是前政追人到司，久留不经，出于弗获已，非敢僭也。然公朝设官分职，同是为民，岂有见其焚溺而不之救者。昨承使司取索邵元昱事理，本司为见台判异常，即已具因依递上，再准行下索案，又即

① 据《宋史》卷八八《地理四》和《舆地纪胜》（北京：中华书局，1992年）卷十七《江南东路》，绍兴元年江南东路还包括抚州、建昌军，南康军属江南西路，四年抚州、建昌军归江南西路，南康军归江南东路。江南东路安抚使司最初设在池州，后移到建康府。

② 《舆地纪胜》卷十七《建康府》、卷二二《池州》、卷二三《饶州》。

③ 最东边的建康府只有1篇，其次太平州1篇，且都是文书往来，没有涉及巡历。

④ 对此本书第一章已有初步的考察，还可参见王晓龙《宋代提点刑狱司制度研究》，第376—396页。

⑤ 《后村集》卷七九《与都大司联衔申省乞为饶州科降米状》，第2094—2097页。

促吏牒解。但区区贱迹，系国家建置司存，却不可以某之资浅望轻，而顿废公朝之事体。盖尝太息而言曰：督赞、侍读、判部尚书之尊，不当下兼运司之职，若兼运司之职，不当上废朝廷之法。除已具申督赞尚书外，并牒报运司。

在这件给转运司的牒文中，蔡杭指出转运司向提刑司的行文（发给文书）不当，因为监司之间属平级机构，相互之间只能用“关借”文书，而不能用上下级之间的“取索”文书。当时的转运使身份较贵重，即所谓“督赞、侍读、判部尚书之尊”，这也许是转运司行文“取索”而不“关借”所仗恃的原因。蔡杭一方面声明自己不敢侵越转运司的事权，对于偶尔接受的婚田诉状，也进行解释，这只是因为转运司路途遥远，体恤民情，对于诉状的处理也主要是催督州县施行，有些前任提刑接受的诉状因为时间淹延太久，不得已“结绝”（进行裁断）；另一方面，对于转运司的“取索”文书积极回应，虽然“台判异常”（应指其行文不合“关借”之例，而有“待州县下吏之理”），也“促吏牒解”。他指出转运使虽有“督赞、侍读、判部尚书之尊”而“不当上废朝廷之法”，不能因为提刑“资浅望轻而顿废公朝之事体”。他给转运使的申状是针对他的“判部尚书”的身份，同时他给转运司写的是“牒”文。虽然蔡杭在这件牒文里面努力捍卫“朝廷之法”和“公朝事体”，但这也反映实际过程中，因为官员身份权势的差异，同级的监司机构之间会出现“待州县下吏”的情形。此外，蔡杭及其前任接受婚田诉状，催督州县施行甚至结绝的情形，也反映了监司之间的相互侵越是存在的。在审理一件兄弟争产的案子（C62）时，蔡杭在佥厅官所拟的判文上批复说：“田业事不属本司，但以兄弟之争，欲俾息讼，以全天伦”，提刑接受争田业的诉状即是侵越转运司的事权。刘克庄所审理的朱超等踢死程七五一案（L25），虽经州县审理，但被告仍然不伏，上告到御史台（“内台”），御史台将此案发给转运司审理，刘克庄的前任蔡提刑则“具申朝省”，“取回人案”，应该是认为此案属刑事案件，应由提刑司审理，这是对转运司侵越提刑司事权的反击。

监司之间的制衡关系，虽然对于巩固朝廷对地方的统治、维持地方不同监司的平衡有重要意义，但不同监司之间的差异、矛盾也给地方势力的活动留下了空间和缝隙。在《豪民越经台部控扼监司》（W21）一判（实际上是饶州的牒）中，吴势卿指出饶州的豪民“作奸犯科，州县不敢谁何者，监司才要究见分晓，自度不得志，即越经台部，埋头陈词，脱送他司”，即豪民通过到御史台和刑部越诉，使得案件被转给其他监司，留又一的案子就是这样，本来已经审断明白，由于其“财力足以役使吏人”（这里吴势卿没有涉及官员,是有所忌讳),到台部越诉。虽然提刑吴势卿认为“纵使所断未当,可分明具因依,乞从台部行下本司审断”,即要求仍由提刑司来审断此案,但此案最后“脱送仓司”。仓司(即在池州的提举常平司)在台部正式命令到达之前(“符未到之前”),而是“凭留又一之词”(应该是留又一已经获得消息)就急切地向提刑司索要案卷,“如恐不及”,同时“迫本州吏抱案,曾不移时”。吴势卿指出“留又一之计,欲急索去案,则本司不得以再催照断,而坐受控扼耳”,因此他坚持要求“索回仓司人案”,由提刑司审理。他强调这是朝廷纲纪所在,“监司轻则朝廷轻,盖有关于世道也”。

2. 提刑司的属官和胥吏

南宋提刑司属官重要者为检法和幹办公事①,但江东路的幹办公事在刘克庄到任时一度空缺②。提刑司设有佥厅,由提刑的属官提点刑狱司幹办公事掌管。佥厅是提刑司的关键部门,不但是文书运行的关节点,还参与了案件的审理③。在《鄱阳县东尉检校周丙家财产事》(L30)一案中,周丙女婿李应龙将妻父田产冒用妻父妻母的名义转让给自己的族人,提刑司发文给鄱阳县东尉(县尉),要求其将周丙户下田园干照并浮财账目上报,再由佥厅将李应龙违法转让田产的契约“毁抹附案”(即涂抹后收入案卷中)。蔡杭在《子随母嫁而归宗》(C37)一判中说“提幹所拟,已得其情”,又云“佥厅所拟分为三分之说,不知法意如何,别呈”,“续佥厅官拟再呈,奉台判,只依摽拨法”,则此案先经提幹(即提点刑狱司幹办公事之简称)拟出初判,后面的“佥厅所拟”当亦指此,综合来看,这件书判是提刑对提幹拟判的“判”。

在《建昌县刘氏诉立嗣事》(L34)一案中,在处理田县丞的浮财(由刘氏掌管)时,刘克庄认为浮财“不在官府检校分张之数”,并命佥厅“更开谕刘氏,取愿状呈”,即由佥厅来说服刘氏接受提刑的建议。最后在“分析”田县丞田产时,州的罗司理将“分析关书”送到提刑司用印,刘克庄命佥厅负责“对定”(即由涉案的各方来共同认定),并索要刘氏、秋菊母子和田通仕“和允”(接受调解)的供状,佥厅在收到和允的供状后,上报提刑官。蔡

---

① 关于提刑司的属官,可以参见本书第一章的相关论述。

② 《后村集》卷七九《辟休宁知丞洪焘充本司幹官申省状》云:“某契勘诸路提刑司属官两员,民讼委幹官,狱案委检法,不可一日缺官。本司幹办公事一员,两年以来未见除人,仅有检法独员,案牍如山,公事积压,不免分委州县官书拟,极为不便。”(第2107页)。参见王晓龙《宋代提点刑狱司制度研究》,第165—172页。

③ 参见王晓龙《宋代提点刑狱司制度研究》,第169—170页。王晓龙认为有“提刑司佥厅判官”,但大多数情况是由幹官(幹办公事)兼管。

杭在《互诉立继家财》(C60)一判中也曾提到"姑照佥厅所拟行,各责戒励状",即指佥厅先拟出裁决意见,再由提刑定夺(即所谓"判")[1]。

蔡杭在《示幕属》(C16)一判中提到提刑司的佥厅说:"中间外官入佥厅,不知事体,狥人情,坏法度,书信络绎,甚至赍传简牌,入佥厅嘱托讼事,遂使佥厅为市易关节之地。"这说明佥厅是信息流动的枢纽,是施行请托的关节点。他还举出一个例子:"当职每蒙程右司见谕云,本司佥厅见论某事,已行讫。当职自反,未尝托佥厅恳州以事,不知何为有此。"看来佥厅有人假托提刑的名义向知州嘱托。因此他要求其属官:"每日入佥厅之时,只须带稳实厅子一名当直,却令都吏别差一名贴司在佥厅一听候,如讨案牍,只换贴司告报案分取讨,不可令厅子擅入案中,听探动息,庶几本司事体不至败坏。"刘克庄在《乐平县汪茂元等互诉立继事》(L37)一判中,言及在宣判时,有一方没有到场,"此必是本司见役公人有与之相为表里者",即指有提刑司的胥吏为其传递消息。刘克庄将此判通报给提刑司的胥吏("取诸吏知委")。

关于提刑司胥吏,蔡杭的判文提供了一个宝贵的个案。他在《籍配》(C76)一判中,提到提刑司的副吏王晋。蔡杭在判文中说:"本司副吏王晋,以敏给济奸,以狡险济恶,贪狠如虎狼,前政提刑受其笼络,威行九州,凌犯纲常,至敢与提刑握手耳语,人皆呼为小提刑。"蔡杭此前在江东路任官时就已了解到王晋的恶行,"招纳贿赂,金帛充斥,公然架造层楼复屋,突兀于台沼之侧。始则恃提刑在要路,莫敢谁何,后则交结权要女婿,劫持官府,以堂堂上司,而一吏乃得以肆其奸,而莫之制,辱莫大焉。"根据州县调查和王晋自己的招供,王晋所为"无非卖弄死刑公事,计赃凡该一千六百八十馀贯",抄查他的家产,大都是"寄附"(应是田产),"然银犹且一千二百馀两,罗绮杂物,估价不下十万,而旧楮、田宅不预焉"。此外,他还"奸占兄嫂,以妻为妾,红帏紫幔,以银为枕,与嫂同房,而妻则屏弃于污漫之地,役使同奴婢之列,逆理乱伦有如此者"。最后,蔡杭是根据他的赃罪来判决,"计其赃罪,自当绞刑,姑与从轻贷死,决脊杖二十,配二千里,免拘锁押遣",即蔡杭"恨不斩之",也只能从轻判决,即使是"配二千里",也享受了"免拘锁押遣"的优待。

提刑司有匣司,其人吏负责发送、接收文书。在《受赃》(C81)一判中,铅山县吏"结党害民,流毒一县",提刑司"入锡匣追赴台治",县吏向匣司

[1] 但有时需注意,监司所言佥厅可能是州佥厅,如蔡杭在《子未尽孝当教化之》(C58)即言"本州当有以教化之","送州佥厅"。

人吏行贿,“抑捺脱漏”(即隐藏文书、拖延时日),等待提刑离任,甚至拆看文书,将县丞的申状隐藏,伪造假申状,称县丞差出(即派县吏出外公干)。蔡杭认为“匣司最是本司命令所出之地”,却“公然以假申状脱判,将罪人私匿”,对匣司人吏加以严惩①。

(二)提刑与州县地方的治理

提点刑狱专掌一路刑狱事务,同时它又是朝廷派出的使者,对州县地方官员负有监察之责。它是联系朝廷与地方的纽带,是皇帝派到地方的耳目②。刘克庄在上任之初所说的“徒抱泽物洗冤之心”,所谓泽物就是宣布朝廷对民户的恩泽,体恤民生,所谓洗冤就是提刑司平反冤狱。前者与州县的赋税催科关系密切,后者则反映了州县在狱讼审理过程中的冤假错案。

1. 州县官之贪庸和肆无忌惮

提刑对于一路州县官员有举刺之责,对地方官的贪赃、昏庸、怠惰职事、扰民害民、违法逾制等行为进行按劾③。下表是蔡、吴二人书判中所见受到按劾的江东路州县官员(上文已论及者除外)。

序号	书判	涉案官员	事由	处罚
1	县官无忌惮(C8)	县主簿	受嘱不体究	对移
2	因吏警令(C9)	知县	死事不结绝	警示,如违对移
3	呈知县脚色(C10)	知县	行下状词半年无回申	呈知县脚色先入黑匣,追承吏
4	慢令(C11)	县道	不结绝、无回申	再限五日,违追承吏
5	贬知县(C12)	知县	不责问的实,解送枝蔓人到提刑司	改委县丞,限十日了绝,违追承吏
6	戒巡检(C13)	巡检	不安本职,经营权摄,所至需索鹅酒,欺惑州官	警告,并牒两通判并本州佥厅及知县
7	追请具析巡检(C14)	巡检	夺拘提刑司所收头子钱	牒州追请赴提刑司具析

① 关于匣司,可以参见邓小南《南宋地方行政中的文书勾追:从“匣”谈起》,原载《张广达先生80寿诞论文集》(台北:新文丰出版社,2010年),后收入其论文集《宋代历史探求:邓小南自选集》,北京:首都师范大学出版社,2015年,第308—339页。

② 本书第一章对提刑获取地方信息的渠道进行了初步探讨。参见王晓龙:《宋代提点刑狱制度研究》,北京:人民出版社,2008年,第195—282页。

③ 参见王晓龙《宋代提点刑狱司制度研究》,第264—270页。

续表

序号	书判	涉案官员	事由	处罚
8	杖赵司理亲随为敷买丝(C15)	赵司理	不依市价买丝,抑勒牙人敷买	杖赵司理亲随
9	狎妓(C17)	黄权簿	累招词诉	牒州契勘,如是冒摄,即专人解赴提刑司
10	狱官不可取受(W1)	县尉	受贿	规诫
11	汰去贪庸之官(W7)	县令	贪庸,终日昏醉,万事不理	对移
12	贪酷(C18)	黄权簿	把持县权,受赇	牒州严行根究(即深入调查)
13	虚卖钞(C19)	县丞	贪污	以寄居官求情免于申奏,帖本官告诫
14	赃污(C20)	黄权簿	赃污	入黑匣,牒通判契勘
15	对移贪吏(C21)	饶州推官	贪谬	对移鄱阳东尉
16	对移司理(C22)	司理	被百姓陈诉	对移宁国县尉
17	对移县丞(C23)	知县(?)	追吏不解,将告发人"枷而赴州"	对移县丞
18	对移赃污(C24)	县丞	赃污	对移本县主簿
19	监税迁怒不免对移(C26)	赵监税	贪吏,利用州院报复百姓	对移
20	缪令(C26)	知县	纵吏受赇,贪声载路	对移权县丞吴主簿

在上述受到提刑司处置的地方官中,贪庸是主要的事由。州县官的贪污受贿可以有直接的人证或物证,为提刑处置他们提供了机会。但贪污受贿并不是州县地方官受到处置的关键原因,他们的"庸"才是提刑司要处置他们的关键。州县官员的"庸"具体表现为他们"万事不理",对提刑司的下文"无回申",狱讼久不结绝,这影响到了州县政事的施行和上下政令的畅通。在《呈知县脚色》(C10)一判中,知县收到提刑司发给的状词,半年"更无回申",故蔡杭谓"可见县道废弛"。在《慢令》(C11)中,提刑谓"此事首尾两月,本县既不结绝,更无一字回申,可谓慢令之甚",同时他还告诫"据称县道不明,无可告诉",要其反省。这里没有及时回复提刑司成

为地方治理废弛的表征,反映了提刑对于知县"回申"的重视。

在《贬知县》(C12)中,知县在接受词状后,"全不责问的实",被告则"全不曾与词主对实"(即两造当厅对质),将涉案人员不分关键与否(枝蔓人)一律解送到提刑司,"累累而前",给提刑司增加了困难,因此蔡杭称其"不能了事",以提刑司为"推手之地"(即将县里应处理的事务推给提刑司),县政为"谬政"。在《汰去贪庸之官》(W7)中,县令"终日昏醉,万事不理","不能婉尽而判",写给提刑的书信也是"语误不可读",上饶县令"庸冗特甚,惟吏言是用",吴势卿认为"官庸则吏贪得行",所以"庸亦所以为贪也"。虽然他将官庸和吏贪区分开来,并认为两者有因果关系,但官与吏的关系密切(详下文),官庸与吏贪在实际上很难区分,如上表所示,官员的庸是和贪交织在一起的。这里知县接受词状不能核实,对于提刑采取了推诿的方式,造成了提刑司信息上的冗馀,在与提刑往还文书中的"语误"(包括对下"不能婉尽而判")直接导致了信息传递的障碍,成为其"庸冗"评语的重要因素。

州县官在地方上肆无忌惮,为害一方,也是提刑关注的重要方面。这样的地方官下对民虐,招惹词诉,上对长官不听号令,甚至欺惑长官,把持州县之权。在《县官无忌惮》(C8)中,李大秀打死千四夫妻之幼女,向县主簿请托,主簿"更不体究",等到提刑司下文要求"究验",主簿"乃敢以假和状申缴",提刑司派人传唤推吏,"又只解厅子,而以推吏逃走为说",蔡杭称其"无忌惮如此"。一方面提刑司努力核实案情,另一方面县官则提供虚假信息,并阻挠提刑对负责审问的推吏的讯问。在《戒巡检》(C13)中,石佛(镇?)的江巡检对下"所至需索鹅酒",对上则"欺惑州官,以某官是其亲戚,某官是其故旧",而州官"无见识,与之结交,恣为民害",即他通过自身的人脉关系来结交州官,增加其权势,对下可以肆无忌惮。江巡检平时"欺惑州官",进而与之"结交",使得其勒索行为被掩盖(甚至受到州官的保护),更加"肆无忌惮"。更为重要的是,江巡检是提刑司辟举的,州官对其颇为忌惮,故提刑在判文中声明"今后毋谓系是本司差辟,而凡事置之不问",同时发牒文给州通判、佥厅和知县通告此判。据判中所言"当职今以将去,不欲见之简书,姑从所申,帖还本任",可知提刑与江巡检平日有书信往还,江巡检被告论后曾上申状请求还任原职,提刑没有在私人书信中进行劝谕,而是发帖文命其还本职,在公文中加以规诫,甚至向州县官进行了通报。在《追请具析巡检》(C14)中,雁汊镇巡检"最为横逆",甚至将由采石解送提刑司的头子钱"夺拘下",并以此来要挟、凌侮提刑司,蔡杭故称"以一路监司之钱,犹恐如此,则其劫夺民财,恣无忌惮,江面之被其害可知矣”。提刑司对于雁汉镇巡检的调查是因为与提刑司发生了直接的冲突，则可见巡检在地方上的“横逆”。

蔡杭在一份书判中对信州弋阳知县、县尉进行评点时，提及“黄权簿者系何人，累招词诉，牒州契勘，如是本州土著人冒摄，即专人解赴本司”（C17），在另一判文中提及揽户遭到官府的追捕，有黄权（簿）“乃敢令其兄丙二官者接受二银杯、二千楮之赂”，所以“牒州契勘黄权簿是何人，何年到任，以凭施行”（C20），还在一篇判文中说到“黄权簿以本州人摄本州官”（C18），三者当即一人。蔡杭在第三篇判文中言“当职行部以来，诉之者不知其几状，计赃不知几千百”，通过这些状词，可以看到黄权簿“狠愎暴戾，霸一县之权，知县为之束手。积奸稔恶，百姓恨之切骨，甚至检验受赇，恣为奸利”。蔡杭是在巡历到信州时接到很多告发黄权簿的状词，并先让信州查明其身份，后又将状词发给信州“追究”，但信州的佥厅没有遵照提刑司的命令“行下根勘”（即发文给弋阳县审问），而是向提刑司报告，“历述黄权簿有黄堂侍郎大参别相公荐书”，并强调黄权簿为“死节之家”。所以黄权簿是本地人，有着强大的家世背景，父祖曾为国捐躯，且得到朝中高官的举荐，州官亦为之说项，在县里更是称霸一方。黄权簿在弋阳县“积奸稔恶”，“招惹词诉”，虽然势大难制，但引来提刑的关注和介入，蔡杭要求信州“严行根究”，并“限两日申”。据说黄权簿被提刑司“追请”之日，“百姓千百为群，争以瓦砾粪壤抛掷唾骂，县官以本州之故，护出数十里之外，方始获免”，可见其引起的民愤之大，蔡杭以此来告诫信州。权摄官多是由本地人担任的州县低级官员，在本地颇有影响力，兼其出身多不正①、升迁困难，仕途无望，故更肆意妄为。如刘克庄在《按发张记等奏检》的“贴黄”中提到“保义郎权宁国府管界巡检吴杓、从义郎权宣城县麻姑巡检刘椿，皆是摄官，寔纵寨卒贼杀不辜”②。显然，众多状词所告发的内容与信州佥厅的报告差别很大，使得提刑难以决断，遂严厉要求信州加以核实。

在《监税迁怒不免对移》（C26）一判中，饶州赵监税派心腹二卒包旺、胡茂“邀索恐喝，取人财物”，被路见不平的民户陈俊告到提刑司，提刑发帖询问，赵监税“乃迁怒于人，张皇擒捉”，“以咆哮脱漏州判送狱”，即以咆哮脱漏的罪名告到饶州，被判入狱。提刑闻知，认为赵监税“贪吏害民，人

---

① 《清明集》卷二有广西提刑范应铃所撰《冒官借补权摄不法》（第50—51页）。判文言叶承信以诈伪得官，即顶冒功赏与别人的名义获得官称，然后以此来求任权摄官。

② 《后村集》卷七九，第2111页。

户亦不得陈诉,监司亦不得问着”,乃一面要饶州将其对移,一面派人将包旺、胡茂解送监司,但收到饶州州院的申状,说饶州因为赵监税告论陈俊“咆哮喧嚷”,和包旺、胡茂一起被关进了州院,“院司具此鞫勘未圆”,即案件仍在审理过程中,要将包旺、胡茂送到提刑司,需要“申州具解”。蔡杭判云:“饶州狱乃朝廷为民求直之司,非为赵监税报复之地。”并指出赵监税将二卒和词人陈俊“同以咆哮本官送狱”,其意“欲借此以脱二吏之罪,钳词人之口,使词人受苦,而二卒苟免”,“其为计亦甚巧矣”。但蔡杭不能容忍赵监税“视州狱如者、保私房,挟公行私,惟其所欲”,借州狱藏匿其心腹,抗拒提刑司,最后提刑派人将包旺、胡茂解送提刑司,然后押送南康军司理院,“限三日根勘情由”,牒饶州照会。在给南康军司理院的帖内,提刑要求“究心推勘,如纵吏受赇,先将本官对移”。后饶州也上申状给提刑司,说已将赵监税对移、本州监押。

2. 州县的冤狱

前面已述及刘克庄在接受江东提刑的任命时表示要抱持“泽物洗冤之心”,“泽物”就是宣布朝廷恩意(见下文所论催科、灾伤检放)。下面主要论述其“洗冤”即平反冤狱(实际上平反冤狱也是泽物的重要方面)。冤狱的造成有很多原因,地方官的审理是首要因素,还有胥吏和豪强的影响。下面主要着重考察地方州县官在冤狱形成过程中所扮演的角色,以及提刑的应对措施,关于胥吏和豪强的作用后文再行讨论。

(1)上任之初加强刑狱案件的审核

刘克庄任江东提刑之始,即有建康府将已经判决执行(“行遣”)的刑事案上报(L1)。按照规定,这类“民间寻常斗殴致死”的刑事案审理判决后需要上报提刑司核准,方能执行。由于建康府的判决是在刘克庄到任之前,其申状是在刘克庄到任之后,虽然仍有不妥之处,但刘克庄最后“不欲深言”,只是仍然发文给建康府的两狱官,强调“民间寻常斗殴致死,已经检验、书填格目者”都需要上报提刑司“详覆”,否则将弹劾狱官。

但不久类似的事情又发生了,太平州通判申报司理院审理僧可谅致其身死事(L2),刘克庄将该州司理“对移”(降职)繁昌县主簿[①],并命通判将参与审理的推司(胥吏)“脊杖十五,编管建康府”。刘克庄处理太平州司理和推司,意在警示不守法规的官吏。上述两件案子反映当时州县有“先斩后奏”的情形,提刑是在事后方才得知案情的,刘克庄的判文表达了要重振提刑司详覆之权。

---

① 关于对移,参见王晓龙《宋代提点刑狱司制度研究》,第306—308页。

(2)对冤案的平反

刘克庄认为提刑司的本职就是“审克平反”,他在审阅州县的狱案(刑事案卷)时,发现有的官员“下令惨刻”(即裁决过于严苛),草菅人命;有的官员裁决鲁莽,造成冤假错案。在《按发张记等奏检》①中,他列举了四件冤案(如下表),对其加以辨析,指出造成冤案的官员,请求皇帝给予处罚。

序号	案件内容	来源	涉案官员	备注
1	宣城县阿赵被寨兵关锁赴水死事	宣城县百姓孙百三经部(刑部)陈诉	宁国府通判张记	捕私盐
2	宣城县寨兵捉私茶戳死百姓陈六六事	宣城县申状	宁国府通判潘釜	捕私茶
3	建康府江宁县彭义被误判杀江课儿事②	刑寺驳下	江宁县尉应文炳 知江宁县赵与稀 建康府右司理王湘	杀人事
4	铅山县叶辛乙被误判杀姜于八事	信州申状	铅山县尉赵彦楀 巡检沈纬	杀人事

对于这四件案子所涉及的地方官员,刘克庄将其分为两类:一是两通判,他们捕私贩盐茶没有赃物,擅自派寨兵捕私茶,致杀平民,杀人的虽然是寨兵,但主导杀人的是两通判(“杀人以政,二倅也”);二是知县、司理、巡尉,他们直接负责审理案件,或捕捉平民。对于后者,他又指出巡尉是为了害怕没有及时抓住罪犯而受责罚,无暇顾及核实案情,知县、司理则是将案件交给胥吏审理,没有重视人命案件。刘克庄认为对两通判的惩罚是要“戒二郡生事殃及非辜者”,对司理、巡尉的惩罚则是要“戒鞫狱失实、执诬平人者”。前者是主动“生事”而殃及无罪百姓,后者是由于主观上无视或轻视人命,在审理案件或执法时出现失误。上述四件冤狱的发现,其信息来源比较多样,有知州的申状,也有知县的申状,其他两件则是民众越诉从刑部转来的。

较为复杂的是饶州州院审理的朱超等人踢死程七五一案(L25),前后经过四年而屡有翻诉。刘克庄“采之道途之言,参之贤士大夫之说,多以为冤”,即有地方士大夫以为此案为冤案。此案的经过是,程本中派程七五、

① 《后村集》卷七九,第2111页。

② 刘克庄曾为平反此案的池州通判请求推赏,见《后村集》卷七九《为池州通判厉髯翁申乞平反赏状》,第2105—2106页。

李八到朱十八家“取课钱”，朱十八“留二人饮”，二人“醉卧不去，又谑其妻孥”，被朱十八家的房东朱公辅看到，让仆人将二人和朱十八赶出锁门，仆人与二人争打，“李八先出，故伤轻；程七五不肯出，故伤重”，程七五“二十六日被打，二十七日归家，二十八日身死”。有讼师程以宁告朱公辅指使仆人踢死程七五，知县赵某虽然明知是朱氏之人踢死程七五，却将程本中、朱公辅一起关进监狱，因为“二家皆饶于财”，而程本中怯懦，“既入囹圄，然后为勘系朱超踢死，系公辅喝打”，即知县判程七五为朱超踢死，朱公辅是指使者。后程本中虽然经过前任提刑蔡都承审理无罪，但其家产因为此案而荡尽，被程以宁并吞。显然，程本中家为了脱罪，变卖家业，向州县官吏行贿，其田产被程以宁借机购买吞并。朱公辅因为被知县判为指使打死程七五，其证据是李八的供词。朱公辅家不伏，屡次上诉，最后告到御史台，御史台将案子转到转运司审理，蔡提刑上奏朝廷，请求由提刑司审理，未审完就离任了，涉案双方都“翻异”。刘克庄在审阅案卷和审问涉案人员后，认为此案虽然不是冤案，即程七五确为朱超踢死，但存在疑点，即朱公辅指使打死程七五的证据不够。

刘克庄认为此案受到程以宁的操纵，这一点下文会再详论。这里首先分析地方官在此案审理中所起到的作用。赵知县是负责此案的初审，刘克庄称其为“贪吏”，程本中与此案无直接关系（派程七五、李八索要课钱），却和朱公辅一起被知县“收禁”，因“二家皆饶于财”，从程本中家荡尽家业以脱罪的情形来看，知县所得必不菲。赵知县既受人钱财，“急于狱成”，“惟恐断之不速，不暇尽两造之情”，“有检验而无体究”（一般命案在检验格目之前要写体究状），仅凭“程氏之人（指李八的证词）证朱氏之罪”。刘克庄查阅朱公辅在县狱的供状原件，发现朱公辅在花押时书“屈”字，州狱的供状也是楷书“屈”字，即说明他在州县官审理案件过程中并没有认罪，而是不断翻异，但由于提刑司所收到的案卷只是录本，朱公辅供状上的“屈”字被作为一般的花押，蔡提刑据此认为朱公辅已经服罪。刘克庄是在索取州县狱款的真本后，始发现朱公辅未尝伏罪，案亦未尝结。

刘克庄欲“委官别推”，但“一路官员之多，无敢承当者”，这或与程以宁的影响有关。后来，饶州的罗司理接受此案。刘克庄不欲通过刑讯来获得供状，告诫罗司理“勿恃棰楚”，但罗司理先将朱公辅的小童程六“絣吊闷绝，用水灌醒”，刘克庄让其审问程以宁“事不干己而主讼”，罗司理“垂头丧气，自称不敢”。刘克庄只好自己来审问。因此，他怀疑州县官员“公然逼仆证主”，即朱超、朱社、朱六一、朱十八等人联名作证朱公辅指使打死程七五，是由于州县官员的刑讯逼供。刘克庄在审理过程中，先听朱公辅、朱汶监仓诉冤,但发现其“讼冤之词多虚”。经过批阅案牍和审问涉案人员,刘克庄指出此案的诸多疑点,认为州县官员在此前的审理过程中“急于狱成”,刑讯逼供,借狱案以谋利,无视案件中的疑点,是造成疑狱的重要因素。最后,刘克庄根据“法有刑名疑虑之条,经有罪疑惟轻之训”,适逢朝廷大赦,对踢死程七五的朱超处以脊杖十五,刺配本城,“以谢死者”,对于朱公辅则以证据不足而释放。他在判文中说:“公辅祖为太守,父为命官,不自爱重,群小醉哄,辄入闹篮,身贯木索,辱及门户,其不死于州县之狱而累该赦降,亦云幸矣。”①

在上述程七五一案中,州县官的审理并不是以求得实情为目的,或为求赂,或畏权势,结果不是仓促了事,就是隐瞒造假,提刑刘克庄需要从案牍和审问中仔细探求,甚至要比对案牍原件的画押,方能发现隐情。

3. 州县催科

(1)县的催科

在《饶州兼佥乐平赵主簿催苗重叠断杖事②》(L3)一判中,乐平县赵主簿负责催征秋苗,五日之内两次对征税的县吏之子施以杖刑,在他将此决定上报给县令时,县令劝其“此亦人之子也,可善遇之”,但主簿没有接受县令的建议,依然坚持对县吏之子再次施以杖刑,提刑刘克庄认为这样催征赋税,“伤朝廷之仁厚,损主簿之阴骘”。

在《弋阳县民户诉本县预借事》(L4)一判中,刘克庄巡视到信州,有弋阳县都保役人告论“县道勒纳预借”,淳祐“五年田方下秧,米已借足,又借及六年之米”,官府“预借税色,既不开具户眼,止据吏贴敷秤数目抑勒都保,必欲如数催到”,而催征的钱物“或归官库,或归吏手,不知何所稽考”,即其预借所得没有账目可查,被县吏所贪没。刘克庄指出知县“或奋由科第,或出于名门”,“岂其略无学道爱人之心”,这是由于“迫于州郡期会、军兵粮食之故”,即财政和战争的压力是催征的根本原因。通过调查,他了解到预借才开始没几年,贤明的地方官对此“颦蹙太息”,昏庸的地方官则“纵奸吏舞智其间”。他一方面希望地方官能“自州宽县,自县宽民,庶几一郡百姓渐有甦息之望”,“牒州帖县,各以牧养拊字为念,共议所以宽一分者”,就是州县地方官应致力于减轻民户的负担,另一方面对于县吏在催征赋税过程中的敲诈勒索,命各县从被告发的县吏中选取最严重的,“如乾没百姓、都保钱会不以输官者,断刺一二,以谢百姓”,并将赃款最多的县吏

① 此篇判文后有阙文,所以对讼师程以宁、饶州罗司理的处罚只能付之阙如。

② “饶州兼佥”下疑脱“申”字。

解送到提刑司处理。值得注意的是，刘克庄并没有对预借加以禁止，而只是希望州县“共议宽一分”，他最在意的是县吏在预借过程中的“舞智”，即以预借的名义勒索百姓、都保所得的钱会（铜钱和会子）没有上交官府，中饱私囊，即使对于这些奸吏，也只是惩处其中最严重的一二人。他要求将惩罚的内容在弋阳县和铅山县出榜公布，以此来平息百姓的愤怒。弋阳县出现的预借，对百姓和都保是新增的税负，受到了都保的不满和抵制，但由于州郡期会和军兵粮食（即州县财政和军需）的压力，提刑司也无力加以禁止，刘克庄的书判显得那么苍白无力。

（2）州派专人催科

在《贵池县申吕孝纯诉池口都巡催科事》（L5）一判中，适逢大旱，虽然根据法律规定，“省限未满，不当追呼”，但州县仍派官吏下县乡催征夏税，“置场创局”，吏卒“动成群队，布满村落，民不聊生”，百姓“鱼贯被追，甚者杖责械系，暴于炎天烈日之中”，刘克庄认为这“伤朝廷之仁厚，断国家之命脉”，并将天旱归咎于此。他对参与催科官员进行了处理，并下文所部州县，强调州郡催科“专委县道”，不能由州郡派官员、郡吏直接催科，“省限未满，止宜劝谕输纳”，不能擅自“追呼鞭挞”。此事是吕孝纯上诉贵池县，他当即州县催科的对象，甚至可能受到过官府“杖责械系”的待遇，从其以民告官来看，在当地应属颇有势力之家。

在贵池县，有民户高廷坚等诉池州知录催理绵绢（L6）。知录（录事参军）的本职是“治狱”（即审理狱讼），而被知州派到贵池县催科，引起民户的陈诉，因为知州“以县官为不可任，一切委之郡僚”。刘克庄要求催科由诸县负责，如知县催科不力，可以由州选委一佐官“以助之”，州派下县的胥吏也都抽回。后池州申报了处理的办法，根据刘克庄的判文，池州知州一方面认为“百姓之经监司”为妄诉，另一方面坚持认为“知州官能催科，知县官不能催科”，而且强调县吏和揽户相互包庇作弊，似乎依旧坚持派州官直接到县催科。刘克庄对其加以反驳，劝知州“不必专委州官引惹词诉”，但他考虑到知州的意见，对于知录没有加以“按奏”，仅“帖问”。

刘克庄还曾收到饶州上报鄱阳县派吏卒下乡催科的请求（L7），表示坚决反对。其前任提刑也曾禁“专人”（即官府派人下乡）催科。他坚持催科应由都保耆长负责，州县督促都保耆长，但是州县官府“皆曰官物不办因不差专人之故”，这说明都保耆长已经无法完成催科的任务了，官府必须依靠吏卒等武力来强迫催科。刘克庄指出当时存在“人户规避和籴、飞走产钱”的现象，提出应该“核板籍，并产税，整理失陷”①，但州县地方官并没有采纳此策，而是依靠“专人”和吏卒来强行催科。此后，蔡杭任提刑时，也出现过巡检在信州催税，甚至出现“吏贴就寨催税”，“奸吏与悍卒并同”，当即胥吏和寨兵下乡征税（C31）②。刘克庄坚决禁止州县专人催科，显然遭到了州县官员的抵制和不满，以致说出“纵使州县力能撼摇，当职不过归奉宫观”之言，并表示“决不以浮议辄差专人”。

对于刘克庄禁止诸州派专人到县催科，信州知州虞曾深表不满，写信给刘克庄，“首言版曹、总所限期之严，次言诸邑逋负之多”，认为提刑“不当禁止专人”，支持诸县反抗知州。这时州县预借的情形被皇帝和朝廷得知，皇帝下御笔云：“时方多事，念未能蠲租赋，或取赢厚折，而吏之不良，或预借重催，复毒吾民”，要求监司调查。后又接到户部命令，因为有台臣奏请，命各县催科都宽限二月。刘克庄将皇帝的御笔和户部的命令发给州县，并给虞曾回信，声明自己与信州诸县官“皆昧平生”，禁专人催科也没有受到江南东路帅、漕长官的反对，他认为皇帝派他做提刑，正是为了让他规诫地方官，而不是让他与地方官“相和随”③。

虞曾在信州推行预借，“创为紫袋黑匣，下县遇（预?）缴（一袋要三十千，一匣要百五十千。）”此即“办缴牌匣事例钱”，据刘克庄后来的调查，贵溪县当年正月至九月，计支过申缴牌匣官会八万二千九十贯，弋阳县自四月至七月，共支过申缴牌匣并本州吏卒钱七万六千六百六十三贯，这些钱都是“解发经常之外”，是从各县催收的二税中“那移供应”的，具体来说“赂一专人则千缗，缴一银牌则三百二十千，青袋则二百一十千，紫袋则一百五十千，朱匣则二百五十千”，“又有筒限历限，色目不一，皆有定价，来如风雨，一刻不可违，一文不可欠”。这些牌匣事例钱要多于“经常”（即各县正常上缴），虽然各县在虞曾任知州期间“畏威不敢言”，但实际施行过程中各县“催多解少”，即各县官府以州预借的名义催科多，但最后解送到州的只是其中一部分。

弋阳县令王庚应在接到知州命令后，“尚能宽之一分，如折苗每石减五百文、纳䌷每尺减十文之类”，因为夏季干旱，各地催科急迫，王庚应“乃宽

---

① 参见《后村集》卷七九《与都大司联衔申省乞为饶州科降米状》，第2095—2097页。其中言及“某等窃郡计所以狼狈不可为者，非一朝一夕之故。询之郡人，以为自顷朝廷和籴，上户规避，各将产钱飞寄，昔日之上中户皆化为下户，缘此苗米失陷，今须重新计理板籍一番”。

② 类似的情形还有，见《清明集》卷三，叶提刑《不许差兵卒下乡及禁狱罗织》，第67—68页。

③ 《后村集》卷七九《按信州守臣奏状》，第2099—2101页。

放半月”。刘克庄得知后，“不觉称赏，牒州宽假”。他在前述弋阳县民户诉本县预借一判中，提出希望诸州县“各以牧养拊字为念，共议所以宽一分者”，弋阳县令王庚应正是接受了刘克庄的意见，在催科时“宽一分”。但虞曾怀疑王庚应向提刑揭发其预借（“行迹本州”“说曾长短”），在获知提刑刘克庄弹劾他时，迁怒王庚应，对其弹劾，“逐而斥之，以快私愤”。他按劾王庚应的罪名是“为官妓落籍受金”（即受官妓贿赂为其除去在官名籍而从良），后刘克庄上奏朝廷，认为这都是“一时忿怼之躁词，非有证验”，请求“止从薄责”①。

在刘克庄弹劾虞曾的奏状中，提及虞曾曾写申状给提刑司，申状中写到弋阳县典吏吴暹被知州传唤到州，“责认钱帛”（应即要求他承担督催钱帛的责任），吴暹用“万券”（官会一万贯）行贿州吏，请求推迟缴纳的期限。州吏（“排军”）程成领了其中六百千，将其馀分给其他州吏。此事被虞曾知悉（或是被人告发），遂判“本县拖欠财赋所如山，追吏不发，宁不以钱解官，动以万数贿吏，县强州弱，前所未闻。事涉人众，不欲一一追究，程成杖一百，追赃，解提刑司”。刘克庄指出虞曾对州吏程成的处罚过轻，而且程成曾经因为“刻剥民财”被人告发，称其“专一为郡鹰犬”，受到提刑刘克庄的戒约，现在又“覆出为恶”，其次他认为“州出一引追吏，县费万缗展限”，这不是“县强州弱”，而是“州之可畏甚矣”②。据此，也可知州因为催督税赋，会通过惩罚县吏来向县施加压力，县吏向州吏行贿来请求推迟期限，而县吏用来行贿的钱是来自县财政的（并不是私人的）。这也是县应对知州预借的办法。

最后，刘克庄对虞曾进行弹劾，此即其墓志铭中所言“劾贪守”。其弹劾的关键是“奉诏不虔、剥下已甚”，“奉诏不虔”指虞曾无视皇帝御笔，“剥下已甚”指其推行预借。他指责虞曾“一剖郡符，便忘县谱，专为聚敛封殖之计，不明保障茧丝之义，恩群胥如骨肉，虐属邑如草芥，藐藐然牧与刍之责，皇皇焉玉与剑之求。”这也反映为了财政赋税，知州与县官之间出现了紧张的矛盾，他只能依靠州的属官和胥吏（刘克庄没有提及州属官，是有所忌讳，州属官下县催科已见前述），直接派专人到县负责催科。

蔡杭在书判中揭示当时州县催科还存在重复抑勒至再三的情形，“始焉输纳，已有李寿亲领状，继而重覆，不免鬻田重纳”，不仅如此，后来官府还将李寿的仆人（此亦说明李寿的身份不是一般百姓，而是蓄有奴仆的富

① 《后村集》卷七九《为弋阳知县王庚应申省状》，第2102—2103页。

② 《后村集》卷七九《按信州守臣奏状》，第2099页。

裕之家）抓起来“枷杖”，这引起一位程上舍（应是曾在太学学习过的士人）的不平，向提刑蔡杭陈诉。蔡杭也称州县催科“剥床及肤，剥肤及骨”，对官吏“鱼肉一邑生灵”感到愤慨，担忧“民力其何以堪之邪”（C30）。

需要指出的是，上述催科所引起的上诉，其涉案者或为县吏之子，或为都保役人，或为地方士人，这说明官府的催科已经触及地方势力的经济利益，两者之间出现了对抗[①]。州县官承受巨大的财赋压力，千方百计完成朝廷的财赋征发任务，不择手段，采取武力强征，这直接对地方的稳定发生威胁，提刑作为朝廷在地方的耳目，为维护地方的稳定和秩序，对州县官府在催科中的激烈举措加以限制和纠正，对于缓和矛盾（官府与地方势力）起到了一定作用，但也遭到了州县官员的抵制，他们依然我行我素。同时，在州县官府之间，也因为催科而关系紧张。

围绕催科，特别是预借，从县到州到监司乃至皇帝之间发生了多层次的复杂博弈，各方都有各自的考量。这些博弈具体体现为对信息的把控上，皇帝在获悉州县存在预借的情形后，要加以制止，监司需要宣示皇帝的“恩泽”，借以制止州县的预借，但州官为了完成上级官府的征敛需求，对监司的命令加以抵制，县在州派专人催科的情形下，也承受了巨大的压力，除了通过行贿州官或其属吏，还试图寻求监司的支持。因此，在监司试图宣示朝廷“恩泽”时，州官加以阻挠，监司转而表彰县官抵制州官专人催科的行为，并直接下命令给县。

4. 州县灾伤的申报和检放

刘克庄任提刑期间，所属州县曾出现旱灾。州县在发生旱灾时，有隐瞒不报者。徽州黟县即报告“本县得熟即无旱伤”，但刘克庄根据黟县的《雨旸帐》（记录降雨和干旱的报表）了解到该县旱情严重，“九十日止有十来日得雨”，即使下雨也“止是二三分之数”。因此，他命徽州权通判加以核实报告（L9）。各州也多称“旱伤不至于甚”，其中信州知州虞曾称“晚禾倍熟”，他与百姓“争较蠲放分寸”（即计较免除赋税的受灾田亩比例），“如割身肉”，甚至发文书“胁制诸村诸邑不得申旱”。只有徽州知州韩寺丞为徽州六个县的百姓“从实蠲放”，免除百姓的赋税（“于前守已放之外再放一万六七千硕”）。刘克庄称赞他“可谓不负牧养之寄者矣”，并将其事“榜本州，仍牒诸司诸州”（L10）。

州县在申报各地灾伤之后，要对旱情进行核实，再根据受灾情况免除受灾田地的赋税，这就是“检放”。江东的这次旱灾，提刑司负责其中三郡

---

① 《清明集》卷三，胡石壁《顽户抵负税赋》，第67页。

十五县的检放。刘克庄在州县任过官，了解检放的许多实际状况。他指出：

> 每见检旱官吏所至与豪富人交通，凡所蠲放率及富强有力之家，而贫民下户鲜受其惠。又逐乡逐里各有奸猾之人，与所差官厅下吏卒计嘱欺伪，虽贤官员聪明有不能察。加以民田万顷，极目连接，主家乡老或不能指定孰丰孰歉。况见任官素与土俗不相谙，一览之顷，又何以得其实耶，不过在轿子内，咸凭吏卒里胥口说，遂笔之于案牍耳。(L11)

这是刘克庄所了解的检放中的弊端。由于负责检放的官员无法掌握民田的实际情况，在检放时受制于吏卒里胥，而地方上的奸猾之人与吏卒相勾结，欺瞒检放官员，或检放官员与地方的豪富交通，使得官府蠲免灾伤田地赋税之惠，“率及富强有力之家，而贫下户鲜受其惠”。为了避免上述弊端，刘克庄要求提刑司佥厅派官员和各县知县共同核实受灾田地，“截长补短，通收及几分”，然后上报，并以饶州馀干县为例，根据“土人与过往官员”所提供的信息，当年只有七分收获，即受灾达三成，官府的检放即对这受灾的三成田地“普放一番”，即不分贫富，都免除赋税[①]，他要求按照上述馀干县的处理办法“立式行下”。虽然刘克庄认为“普放一番”，可以“免使官司有检放之名，豪强受检放之实，贫弱反不在检放之列”，希望做到“实惠及民，贫富均沾”。

州县地方官隐瞒灾情，是由于财赋的现实压力以及政绩仕途的考量，当时确实也有地方势力虚报灾情的情形，所以宋代在灾伤的申报上逐渐形成了详密的制度和规定[②]。隐瞒灾情还是虚报灾情，是地方官府和地方势力之间利益矛盾的反映，当然还要考虑到地方官对于民生的关注（如刘克庄称赞徽州知州“不负牧养之寄矣”）。信州知州的瞒报和徽州知州的如实上报是这三种因素之间冲突妥协的结果。在灾情上报之后官府进行“检放”的环节，地方官府、豪富有力之家、胥吏（包括官厅吏卒和里胥）等力量之间更是纠缠争夺，信州知州“如割身肉”，豪富有力之家也与检放的官员、吏卒里胥相互勾结，刘克庄则从全局的角度来考量，力图“贫富均沾”，

---

① 这里的“普放”应指所有田地按照受灾比例免除其赋税，而不再是受灾的田地免除赋税，不受灾的田地不免除赋税，这样才能达到刘克庄所谓的“实惠及民，贫富均沾”，避免上述弊端。

② 参见李华瑞《宋代救荒史稿》，天津：天津古籍出版社，2014 年。尤其是第十一章《宋代的诉灾、抄劄制度》，第 376—390 页。

简化检放的程序，减少各种力量上下其手的空间，这与当时日益繁密的检放制度[①]在思路上是不同的。

5. 江东提刑司对州县治理的参与程度

从上述提刑对州县官员的监察和对地方的冤狱、催科和赈济等事务的介入，可以了解到提刑对于州县治理的参与相当深入。这可以通过对于刘克庄等人的书判做进一步的分析来加以考察。附表3、4、5中，备注栏对每件判文的信息来源和提刑裁决的内容进行了整理，据此可以了解提刑获取信息的渠道，以及传达裁决的方式途径。我们把信息来源分为：a. 州的申报；b. 县的申报；c. 民户的陈诉；d. 其他监司；e. 省部等发下；f. 提刑司自身。把裁决的传达分为：A. 牒州；B. 帖县；C. 榜；D. 示[②]；E. 申省部或牒其他监司；F. 县判。分别标注在备注栏的后面。从信息来源和裁决传达方式对附表3、4、5中共计186件判文进行统计，可以发现两点值得注意的问题。

（1）民户向提刑陈诉的案例

在186件判文（C67、C68可以合并为一件）中，除了刘克庄在建阳县令任上的14件判文，还剩下172件判文，大部分都应该是刘克庄等人在江东提刑任上所写的判文（其中个别的有存疑），其中由民户向提刑陈诉而没有经过县或州审理的判文（称为Ⅰ型）有77件（即只有c，没有a和b），占比达到了44%。如果进一步把由州或县申报的判文（即只含有a或b或ab，其中有些与民户诉讼无关，只是官府内部的公文）排除，那么Ⅰ型判文占比会更高（统计见下表）。

在Ⅰ型判文中，大部分陈诉都是提刑在巡历所部州县时接受的。例如C18《贪酷》中，黄权簿的"狠愎暴戾"，是提刑"行部以来，诉之者不知其几状"，即在提刑巡历时收到了很多诉状。再如C72《违法害民》中，蔡久轩先说到"当职未巡历之前，已闻弋阳有孙、余二吏之横，民不堪之"，他到了安仁县（此县尚在饶州境内，邻近信州，其东即信州之贵溪和弋阳），"弋阳百姓争来哀诉，节次收六十四状，或专状，或联名，伛偻拜起，累累车前，伏地不去，欷歔豪呼，有困迫无聊而自掷于地者，非割剥膏血，民怨彻骨，岂至是乎"，据此当时很多弋阳县人跨州到邻近的安仁县，向巡历的提刑提交诉

① 关于宋代检放制度的日益严密，参见李华瑞《宋代救荒史稿》第十二章《宋代的检田、检放制度》，第391—411页。

② 这里的"示"有"门示""读示"，应是向诉讼双方宣读裁决结果。有些裁决没有注明"门示"或"读示"，但包含了具体的裁决意见，并且没有经过州或县传达，应该也是直接向诉讼双方宣示的。

状。在 C78《慢令》中,他言到“照得(弋阳县)杨宜、彭信为恶最甚,民怨滋多。当职入境,即欲追配,……当职入境之初,即闻弋阳县吏杨宜、彭信不法害民,及入邑境,则百姓陈有等凡二十九状,俯伏轿前,哀诉不已”,这是蔡久轩进入弋阳县后收到的诉状。有更多的判文,并没有明言得自巡历州县时民户的陈诉,需要加以推敲,此不赘述,仅举一例以考之,L6《贵池县高廷坚等诉本州知录催理绢绵出给格眼事》,据题名应为贵池县民户高廷坚等人向提刑陈诉池州知录催理赋税之事,但判文是发给池州的牒文,对池州派遣知录到贵池县催督赋税进行了批评和纠正,并不是给高廷坚等人陈诉的裁决,不过判文的最后说“不可又归咎百姓之轻监司,遂以为妄诉也”,这又说明高廷坚等人是直接向提刑陈诉的,很可能是提刑巡历到池州境内时发生的。

	构成	判文	合计
Ⅰ型	cA(D\E)	L6\L22\L27\L37\ C14\C18\C21\C22\C32\C41\C42\C43\C48\ C55\C57\C84\C93\C97\C99\C102\C104\W7\W15\ W23\W25\W28\W29	27 件
	cB(C)	L12\ L17\ L19\ L20\L21\ L30\L31\L34\L37\ C6\C7\C9\C10\C11\C12\ C19\C27\C28\C29\C30\C31\C38\C53\C72\C78\ C85\W10\W11\W20\W31	30 件
	cAB(C)	L4\C26\C67\C80\C87	5 件
	cE\D\C	C44\C54\C60\C62\C63\C73\C79\C82\C88\ C89\C92\W5\W24\W26\W27	15 件

根据上表,可以进一步了解到Ⅰ型判文中,对于民户的陈诉,提刑做出裁决后需要告知州县官府,其中牒州的案件有 26 件,帖县的案件有 29 件,由提刑司直接处理而不通知州县的案件有 15 件,同时告知州县的案件只有 5 件。这说明提刑司在审理民户陈诉的案件时有较大的主动权,可以根据案件内容来决定是否告知州县官府,甚至可以独立裁决,而不告知州县官府。

(2)帖县的案例

从裁决的传达来看,也有值得注意的问题,就是提刑帖县的判文较多,其中有直接帖县而不经过州的判文(有 B 而无 A)共计 66 件:这又可以分为因民户向提刑陈诉而帖县的判文(cB、caB、bcB、cBC、cBE)39 件和因县申(含民户向县陈诉)而帖县的判文(bB)8 件,以及提刑司调查或信息来源不明而直接帖县的判文(fB,B,dB)7 件,因为州申而帖县的只有 1 件。此外还有同时牒州、帖县的判文 11 件(含 AB),统称为Ⅱ型判文。与之比较的是牒州的判文,共计 65 件。

	构成	判文	合计
Ⅱ型	(b)c(a)B(C)	L11\L12\L15\ L17\ L19\ L20\ L21\ L24\ L28\ L30\ L31\ L34\ L35\ L36\ L37\ C6\ C7\ C9\ C10\ C11\ C12\ C19\ C27\C28\ C29\C30\C31\ C38\ C49\C52\ C53\ C72\ C75\ C78\ C85\ W10\ W11\ W31\ W20\	39 件
	aB(C)	C77\	1 件
	bB	L3\L8\L9\L13\L14\L16\L18C34\	8 件
	fB,B,dB	C23\C24\C56\C61\C64\C65\C74\	7 件
	AB	L4\L5\C17\C26\C67\C69\C80\C80\ C87\W17\W22\	11 件
牒州的判文(含 A 不含 B)	aA,baA,caA,bA	L1\L2\L7\L10\L25\L26\L32\L33\C2\ C13\C25\C33\C35\C50\C66\C91\W1\	17 件
	cA(E\C\D),cbA	L6\L22\L23\L27\C14\C18\C21\C22\ C32\C36\C41\C42\C43\C48\C55\C57\ C70\C71\C84\C93\C99\C102\C104\W7\W15\ W23\W25\W28\W29\	30 件
	dA,A,AC,ACDE,CA,dEA	C3\C5\C8\C15\C20\C40\C58\C83\C96\ C98\C100\C104\ W13\W16\W18\W19\ W21\W30\	18 件

据上表,帖县的判文和牒州的判文大致相当。其中帖县的判文源自民户陈诉的有 39 件(cB),牒州的判文源自民户陈诉的有 30 件(cA)。这说明民户的陈诉(其中部分是通过州县到达提刑司的,如上所论这部分所占比重不大)经过提刑的裁决后分别下达州、县,命其执行。同时下达州县的判文(AB)只有 11 件。前面已经考察了提刑在巡历州县时接受民户陈诉的情形相当突出,这里帖县的判文所占比重和牒州的判文相当,这两者都反映了监司对于县一级的地方治理有深度的介入,监司与州县的关系并不是严格的行政层级,监司可以分别与州、县进行联系,并可以越过州来介入

县的治理。

(三)州县的胥吏

在建阳县令任上,刘克庄就与黠吏相周旋,深感“吏强官弱”,他对于胥吏之于县政和地方社会的影响有着切身的体会,对其多加防范。到饶州任江东提刑,除了要直接面对提刑司的胥吏(见前述,L37)外,他还遇到州县官府胥吏所带来的诸问题。刘克庄的书判与州县胥吏直接相关的只有3篇(L31、L32、L33),不足以呈现江东路州县胥吏的复杂面貌,但蔡杭、吴势卿的书判关涉州县胥吏的较多,可相互发明。

前文已经对胥吏在宋代地方官府中的媒介作用进行了考察,这正是胥吏对地方社会产生广泛影响的基础;同时他们在地方官府中的诉讼过程中也扮演着重要角色①,这些都使得胥吏成为影响地方治理的关键力量。不过,胥吏作为官民之间的沟通媒介,并不仅仅是其身份的禀赋,面对官员对他们的防制乃至打压,胥吏更加重视在官府和民间的经营,与官员对升迁的追求不同,他们更在意的是构筑盘根错节的势力,这样就可以牢固地控制其在官民之间的中介位置,进而影响到官府和民间。

1. 胥吏的经营

如前所论,虽然地方官中不乏对胥吏小心提防者,但多数地方官对胥吏颇为依赖乃至倚为亲信。这不仅是因为胥吏在地方官府与民众沟通联系过程中处于关键的中介位置,还在于他们着意经营所形成的牢不可破的势力,使得地方官在裁决胥吏违法行为时投鼠忌器,终难撼动他们在地方社会的地位。这在刘克庄等人的判文中是普遍存在的。对于胥吏而言,与地方官的关系是他们首先要考虑的问题。

胥吏与州县长官密切关联,利益攸关,一损俱损。蔡杭《虚卖钞》(C19)一判显示,县吏程全、王选“同谋擅创方印,印卖虚钞,作弊入己”,“李县丞权县日,用程全之计,辄于一日之内印几二百石,所卖之钱辄以拨充丞厅起造为名,节次支拨六百贯入宅库”,所以二吏“公然均分,无复忌惮”。在此案中,县丞与胥吏为同谋,共分所得,结成了利益关系。

饶州州吏黄德(C71)因为打缚曲抑骗取张焱,被其告到御史台,提刑司受御史台委托追究,送饶州司理院审问,狱官翁司理“阴纵之出外”,“辄令其逾狱墙,往来扬扬,在市饮酒,未尝坐狱”,提刑获知,即要提取他到提刑司,“别送狱根勘”,司理院拖延不交,要等到报告翁司理后,让黄德“逾墙入狱”,才解送提刑司。翁司理对黄德曲加回护,大概平时收受了不少贿

---

① 参见本书第一章第二节与第三章第二节。

赂。因为，根据黄德自己的供状，他自己也曾收受大量贿赂，但提刑蔡杭最后没有深究，因为“以事系赃贿，迹涉郡僚，姑存大体，不欲尽情”，即黄德受贿牵涉到州官，即很多贿赂是代官员收受的，如果深究，会引起饶州官场的震动。刘克庄不想深究徽州都吏潘宗道（L32），从轻处罚，或与此相类。

蔡杭巡历州县时收到很多关于配吏（曾因犯法遭到徒配处罚的胥吏）的诉状（C75），“以次追究，推其原由，皆贪官暴吏与之志同气合，容纵冒役”，以致“行案贴写（指各种州县吏人），半是黥徒”。虽然这些配吏为害甚大，监司严禁使用，但“往往官吏视为具文，名曰罢逐，暗行存留”。蔡杭因为铅山县吏程伟等“横敛虐取，铅山县民怨入骨髓，讼之者不可胜计”，欲将其“徒杖加配，拘收外寨”，但知县“乃反将程伟、张谨等作夺收伉藏匿”，二人后来在押解到提刑司的过程中逃走，虽然是贿赂押送人，但或者得到了知县的默许（C80）。知县默许大量配吏的“冒役”，使之遍布县衙，主要是两者之间“志同气合”，成为知县治理地方的臂助，配吏的横征暴敛乃是为知县服务的，所以在提刑欲加严惩时，知县则对其加以包庇。

徽州都吏潘宗道平日“为势家望青斫木，患苦乡里”（L32），这是胥吏为地方形势之家服务，为害乡里。南康军都吏樊铨（L33）在任都吏期间，通过贪赃舞弊，积累了大量财富，“遂有仕宦之想”，就通过暗箱操作拈阄，获得朝廷发下的进武校尉绫纸（主要是用来酬奖在赈荒中贡献较大的富户），然后“将绫纸参部，公然作进士书填”，即用进武校尉的绫纸书写作进士，到吏部参加铨选，并被注授为吉州安福税监，担任“摄职”，领取俸禄。他在乡里自称“税院”，“轿马出入，前呵后殿，恣为威风”，并且“置买膏腴，庄田园圃，士大夫有所不如”。显然，樊铨深知官员的身份在乡里具有极大的威势，他在与士大夫的接触过程中也渐染其风习，与士大夫相比犹有过之。此外，他让侍妾“悉皆道装，阴设钩致之术，浊乱衣冠之家，干名犯分”，即通过侍妾来与士大夫建立联系，试图跻身于士大夫之列。与贪赃舞弊行为相比，对于樊铨这种“干名犯分”之举，刘克庄更加深恶痛绝。正因为胥吏在州县拥有强大的影响力，刘克庄对樊铨和潘宗道的审理都是交由他州进行。

2. 对州县治理的影响。

胥吏不但掌握了官府的关键位置，尤其是官民之间传递信息的媒介位置，而且在地方长期经营，形成了错综复杂的社会关系网，对州县地方官府的治理有着深刻的影响。

（1）把持。就是胥吏直接干涉州县官府事务。如先前所述，胥吏往往掌握州县事务的核心信息，地方官无法离开他们，他们甚至借此来号令州县官府。弋阳县吏孙迴(C72)“首占县权”,他“收拾配吏、破落乡司,分布爪牙,竞为苛虐,私押人入狱,讯腿荆至一、二百”。提刑欲加以严惩,“决脊杖二十,刺配惠州牢城”,知县和“众论”都认为弋阳县的“纲解首尾,皆在孙迴名下”,因此希望等“纲解”“了办毕日行遣”,提刑考虑到“本县月解窘急,重违其请”,改判“寄配惠州,收禁县狱”。弋阳县吏杨宜、彭信(C78)“不法害民”,“民怨滋多”,蔡杭欲加以惩治,但知县“再三以见起纲运护留”,后“装纲已毕”,弋阳县申状报告提刑司“已别差典押”,杨宜、彭信都被“榜逐”了,但实际上二人“霸据县权,出入县庭自若也”,无典押之名,“而专典押之利自若也”。乡司周森虽然“罪如牛毛,阖县所疾视”,但“州县往往以此县户眼弊倖,皆在周森胸中,若行配去,恐向后欲整顿版籍,更无知首末乡胥”,所以对他加以庇护(W17)。蔡杭在审核下属县的刑狱案卷时,“详词人所诉,全是吏人世界”,责问“知县所知何事,而令官府如此”(C9)。徽州都吏潘宗道甚至可以“号令歙县官吏,曲断公事”(L33)。

(2)慢令。胥吏作为执行者,如不服从命令,敷衍塞责,势必影响州县事务运转。馀干县典押陈闰(C77)无视朝廷“秤提”的命令,“全不措置”,提刑司委派通判到馀干县调查执行情况,陈闰“乃酣饮于尼寺、妓馆”,并受卓铺支十四等贿赂嘱托。前述铅山县吏程伟、张谨等被提刑司“追赴行司”,“程伟加配,张谨押送永丰县狱根勘”,二人“乃敢蔑视台府,重赂监卒,窜走临安”,提刑司索要知县批书(即对知县进行考核),向知县施加压力,又督促巡尉追捕,拘捕二人家属,将负责押送的人吏加以“决配”,才最终捉获(C80)。州吏马宜“当楮价减落之时,不留心秤提,乃只管告恳求助,教为脱去逃避之计”,即透漏消息,获取利益,而对官府秤提会子则敷衍了事(C84)。怠慢政令,影响州县事务的开展,乃至于朝廷政令的畅通,是提刑所无法忍受的关键。吴势卿在《州吏故违安边所绿匣》(W18)一判中说:

> 朝廷以九郡分隶江东,独宁国虽隶部内,而几于化外。汤友、王琮故违安边所绿匣,是慢朝廷之令也。使所行下本司追解,非惟不伏解来,抑且不行回报。本司行移交驰于道,而二吏安坐于家,是无监司也。若不将二吏重断,则自后本司凡有催督刑狱事,及承准省部事,不复可以行于宁国矣。拟官欲只将二吏解使所,却恐使所不知因依,或杖或放,是又中其奸计,……佥判厅吏既挟他司斡宗以相凌,若只追吏,何以示惩。牒府,将佥判对移外县丞,以示薄惩,非特为此事设也,为纪纲体统设也。

汤友、王琮二吏遭到惩处，主要是由于他们“慢朝廷之令”和目无监司，这影响到了“纪纲体统”。

(3)生事。主要指胥吏有意推动诉讼，乃至扩大狱案，牵连甚广。刘克庄有一篇判文涉及到铅山县的渡子，是管理津渡的职役人员。一渡船沉没，两个渡子溺死(L31)，其一名为赖信。根据检验官的检验格目，赖信身死，左眉有擦痕，两膝各有一磕痕，两手十指指甲俱碎，定其为“溺水身死”。此案当时并“无血属之词”，当地的都保、渡口买扑人和地分都没有向县里报告，是“本县自行举觉”(即调查)。官府的调查显示，此案是由于渡子“不量渡船力胜，只要乞取烧香客人钱，揽载既多，船遂平沉”，即是超载所致。赖信之父赖进，“受役势家，买扑人渡，交通县吏”，即是当地豪富之家的斡仆之类，其买扑人渡(或即案发之渡口)也应该得到“势家”的支持，他与县吏关系紧密，他的儿子充当渡子。在案发一个月后，信州将赖进的诉状发给铅山县，他状告赖信是被人打伤而溺死的。赖进开始说是“丘班子用石抛打赖信下水”，后又说是“裴丙用拳打赖四(应即赖进，行四)左眉”，此案的审理前后拖延近一年，牵涉日多，“枝蔓之狱兴矣”，“骚扰本县之人可也，又扰及邻境之人”。虽然刘克庄强调赖信的尸检结果是溺水身亡，赖进在赖信溺亡一月之后才到官府陈诉，是妄生是非，“致兴大狱”，指责知县“明不能察，受教于吏”，但实际的情形更可能是赖进开始即到县陈诉，知县却没有受理，遂到信州陈诉，而赖信等二渡子之溺水身亡确为人殴打溺水(因为“不能泅水者皆不死”)，乃由于“乞取烧香客人钱”引发群体性的抵抗所致。刘克庄巡历到铅山县，亲自过问此案，判赖进“从轻勘杖一百，编管五百里”，将涉案的一干人都释放，审理此案的推吏被送到饶州审问，并且发帖追究知县和检验官失实之罪。刘克庄坚持认为赖进为无事生非之徒，他关注此案的关键在于此案“枝蔓”，“致兴大狱”，所以不满于知县，怀疑他“受教于吏”，加以责问，并将推吏送到饶州审问。

信州刑案吏与顽民刘维新合谋捏造致死公事，称信州上饶县石桥乡三十一都李乙身死，有二十多人因为此案被逮捕入狱，后被人告发，且李乙实未身死，后被抓获在官。知州判刑案吏人杖一百，刘克庄揭示李乙身死一案是由刑案吏锻造，对于知州的轻判，他指出“太守与刑案为告讦追扰之宗主”，可谓一针见血。刘克庄最后判刑案吏脊杖二十，刺配一千里牢城(L23)。这里所谓“宗主”，主要是指知州刑案吏是造成词诉不绝的重要因素。都吏潘宗道“违法强买同分人见争财产”，正是他知晓官府正在审理的案件，强迫发生争讼的双方出卖财产。吴势卿在《治推吏不照例禳祓》(W19)一判中说得很透彻：饶州、信州是江东路狱事最多的两个州，“居常系狱者动辄百十人”,吴势卿指出这不能“归罪于民俗之顽犷”,而是因为地方官“不以狱事为急,每遇重辟名件,一切受成吏手”,“一味根连株逮,以致岁月奄延,狱户充斥”,这样负责刑狱的推吏就可以“骗乞”,敲诈勒索。后吴势卿勤于狱事,“每狱事大情已定者,简径断决”,饶州的两狱(州院和司理院)出现“狱空”,为此吴势卿命两狱举行禳祓仪式,“感召和气”,但推吏等人不乐闻此事,“狴犴一清”反而断了他们的财路,“只愿狱户充斥”,“反怒当职不合疏决”。胥吏之生事有着直接的经济利益驱动。前述信州刑案吏与顽民刘维新合谋捏造致死公事,称李乙身死,有二十多人因为此案被逮捕入狱,但后来李乙被抓获,刘克庄指出此案是由刑案吏锻造,但后来知州从轻处罚刑案吏,因此刘克庄认为“太守与刑案为告讦追扰之宗主”(L23)。此事也可说明胥吏之生事与地方官有密切关联,后者往往站在幕后来操纵前者①。

3. 对于民户的影响

胥吏既可把持州县官府,掌控官民沟通之关节,则政令的传布与民情的上达皆受其控制,作为朝廷官府政令的执行者,他们在地方即代表了官府之权威,对于民户的生计形成了直接的影响。在刘克庄等人的判文中,最突出的现象是胥吏对于民户的勒索和害民扰民。

(1)受贿勒索。饶州州吏黄德“枉法取乞”,勒索张焱三百贯会;酷虐吊打,逼取杨千五十馀贯钱会;受赇吴有交三百馀官会;“恐吓欺骗”勒索酒户汪昪一千馀贯(C71)。弋阳县吏余信、张成勒索百姓刘庆一一千二百馀贯。弋阳县吏收取的费用包括无名钱、自寄钱、比呈展限钱、保正每月常例钱,孙迴所收共计一万一千七百馀贯,余信所收共计一万八百馀贯。(C72)铅山县熊炤为“势家强斡(斡人),恐胁欺骗,气凌州县”,因为犯罪被判编管,铅山县吏人“辄以私意锻炼,希冀财物,抄估家业,乃并他人行李欲掩而有之”(C73)。该县的配吏徐浩勒索吴兴官会三百贯,被其告发,又勒索刘言官会五百贯,被其告发,他多次勒索扬超共计一千馀缗,被其告发;张谨受贿官会三百二十五贯,被杨青告发,受贿官会二百二十五贯,被徐超告发,他还伙同其他二人向曹介祉勒索会子三百馀贯;典押周厚“政以贿成”,勒索王祥官会二百贯,被其告发,勒索刘仁官会三百馀贯,被其告

① 参见前引蔡杭《虚卖钞》(C19)。又刘克庄在《饶州司理院申张惜儿自缢身死事》(L26)一判中,揭示张惜儿自缢身死,其父母、叔没有上诉,而事不干己人张世行辄经州、经提刑司论诉,告讦弟妇姜氏闺门阴私,以致惜儿身死,饶州派官员(县尉)审理此案,县尉居为奇货,牵连枝蔓,致使姜氏一家身陷囹圄,张惜儿父母也遭系累。可见县尉也是热衷于词讼。

发;程伟接收贿赂,赃钱万计,被人告发(C79)。馀干县典押的赃款共计一百单一贯(C77)。铅山县乡司詹春、张庆"计其取受,不知几千百贯",而"仅招供四百六十八贯,纱半疋"(C82)。

(2)害民、扰民。饶州州吏黄德"恃势醉酒,而打碎祝家之店";奸据钟万五之妻;占养娼妓,"日酣歌于刘赛赛、柴五娘之馆"(C71)。弋阳县吏孙迴"首占县权,自号立地知县,弟孙万八横行市井,人呼八王","捉人殴打,辄用纸裹木棒,名曰纸馄饨"(C72)。弋阳县南港镇有陈府刚建造好大船,通济往来,被县吏杨宜、彭信"以纲运名色占载行李"(C78)。铅山配吏程伟"阴险斡民之利,更强占二妇以居家,创起月敷局,监纳无名钱,白纳三千石,重科半万筹,不给朱钞,白状交纳,尤为百姓之苦"(C79)。贵溪乡司邵远、郑兴、郑富等"卖弄产税""重催白敷,胁取财物,无异虎狼之吞噬,盗贼之劫掠"(C85)。铅山县乡司詹春、张庆等"飞走卖弄,凿空生事",遭到二十二状论诉(C82)。胥吏之间往往形成了关系紧密的集团。弋阳县吏孙迴、余信(C72)"违法害民",县吏张细、李崧"乃同孙、余为恶之人,赃数不下五千贯"。铅山县有所谓"十虎"的胥吏,"盘据本县,酷毒害民"(C73)。胥吏之间结成了利益集团,势力更盛。

值得注意的是,上述胥吏勒索的数额巨大,不是寻常百姓所能有,如熊炤这样的"势家强幹",祝家所开酒店,陈府所造大船,都反映他们是当地的有钱有势者,乡司之"卖弄产税""重催白敷"的对象也多为有田产的上户富室。从这些胥吏的贪污勒索、扰民害民而遭到告论的情形来看,上述地方势力对胥吏的侵扰、勒索进行了抵制和反击,两者的矛盾有激化的危险,这也是提刑介入的原因所在。

(四)江南东路的地方势力

这里的"地方势力"是指身处地方的各种力量,他们不在地方官府担任职务(无论是官还是吏),却颇有权威,是影响地方治理的重要因素。在刘克庄等人的书判中,他们的构成比较复杂,有豪强、豪横,有士人,有宗室,有哗徒、讼师。这些称谓有时在所指上有交叉,即豪强可能具有士人身份,有士人从事哗徒、讼师的行当,有些豪强就是哗徒。书判对于这些地方势力的记述颇为复杂,大体上可以分为三个方面,试述如下:

1. 巧取豪夺,经营地方

在《饶州州院申潜彝招桂节夫周氏阿刘诉占产事》(L29)一判中,揭示潜彝"巧取豪夺"的过程:潜彝觊觎桂节夫田地(地名铁炉塘),乃用买桂节夫弟桂仔贵荒地(地名青石桥)的契据("亩步、坐落、东西南北四至并无一同"),"撰造"铁炉塘田契("凿空架虚、不可行用之物"),经官府陈诉,谋夺桂节夫田地①。经过对潜彝所据契据的验证,并检视桂节夫所有的砧基簿,刘克庄判潜彝所据契据为“无上手、不可行用契”,“桂节夫照砧基管业”,对潜彝“本合勘断,枷项押下本县号令”,因为遇到大赦而“免断”,但裁决的结果“仍榜贵溪县市”。刘克庄在判文中还言及潜彝“前后骗人田产,巧取豪夺,不可胜计。前提刑赵中书任内,拒追年岁,卒致漏网,然赵中书形之书判,案牍具存。如挟周氏阿刘孤儿寡妇之业,已经官司定夺,尚执契书不肯还人,及送有司鞫实,仅还两契,犹有退不尽者”。即潜彝此前就曾“骗人田产”,显然得逞了,只不过后经前任提刑过问,州县官裁决其归还田契,但他敢于拒不到提刑司接受审问,对州县官府的裁决也暗中打折扣,没有退还骗取田产的全部契书。对于刘克庄的裁决,潜彝故技重施,“倚赦拒追,三两月而后出”,他所有的“违法契字”也拒不上交。

上判还揭示潜彝在平时的经营说:“潜彝父子恃其铜臭,假儒衣冠,平时宛转求乞贤士大夫诗文,文其武断豪强之迹。”又言其“已纳粟为小使臣,辄作潜监酒户,辄用幹人越经内台,可谓小人之无忌惮者矣”。据此可以了解潜彝父子具有士人的身份,并通过纳粟而获得官户的身份,他们与当地的士大夫颇有诗文来往,这给他们的“武断豪强”蒙上了一层保护色。他们甚至派幹人到御史台去越诉,这说明其可能“朝中有人”,所以敢于抵制提刑的命令。

在另一判《饶州州院申徐云二自刎身死事》(L24)中,刘克庄指出“豪家欲并小民产业,必捏造公事以胁取之”。该案即乐平县豪家王叔安“规图徐云二义男徐辛所买山地作为风水”,遂诬告其“斫木盗谷”,知县接受其诉状,同时有“王枢密府一状”,遂判派寨官带领寨兵前往调查,将紧要人都抓到县里,徐云二不堪吏卒的追扰,“卖钱以与寨卒”,“计出无憀,自刎而死”,知县得知后更欲重判徐家。此案涉及命案,饶州报到提刑司。刘克庄历来反对州县派吏卒下乡,他派“体究官”实地验证,了解到“王叔安山与徐云二山既隔涉,又地头却无仓屋”,判王叔安“恃其豪强,妄讼首祸,致人于死,徒三年”。王叔安诬告徐云二时,同时送给知县一份王枢密府状,刘克庄判亦言“以其为名家之后,索告办(辨?)验”,这说明王叔安家曾有人担任过枢密使一类高官,所以能让知县派寨官寨兵到徐家,因为据刘克庄说“知县在任三年,亦廉谨无过”,他显然是迫于王枢密府的权势而不得不受其驱遣。刘克庄判言及“朱荣为人家幹人,挟势妄作,县吏邓荣舞文妄覆,寨卒周发、周胜受赇扰民,各决脊杖三十,编管五百里,朱百四妄辞报

① 吴势卿《乘人之急多其屋业》(W10)一判可参看。

说,安知其祸之至此,勘杖一百,叶文二、李华并在其间助虐,各杖六十”,据此可以了解王叔安指使其家幹人从中运作,勾结县吏,贿赂寨卒,朱百四、叶文二、李华应为当地民户,慑于王叔安家的威势,助成诬告。此亦可见王叔安在当地的势力之大,足以威慑一般百姓,耸动县官,为其驱使,动用寨兵武力。从徐云二义男购山地来看,徐家似不能算作“贫家”,却在王家的威势下家破人亡。如果不是徐云二自刎身亡,此案只能算作一般民事纠纷(斫木盗谷),知县不用上报,刘克庄也无从查实了。

在蔡杭的书判《豪横》(C87)中,言信州弋阳县豪强方震霆“以私酤为胁取之地,以骗挟为致富之原,吞并卑幼产业,斫伐平民坟林”,这说的是他如何巧取豪夺来积累财富;又言其“豪断取财,不义致富,不吝钱会,以结有求之吏,不惮殷勤,以结无识之士,不惜宝货,以结无耻之官”,这说的是他如何与官吏和地方士人建立密切关联,经营其关系网。“惟其积恶,势焰熏灼”,所以“州县猾吏,匍匐归之”,因为他“财力足以搬鬼神,毁谤足以欺惑王公”,所以士大夫也畏惧他。据判文,方震霆乃“前贤之后”,其远祖方宣教“在绍兴年间预名贤之数”,又因遇到朝廷大赦,他最后只得到“从轻勘杖一百,编管南康军”,而他的帮凶所犯远不及他,而被判“决脊杖十二,编管徽州”,或编管建宁、衢州,显然他的祖宗贤名发挥了作用。

上判胪陈方震霆“强骗财物之一二”云:“以私酒解官为名,骗去杨珍官会三百贯,以科排木为名,骗去杨珍四十贯;又令程万一等以私酒骗去一百二十贯;以洪辛一私饮,而骗取三百贯;以王伯关饮酒,骗取三百一十五贯;以詹士俊私下饮酒,骗去一千贯;以徐璿醉入道场,则胁取楼店之地骨;因隅保催纳官物,则骗乞三十五贯;因僧圆仁事,则取一百贯”,因为他“承幹酒坊”,所以能以查私贩饮酒的名义勒索钱财(此亦说明被索取者可能是贩卖私酒的),而他参与“科排木”“隅保催纳官物”,也说明官府催科也依靠他来进行,官府为其靠山。该判还胪陈其“欺诈田业之一二”云:“斫方得之柘林,拆方德之篱地,占其旗山、花尖坞山,占其徐氏屋前园业;又占方日宣塘头住屋,又占其墙原园;又占方贤郎屋业;又不招李材等田税;又诈赖郑琇鲁畈田价钱五十贯足;又典郑琇白泥畈田,诈赖其六十贯足;如典黄仓屋,则诈赖其二十五贯足;如买黄泥畈田,则又诈赖其五十贯足;又如郑琇赎田,则多取其五十五贯足;断程石头田根,而不还其钱、会;占据洪千九、周百四之屋宇;毁拆章附凤之门关塘石”,其中“不招李材等田税”似指李材等田为其侵夺,却不纳其田税。值得注意的是,方震霆骗取钱财、欺诈田业数额巨大,其对象应是当地的富室上户,蔡杭正是巡历到弋阳县接受这些富室上户的诉状,再交由信州“追究”。

2. 武断乡曲，诈官作威

所谓“武断乡曲”，是指地方势力在乡里拥有权威，是非予夺出于其手，这与地方官府的权威发生了冲突。豪强、豪横多“武断乡曲”，甚至凌驾官府之上，目无朝廷的法度[①]。这是历代王朝政权都不能忍受的[②]。南康军建昌县有吴千二、李保“同火共盗”，在陈三五店内抢劫邓不伪，然后在陈三五屋后分赃。据后来他人招供，是陈三五引来吴千二等行劫的，他犯有“窝藏指引”的罪名，应由官府来审问定罪，但邓不伪“乃私下捉去，打缚困笃”，然后才“解官”，“未及县门而毙”。邓不伪不经官府而私捉打缚陈三五致死，可见其“武断”[③]。但刘克庄认为“被劫主打缚窝家，情理本有可察，以已经赦，亦若无甚刑名”，即并不打算追究其罪名（L27）。邓不伪虽然“武断”，但合乎“情理”，即在地方官接受之范围内。

蔡杭遇到一起争夺墓木打死人的案件（C50），反映了地方豪强“武断乡曲”的情形。余家祖墓与买官人胡小七田地连接，墓林茂盛遮蔽了田地，胡小七的佃户想退佃，其实是想借此退减苗租。胡小七的悍仆胡再五、周先“具状申闻胡小七”，胡小七“遽就状批判”，“差诸悍仆率群佃百馀人”，将带刀斧，喧嗽直将田畔余家墓木恣行斫伐”。余家人闻知后也“将带管刀杖棒而前”，这时胡小七的悍仆佃户大都返回，遇其佃伙危辛乙持斧上山，发生争斗，危辛乙被余家人刀伤要害身死。胡小七是买官人，其仆人报告事情要用“申状”，胡小七则“就状批判”，恰如官员裁决政事，可谓之“武断”。

上述弋阳豪强方震霆，“横逆武断”，他一方面具有官方背景，如承幹酒坊，以及协助官府催科，另一方面他自己也刻意模仿官府，酒坊“俨如官司”，他接受词状，“坐厅书判”，有牢房，有“杖直枷锁”，“捉人吊打”，他的手下是受到处罚而被官府驱逐的胥吏，他“出骑从徒，便是时官”。鄱阳县的豪强骆省乙（C88）为“修武郎之孙”，“武断行于一方”，他“擅写知府都

① 《清明集》卷十二刘寺丞所撰《母子不法同恶相济》中言南剑州顺昌县豪强官八七嫂母子“积年凶恶，恣为不法，贻毒一县平民，及外州商旅”，历任官府月吏都与她们交结，三十年间，“民知有官氏之强，而不知有官府，乡民有争，不敢闻公，必听命其家”。官氏的次子官千二“纳粟得官”，时任鄱阳西尉（第471—472页）。官氏“武断乡曲”之事颇可与刘、蔡、吴的书判相参看，此不赘引。

② 参见王曾瑜《回眸中国古代地方政治的贪腐与黑暗》，《中华古政治史论集》，北京：中国社会科学出版社，2013年，第195—200页。

③ 吴千二似乎不是一般抢劫犯，他和邓不伪皆属于地方上之豪强，他对邓不伪行劫，及邓不伪捉去陈三五打缚致死，是两个豪强之间的矛盾冲突。

大右司衔位姓名及当司姓名，标揭通衢，勒令民户出钱”，又“聚集凶徒，旗锣梆鼓，吹风哨齿，轮门叱喝，索钱索酒”。骆省乙打着地方官的旗号来索取钱财，出行有官员的仪仗，官威十足。又有张景荣（W22）“承领总所籴本，置场招籴”，这类似地方上的富户自愿为官府买粮，类似“揽户”（多为收税催科），但只是一种临时的官方差事。张景荣“诈官作威”，“乃敢以揽户而行官称，辄行书判，以筒锁讯决而加于乡人”，其中有个叫宁细乙的，与张景荣“同闾巷，相尔汝”，且年长于张景荣，因为领钱而“入米”有欠，受到张景荣的逼迫，自缢在他楼下。

上述豪强运用官府的权威性来达到“武断乡曲”的目的，其“武断乡曲”虽然是欲独立于朝廷官府的法律之外，但实际上其所依靠的是官府的权威，他们与官府有着密切的关系，相互利用。只有在豪强“武断乡曲”威胁到各方利益，引来民户的大量词诉尤其是富室上户的不满时，提刑司才会介入，打击豪强的嚣张气焰，维持地方政治的稳定。

3. 把持州县，教唆词讼

地方势力之经营地方，不仅能“武断乡曲”，还要“把持州县”。地方势力之“把持州县”，主要通过诉讼来实现，这方面讼师、哗徒表现尤为突出[①]。

前述饶州朱超等踢死程七五一案（L25），程本中派程七五、李八到朱公辅家索其住户朱十八课钱，朱公辅欲将三人驱走，发生冲突，程七五被打死，有程以宁为程七五出面，告朱公辅指使仆人打死程七五。朱公辅指使仆人打死程七五罪名的成立，与县令有密切关联（刘克庄谓其为“贪吏”，称其“贪宰谬纠，急于狱成”），已见前述。这里主要考察“事不干己而主讼”的程以宁的角色。刘克庄早就听闻程以宁“拥不赀之富，操不仁之术（按指其健讼），大为闾里患苦，环四境之人闻其姓名，如毒蛇鸷兽，近则噬人，如瘟神太岁，触之立有凶祸，郡县小官受其服役，吏卒供其舆隶”，即他是当地颇有凶名的讼师，与州县官吏有密切的关系。因此，在刘克庄欲委派所部官员重新审理此案时，却“无敢承担者”。饶州罗司理虽然接受委派来审理此案，但对审问程以宁“事不干己而主讼一节”却“垂头丧气，自称不敢”，刘克庄只能亲自来审理此案。在此案中，程本中为了自己的地客（即佃户）程七五之死起诉朱公辅，但实际“主程七五之讼”的是程以宁。程以宁与程本中有亲戚关系[②]，他“奋臂磨牙，主宰此讼”，如此积极的打这

---

① 《清明集》卷十二“把持”类下的判文大都与讼师、哗徒有关。

② 判中言二人“别籍异财，又非同居”，则虽非的亲，必有远亲。

个官司,其目的在于觊觎程本中的家业。程本中、朱公辅都被“收禁”,“二家皆饶于财”,后本中为了“清脱”于此案而“家业荡尽”,被程以宁所并吞。朱公辅家屡次翻异,告论程以宁“行巨赂”,这贿赂的钱物应该由程本中承担,或者这正是程以宁暗中并吞程本中家业的途径[①]。

在张惜儿自缢身死(L26)一案中,张惜儿自杀,其父母、叔父“的亲血属”“自始至终无词”,而“事不干己之人王百七、王大三辄经县,以为死有冤滥”,二人被知县“勘下杖责”。后又有张世行“辄经州、经本司(指提刑司)告讦弟妇姜氏闺门阴私,以致张惜儿冤死”,刘克庄令其画宗支,发现“世行与姜氏夫服纪甚疏”,拒不受理此案。但饶州受理了此案,并委派县尉负责审理。“县尉才得此事,以为奇货,牵连枝蔓,必欲造成一段公事”。据张惜儿父母供称,其女因为病风妄骂,主母姜氏训斥张母阿杨,阿杨用柴条打惜儿两下,惜儿不久自缢于厕屋。此案的血属张惜儿父母叔父并没有上告,而是由“事不干己之人”或“疏族”经州、经提刑司告论,结果姜氏一家和张惜儿父母都被关进监狱,告论之人却“安坐于家”。姜氏是张惜儿父母的主母,张惜儿是其女使,可见姜氏夫家应该是富庶之家,张世行是姜氏夫家的远亲,他到官府陈诉姜氏闺门阴私,“致张惜儿冤死”,其意图在于报复姜氏[②]。可以看到,“事不干己之人”(或“疏族”)的陈诉所得到的反应和结果不同,知县拒绝了并加以杖责,知州受理了而交由县尉审理,县尉则据为奇货,“牵连枝蔓”,欲造成大案,提刑则纠正县尉的审理,加以责问,“仍阁俸”,并且发牒文给饶州,申明“今后此等词状,非的亲血属勿受”。蔡杭曾指出当时“江东风俗,专以亲属之病者及废疾者诬赖报怨,以为骗胁之资”(C97)。上述两件案子均属此类。

在建昌县刘氏诉立嗣一案(L34)中,田通仕(田县丞之弟)和刘氏(田县丞死后掌家事者)因为田县丞家产的继承发生纠纷,互不相让,刘克庄指出“通仕、刘氏皆缘不晓理法,为囚牙讼师之所鼓扇,而不自知其为背理伤道”,反复劝其“和议”(详下文),又谓:“大凡人家尊长所以心忿者则欲家门安静,骨肉无争;官司则欲民间和睦,风俗淳厚;教唆词讼之人则欲荡析别人财产,离间别人之骨肉,以求其所大欲”,他告诫田通仕说:“通仕名在仕版,岂可不体尊长之教诲、官司之劝谕,而忍以父祖之门户、亲兄之财产,

---

① 此案后经刘克庄重新审理,朱公辅指使打死程七五的罪名因为证据不足而释放,程以宁似乎又不伏,“抹过州县监司,蓦经内台陈词”,向御史台越诉。因此判文有残缺,程以宁到御史台陈词之后的情形无从考知。

② 判文言:“张伯圭因立嗣之怨,欲覆叔母之家,张世行亦疏族”,则姜氏是张伯圭的叔母,因为立嗣的问题对姜氏抱有冤恨,张世行是受其指使的。

餍足囚牙讼师无穷之溪壑哉。”据此可了解在刘氏与田通仕的争讼中有讼师在其中“鼓扇”推动。

蔡杭在《哗鬼讼师》(C94)中言讼师龙断“嚣讼成风”,“始则以钱借公吏(按指尉司弓兵),为把持公事之计;及所求不满,则又越经上司,为劫制立威之谋”。龙断据查是“真士人”,因此提刑对其处罚也由“勘杖八十”减为“从轻决竹篦十五”①。又有成百四本是“闾巷小夫”,“始充茶食人,接受词讼,乃敢兜揽教唆,出入官府,与吏为市,专一打话公事,过度赃贿。小民未有讼意,则诱之使讼;未知赇嘱,则胁使行赇。置局招引,威成势立,七邑之民,靡然趋之”②。他“自称朝奉”,有招供称“父系武弁”,可见是一官宦子弟,最后蔡杭“姑从引荫末减”,也从轻处罚。吴势卿在《宗室作过押送外司拘管爪牙并从编配》(W13)一判中言宗室赵若陋“专置哗局,把持饶州一州公事,与胥吏为党伍,以恶少为爪牙,以至开柜坊,霸娼妓,骗胁欺诈,无所不有”,并指出若陋过恶如此,是“官司有以纵之”。由于赵若陋的宗室身份,吴势卿无法加以处罚,而上报朝廷和宗正司,要求将其押送外宗正司拘管,对其爪牙严加惩处。

讼师是南宋地方出现的新势力,给地方官治理地方(尤其是狱讼审理)带来了新问题。一方面他们冲击了既有的秩序,教唆词讼,“专一打话公事”,贿赂官吏,“平白生事”③,加剧了司法中的腐败;另一方面,他们是地方政治中的新生力量,影响了原有的地方政治格局,吴势卿即指出“豪民肆行,良民受抑,未必能诉,必有哗者出而攻之,纠合呼嗾,并力角特,虽甚豪亦岂能免”,即豪强有时也无法抵抗讼师的影响,虽然在地方官看来“哗者又自此得志”,豪与哗“为害一耳”(W24)。应该注意到讼师多有士人、官户的出身,或本来就是豪强④,但他们多在城市,熟悉官府,与官吏接触多,对诉讼的程序和规则有专业化的知识。

4. 越诉

如前所述,越诉自北宋后期开始逐渐成为朝廷监察地方官的重要途径

---

① 参见蔡杭《哗鬼讼师》(C94,婺州),及胡颖《士人教唆词讼把持县官》(《清明集》卷十二,第477—478页)。

② 参见蔡杭《撰造公事》(C95,婺州)。

③ 参见蔡杭《诬讦》(C96)。

④ 蔡杭在《为恶贯盈》(C88)中言:“饶、信两州,顽讼最繁,奸豪最甚。”鄱阳县骆省乙“以渔猎善良致富,武断行于一方,胁人财,骗人田,欺人孤,凌人寡”,这是“豪”的一面,此外他“又健于公讼,巧于鬻狱。小民思其罗织,吞气饮恨,敢怒而不敢言”,这是“哗”的一面。

和民户陈诉的特殊渠道[①],这对于地方的治理产生了深远的影响,使得地方势力有了与地方官展开博弈的空间和渠道。吴势卿曾感慨“饶州等州,官弱民强”,皆由于有“一等豪民”存在。他指出:“凡是豪民,作奸犯科,州县不敢谁何者,监司才要究见分晓,自度不得志,即越经台部,埋头陈词,脱送他司。”在他看来,豪民不仅能与州郡“相胜负”,还可与监司“相胜负”,《清明集》谓之“控扼监司”(W21)。

又有一豪横骆一飞(W23),“父子凶德参会,罪恶贯盈”,骆一飞本人因为“强取民财,诳惑民听”,被“杖罪编管”,他的长子因为“鼓倡妖教,欺骗良民,杖罪编管”,次子“将百姓行杖刺环”,“遭决脊刺配”。骆一飞编管不到一年,就“潜身京城,改头换面,变名易姓,两月之内,经户部者四,经刑部者四”,他越诉的对象是州县的吏人。吴势卿指出,骆一飞越诉吏人的目的,是因为他遭受官府的处罚,“少损声光”,从编管之地逃回后“难复恣横”,威风不再了,但他试图通过诉吏,“可以改乡曲之视听,可以取威定霸,可以当黥而王”,即重新确立权威。这样,就给人们传递一种信息:州郡虽然能够杖罪编管骆一飞,但他“又能论配吏人,官终弱,民终强”,人们就得出结论“骆一飞真可畏哉”,结果使得“今后一飞有事到官,决不敢行案,决不敢承勘”,“官不敢复问,吏不敢正视,善良其鱼肉矣”。骆一飞显然非常熟悉当时的官吏关系,了解只要是诉吏就不会“坐罪”,即使所诉不实,或者健讼,因为当时“诉吏犹诉贼失物,终无反坐也”,他料定诉吏“可以必官司之施行”。提刑吴势卿看穿骆一飞的伎俩,将其豪横和诉吏分开处理,一面将其所诉之吏曹杰处以“徒一年,编管五十里”、徐超处以“杖一百”,另一面再将骆一飞断罪,“徒一年,且决臀杖二十,折徒杖十,仍编管池州”,并且牒池州,要求“严与拘监,毋得放还,为本乡害”。

以上通过刘克庄等人的书判,考察了南宋中后期地方治理的诸方面,尤其是催科、狱讼、赈济等,对监司、州县地方官府、胥吏以及各种地方势力在其中扮演的角色及彼此错综复杂的关系进行了分析,他们犬牙交错,彼此密切关联,你中有我,我中有你,充满了矛盾和妥协,如胥吏可以和提刑握手欢谈,被称为“小提刑”,讼师来源于豪横和士人而与豪横相抗衡,豪强交结官吏,把持州县,控扼监司。这些胥吏、讼师和豪强的行为造成了“吏强官弱”“官弱民强”的局面,这在刘克庄等人的书判中反复被提及。通过本章的考察,可以发现南宋后期江南东路的上述诸力量的“作为”,如地方官府的催科,地方官员汲汲于狱讼,借机敲诈勒索,胥吏、豪强的肆意妄为、

① 参见本书第三章第一节。

巧取豪夺,激化了他们与一般富室上户之间的矛盾,激起他们的抵制和反抗。刘克庄(包括蔡杭、吴势卿)所接受的大量词状都反映了上述矛盾和冲突,这些矛盾和冲突对地方之治理造成了困扰。他们试图纠正官员的偏失,打击胥吏与豪强,缓和矛盾,达成政治上的平衡。

三、劝谕调停

在刘克庄等人的书判中,不仅有对狱讼的刑罚裁决,还有不少劝谕和调停。劝谕、调停需要地方官在"两造"之间进行沟通,协调双方的利益冲突,寻求公平的和解,而不是官府的裁决,地方官需要在法理与人情之间找到平衡点,同时要深入了解双方的诉求,这都要求地方官在审阅案牍和审问当事人的过程中付出更多的时间和精力。

(一)建阳县县令任上的劝谕调停

在建阳县令任上,刘克庄就重视调停在平息纠纷诉讼方面的作用,甚至"屈公法而徇人情"。在《母在不应以亲生子与抱养子析产》(L39)一案中,陈文卿妻吴氏先抱养一子陈厚,后又亲生二子陈谦、陈寅,陈文卿夫妻将部分产业析为三分给三子,陈文卿去世后,吴氏又将剩余产业析为三分给三子,陈厚将其所分产业出卖,陈谦、陈寅"挟母以治其兄",即以母亲的名义起诉他,且告陈厚殴打其母。一方面,刘克庄认为陈厚出卖所分产业不妥;另一方面,"准法,父母在,不许别籍异财者",刘克庄认为这是要"均其贫富,养其孝弟",而吴氏母子违法析产给陈厚,是要"蹙之使贫",即造成贫富不均,无法"孝弟",结果陈厚"论收诡户"(当即告发陈文卿户下所收"诡户"田产)。至此,吴氏与陈谦、陈寅母子"稍肯就和",刘克庄称"此当职之所深愿也",遂"唤上陈厚,当厅先拜谢其母,陈谦、陈寅次拜其兄",并且没有追究陈氏的诡户问题,而是将诡户的田产都归到陈文卿户下,由吴氏执掌,"同居共爨,遂为子母兄弟如初"。对于陈厚,刘克庄认为他"既已自卖其所受之产,不欲归并",没有强迫其归并已卖产业,"屈公法而徇人情",在判文最后反复告诫其"归与妻子改节以事其亲,笃友以谐其弟,自此以后,勿乖争凌犯之习,以厚里闾,尤令之所望也"。这里所谓"人情"当是指父母兄弟之间的"孝弟"关系,刘克庄认为这有助于改善乡里的社会风俗,这是他"屈公法而徇人情"的目的所在。

"劝喻""评议"与"对定",三者在刘克庄的判文中频繁出现,是与"断"不同的裁判语。"劝谕"是裁判官员对诉讼双方的劝解,求得和解;"评议"是由诉讼双方在裁判官员的建议下,相互讨论(或经过第三方如乡里、乡邻的评判),求得妥协;"对定"或"和对"即是诉讼双方经过"评议"

达成和解。

在《妻以夫家贫而仳离》（L41）一判中，丘教授在没有进士及第之前，将其妹嫁给黄桂，生有五女，黄桂“不善营运，家道凋零”，后丘教授“偶中高科，门户改变”，遂强迫黄桂写离书，让二人离婚。刘克庄说“惜乎当时有司观望，莫有以义理劝谕丘教授者，前任知县不得不任其责矣”，即丘教授在当地颇有威势，连县官都要看其脸色，对其强迫妹夫写离书不敢有所违逆。丘教授后来“寿禄不永，万里客死”，刘克庄认为是因为这件事“有以累其阴骘”。七年后，黄桂反悔，到县陈诉。刘克庄认为黄桂当初应该“臂可断，而离书不可写”，但他“不曾犯义绝”，丘教授不应“既夺其妻，又并其所生女子夺归丘氏家”，认为“天下岂有无父之国哉？”所以他竭力劝丘贡士（丘教授之弟）不要重蹈其兄覆辙，“做些好事，以助前程”，允许黄桂夫妇复合，“无以贫故，事人不谨”，如不可复合，要“悯念黄桂贫乏，资助钱物，使之别娶”。在这篇判文中，刘克庄对丘教授之弟丘贡士进行了“劝谕”，但其所据除了“义理”（如“天下岂有无父之国哉”），还有“阴骘”“前程”等说辞，要怀悯念之心，后者似乎更能打动丘贡士。

在《女家已回定帖而翻悔》（L42）一判中，谢迪父子悔婚，拒不承认其所书与刘教授宅定亲帖子，引起刘颖母子上诉。虽然刘克庄在第一次裁决时，详细验证了定亲帖子，并检出法律条文，加以辨析，但最后还是说“官司未欲以文法相绳，仰谢迪父子更自推详法意，从长较议”，将“两争人并押下评议，来日呈”。第二次裁决时，刘克庄再次强调成婚与否“由法不由知县”，劝谕谢迪父子“更自推详元判（即第一次裁决）”，同时劝刘颖母子“既已兴讼，纵使成婚，有何面目相见，只宜两下对定而已”，并警告双方“今晚更无定论，不免追人寄收”。第三次裁决中说“和对之事，岂无乡曲亲戚可以调护”，则“和对”有乡曲亲戚参与其中进行调解，又说“知县非和对公事之人”，则“和对”时地方官员不参与其中。第四次裁决中说“更不从长评议，又不赍出缣帖，必要讯荆下狱而后已，何也？再今晚”，即谢迪父子并没有接受县令“从长评议”的建议。第五次裁决中揭示谢迪“广求书札，又托人来干恳”（此亦说明谢迪父子颇有人脉关系，影响到县令），即说明谢迪父子不愿“从长评议”的原因，是他们可以“倚恃形势”来影响县令的裁决，刘克庄再次强调“公事到官，有理与法”，“若据条法，止得还亲”，劝说谢迪父子与刘颖母子私下和对。第六次裁决中说根据法条，“刘颖若无绝意，谢迪只得践盟”，“不然，争讼未有已也”，即双方僵持不下，所以他再次说“仰更详法制，两下从长对定”，这是在劝谢迪父子无法得到法条支持的情况下，只有私下与刘颖母子和解。此案从开始在法律上就不利于谢迪父子，但谢迪父子又试图通过请托来影响县令，迫使刘克庄一再推迟裁决，避免行用法条断案，而是用劝谕和对定的方式来求得双方的妥协。第七次裁决说"照放，各给事由"，看来双方和解了。刘克庄的委曲求全，似乎说明仅仅根据法条无法根本解决问题，"争讼未有已也"，而他的劝谕和乡曲亲戚的评议是解决争讼的成功途径，双方的私下和解比法条更具效力。

在《已嫁妻欲据前夫屋业》(L44)一判中，魏景宣之妻赵氏(宗姬)在景宣死后，改嫁刘贡士(接脚夫)，刘贡士遂入居魏氏同居共爨之屋，引起魏景谟(景宣兄弟)起诉，双方迭相论诉。此前"官司(刘克庄或其前任)未欲遽行定夺，谕令对定，亦欲姑全两家情好耳"，所谓"对定"盖指私下调解。但双方"词说日见支蔓，只益烦紊"，且牵扯出魏景谟诡户田产(刘贡士所告发)，显然没有接受官府调解的建议，最后刘克庄只好"据案下笔，惟知理法耳"。对于魏景谟，有人指责其不能训诲其侄魏汝楫，"使之游荡，而纵令赵氏改适"，刘克庄认为不能成立，因为"人家子弟不肖之心生，虽亲父尚不能淑其字，况犹子乎?"而且根据赵氏亲兄曾告仆使曹八鼓曾诱赵氏将首饰财物二千馀贯以游玩为名出外，恣无忌惮，动经岁月，说明赵氏早已"不能安其室"，魏氏已经不能决定其改嫁。对于刘贡士，刘克庄认为其作为接脚夫并不合法(魏景宣有子孙，且其屋系同居亲共分，"法不应召接脚夫")，应该"以远者大者自期，若小小取舍不能勇决，转为告讦，徒败心术，岂不深可惜耶"，即劝其舍弃赵氏。对于赵氏，刘克庄认为其已改嫁，"于义已绝，不能更占前夫屋业，合归刘贡士家，事姑与夫，乃合情法"。对于魏景宣"在室亲女"荣姐，刘克庄认为要拨魏景宣名下所剩田产充作嫁资。其诡户田产(魏景谟供系景宣前妻赵氏所置)，"虽有违碍"(指其诡户)，命乡司"尽数割归本户(当指前妻赵氏)"，赵氏(宗姬)不应占魏景宣前妻之业，而应由其子魏汝楫掌管。对于魏汝楫，刘克庄虽然将魏景宣前妻之田产判归其掌管，但仍命魏氏尊长等加以监视，不准典卖，对其违法娶娼妇，也加以杖刑，迫其离婚。

虽然刘克庄想"全两家(魏、刘)情好"，但涉及田产利益，两家互不相让，案情日久不决，且似乎惊动了知府(判文末言"案具所断因依，照限具申使府")，刘克庄只能按照"理法"来裁断。但实际的裁断远比"理法"要复杂，刘克庄进行了细致的考量，对案情所涉及的各方利益都竭力进行加以弥缝，恩威并施，不同的人采取不同的处理方式，其目的在于"无讼"。此案所涉非富即贵，赵氏之首饰财物即有两千馀贯，魏氏诡户购置田产，刘贡士是曾参加科举者，如果不能平衡各方利益，词讼难绝。对赵氏，刘克庄约之以情法，对刘贡士则诫之以取舍、心术，对魏景宣女荣姐加以照恤，为其筹嫁资，对魏汝楫命魏氏尊长严加约束，斥其娶娼妇之违法，对魏景谟等魏氏族人，则不追究其诡户田产之“违碍”（暂时之策略①），使之免受刘贡士、赵氏之占夺。

刘克庄在建阳县任县令近三年，作为亲民官，负责裁决民间纠纷，常与县内的形势（豪强）接触，又需面对各色胥吏，在裁决纠纷时会遇到请托的干扰，需要考虑各方面势力的利害关系。从《已嫁妻欲据前夫屋业》（L44）一案可以看到刘克庄的裁决极为细腻，在理法的基础上兼顾了人情，有时还不得不“屈公法而徇人情”，对某些违法的行为（如诡户）灵活处理或暂时搁置，重视经济纠纷中的利益平衡。他对民事纠纷耐心劝谕（如L42中凡七判，连续六日），重视调解，利用乡里亲戚来进行“评议”和“调护”，避免用理法来断案。关于涉案的人员，刘克庄对士人或士大夫颇多回护，对于胥吏和牙人，则多所打压，不同的胥吏打击的力度也有别（如L48中有奸诈之吏，还有会舞文弄法之吏，后者更是约束打击的重点），对于女性既约之以妇道，又注意加以保护（如为在室女魏荣姐谋算嫁资）。

（二）江东提刑任上的劝谕调停

到江东任提刑官，刘克庄也竭力劝谕调停，推动诉讼双方的“和议”。饶州德兴县有董党养父卒，为母赵氏所逐，赵氏欲另立继承人，董党讼其仆。此案拖延日久，知州判董党“引谊归宗”（即立董党为其养父之嗣），但赵氏依然拒绝，董党也不停上诉。刘克庄指出董党无不孝破荡的行为，却被赵氏所逐，所讼情有可原，即同意立董党为嗣。但他又认为此案“当以恩谊感动，不可以讼求胜”，他发帖给两县官（董、许），要求他们根据知州和提刑的判文，“更为调护”。他希望赵氏“念董党乃夫在日所立，幡然悔悟，复收为子”，并引用现行条令“虽有夫亡从妻之法，亦有父在日所立不得遣逐之文”，同时希望董党应该自己恳请亲戚来调停他和养母之间的关系，而不能“专靠官司”（L21）。

建昌县刘氏诉立嗣（L34）一案迁延累年，颇多曲折，刘克庄殚精竭虑于各方利益纠纷，劝谕和议，在法令与情理之间寻求平衡，求得公平之裁决。田县丞有二子：世光（登仕），是养子；珍珍，是亲生之子（其母刘氏）。世光死而无子，有二女（其母秋菊）。但刘氏和秋菊都不是正妻②。田县丞的财产按照法律应由世光和珍珍均分。田县丞之弟田通仕，欲立其子田世德为田世光之后（以弟为子），以继承田世光所得田县丞的一半财产，但按

① 判文末言“刘有光经县告论魏景谟诡户，自系两事”，则刘克庄为避免案情枝蔓，将魏景谟诡户与魏景谟告论刘有光占据屋业分为两事加以裁断。

② 判中言：“县丞与世光皆不娶”，“刘氏，丞之侧室，秋菊，登仕之女使”。

照法律，田世光二女应得其四分之三，田世德只能继承世光财产的四分之一①。田通仕所据是世光的遗嘱，但遗嘱没有经过官府和族众认可。这引起了田珍珍之母刘氏的上诉。刘克庄一面指出田通仕立嗣没有经过族人和官府的认可，并不合法，一面指出刘氏"知有自出之珍珍而不知有秋菊所生之二女"，并在状词中隐瞒"世光二女见存"，"是欲并世光一分归之珍珍"，二者皆"不晓理法"，"背理伤道"，"恤孤之谊无闻，谋产之念太切"。刘克庄在批阅案卷时，发现田氏尊长田钤辖的家书，其中认为"昭穆不相当"（指以弟为子），主张"登仕与珍郎自是两分"，质问田世光二女由谁抚养，"刘氏后生妇女（指刘氏后来又生有二女），今被鼓动出官（指到官府发起诉讼），浮财用尽，必是卖产，一男二女断然流下"，并声明"老来厌闻骨肉无义争讼，须与族人和议"。

刘克庄试图劝谕田通仕和刘氏、秋菊母子"和议"，将田县丞财产分为两分，所生母与所生子女各听为主，其中田世光所得一分，以田世德奉田世光香火（即仍立世德为世光之嗣），继承其四分之一的田产，其四分之三的田产由世光二女继承。他对田通仕言法意，引条文，不行"绝户子得四分之一条令"，则"止得引用尽给在室女之文，全给二女"。对刘氏言人情，如"尽以县丞全业付刘氏，二女长大必又兴讼"，且"目下置秋菊于何地?"又"母子无相离之理，秋菊之于二女，亦犹刘氏之于珍珍也"，"人情岂相远哉!"后来饶州派裘司理进行劝谕，传唤田钤辖、田通仕夫妇、刘氏、珍郎和秋菊、二女"当官劝谕"，各方都接受提刑的意见，"联书对定"后上报刘克庄，刘克庄将前后所写判文录写三份，一份给田通仕，两份由裘司理转交刘氏、珍郎及秋菊母子各一份。

后刘氏又上诉言自己还生有二女，意欲再多分得田县丞财产。按照法律，应将田县丞财产分为三大分，长子世光一分，珍珍一分，二女共分一分。田世光二女合与所立之子（指田通仕之子田世德）共承世光之一分，其中世德系死后所立，故合以四分之三给二女，以四分之一给所立之子。但刘氏认为这样二女（姑）所得反不及二侄女，同时世光的安葬费用应由二女承担。刘克庄一面劝谕田通仕除了立嗣之事外，不要干预田县丞的财产继承之事，一面劝谕刘氏、秋菊允立通仕之子为世光之嗣，田县丞的财产分析

① 判中言"考之令文：诸户绝财产尽给在室诸女。又云：诸已绝而立继绝子孙，于户绝财产若止有在室诸女，即以全户四分之一给之。然则世光一房若不立嗣，官司尽将世光应分财产给其二女，有何不可？若刘氏、秋菊与所生儿女肯以世德为世光之子，亦止合得世光全户四分之一，通仕虽欲全得一分，可乎?"称"户绝财产"，盖指田世光死而无子，秋菊又没有被立为户主。

交由司理和县尉监督①。为了防止有人教唆刘氏为二女求添，同意将刘氏所掌管的田县丞浮财笼箧分给刘氏，不在官府检校分张之数（即不纳入田县丞财产的分析，“分析”即分配财产），这是因为如果将浮财田产一起“分析”，刘氏母子不肯交出，必然“两讼纷拏，必至破家而后已”，不将浮财纳入“分析”之数，“可以保家息讼”，刘克庄命司理、佥厅劝谕刘氏。但刘氏仍然不伏，刘克庄再判，说“以法论之，则刘氏一子二女合得田产三分之二，今止对分，馀以浮财准折，可谓极天下之公平矣”。

后刘氏仍不伏上诉，刘克庄查知是所委派的裘司理“母妻之家皆在都昌，意有牵掣”，使得此案迁延不决。所以他又命新任知州“别委无干碍清强官”监督刘氏等“分析”财产。都昌王县尉上报田县丞田宅财产“分析”的方案，刘克庄命传唤刘氏母子和秋菊一起到提刑司，“拈阄均分”，仍传唤田世德及其本生父田通仕也前来拈阄。田通仕尚欲争讼，“执留登仕丧柩在家”，并写状向提刑陈诉。刘克庄命县尉传唤刘氏、秋菊，要求从儿女众财内截拨一项钱物，作为登仕葬送之费，并命南康军、建昌县督促田氏族众营办登仕丧事，田通仕不得干预，并将田世德应继承的田世光财产交由建昌县掌管，要等到田世光安葬之后，刘氏、秋菊并儿女都“安居”之后，才将田世光的四分之一财产交由田世德承继。上述裁决拖延数月，刘克庄再命罗司理执行官府的裁决，监督“分析”财产。后罗司理将“分析”的八本关书（财产分配的文书）送到提刑司“乞印押”，由提刑司佥厅负责“对定”后，刘氏、秋菊母子与通仕和允之后，并写定“和允状”收入案卷。最后刘克庄仍不忘牒南康军，要求其“催建昌县了葬事讫，申”。

为刘氏诉立嗣事，刘克庄前后所判累千百言。观上述判文，刘克庄在法理人情之间颇费思虑，劝谕各方，兼顾公平；为了“保家息讼”，对田县丞的浮财灵活处理（按照法令，浮财也应纳入财产分配），体现了务实的作风；他竭力阻止田通仕干预田县丞户下的财产分配，保护孤寡；他对田通仕申明法令，强调他“名在仕版”，应“体尊长之教诲、官司之劝谕”，对刘氏则讲明人情，颇能因人而异法。方法虽异，但殊途同归，在于公平而无讼。

蔡杭也表示“果能消争融隙，变阋为怡，此正当职之本心”，所以在审理徽州程氏兄弟争讼时，“委曲劝谕，导以天理”，使得程氏兄弟同意和解，向提刑司呈交兄弟连押了办祥葬合同文字和无争状，提刑司认为程氏兄弟之间“退省静思，良心善性固未泯没也”，对程氏兄弟“特与行下免追”（即

---

① 期间还发生过田县丞的幹佃（幹人佃户）“欺主侵盗”，当是幹佃意图趁此案纷乱而侵盗财物，因此刘克庄“责幹佃知委状申”，即将官府的裁决意见告知幹佃。

下文给州县，不再要求将程氏兄弟抓到提刑司）[①]。蔡杭强调“兄弟叔侄交争兴讼，此风俗大不美也”，告诫程氏兄弟“念同气之亲，思鹡鸰之义，勿信嗾使教唆之言，辄兴伤风败俗之讼”（C63）。但他也遇到过失败的劝谕。有黄居易与两个弟弟发生纠纷，黄居易霸占家产，而“逐远诸弟”，但他“智足以饰奸”，对于法律条文颇为熟悉，在分家的文书上做了手脚，蔡杭试图劝黄居易“思同气连枝之义，绝彼疆此界之心，周恤二弟，使兄弟和气复合”，让三人立“无争状”，但三人“并不伏”，蔡杭判云“三人者嗜利无耻，顽不可化”，遂将三人押下本州“请径自从条断遣”（C62）。

地方官在狱讼的裁判中需要通过各种渠道来获取信息，了解涉案双方的意愿，同时他们也是双方联系沟通的媒介，起到了协调的作用。刘克庄长期沉寂下僚，任建阳县令时已经四十岁，任江东提刑时已经六十岁，有着丰富的基层为官经验，其吏才卓越，只是被其文才所掩盖，不为人知。在建阳县令任上，他已周旋于胥吏和地方势力之间，颇感县令之“人微望轻”，试图“主张百姓”，他强调人情甚于公法，甚至“屈公法而徇人情”，重视调解，主张和议，在处理民间纠纷时工作细腻，耐心周到，注意公平。到江东提刑任上，他面对的政治局面更复杂，各种力量交错，暗流密布，为做到“无讼”，他付出更多的辛劳，这从刘氏诉立嗣一案的判文中可窥见一斑。

小结

本章对刘克庄在福建建阳县县令和江南东路提刑任上的书判（还包括吴势卿和蔡杭的书判）进行了一番考察，借此来了解刘克庄作为县令和提刑在地方治理（不局限于诉讼裁判）中扮演的角色。他在州县各类事务的处理过程中与各方的力量有着密切的接触，不仅有官衙中的审问，也需要查阅大量的案牍，他还要面对各种请托和豪强“把持州县”，经常与周围的胥吏周旋。特别是作为提刑官，他经常巡历州县，一面监督地方官，一面对州县的治理有着深度的参与。作为诉讼双方的裁判者，他既代表了法律和官府的权威，对双方的纠纷进行裁决，同时他还充当了双方的仲裁人，重视调解和沟通。在维护公平治理秩序的同时，通过调解和沟通，缓和了日趋紧张的社会矛盾。虽然刘克庄阻止各方力量的“生事”，如禁止州县专人下乡，避免官员“撰造公事”，打击“招惹词诉”的胥吏、豪强，和讼师哗徒的“兜揽词讼”，“俾之无事”，但实际他已经陷入到处“生事”“枝蔓”的泥沼中，被各种利益、矛盾的漩涡带动，即便他能劾贪守、黥黠胥，致力于平反冤案，也只是杯水车薪。

---

① 考虑到被抓到提刑司审问，路途遥远，这应该是程氏兄弟和解的一个重要因素。

第六章　宋代苏州地方官与地方社会

学界对宋代地方社会的研究，比较关注民众的作用，尤其是地方精英的社会影响力，而对于影响地方治理秩序重要力量的地方官，却没有给予足够的重视①。一方面，地方官是作为一个具有主观能动性和复杂思想的主体，来处理地方社会的复杂事务，尤其是新儒学的发展，使士大夫关注儒家理念与社会实践的结合，在担任地方官时更加积极、主动地贯彻其主观思想。另一方面，学界对地方精英的深入研究，揭示了地方社会的复杂局面和地方势力的错综交织，从另一个角度说明了不能将地方官在地方社会中所扮演的角色仅仅局限于王朝统治的代理者，即不能将其单纯地视为朝廷政策、制度的执行者，还需要将其置于与地方社会的互动关系中来把握。

本章探讨宋代苏州地方官与地方社会的互动关系，主要选择地方官与民众的日常交往作为切入点，考察地方官与地方士人的宴集唱和、修纂方志，地方官与各阶层民众在地方公益事务和祭祀活动中的往来。这一方面是与前述各章形成互补，做多角度的考察②。另一方面，在宴集唱和、公益事务和祭祀活动的场合，地方官所扮演的角色与榜谕的传布、诉讼裁决过程中发令、断案的角色不同，回旋的馀地较大，也更具亲和力。与后者在各方利益、矛盾的挤压中艰难推进的状况不同，前者恰似“闲庭信步”，为后

---

① 黄宽重对此倾向进行了质疑，对于地方官的角色和作用给予了关注，见黄氏《从中央与地方关系看宋代基层社会演变》，《历史研究》2005 年第 4 期，第 100—117 页。在本书第二章第二节中，通过考察官府榜谕形成、传布和民众举行诉讼的过程，可以看到，地方官扮演了重要角色。只是由于材料的限制和关注的重点，本书在第二、三章中没有作深入的探讨，而将其纳入官府的体制中来论述。本章则集中考察地方官在地方社会所扮演的角色，通过考察其与各阶层民众的往来互动，来探讨其对地方官府与民众关系的影响。

② 第二、三章从地方官府政令的传达（下达）和民众的诉讼活动（上达）两个方面进行了考察，着重论述了地方官府赋役、诉讼等事务中官府与民众的沟通渠道，主要是从地方官府运作（制度）的角度来进行的。第四章和第五章个案研究的主要内容也是围绕地方官府的诉讼、赋役问题来展开的。本章则关注地方官与地方社会民众在诉讼、赋役之外的日常交往。

者提供了润滑剂,起到“无心插柳柳成荫”的作用。这两者构成了地方官府与民众沟通的两个相互影响的方面。

一、宋代苏州的地位及其地方官

本章选择苏州作个案的研究,主要基于以下考虑:第一,一般来说,人们对于“地方社会”的认识与感知,离不开具体的地域空间和场景。第二,州(府)这一级行政区划所包含的地域比较切合本书的主题,地方官府(包括府、县以及隶属的监司)的事务纷繁,各方面的关系错综复杂,这是本书讨论地方官与日常往来的基本背景。第三,苏州在宋代政治、经济和军事等领域中占有重要地位,社会人文高度发展,府县各级地方官府(包括提刑司、提举司等监司)在地方社会治理秩序的形成和维系过程中扮演着重要角色,士人等地方势力亦得到充分发展,与官府之间形成了复杂的互动关系。第四,宋代苏州的文献相对集中,有不少地方志(州、县皆有)保存至今,明清的苏州地方志也保存了不少宋代的资料,此外《吴都文粹》《续集》以及《江苏金石志》中也保存了大量的资料,可相参照。这些传世文献和石刻资料,为本章考察宋代苏州地方官与民众的日常交往提供坚实的史料基础。第五,学界对宋代苏州的地理、商业、人口和家族等问题已有深入的研究[①],也为本书的讨论提供了良好的学术积累。尽管如此,上述资料与研究仍较侧重南宋,北宋苏州的资料和研究较少,必要时不得不利用相邻时代、周边地区的材料来弥补论证的阙环,而对所讨论的问题作相对接近的考察。

苏州在汉代称吴郡,隋朝改称苏州,在唐朝时是浙西道治所,历来是东

---

① 郝若贝(Robert M. Hartwell)在讨论唐中叶至明代中叶的社会变迁时,宋代苏州地区的发展(尤其是士人家族的历史演变)是他考察长江下游地区时关注的重要问题,参见“Demographic, Political, and Social Transformation of China, 750 - 1150,” *Harvard Journal of Asiatic Studies* vol. 42. no. 2. (1982), pp. 365 - 442. 梁庚尧先生的《宋元时代的苏州》一文从地理、人口、商业和城镇等方面对苏州作了全面细致的考察,材料搜集颇广,但主要侧重于苏州的商业城镇的发展。此文原刊于《台湾大学文史哲学报》第三十一期,1982 年 12 月,后收入所著《宋代社会经济史论集》,台北:允晨文化实业股份有限公司,1997 年,第 334—480 页。还有邓小南:《朱长文家世、事历考》,《北大史学》第 4 辑,北京大学出版社,1996 年;《北宋苏州的士人家族交游圈——以朱长文之交游为核心的考察》,《国学研究》第三卷,北京大学出版社,1996 年,第 451—486 页;《宋代士人家族中的妇女:以苏州为例》,《国学研究》第五卷,北京大学出版社,1998 年,第 519—555 页;《龚明之与宋代苏州的龚氏家族——兼谈南宋前期昆山士人家族的交游与沉浮》,《中国近世家族与社会研讨会论文集》,台北:“中研院史语所”,1998 年,第 81—109 页。

南重镇，至宋代成为两浙路重要的行政、军事与商业中心，徽宗政和三年（1113）升为平江府[①]。南宋时期，平江府的行政地位仅次于作为都城的临安府（今浙江杭州市），两浙西路转运司的治所在临安府，而两浙西路提举司和提刑司的治所都设在平江府。同时，平江府作为都城临安在北面的屏障，占据了交通的要冲，是运河的重要枢纽，在军事上有战略意义，朝廷在此驻有大批军队[②]。

从经济的角度来看，苏州在两浙地区占有重要地位。自唐至宋，人口迅速增加，随着水利事业的发展以及围田的出现，耕地大规模开发，耕作方式日益精细，使得平江府的农业得到高度发展，粮食产量丰盛，所谓“吴门之地，最为膏腴，谷粟之出，全浙所赖”，甚至有人认为“天下雄镇校一岁征赋之夥若姑苏者不一二”。同时，平江府的手工业（尤其是纺织业）也很发达，至于商业，平江府更是一个大都会，消费旺盛，贸易发达（尤其是大宗的米粮贸易），市镇亦逐渐兴起，形成了多层次的市场网络[③]。

由于苏州在行政、军事上居于重要地位，所以设置于该地的地方官府体系相当完备，上至监司，下至府县，可以基本上涵盖本书所论的“地方官府”的范畴。南宋嘉定十年（1217）割昆山之东创设嘉定县，以改变“狱讼淹延”“豪民慢令”的局面，增加赋税收入，可见地方官府统治的进一步深入。同时，由于平江府的农业、手工业和商业的发展，使其成为南宋朝廷财赋的重要来源，各级官府所承担的征发赋税的事务极为繁重。同时经济的发展，人口的增加，土地买卖和细化，都使得田产纠纷（主要是分析、侵夺和继承）日益纷繁，地方官府的诉讼事务亦随之加重。

平江府在朝廷财赋上的重要地位，官府赋役、诉讼等事务的繁重，使得平江府的地方官面临严峻的考验。治平二年（1065），陈经知苏州时曾论说：“京师兵储、禄廪之出入，一皆仰给于东南。兹又为东南之剧，岁入之粟，它郡莫加焉。”[④]南渡以后，“地在近畿而台府鼎立，又益难也”[⑤]。淳熙元年（1174），常熟县县令陈映指出：“上方驻跸临安，于时吴门视周畿内，汉三辅，唐同、华，我旧京之陈、郑也。衣冠之所鳞集，甲兵之所云萃。一都

---

① 《吴郡志》卷一“沿革”条，第 1—4 页。

② 关于驻军的情形，参见梁庚尧《宋元时代的苏州》，第 376—377 页。

③ 参见梁庚尧前引文，第 343—461 页。此外参看其所著《宋元时代苏州的农业发展》，原刊于第二届中国社会经济史研讨会论文集（1983 年），后收入《宋史研究集》第十七辑，台北：“国立”编译馆，1988 年，第 491—523 页。

④ 《吴郡志》卷三八“顺民仓”条，第 548—549 页。参见同书卷一一《牧守题名》。

⑤ 《西山真文忠公文集》卷二八《送周知录之官序》。

之会，五方之聚。上(一本作"土")腴沃壤，占籍者众。虽前代与全盛时，犹不可同年语。府邑之事，宜其倍称。"①据此南宋时期，平江府的地位进一步上升，人口繁盛，州县官府的事务更加繁重，地方官的负担亦随之加重。范成大描述平江府的"雄剧"说："夜漏未尽，太守坐堂上，主吏、宾客旅进退，语言面目，不暇相孰何。平明乃得据案，听诸曹白事，率常旰食。有顷，它客与报期会者，又至如前。虽精力过绝人，其势亦出甚劳，而后能善治。故吴郡虎符，非名德士若已至大官者不以盼。"②龚颐正描述当时的长洲知县的日程说："率夜漏未尽，五刻起视事。漏下五六刻，犹不得息。"地方官为了应付沉重的赋税征发和民事纠纷，需要经常与各阶层民众寻求沟通，协调彼此的关系。

此外，苏州农业生产水平的提高，开垦了大量的膏腴田地，吸引了很多士大夫和达官贵人来此置产定居。北宋中期，苏州已是"衣冠侨寓猥众"③，元祐以后，"搢绅以吴为乐土，侨(民)[居?]闾里，几亚京洛"④，"达官显人，居吴甚众，富盛甲东南"⑤。南宋初，北方士大夫避难南下，多选择平江府作为定居之所。当时有人指出："平江、常、润、湖、杭、明、越，号为士大夫渊薮，天下贤俊多避地于此。"⑥以及"平江府、湖、秀、常州、江阴军、绍兴府、衢、温州、建康府、广德军，最系豪右大姓去处。"⑦平江府所聚集的士大夫、豪右大姓居于江浙地区之首⑧。再如昆山县在北宋时进士及第者尚屈指可数，属于边缘地区。南宋初年金军南下占据平江府，对府城破坏甚为严重，而兵锋不及昆山县，昆山县的相对发展程度有了很大变化，进士及第人数亦有较大幅度增加⑨，有记载说，"荐绅北来，乐其土风而居之。宦游间多胜事，益号佳邑"⑩。这些豪右大姓与士大夫势力的存在，也增加了地方官治理地方的难度，郭受曾指出："为政者，急之则怨而骇，缓之则弛而肆。泛然而多容，则请谒纷纭，几至于玩法；毅然而多拒，则谤詈丛集，必困

① 《吴郡志》卷三八"常熟县"条录陈映《题名记》，第549—550页。

② 《吴郡志》卷六"瞻仪堂"条录范成大《瞻仪堂记》，第62—63页。

③ 《张方平集》卷四〇《蔡抗墓志铭》，郑州：中州古籍出版社，2000年，第734页。

④ 《吴郡志》卷三七郭受《吴县记》，第538页。

⑤ 《唯室集》卷三《胡先生墓志铭》，文渊阁《四库全书》本。

⑥ 《建炎以来系年要录》卷二〇，建炎三年(1129)二月庚午条。

⑦ 《建炎以来系年要录》卷一〇〇，绍兴六年(1136)四月乙卯条。

⑧ 参见梁庚尧《宋元时代的苏州》，第378—382页。

⑨ 邓小南师：《龚明之与宋代苏州的龚氏家族——兼谈南宋前期昆山士人家族的交游与沉浮》，第95—96页。

⑩ 《吴郡志》卷三八叶子强《昆山县题名记》，第551页。

于游谈。宰字之任信难矣。"[①]地方士大夫与豪右大姓的请谒干求，一方面给地方官带来困扰，但另一方面也为地方官与地方社会拉近关系提供了机会，尤其是地方官积极与声望高的士大夫之间交游唱和，在地方士人中获得良好的评价，为其治理地方创造了宽松的环境[②]。

正是由于平江府的上述背景，使得担任知府者"非名人不敢当"[③]，"多为台阁之贤，宪漕之序"，即朝廷所任命的知府大都是带有馆阁之职、曾担任一路监司官的名士。这既是出于对治理地方的经验的需要，以适应平江府复杂繁重的事务，也是考虑到应对平江府的士大夫和豪右大姓的势力，只有具备上述身份和经验的知府，方能与有着强势政治背景的地方士大夫与豪右大姓建立稳定的联系，并加以约束。如淳熙十三年（1186）闰七月，知衢州沈祖德罢知平江府新命，是由于有人弹劾其"天资小人，挟以浮躁倾憸，三衢未终，遽畀以吴门之寄，众论沸腾，乞寝新命"[④]。除了品德问题之外，沈祖德资格尚浅，应是其知平江府的任命遭到弹劾的具体原因。

二、循署内外：地方官与苏州士人的唱和往来

宋代士大夫的唱和与交游，是他们建立关系的重要途径，历来是学界研究的重要内容，成果很多。其中，诗歌酬唱是交游的重要途径和内容，是文学史研究的重要方面，比较注重唱和诗歌在文学创作中的角色和作用，以及对唱和诗歌形式特征的探讨[⑤]。虽然自宋代以来对唱和诗歌在文学史上的地位及其审美价值颇有争议，但近年来随着视角的转换，对唱和诗歌的研究逐渐有所突破，引人瞩目[⑥]。历史研究者则很重视文人之间的交游（诗词唱和是其重要内容）对于建立人际网络的重要意义，在地方如此，

---

① 《吴郡志》卷三七"吴县"条录郭受《题名记》，第538—539页。

② 参见邓小南师：《北宋苏州的士人家族交游圈——以朱长文之交游为核心的考察》，第478—483页。虽然她所论是北宋时期的情形，但南宋时期平江府的豪右大姓、士大夫等势力比北宋更加强盛，所以地方官与地方士人之间的唱和往来更加频繁，对地方官府的影响应该也更显著。

③ 《吴郡志》卷一〇《牧守》，第121—122页。

④ 《宋会要辑稿》职官七二之四五。

⑤ 参见欧阳光：《宋元诗社研究丛稿》，广州：广东高等教育出版社，1996年。巩本栋：《唱和诗词研究——以唐宋为中心》，北京：中华书局，2013年。周裕锴：《诗可以群：略谈元祐体诗歌的交际性》，《社会科学研究》2001年第5期，第129—134页。

⑥ 马东瑶：《苏门酬唱与宋调的发展》，《文学遗产》2005年第1期，第97—107页。吕肖奂、张剑：《酬唱诗学的三重维度建构》，《北京大学学报（哲学社会科学版）》2012年第2期，第71—79页。

在都城也如此[①]。这些研究或是关注唱和诗歌的产生过程,或是关注地方士人家族的发展,或者是关注都城的特定文化特色,都丰富了对宋代士大夫之间唱和往来的认识。同时,上述研究显然存在文学与历史之间的学科差异,各有侧重,彼此交流不够,诗歌唱和与日常交往之间的关系还有待探讨。此外,对于唱和往来的各方具体身份和地域环境没有给予充分注意,也使得研究受到局限[②]。

近年来已有学者注意到唱和者的身份地位,对官员诗人的酬唱活动进行了考察[③],也有学者对特定地域的士大夫交往进行了个案研究[④],这无疑都推动了对宋代士大夫唱和往来的研究。一般而言,唱和往来的各方大都属于士人,随着宋代科举制度的日益完善,士人成为社会的特殊群体,他们在思想文化上具有共同的价值取向,在文化上都属于"士"的范畴,有着"士"的身份意识[⑤]。但"士人"作为一个群体,仍然有着不同的差异,其中最重要的是官、民的身份差异,这里的"官"是指实际担任官职的士大夫,"民"是指虽然具有官员身份但没有担任实际官职、居住地方的士大夫,以及没有官员身份的士人,这种官民之间的身份差异直接影响了他们唱和往来中的地位和角色。另一方面,学界对宋代士大夫交游的研究比较注意地域的考察,但对他们诗歌唱和的研究较多注意时代和流派的考察,没有对唱和的地域环境给予充分关注。诗歌唱和是在一定的地域环境中进行的,与地域文化传统、空间环境有着直接的关联,并对地域文化的形成有着深

① 以往学者对于宋代士人之间的交游进行过深入的研究,宴集唱和是其中的重要内容。邓广铭曾撰有《辛稼轩交游考》,原载《复旦学报》复刊第一期,1944 年 10 月,后收入《邓广铭全集》第八卷,石家庄:河北教育出版社,2005 年,第 486—557 页。方健:《范仲淹与江南士人交游研究》,李伯重、周生春主编《江南的城市工业与地方文化》,北京:清华大学出版社,2004 年,第 193—224 页。邓小南师对于宋代苏州地区的士人交游进行了区域性的研究:《北宋苏州的士人家族交游圈——以朱长文之交游为核心的考察》,《国学研究》第三卷,北京大学出版社,1996 年,第 451—486 页;《龚明之与宋代苏州的龚氏家族——兼谈南宋前期昆山士人家族的交游与沉浮》,《中国近世家族与社会研讨会论文集》,台北:中研院史语所,1998 年,第 81—109 页。黄宽重:《宋代四明士族人际网络与社会文化活动——以楼氏家族为中心》,《中研院史语所集刊》第 70 本第 3 分,1999 年,第 627—669 页。梁建国:《朝堂内外:北宋东京士人走访与雅集——以苏轼为中心》,《历史研究》2009 年第 2 期,第 21—37 页。

② 参见前引吕肖奂、张剑《酬唱诗学的三重维度建构》一文的述评。

③ 吕肖奂:《宋代官员诗人酬唱论略》,《江西师范大学学报(哲学社会科学版)》2014 年第 1 期,第 52—59 页。

④ 见前引梁建国《朝堂内外:北宋东京士人走访与雅集——以苏轼为中心》。

⑤ 参见包弼德著,刘宁译:《斯文:唐宋思想的转型》,南京:江苏人民出版社,2001 年。

刻的影响。

本书试图对宋代苏州地方官与地方士人的唱和往来进行考察,在苏州特定地域环境中,探讨唱和往来者的官民身份差异及其关联互动,进而考察这种唱和往来在文学、社会、政治方面的意义。

(一)唐宋时期苏州的唱和之风

本章选取苏州作为考察的地域,进行个案性研究。这首先与唐宋以来苏州政治、经济、社会的发展有关,已见前述。其次,唐宋时期,士大夫群聚苏州,也使其成为人文渊薮,诗文唱和之风甚盛。宋代由于士人人数的增加、文化的普及,各地的诗文唱和风气更加普遍。苏州地区更是达官名士群趋之地,士人群体较其他地区发达。南宋以后,北士南下多占籍吴中,苏州的边缘地区也逐渐得到开发,士人向边缘地区发展,学校、科举更加普及①,这更推动了苏州地区唱和之风的高涨。

韦应物、白居易担任苏州刺史时"多燕游",兴酬唱之风。韦应物于唐贞元初年"得郡"苏州,在政事之暇,"宾礼名流,与之酬唱",白居易非常推崇韦应物的风流雅韵,他担任苏州刺史时,"首以公郡宴诗镵之石,酷爱慕之"②。

白居易自己也"多燕游",留下了很多与地方士人宴集唱和的诗作。他赴任之初,虽然公务繁忙,"未及宴游",犹"偷闲走笔题二十四韵","仍呈吴中诸客"③,不久即举行公宴,有《郡斋旬假命宴,呈座客示郡寮》云:"下车已三月,开筵始今晨。"④除了旬假公宴之外,他还经常邀集宾客、名士,燕游唱和。如在州治西楼宴集,有《西楼雪宴》、《城上夜宴》诗,后者云:"风月万家河两岸,笙歌一曲郡西楼。诗听越客吟何苦,酒被吴娃劝不休。"或者走出衙署,携十妓"夜游西武丘山",赋诗云:"领郡时将久,游山数几何?一年十二度,非少亦非多。"⑤

① 邓小南师曾考察过南宋初期由于金军南侵,士人多避难逃入昆山县,推动了昆山的发展,见其《龚明之与宋代苏州的龚氏家族——兼谈南宋前期昆山士人家族的交游与沉浮》,第95—97页;方诚峰亦对南宋后期嘉定县的创设及其学校教育的发展给予了关注:《统会之地——县学与宋末元初嘉定地方社会的秩序》,《新史学》第十六卷第三期,2005年9月,第1—22页。

② 《吴郡志》卷六"思贤堂"条录仲并《三贤堂记》,第59—61页。参见《白居易集》卷六八《吴郡诗石记》,北京:中华书局,1979年,第1430—1431页。

③ 《白居易集》卷二四《自到郡斋仅经旬日,方专公务,未及宴游,偷闲走笔,题二十四韵,兼寄常州贾舍人、湖州崔郎中,仍呈吴中诸客》,第531—532页。

④ 《白居易集》卷二一,第454页。

⑤ 《吴郡志》卷一一《牧守门》"白居易"条,第136—137页。

从韦白的经历来看,地方官的宴集对于唱和有着直接的推动作用,加上韦白两人皆为一时诗坛名家,号召力巨大,对后世产生了深远的影响。唐代韦白等人与地方士人的宴集唱和,更成为宋代苏州地方官与地方士人仰慕、仿效的对象。蒋堂在北宋景祐、皇祐中两知苏州,在衙署内修建亭池台榭,接待宾客,举行宴会,追慕韦、白二公风迹①。林希元祐中知苏州,曾作《将之宣城吴门效白乐天体》,显然受到了白居易的影响,诗云:"初欲循故事,公宴月三旬。"这与白居易旬假公宴相类。南宋时蒋璨知平江府,建三贤堂,祭祀韦、白及刘禹锡,据仲并所撰《三贤堂记》,韦、白对苏州的影响主要在于他们宴集唱和的"风流雅韵"②。

地方士人之间常通过诗文唱和来加强联系,并出现了结社性质的群体③。北宋庆历时徐祐与叶参告老归乡,在苏州"约为九老会",后更名耆英会、真率会,属地方士人结社。元丰年间,章岵知苏州时,年七十三,"与郡之长老游从,各饮酒赋诗"。据米芾记述,章岵"乃辟郡斋,会九俊老",在衙署内宴集唱和。米芾称此宴集"千祀可垂,后生仰止",在当时影响极大,而知州章岵"高谊劲节,缙绅所仰",其品德得到了地方士人的认同,以致被州人列入"十老"④。南宋时期,地方士人结社的风气更为普遍。明州曾出现过五老会、八老会、尊老会、真率会等,这种结社活动借由诗文唱和,巩固、增进了士人之间的情谊,形成了群体的观念,具备了越来越明显的地方特色⑤。关于南宋平江府的士人结社数据比较缺乏,记载较多的是昆山乐备等人结成的诗社⑥。范成大曾被邀参与这个诗社,相互酬唱⑦。对于范成大参加诗社,马少伊写了首《喜乐功成招范至能入诗社》,诗云:"燕国将军善主盟,新封诗将一军惊。范家老子登坛后,鼓出胸中十万兵。"⑧"燕国将军"是指乐备,"新封诗将"则指范成大,将诗社成员之间的关系比喻

---

① 《吴郡志》卷六"设厅"条录蒋堂《重修大厅记》,第 52 页。

② 《吴郡志》卷六"思贤堂"条所录《三贤堂记》,第 59—61 页。

③ 参见欧阳光:《宋元诗社研究丛稿》,第 1—43 页。

④ 《吴郡志》卷二"庆历九老会"条,第 15—16 页。按米芾所记为章岵"会九俊老",范成大所修《吴郡志》则合章岵称为"十老"。

⑤ 参见黄宽重《宋代四明士族人际网络与社会文化活动——以楼氏家族为中心的考察》,第 646—650 页。

⑥ 参见欧阳光《宋元诗社研究丛稿》,第 222—226 页。

⑦ 范成大有《中秋卧病呈同社》诗,云:"如闻真率社,胜游若登仙。"《范石湖集》卷二,上海古籍出版社,1981 年,第24 页。

⑧ 《昆山杂咏》卷下,中华书局影印宋本,1986 年。

为军队的组织,亦反映诗社内部有较强的组织性,并有主盟者[1]。地方士人通过这种诗社,可以"以诗文名",在地方士人的交游圈中获得声望[2]。

唐宋时期,苏州地区唱和之风的形成与地方官的推动有关。同时,如上述章岵参与九老会所示,地方官借由与地方士人会社之间的唱和,可以在地方士人的交游圈中获得声望,形成认同感。

(二)唱和往来与园林兴修

园林是苏州地区的一大特色,不仅有大量私家园林,即使是各级官府衙署内部也创置了园亭台榭,作为官员"啸咏游憩之地",能"养其清明,而为政之助也"[3],地方官很热衷于衙署内的园林建设。衙署内外的园亭台榭不仅只是作为地方官的休憩之所,还是官员与地方士人交往的场所,他们在其中宴集唱和。

首先,地方官以衙署内外的园林为啸咏游憩之所,与拥有共同语言(即所谓"道德文章")的地方士人之间的往来唱和,成为他们公务之馀的一种放松和享受。前述蒋堂在北宋景祐、皇祐年间曾两度出任苏州知州,他很热衷于州衙园林的兴修和宴集唱和,他景祐年间曾作《北池宴集诗》,时张方平知昆山县,有和诗刻石。皇祐年间他再任时在衙署北池上大兴土木,"增葺池馆",并写了《北池赋并序》与《和梅挚北池十咏》[4]。梅挚是他的前任,庆历中任知州,他在任期间应该写了咏北池的诗,蒋堂的和诗是在他离任后才写的。他在《北池赋》言及他"方岸野帻,踞风亭,觞宾友,奏竽笙"的宴集场景,狂放于酒乐之中,也诉说了"主人一去,春草罗生。赋咏几废,涓萦未平"的时移世易的人生感慨,歌颂桧树"若古君子,与世寡偶,而特立独行",又透射出一种孤独感。在和诗中咏"时宴"云"池上有时宴,笙篁沸欲凝。欢多漏移刻,坐久月和灯。席客咏持蟹,女娼歌采菱。醉来忘万事,风静水波澄",又因垂柳而"遥想叹羁离",从"忘万事"和"叹羁离"来看,官府政务的繁杂给官员很大的压力,宴集唱和的放纵宣泄为他们提供了暂时解脱的机会。既然是和诗,想必上述感受是蒋堂和梅挚所共有的吧。

吴县县治中有延射亭,北宋天圣中县令梁允成建。延射亭修成后,"自监郡(即苏州通判)而下,皆集而射之,极一时宾友之胜"[5]。七年(1029)知

---

① 参见欧阳光《宋元诗社研究丛稿》,第 223 页。

② 《淳祐玉峰志》卷中"范成大"、"边惇德"、"乐备"诸条。

③ 《琴川志》卷一"亭楼"条序,14a.

④ 《吴郡志》卷六"北池"条,第 54—56 页。

⑤ 《吴郡志》卷三七"延射亭"条,第 539—540 页。

县冯某重加修葺。据章岷所记,重修延射亭的过程很有意思。县衙有块菜地此前被邻近的佛寺侵占多年,冯知县调查了相关档案,重新收回,用来扩建延射亭。冯知县很细心地经营这块地,建了亭子,又"荫以佳木之清,畦以杂花之英。穿沼以类沧溟,筑山以拟蓬瀛",有树、有花还有假山,虽然只是"五亩之地,百步之径",却是"嘉致足矣",别有洞天了。冯知县重修延射亭,是因为看到县衙没有地方"奉宴息之娱"。延射亭修好后,冯知县就"召贵介公子,同僚诸英,注弦筈以引满,擫丝管以度曲。赛百娇之楛矢,争半先之弈路。中厨出乎丰馔,二千里之莼下豉。雕盘荐乎嘉实,而庭山之橘厥苞。白日督过,醉宾未去。烛已见跋,主歌未晞",这里可以看到当时的奢靡,难怪章岷说此亭可与洛阳的季伦园和山阴的辟疆园相比肩。冯知县还邀请了苏州的通判,为延射亭的各处景致题名,"揭以华榜"。为修亭写记文的章岷,是平江军节度推官(所谓"吴郡从事")[①],他最后说"异时宰是邑者,集簪缨于斯,豢犬彘于斯"[②],"簪缨"是指有官者,在这里既包括苏州的地方官,还包括寄居地方的士大夫。

长洲县衙署有茂苑堂,据米元晖《茂苑堂记》,绍兴十年(1140),石琨任长洲县令,"才高气刚,嗜古好雅",对茂苑堂加以修葺,"琴书雅玩,陈列于中。客至则阅古赏奇,试茗烹饮,必与之从容竟日"[③],地方官的个人雅好亦需要有人来分享其喜悦,辅之以品茗,增加了其儒雅的意味。蟠翠亭亦在长洲县治的花圃之中,淳熙五年(1178),吕存中任知县,"一日,公退吏散,约客相羊(即徜徉)县治之圃","乃命酒坐蟠翠亭上。君(按指知县)指柱间仲公弥性之诗,有云'樛枝密叶翠虬蟠'者,曰:'名以是,为花故也。……'于是楚人龚颐正使折花侑坐,起以酒属君,曰:'……君贤者后,号有家法。周旋州邑,老益更事。且有用于时,顾欲遂其私且不可得。若余者,其将遂馀生乎?异时尚记前后二公之诗,见此花为一笑。'君引酒釂"[④]。虽不能确指"客"谓何人,但龚颐正是苏州的著名士人,他对于知县之论诗有深切的体会,其回答亦颇寓身世之感,显见彼此在为官处世方面心有灵犀。

其次,走出衙署,徜徉于自然山水之间,或者流连于私家园林,与地方

① 《吴郡志》卷一二"章岷"条,第163页。

② 《吴郡志》卷三七"延射亭"条录章岷记,第539—540页。

③ 《吴郡志》卷三七"长洲县"条录《茂苑堂记》,第542—543页。

④ 《吴郡志》卷三七"长洲县"条录龚颐正《记》,第543—544页。

士人等唱和往来,使地方官暂时脱离俗务的桎梏。园亭多兴废[①],自然的山水就成为地方官向往的所在。苏州西北的虎丘山是历来燕游唱和的名胜,北宋元祐三年(1088),蒲宗孟由杭帅郓,一登虎丘山,“坐小吴会,叹赏不已,形于咏歌”。曾经担任过执政的章惇时归居苏州,他与知州、通判都赋诗以和。这些诗歌“思与境会,情以辞宣”,奇丽的山水之景使得郁积于胸的情感得到了宣泄[②]。

地方上的寺观多占据山水形胜之地,所以地方官亦选择寺观作为宴集唱和的场所。如方惟深《和广化寺午日府宴致仕诸公》诗所示,“使君潇洒上宾闲,金地无尘昼敞关。诗成郢客争挥翰,曲罢吴姬一破颜。此节东南无此会,高名千古映山湖。”[③]这时地方官走出了衙署,在湖光山色的背景下,与宾客(包括地方士人)潇洒悠闲地举行宴集唱和。

王份曾以特恩补官,后归休苏州,他“有超俗趣”,在松江之滨营建“臞庵”,“圜江湖以入圃,柳塘花屿,景物秀野,名闻四方,圃中有与闲、平远、种德、山堂四堂,……一时名公喜游之,皆为题诗圃中”[④]。其中向子諲作《平远堂三首》,向氏绍兴八年知平江府,是诗当作于其时。范成大晚年亦在平江府盘门外建造园林,并有孝宗御赐的“石湖”二大字,“一时胜士赋咏,无不极铺张之美”[⑤]。而地方官亦对范成大的地位极为重视,多与其有唱和往来,且到石湖来拜访求教(详见后文)。昆山有翁氏园,昆山人吴仁杰“以诗文名一时”,他曾与县主簿陈璧赏木芙蓉于其中,赋诗唱和[⑥]。据《姑苏志》所载,陈璧任主簿一职,“注情教养,讲劝甚劳,邑士造请无虚日,成就极多”[⑦]。又有陈氏园,“水竹宽洁,亭馆宏丽”,寓居平江府的黄简为

---

① 邓小南师对苏州昆山县和平江府城内的士人家族园亭兴废曾作有益的考察,以反映社会之流动与家族之兴衰。见《龚明之与宋代苏州的龚氏家族——兼谈南宋前期昆山士人家族的交游与沉浮》,《中国近世家族与社会研讨会论文集》(台北),1998 年 6 月。

② 《吴郡志》卷一六“虎丘山”条,第 231 页。

③ 《吴郡志》卷三一“广化寺”条,第 469—470 页。

④ 《吴郡志》卷一四“臞庵”条,点校本作“庵”当有误。“名公”,原作“名胜”,据《[正德]姑苏志》卷三二改。

⑤ 陆友仁《吴中旧事》,文渊阁《四库全书》本。

⑥ 《淳祐玉峰志》卷下《园亭》,1091 页。参见同书卷中“吴仁杰”条,第 1079 页。又按,“陈璧”,同书《主簿题名》作“陈壁”,按《[正德]姑苏志》载,陈璧字君玉,故其名宜从“玉”,《主簿题名》当有误。

⑦ 《[正德]姑苏志》卷四一,23a.

作记,知县徐闻诗为书其文[①]。这些地方士人的私家园林都是地方官流连的所在,不仅是眷顾山水,还有诗文唱和,更重要的应该是与地方士人建立密切的联系。

无论是衙署内的亭台楼阁,还是衙署外的山水园林,都为地方官与地方士人的唱和宴集提供了特定的场所。这种唱和宴集成为地方官在公务之馀的重要活动,亦是其与地方士人建立密切的私人联系的有效途径,同时,这也为地方士人提供了接触地方官的机会,并借此来提升其社会地位。

(三)唱和往来的社会政治意义:关系网与身份认同

虽然地方官与地方士人的往来唱和,多呈现为文人儒士间以诗文为媒介的应对,以及他们所秉持的道德情操之间的彼此砥砺,地方官主要是作为个体而参与其中,其官员的身份降至次要地位。但由于地方官的政治地位,这种宴集唱和仍然会影响到现实的社会关系。

地方官与地方士人之间的唱和往来,根据两者的熟悉程度,大致可以分为两类:一是两者之间已经存在某种关系(如同乡、同年、同舍等)的情况下的唱和往来,一是两者之间没有直接关系的情形下的唱和往来。关于前者,地方官由于其求学和科举的经历,与部分地方士人之间结成同年、同舍等关系。由于这层因缘,两者之间经常举行聚会,彼此唱和。同年之间在及第之日就会举行聚会,甚至刊印《同年小录》[②];在各地仕宦的过程中,他们亦举行个别的聚会,加强彼此的联络。

平江府城西盘门内有姑苏馆,知府王唤建于绍兴十四年(1144),是地方官专门接待金朝使者和路过的"贵客"之所,西临城墙,"登城西望,吴山皆在指顾间",城上建有姑苏台,"制度尤瑰,特为吴中伟观"[③]。绍熙元年(1190)正月五日,提点浙西刑狱袁说友与提举浙西常平茶盐张体仁,"会同年之在吴下者于姑苏台"[④]。参与此次同年酬唱共十二人,袁说友、张体仁为地方官(袁说友不久出任知府),成钦亮等四人皆是吴郡人,赵彦真曾

---

① 《淳祐玉峰志》卷下《园亭》,第1091页。

② [日]山口智哉:《宋代"同年小录"考——"书かれたもの"による共同意识の形成》,《中国——社会と文化》17,2002年。

③ 《吴郡志》卷七"姑苏馆"条,第96页。

④ 按苏州古有姑苏台,在城外姑苏山上。但袁说友等唱酬之姑苏台当是绍兴年间所建之姑苏台,而非古姑苏台。《吴郡志》卷八"姑苏台"条,第100—101页。

寓居吴郡,时知吴县,余下可能皆为寓居平江府者[1]。虽然其中有四人相约而不能到场,也都赋诗与会。此次唱和聚会,一方面是同年之间的联谊,"庶几号称同年者,闻风动怀,增重名义,或于雅道小有补焉,非直为一觞一咏设也",聚会不仅仅是宴饮唱和,更重要的相互联络,"相与持杯酒叙平生、道契阔"[2],增进彼此的"同年"意识,张体仁称其与袁说友"同州里,弱冠同场屋,已而末第,又幸同年",则他们在同年之外,尚有同乡之谊;另一方面,这次聚会在当地产生很大的社会影响,尤其是在地方士人中,所谓"酬唱之盛,士林歆艳"[3],其"赋诗相属,州里传写,一夕殆遍。好事者杂然高赞,以为伐木之诗也"[4],成为地方士人议论和向往的盛举。范成大应邀为此会作序,龚颐正为之书而刻于石,他们是地方士人中的重要代表。

除了同年,有些地方官与地方士人同在太学学习,因此有同舍之谊。淳祐九年(1249),郡守郑霖"会三学同舍",在天庆观行"序拜"之礼后,"燕于郡之春雨堂"[5]。参加此次宴会的"同舍"当是居于平江府的士人(包括为官和尚未入仕者),宴会的内容是"会以文"。在集会上,有人献祝辞说,"侯自制锦而历符节,加惠此邦"、"仕而行义,敬共厥职,愿毋愧羔羊",表达了对知州的感戴与期望。最后"合席皆作而谢曰:'凡我同盟,有味斯言。'"[6]

由于同年、同舍等关系的作用,地方官与地方士人之间通过唱和宴集加强了彼此之间的联系。在上述同年、同舍的聚会中,地方官往往充当主持者的角色,如袁说友、张体仁被称为"能修旧好",郑霖也成为聚会的核心。聚会通过宴饮、诗文唱和,加强了彼此的认同感,如上述"同盟"之誓言。

在没有同年、同舍等关系的情形下,与地方士人的唱和往来,更是地方官与地方士人彼此接近的重要途径。在蒲宗孟游览虎丘山时所引起的唱

① 《吴下同年会诗》,《八琼室金石补正》卷一一六,《宋代石刻文献全编》,第1册,北京:北京图书馆出版社,2003年,第519—523页。据《吴郡志》卷二八《进士题名》,隆兴元年(1163)木待问榜有章澥,而《同年会诗》所题为浦城章澥,当为郡望,而移居于平江府。参见《金石补正》所附钱大昕《潜研堂金石跋尾续》。

② 张体仁诗序。

③ 龚颐正跋语。

④ 范成大序。

⑤ 据《[正德]姑苏志》卷二二"春雨堂"条载,春雨堂是嘉熙四年(1240)在池光亭旧址上所建,在郡宅后。

⑥ 《吴郡志》卷二,第17—18页。"味"疑当作"昧"。

和过程中，据朱长文《蒲章诸公唱和诗题辞》所记，蒲宗孟时“自杭帅郓”，途经苏州，参与此次唱和的包括罢职乡居的章惇、知州刘定以及通判王某。蒲、章曾为同僚，皆是熙丰新法的干将①，此时皆被逐出朝廷。知州刘定，亦曾因坚持推行保甲法而遭到弹劾，被认为“上挟章惇之奸党”②。通判王某现无从考证。显然这些人之间的唱和不能排除他们在朝廷政治上的党派关系，但为其撰写题辞、时任州学教授的苏州人朱长文却与新法派、旧法派都有密切的往来，他积极参与此次唱和，为唱和诗题辞，反映了政治上的不同派系之间在地方社会并无那么森严的壁垒③，地方士人需要积极建立与地方官的联系，谋求发展，地方官亦不以政治上的派系为界限，与地方士人广泛交往。

频繁的唱和往来使地方官与地方士人之间彼此熟悉、认同，为两者更深入的接触创造了条件，地方官可以借此获得各方面的信息。地方士人（尤其是寄居士大夫）是地方官咨询问政的重要对象，他们往往是地方官上任时首先要拜谒的对象。如朱长文为吴中长老，他所营建的乐圃，被誉为“名德所寓”，“监司郡守莫不造请，谋政所急；士大夫过者，必奔走乐圃，以不见为耻”④。

范成大的诗集中保存了不少与知府袁说友（字起岩）、提刑王正己（字正之）之间的唱和诗。袁氏曾送给范成大“二槛”茉莉花，王正己为此赋诗，范成大遂接连有《次王正之提刑韵，谢袁起岩知府送茉莉二槛》、《再赋茉莉二绝》及《王正之提刑见和茉莉小诗甚工。今日茉莉渐过，木犀正开，复用韵奉呈二绝》之和⑤。袁说友祈雨得应，范成大虽未同行，却赋《次韵袁起岩喜雨》《再次喜雨诗韵，以表随车之应》《三次喜雨诗韵少伸嘉颂》来积极响应。据其所作《府公录示和提干喜雨之作，辄次元韵》，则似提幹亦有喜雨诗，知府袁说友将其唱和之篇呈给范成大，三人之间往复唱和⑥。范成大还有《复用韵记昨日坐中剧谈及赵家琵琶之妙，呈王正之提刑二绝》⑦，则提刑王正己曾与范成大聚谈，范成大事后又赋诗以记；后

---

① 《宋史》卷三二八《蒲宗孟传》、同书卷四七一《章惇传》。

② 《长编》卷三七二元祐元年三月乙亥条，第 9019 页。

③ 参见邓小南师《北宋苏州的士人家族交游圈——以朱长文之交游为核心的考察》，第 483—484 页。

④ 《吴郡志》卷二六“朱长文”条，第 385 页。

⑤ 《范石湖集》卷三〇，第 417 页；卷三一，第 420 页。

⑥ 《范石湖集》卷三一，第 423 页。

⑦ 《范石湖集》卷三一，第 420 页。

王正己以病请罢官而归乡，范成大又《次韵王正之提刑大卿病中见寄之韵，正之得请归四明，并以饯行》[①]，有"倡酬悔不数，长怀悲短缘"之句，相互之间的唱和既促其亲近，也反映了交谊之深。继袁氏之后，沈揆（字虞卿）知平江府，他出郊劝农时，范成大复有《虎丘新复古石井泉，太守沈虞卿舍人劝农过之，为赋三绝，谨次韵》之和[②]。而范成大所居石湖是当时苏州一景，地方官常行游览。浙西提举徐谊游览时，范成大作《次韵徐提举游石湖三绝》[③]。虽然根据上述材料难以证明袁说友、王正己等官员与地方士人的诗社有何关联，但范成大作为诗社的重要成员，拥有较大的社会影响，地方官与其唱和往来，在一定程度上影响了他们与地方士人之间的关系。

范成大归居平江府，为地方名流，亦受到地方官的重视。绍熙二年（1191），长洲县献瑞麦，郡后池出双莲。知府袁说友曾将府衙内双莲绘成图，送给范成大观览，范成大即有《次韵袁起岩送示郡沼双莲图》之和，后又连赋三绝[④]；袁说友建"双瑞堂"，范成大为其撰《双瑞堂记》，其文记载：

> 绍熙初元夏四月，吴郡袁使君为政之再阅月也，长洲之彭华乡以瑞麦献。又三月，木兰后池以瑞莲献。……方使君持节按刑，时以柱后惠文绳郡县弗虔，官吏累足立，逐捕剧贼，血其鲸鲵，风采烈于秋霜。朝廷第最课，进直中秘书，就牧此邦。吴人憺其威名，相与屏气惕息。使君一日过范村，从容为余言："向吾以衣绣持斧为职，知饬法锄奸而已。今为郡守，好称民父母，当有恻怛之爱。拊摩茕鳏，若乳保之于赤子。使百姓知吾此心，庶几有不忍欺者。虽蒲鞭且弗愿用，况于桁扬敲扑乎？"余瞿然起，贺曰："公此心当与天通，人固未能户知，神者其知之矣。"……[⑤]

据此，袁说友在担任两浙西路提点刑狱时，颇有威严，后来出任知府，一改昔日的严厉"风采"，为了获取地方士人的支持，亲自到范成大所居的范村拜谒，虚心求教。

范成大《双瑞堂记》所呈现的拜谒问政的情形，应与上述唱和往来一

---

① 《范石湖集》卷三一，第 427 页。

② 《范石湖集》卷三三，第 442 页。

③ 《范石湖集》卷三三，第 442 页。

④ 《范石湖集》卷三〇，第 416—417 页。

⑤ 《吴郡志》卷六"双瑞堂"条，第 58 页。

并来考察,或者可以说地方官与地方士人的日常交往为地方官与地方士人讨论地方事务营造了融洽的氛围①。北宋元祐中,王觌知苏州,“昼坐郡阁,事至即决。已而与宾客雍容笑语,沛然有馀裕”②。又如端平元年(1234),王爚知常熟县,为了推行经界,在公布平江府的政策之前,“搜剔宿蠹,蠲弛苛敛,孜孜凭按,日与父老相唯阿于庭”,以取得他们的信任,“信浃意亲”,然后推行经界法,水到渠成③。可以看到,有时候,同样的事务由不同的地方官来主持,会有不同的效果,除了地方官的素质和主观态度之外,他们与地方民众关系的状态是民众考虑问题、采取对策的重要参考。因此,地方民众(尤其是地方士人)能否接受地方官,是地方官治理地方的重要条件。营造融洽的氛围,获取其信任和认同,应是地方官之积极与地方士人唱和往来的重要目的。

不仅地方官试图借着唱和往来,与地方士人建立相互信任的关系,以获取信息,地方士人亦积极通过唱和打通与地方官的联系,或巩固已有的关系。陆九渊曾对地方官府受纳税赋提出建议,在他信中记述说:

> 乙未、丙申间,赵景明为太守,某与其兄景昭为同年进士。景昭极贤,舍侄又在郡斋为馆客,因与景明言输苗之害,且言张安国与陈鼎知县之法极良,但后人不能守耳。景明不能不惑于吏言,初亦难之,以为今日州县家之用,又多于昔时。某与景昭、舍侄,共会州家一岁之用,景明惧见底蕴,则又不必加五。于是谓已诘吏辈,今肯令人户把斛概矣,但今日用度益广,欲更于五斗上加五升耳。某与景昭商之,以为斛输一斛五斗五升,而使不得加斛面,民户自持概,则五升之加,在民户

① 这类情形在地方上相当普遍。《西山真文忠公文集》卷三九《通浦城陈宰》云:“伏以七闽之冲,旧为乐土,千室之邑,今得贤侯。戾止有期,欢焉胥庆。恭惟某官清姿玉峙,令德兰薰,诗礼渊源,自得鲤庭之传授,文章衣钵,尚馀凤阁之风流。比洊试于材猷,已浸隆于誉处。惟时南浦实处上游,民窭少丰,况属年饥之后,俗浮易动,矧更邻警之馀,正赖抚摩,俾臻绥靖。会即腾于善最,当亟上于清华。某久困里居,近叨祠禀,以先翰林门墙之旧,夙荷殊知于新令尹,政事之闲,或陪馀论,预深欣忭,未易究陈。”在这封信里,真德秀向浦城知县陈述了浦城的地理、经济以及现实问题,当是对知县问政的响应,所谓“政事之暇,或陪馀论”,则反映了地方士人与地方官交往中的亲和氛围。

② 《吴郡志》卷四“府学”条录朱长文《府学记》,第31页。

③ (宋)杜范:《常熟县端平经界记》,《琴川志》卷一二,第1268—1270页。刘克庄知双溪县时,“贵寓如朱如游,如后山吴夫史刘,皆鼎贵,余(如)[始]至,或不顺吾令,余不责。久之,邑人察余无他,益相亲狎,有隐瘼或旱淹当减放,必余告。”从不顺令到相互亲狎,离不开地方官与这些贵寓之间的密切往来(《后村先生大全集》卷九八《送林太渊赴安溪》,《四部丛刊初编》本)。

亦所不惮。于是不复求减，民果大悦之。①

据此，陆九渊凭借其与知州之兄的同年关系，以及其侄的馆客身份，与知州进行沟通，对地方官府受纳苗税的政策提出建议。知州虽然开始尚受到胥吏的影响，不愿接受陆九渊的建议，但在陆九渊和其兄及其馆客的交涉下，不得不有所妥协。这里地方士大夫与地方官之间的复杂关系，对地方官府的政策产生了潜在的影响，所以地方士大夫为了维持与地方官之间的联系，亦需要通过日常的唱和往来建立联系或加强原有的关系。

有时，地方士人不仅是对地方之公益发表意见，亦有出于自身利益的考虑，试图通过唱和往来，与地方官熟识，进而建立关系。前文述及《清明集》中有一判案，记一豪横潜彝父子"恃其铜臭，假儒衣冠，平时宛转求乞贤士大夫诗文，以文其武断豪霸之迹，前后骗人田产，巧取豪夺，不可胜记"。由于他依恃其"士人"身份，对官府的裁决置若罔闻，公然抵制官府的追逮，以至到御史台越诉，以要挟州县。最后虽然得到提刑的惩处，却又"引赦免断"②。豪横由于同地方士大夫有诗文上的往来，这成为他的"士人"身份的重要标志，借此掩饰其"豪霸之迹"，并可能跻身于地方官与地方士人唱和往来所形成的交游圈，从而获得地方官的认同，在地方社会扩大影响。

地方士人与地方官的往来唱和会带来更大的影响力，参与地方官举行的宴会本身就是一种身份与地位的象征，成为地方士人在地方社会的重要政治资源。有时这种往来并不局限于宴集的场合，即使是单纯的诗文唱和也能使地方官与地方士人得以沟通。如谢涛"幼奇敏，讲学阳山澄照寺。吴令罗处约、长洲令王禹偁皆与定交。处约谓禹偁曰：'济之（谢涛字）扬摧天下，吾曹敌也。'由此声名益显。"③显然谢涛与罗、王二人的交往，得到二人的称赞，提高了他在社会上的声名。更有地方士人主动与地方官结交，以求取赞誉。著名的例子是丁谓以诗文拜谒王禹偁，王氏"大惊重之，以为自唐韩愈、柳宗元后二百年，始有此作"。从此丁谓的声名大作④。而丁谓的事例在苏州士人心中影响甚为深远。再如刘少逸"文辞精敏，有老成体"，其师潘阆带他去见王禹偁、罗处约，"以所作贽二令"，经过王、罗二

① 《陆九渊集》卷八《与张春卿》，第 105—106 页。所谓"加五"，指民户缴税时二斛输三斛，属于一种加耗。

② 《清明集》卷四《干照不明合行拘毁》条，第 128—129 页。

③ 《吴郡志》卷二五"谢涛"条，第 365 页。

④ 《吴郡志》卷二五"丁谓"条，第 367 页。

人的考察,将其推荐给朝廷,得赐进士及第[1]。徐奭曾中进士第一,其子徐师闵“居苏,为蒋堂、蔡襄所知。在官,自辅臣以下荐之者几百人。及退归,与元绛、程师孟诸人以诗酒相过,号十老,乡人荣之”[2]。虽然徐师闵入仕后有自己的发展和新的人际关系的建立,但他在地方上与地方官、地方士人之间的往来构成了他仕途发展的基础,他在地方上的名望地位与此也不无关联。通过与地方官唱和往来获取社会声望,甚至借此来求取荐章,在南宋似乎更加普遍,只是平江府的材料相对缺乏。

以上主要围绕南宋平江府的地方官与地方士人之间的唱和往来,考察了地方官与地方士人的日常交往。可以看到,地方官通过宴集唱和获得了休憩和放松的机会,同时与地方士人形成了融洽的联系,加强彼此的认同,营造了施政治事的良好环境。另一方面,地方士人借着参与地方官举行的宴集,提升他们在地方社会中的政治地位,获取政治资源,同时建立与地方官的密切联系,并有可能影响地方官的态度和地方官府的政策。

(四)地方官与士人唱和诗歌的文学考察:政事、风物与同好

正如学者指出的,唱和诗具有交际的功能,往往因为应酬的需要,表现出明显的功利性,在内容和技巧方面相比较独吟诗歌来说缺乏文学价值,因而在文学史上不被重视,甚至受到贬抑。但这主要是就诗歌创作本身而言,脱离了诗歌创作的时代环境,并不能真正把握唱和诗歌在文学史上的地位。唐宋以后,唱和诗歌逐渐兴盛,成为士大夫交往的重要媒介,诗歌艺术通过人际交往渗透到社会、文化的诸多层面。因此学者指出,唱和诗歌在诗学方面有着与独吟诗歌不同的艺术特点与审美精神,丰富了整个诗歌的美学,唱和诗歌的兴盛促使礼仪文化趋向诗化,强调从社会、文化的维度来考察唱和诗歌[3]。笔者无意于比较唱和诗歌与独吟诗歌的文学价值高低,因为两者有着明显不同的社会功能和创作背景,唱和诗歌是在群体交往中创作的,具有交际应酬的功能,独吟诗歌则是个体创作,抒发个体的情志。严格来说唱和诗歌已经超出了文学的范畴,唱和诗歌的作者也不能简单归入文学家的范围,他们在创作唱和诗歌时,只是在通过诗歌的媒介开展社会交往。尽管如此,本书还是想尝试考察唱和诗歌的文学特征,借此探讨唱和诗歌对于宋代地方官与士人交往的特殊意义。

地方官与士人的唱和诗歌受到地方官的身份职务的影响,其主题主要

---

① 《吴郡志》卷二五“刘少逸”条,第368页。

② 《吴郡志》卷二七“徐奭”条,第392—393页。

③ 见前引吕肖奂、张剑《酬唱诗学的三重维度建构》一文。

是围绕地方官的政事展开，例如劝农、祈雨和祥瑞等活动经常出现在他们的唱和诗歌中，前文已有所涉及，下面对其主题、意象和用典等略加申述。

首先是劝农唱和。灵岩寺是平江知府举行劝农的重要场所。王希吕（字仲行）淳熙十三年（1186）至十四年知平江府，曾往灵岩寺举行劝农，免不了饮酒作诗酬唱。范成大有《王仲行尚书录示近诗，闻今日劝农灵岩，次韵纪事》诗云："馆娃宫殿压云头，自昔登临隘九州。雪浪长风三万顷，苍烟古木二千秋。宾僚谁伴作诗苦，父老竞传敷政优。想见归骖穿夜市，月边灯火满西楼。"①馆娃宫是平江府的著名古迹，在城西灵岩山上，传为战国时吴王所建，灵岩寺即建于其上。灵岩山上有馆娃宫、琴台、西施洞、砚池等景，据《吴地记》记载："琴台下有大偃松，身卧于地，两头崛起，交荫如盖，不见根之所自出。"又言"山下平瞰太湖及洞庭两山，滴翠丛碧，在白银世界中，亦宇内绝景"。② 正与此诗前两联相合。后两联则描述了劝农时地方官与宾客唱酬的场景和范成大的遥想，地方父老竞相歌颂知府的政绩。显然范成大没有出席此次劝农，因为知府此前"录示近诗"，借此机会作诗纪事。王希吕收到范成大此诗后，马上有和诗，范成大再赋诗响应，题作《仲行再示新句，复次韵述怀》："神仙懒学古浮丘，祖意慵参老赵州。四壁尘埃心似水，一生风露鬓先秋。病衰谨谢吴中客，技拙甘同楚国优。斥鷃蓬蒿元自足，世间何必卧高楼。"③据此诗，当时范成大正在病中，心情抑郁，有消极遁世之感。想必王希吕的和诗给他不少刺激。诗中所谓"高楼"即与前诗之"西楼"相呼应，这是化用了前述白居易诗中的"西楼"意象④。

沈揆绍熙二年（1191）任知州，三年曾赴灵岩寺劝农，适逢寺僧修复古石井⑤。沈揆赋诗云："灵源一閟几经年，石上重流岂偶然。渐喜行春有幽事，人间初见第三泉。"⑥范成大有和诗，题为《虎丘新复古石井泉，太守沈虞卿舍人劝农过之，为赋三绝，谨次韵》，诗云："劝耕堂上醉高年，和气春风共蔼然。大士亦修随喜供，夜来古井跃新泉。落纸云烟堕翠峦，一泓潭

① 《范石湖集》卷二八，第 384 页。

② 《吴郡志》卷八"馆娃宫"条，及卷一五"灵岩山"条，第 104 页、208—209 页。

③ 《范石湖集》卷二八，第 384—385 页。《范石湖集》所载此诗与前诗相连，虽然内容和情绪相差较大，但从用韵来看是前后相继之作。

④ 见前引白居易诗《西楼雪宴》，以及《城上夜宴》中"风月万家河两岸，笙歌一曲郡西楼"句。

⑤ 《吴郡志》卷二九"石井、松江二水"条，第 430—431 页。

⑥ 《[正德]姑苏志》卷八"石井泉"条。

月斗清寒。凤凰池上挥毫手，却掬山泉淬笔端。传闻公作新亭好，先报侬家拄杖知。便拟挈瓶来煮茗，绕阑干角遍寻诗。"①此诗对劝农只是一笔带过，主要是围绕古石井泉来唱和。因为古石井泉水名列东南烹茶之水第三等，所以沈揆"为作屋覆之，别为亭于井傍，以为烹茶宴坐之所"②，当即诗中所言"传闻公作新亭好""便拟挈瓶来煮茗"。

其次是祈雨唱和。袁说友是绍熙元年三月任平江知府，二年五月赴召离任③。其集有诗《祷雨于保福寺，是日大雨至》，云："常旸为虐势流金，稽首长松幸屈临。一佛等慈清苦海，众生度厄浴甘霖。沛然而下期中熟，可以无饥免大祲。好雨倰人愁抱释，退思畴昔尚熏心。"④据此，绍熙元年夏间平江府有旱情，知府袁说友赴保福寺祈雨并赋诗⑤。范成大有《次韵袁起岩喜雨》："使君精祷动仙灵，月御俄从毕噣经。昨夜云头随皂盖，今朝雨脚挂青冥。池光拍岸浮州宅，湖面粘天涨洞庭。剩采吴歈歌岁事，传归击壤调中听。（原注：昨议复池光亭额，故因及之。）"以及《再次喜雨诗韵以表随车之应》："仙篆驱龙效水灵，佛螺吹梵演《云经》。何烦础汗生蒸润，便借炉熏作晦冥。一念故应周法界，万神元不隔明庭。昌时圭璧形声应，不似周时莫我听。"《三次喜雨诗韵少伸嘉颂》："向非贤牧政通灵，几负松陵耒耜经。天籁侵晨占少女，雨师连夜檄元冥。作霖岂必求商野，召见谁能右汉庭。闻有追锋传好语，从今侧耳为君听。"⑥范成大的这三首和诗前后相连，可见其喜悦之情，描写知府祈雨感动神灵，受到百姓的赞颂。显然这三首和诗应酬、歌功颂德的色彩较为浓厚。

袁说友《东塘集》中尚有《和赵成子提幹喜雨韵》："一天膏泽下民区，此意拳拳敢自居。欲写吴歌夸岁好，苦无杰语愧才虚。稍留佳客联珠履，共酹馀觞笑曲车。试问苏州两年熟，岂无名笔作农书。"而范成大亦有《府公录示和提幹喜雨之作，辄次元韵》："雨挟潮痕涨具区，流渠决决绕幽居。荷锄日课都忘倦，抱瓮天机本不疏。且喜水平昌谷稻，莫教雷假介休车。

---

① 《范石湖集》卷三三，第 444 页。

② 《吴郡志》卷二九"石井、松江二水"条，第 431 页。

③ 《吴郡志》卷一一，第 152 页。

④ 《东塘集》卷四，文渊阁《四库全书》本。

⑤ 保福寺恐误，应为光福寺。据下述范成大同韵唱和诗《次韵袁起岩喜雨》，有云"池光拍岸浮州宅"，其自注云"昨议复池光亭额，故因及之"，池光亭正在平江府府衙内（见《吴郡志》卷六"池光亭"条，第 57 页），可见本节所述祈雨唱和诗皆在袁说友知平江府任内。但苏州无保福寺之记载，而有光福寺，见《吴郡志》卷三三"光福寺"条。据记载，该寺有铜像观音，"岁有水旱，郡辄具礼迎奉入城"（第 503 页）。

⑥ 《范石湖集》卷三一，第 423 页。

老翁饱外还多事，更把林间种树书。"[①]这两首唱和诗显然是因赵提幹喜雨诗而作，与上面的袁、范祈雨唱和诗应是同时进行的。范成大的这首和诗不再描写、歌颂知府的祈雨行为，转而刻画农夫的耕作情形，反映了他在田园诗歌方面的创作特色[②]。其后，范成大又作《雨后田舍书事再用前韵》，诗云："村村畦圃蓺新区，处处田庐葺旧居。熟透晚梅红的皪，展开新箨翠扶疏。向来矜寡犹遗秉，此去污邪又满车。谁解续经如鲁史，为将连岁有年书。"[③]虽然用的是前述唱和诗的韵，但写的却是"雨后田舍"。

绍熙元年(1190)冬雪，袁说友作《喜雪》诗云："玉龙方急战寒声，满阵江风雪作茵。准拟丰年须造物，编排佳境付诗人。莫辞樽酒偏劳劝，更喜江梅欲斗新。愧我为州无善状，杨花何事已先春。"[④]瑞雪兆丰年，袁说友之喜正在于"丰年"，心中所牵挂的正是"为州无善状"，即其政绩。范成大有《次韵起岩喜雪》："吹成一雪便吹残，风伯无端岂坐悭。夜报飞花平瓦垄，晓惊疏雨落檐间。休教冻解鱼龙水，更待诚通虎豹关。准拟姑苏台上看，春前三度老青山。(原注：袁诗犹以雪未甚积，必念此意，当益感通矣。)"[⑤]后再雪，袁说友赋新诗，范成大有和诗《枕上闻雪复作，方以为喜，起岩再示新诗，复次韵》，中有"三白何忧稼穑艰，天于玉粒未吾悭"句，袁说友再有《立春日雪》诗，中有"料理风光兴未残，老无诗手一何悭"[⑥]句，范成大再和《起岩又送立春日再得雪诗，亦次韵》诗云："十分佳景媚冬残，好事天心不复悭。已遣梅花斜竹外，更飘瑞叶向人间。渔蓑晚色都堪画，羌笛春光亦度关。想得东风来处路，白银宫阙锁三山。"[⑦]从和诗的内容来看，已经从"丰年"转向了描画雪景了。

第三是祥瑞唱和。祥瑞往往被看作朝廷和官府统治效力的反映，因而受到地方官的重视，也是地方士人歌颂地方官政绩的重要方面，自然成为

---

① 《范石湖集》卷三一，第 423 页。此外，《范石湖集》卷三〇有范成大《次韵袁起岩甘雨即日应祈》："天遣贤侯惠此州，随车一雨缓千忧。药寮坐看云穿屋，莲棹归将叶盖头。三伏凉来那易得，百年饱外更何求。合词但祝为霖手，早侍熏弦十二旒。"(第 415 页)从韵脚看，与此两首唱和诗相近，或为同时唱和之作，但《范石湖集》没有将此诗和《府公录示和提幹喜雨之作，辄次元韵》放在一起。

② 关于范成大的诗歌创作特色，参见程千帆、吴新雷《两宋文学史》，上海古籍出版社，1991 年，第 339—348 页。

③ 《范石湖集》卷三一，第 424 页。

④ 《东塘集》卷五。

⑤ 《范石湖集》卷二九，第 404 页。

⑥ 《东塘集》卷五。

⑦ 《范石湖集》卷二九，第 405 页。

唱和的热点。前述绍熙二年,四月长洲县献瑞麦,七月平江府衙的池塘开双莲,知府袁说友请人绘双莲图,并与府县同僚、地方士人"画图以传,赋诗以相倡酬"①。范成大有《次韵袁起岩瑞麦,此麦两岐已黄熟,其间又出一青枝,亦已秀实,传记所未载也》诗云:"民和神福固其宜,况有仁先四者施。吴稻即看收再熟,周牟先已秀双岐。蕙风半老黄金穗,梅雨重春绿玉枝。乐不可支聊发咏,田间日日是芳时。"②这应该是和袁说友的《瑞麦》诗的。他又有《次韵袁起岩送示郡沼双莲图》诗云:"珠渊玉水折方员,涌出双莲照酒边。压倒小湖三级草,增光后沼两重莲。苕华名字元相并,桃叶根株本自连。好把吴歈翻楚些,杨荷新曲胜当年。(原注:洞庭小湖寺旧得瑞象,有草绕之,投草湖中,生三级红莲。皮日休有《木兰后池重台莲》诗云"两重元是一重心",皆吴中瑞故事,而未有双莲之传也。)"③袁说友有《和施德远双莲韵二首》,其一:"老向尘埃度岁华,不堪才拙负州家。天公着意成丰岁,地产无心出异葩。乱翠绡中双晕脸,抹青山外两凝霞。何人欲采莲归去,我有轻舟试一拏。"其二:"政拙才疏祇具员,也应和气到吴边。乡来偶尔双岐麦,今复申之并蒂莲。颇觉园丁惊创见,正须骚客赋新联。天休要是传消息,得得装成大有年。"④据此,应是先有施德远双莲韵二首,再有袁说友和诗二首,范成大的和诗应该是在看到袁说友送给他看的双莲图后写的。袁说友的和诗中比较强调"丰岁""大有年",范成大的和诗则着重在"吴中瑞故事",并与唐代诗人皮日休遥相呼应,欲与之较胜负。

其后,范成大又写了《再赋郡沼双莲三绝》:

> 馆娃魂散碧云沉,化作双葩寄恨深。千载不偿连理愿,一枝空有合欢心。
>
> 池光阑槛倚斜晖,把酒看花醉不归。但许鸳鸯相对浴,休惊翡翠一双飞。
>
> 两岐秀罢已蒿莱,春意还从菡萏回。不是使君和气胜,此花应向别人开。⑤

虽然第三绝仍不忘称颂知府治理地方招来"和气",强调这是瑞麦之后再

---

① 《吴郡志》卷六"双瑞堂"条,第58页。

② 《范石湖集》卷三〇,第415页。

③ 《范石湖集》卷三〇,第416—417页。

④ 《东塘集》卷四。

⑤ 《范石湖集》卷三〇,第418页。

现双莲祥瑞的原因所在，但前二绝主要围绕双莲所寄托的爱恨感情往复唱叹。“池光阑槛”即指前述平江府衙的池光亭，此句正是刻画知府饮酒赏花的姿态。这明显已经脱离了祥瑞这个政治意味极浓的话题。从袁说友的和诗来看，他确实受到了范成大诗的影响，其和诗的主题也转向爱恨情感。袁的和诗云：

江妃瑟里恨沉沉，万点红边意转深。拥出三千歌舞罢，翠绡萦得两同心。

天泉池上舞晴晖，一别人家未肯归。千载却随湘女泣，风前时学凤凰飞。

鉴湖一曲记蓬莱，棹入红蕖挽不回。今日池光少公事，好怀聊复为渠开。①

袁诗与范诗紧紧相扣，一唱一和，“江妃恨”对“馆娃魂”，“两同心”对“合欢心”，“凤凰”对“翡翠”，“今日池光少公事”句正呼应“池光阑槛倚斜晖”句。

在上述围绕劝农、祈雨、祥瑞等政事的唱和诗歌中，政事既是唱和的缘起，自然成为诗歌的主题，地方官表达了对于地方的治理和民众的福祉一再寄寓了关怀，谷物收成、灾情等时刻萦绕在心中，地方士人对地方官为政的赞颂也成为唱和诗的基调，积极参与劝农、祈雨的政事，范成大因病无法出席，也不禁遥想劝农的场景，以及府衙饮酒唱和的“西楼”。显然地方官与地方士人之间的唱和诗歌比一般文人之间的唱和诗歌应酬色彩更浓。即使如此，唱和诗歌并没有停留在应酬和歌颂上面，不时游离于政事之外，寄托了地方官和士人的深层次情感和人生体悟，如范成大病中的抑郁和消极遁世，他对田园生活的细致刻画，他和知府对于双莲祥瑞所蕴含的爱恨缠绵的叹咏，这些都是在唱和过程中逐步展开和深入的②。

地方士人在与地方官的唱和中，除了应酬之外，还有意引入当地的风物人情，反映了独特的地方人文传统。这在范成大的唱和诗中有较为突出的体现。范成大组织地方士人编写过《吴郡志》，对地方上的风俗、古迹和人物故事十分熟稔，恰可为考察他与地方官的唱和往来提供参照。范成大

① 《东塘集》卷六《和范石湖咏双莲三首》。

② 虽然学者将酬唱诗歌与独吟诗歌区别看待，强调两者的不同特点，这对于推进酬唱诗学研究无疑是有意义的，但这两种诗歌之间的关系似乎不是绝然对立，需要辨析。从本节的考察来看，范成大的独吟诗歌与酬唱诗歌彼此是相互影响的，在唱和诗中亦见其擅长的田园诗，应酬的唱和诗也能抒写个体的深层情感。

曾撰有《馆娃宫赋》，据其自序云“灵岩山寺，故吴馆娃宫也。山上下闲台别馆之迹，仿佛可考。余少长游焉，感遗事而赋之”，赋云“嗟浣纱之彼姝，乃独系于兴亡。荡龙舟之水嬉，撷香径之春芳；载夕阳以俱还，秉游烛于夜长。滟金钟之千石，仿酒池于旧商；歌吴歈而楚舞，荐万寿于君王”，这是咏古，又云“今则云雨之巅，仙圣是宅：砚沼莼浮，琴台松崛；封古藓于井瓮，宿暗芳于洞穴”，这是述今[①]。《吴郡志》卷八“古迹”条有馆娃宫、琴台、西施洞、砚池、采香径等遗迹，都被范成大写进了赋中，在上述唱和诗中也反复出现。此外，赋中的“歌吴歈而楚舞”，写的是吴地的歌舞[②]，前述范成大《次韵袁起岩送示郡沼双莲图》诗有“好把吴歈翻楚些，杨荷新曲胜当年”句，袁说友《和赵成子提幹喜雨韵》诗有“欲写吴歌夸岁好，苦无杰语愧才虚”句。丘崇（字宗卿）“乾道八年七月到，九年差主管台州崇道观，淳熙十一年十二月再到，明年帅越”[③]，在其离任时，范成大写有《吴歈一首送丘宗卿自平江移会稽》，述丘崇与平江之缘分[④]。此外，范成大在《次韵知府王仲行尚书鹿鸣燕古风》中有“千载吴趋行，愁绝白纻舞”句[⑤]，“吴趋行”、“白纻舞”也是指吴地的歌舞，《吴郡志》有专条考述[⑥]。

前文已经述及地方官与士人之间围绕日常交往活动展开唱和，如知府袁说友赠送范成大茉莉花，袁、范和提刑王正己为此往来唱和。范成大《次王正之提刑韵，谢袁起岩知府送茉莉二槛》云：“千里移根自海隅，风帆破浪走天吴。散花忽到毘耶室，似欲横机试病夫。燕寝香中暑气清，更烦云鬓插琼英。明妆暗麝俱倾国，莫与矾仙品弟兄。”[⑦]此诗首联写茉莉之来历，第三、第四联写茉莉之香气。其后所作《再赋茉莉二绝》中有“熏蒸沉水意微茫，全树飞来烂熳香”、“一笑相逢双玉树，花香如梦鬓如丝”句，也是写茉莉花香。直到茉莉花花期渐过，范成大还收到提刑王正己的和诗，并再和诗云：“南花宜夏不禁凉，犹绕珍丛觅旧香。留得典刑传菊圃，别篘新酒待重阳。（原注：吴中有茉莉、菊花。）”[⑧]他在其《霜后纪园中草木十二

---

① 《范石湖集》卷三四，第447页。

② 《吴郡志》卷二有“吴歈”条，第10页。

③ 《吴郡志》卷一一，第151—152页。

④ 《范石湖集》卷二六，第360页。

⑤ 《范石湖集》卷二八，第383页。

⑥ 《吴郡志》卷二有“吴趋行”“白纻舞”条，第9—10页。

⑦ 《范石湖集》卷三〇，第417页。

⑧ 《范石湖集》卷三一《王正之提刑见和茉莉小诗甚工，今日茉莉渐过，木犀正开，复用韵奉呈二绝》，

绝》中亦有咏茉莉者，诗云：“遮藏茉莉槛，缠裹芭蕉身。我亦入室处，忍寒待阳春。”[①]显然茉莉是范成大所珍爱的花种之一，对其非常了解，袁说友赠送茉莉给他也是投其所好。

赏花之馀，复有听乐。在上述范成大和提刑王正己茉莉花诗后不久，他又用同韵写了一首《复用韵记昨日坐中剧谈及赵家琵琶之妙，呈王正之提刑二绝》，诗云：“病来六结总龟藏，不用浓熏戒定香。花下酒边非我事，但馀消瘦是东阳。曹穆新声和者稀，如今妙手属天支。转关濩索都传得，想见飞凰舞绿丝。”其自注云：“正之云：‘《转关六幺濩索》《梁州历统薄媚》《醉吟商》《胡渭州》，此四曲承平时专入琵琶，今不复有能传者。’余按《北梦琐言》载黔南节度王保义女善弹琵琶，梦吴人授曲，内有《醉吟商》一调，其来远矣。”[②]这里反映了范成大对于音乐曲调有深入的研究，并与王正己进行交流。由乐而及人，《范石湖集》中还有一首《戏题赵从善两画轴三首》，其题注云：“王正之云：‘从善家有琵琶妓，甚工。’病翁未得见，借此画以戏之。”其二云“无笑无言两断魂，一杯谁为暖霜寒。情知别有真真在，试与千呼万唤看”，其三云“搔头珠重步微摇，约臂金寒束未牢。要见低鬟揎玉腕，更须斜抱紫檀槽”[③]，对赵家的琵琶妓的表演和身体进行了戏谑性的刻画。

以上主要以范成大和地方官的唱和诗为对象，考察了其主题、意象和用典等方面内容。一方面，唱和诗歌作为一种应酬行为，地方官的政事被频繁写进诗歌（包括官府的建筑，如前述“池光亭”），地方官要表达关怀民瘼，心系政治，地方士人难免对地方官进行一番歌功颂德。另一方面，唱和诗歌仍然是一种艺术创作，唱和双方并没有囿于政治和应酬，随着唱和的进行，其主题逐渐偏离政事，抒发个人的情感意志，同时地方士人的诗歌融入自己的创作风格和地方的风物。在政事之外，地方官与地方士人的唱和也反映了他们之间的日常往来，尤其是他们因拥有共同的个人爱好（如饮茶、赏花、听音乐等）而往复唱和。从上述诗歌诸文学特征（主题、意象和用典等）来看，诗歌是地方官和士人所共同拥有的文化形式，他们浸染其中，一字一句都有其喻意，因此对地方官与士人之间唱和诗歌的考察不能停留在政治和社会的层面，过于强调其应酬、世俗的特点，还需要深入发掘其深层次的文学内涵，揭示诗歌对于地方官与士人交往的文化意义。

上面以苏州为中心，考察了宋代地方官与地方士人之间的唱和往来。

---

① 《范石湖集》卷三二，第433页。

② 《范石湖集》卷三一，第420页。

③ 《范石湖集》卷三一，第427页。

从地方士人的角度来看,他们与地方官在衙署内外的宴集唱和,是其结交或攀缘地方官的重要途径。从地方官的角度来说,与地方士人在衙署内的亭园中吟诗品茗、彼此唱和,或者走出衙署,与地方士人徜徉于山水之间,参加地方士人的私家园林中的集会,亦是地方官增进与地方士人联系,形成彼此的认同,进而融入地方社会的过程①。诗歌是地方官与地方士人日常往来的主要媒介,这些唱和诗常常是"同题共作"②,使用同一韵脚和彼此熟知的典故,围绕共同的主题、意象往复酬唱,构成了共同的文化背景,产生共鸣。此外,他们还有其他形式的交流,如讨论学问、礼物馈赠、品茗宴饮等等。地方官与地方士人的这些唱和往来,加上他们具有同年、同乡、同僚等关系,形成"共同"的意识,消解他们政治上的身份差异,增进彼此联系和认同,发挥了潜移默化的作用。这种互动虽然并不能直接影响地方官府在地方的统治,却构成了地方官日常生活的重要组成部分,对于官府在地方社会的治理有潜在的影响。

三、地方官与苏州地方志的编刊

宋代地方志的兴起及其体例上的成熟定型,不仅在中国方志学史上占据了重要的地位,更由于朝廷、官府高度重视,地方士人积极参与方志的编纂、刊刻,使得地方志的编纂和刊刻具有了广泛的政治、社会和文化诸方面的影响力。学界对于前者已有很多的论述,比较侧重于文献学的研究③。近年来历史研究者对于后者给予了越来越多的关注,强调其社会文化意义,但缺乏个案的深入研究④。关于宋代地方志的资料虽然还有不足,但仍有进行个案研究的可能,没有多样而深入的个案研究,从整体上勾勒、探讨宋代乃至明代的地方志会存在着局限。

北宋真宗朝在全国大规模编纂图经,苏州则由吴县令罗处约负责,成

---

① 吴雅婷曾以苏轼为个案,探讨其在各地任官时融入地方社会的过程,见《北宋士大夫的宦游生活——苏轼个案研究》,台湾清华大学硕士论文,1999 年,第二章《走入异地》,其中论述"观景游会"的内容与本节所论颇有关联,可参看,第 55—78 页。

② 巩本栋《唱和诗词研究——以唐宋为中心》,第 17—20 页。

③ 黄苇:《论宋元地方志书》,《历史研究》1983 年第 3 期,第 73—88 页。桂始馨:《宋代方志转型问题再论》,《中国历史地理论丛》第 27 卷第 3 辑,2012 年 7 月,第 79—95 页。

④ James M. Hargett, "Song Dynasty Local Gazetteers and The Place in the History of *Difangzhi* Writing," *Harvard Journal of Asiatic Studies* 56. 2 (1996), pp. 405 – 442. Peter K. Bol, "The Rise of Local History: History, Geography, and Culture in Southern Song and Yuan Wuzhou," *Harvard Journal of Asiatic Studies* 61. 1 (2001), pp. 37 – 76.

书六十卷[①]。至神宗元丰年间，朱长文以“州民”的身份私纂《吴郡图经续记》，受到地方官员的重视，南渡后因为官府档案散佚，地方官府对其加以校刊，成为地方官施政的重要依据。南宋时期，苏州的地方志修纂活动比较活跃，州、县皆有志，包括绍熙年间范成大编纂的《吴郡志》，庆元二年(1196)常熟县令孙应时编纂、宝祐二年(1254)知县鲍廉增补的《琴川志》，淳祐十一年(1251)昆山知县项公泽编纂的《淳祐玉峰志》，咸淳八年(1272)知县谢公应编纂的《咸淳玉峰续志》。其中，值得注意的是《吴郡志》完全是由地方士人编纂的(包括范成大以及协助他的龚颐正、滕宬、周南)，协助孙应时、鲍廉编纂《琴川志》的有“邑之秀民”钟秀实、胡淳，协助项公泽编纂《淳祐玉峰志》的是县学直学凌万顷、掌仪边实，协助谢公应编纂《玉峰续志》的是边实，在这四部方志的修纂过程中，地方士人扮演了重要角色[②]。

本节试图选择《吴郡图经续记》和《吴郡志》作进一步的考察，探讨地方官在地方志修纂和刊布过程中扮演的角色，以及与地方士人的互动关系。这一方面是因为这两部志书在地方志的发展史上有着重要地位，颇具代表性。另一方面，它们保存了修纂和刊布过程的细节史料，提供了讨论的可能。

(一)朱长文与《吴郡图经续记》

关于《吴郡图经续记》的编纂、体例特征及其刊布，王瑞来曾撰文加以

---

① 王瑞来《〈吴郡图经续记〉考述》(《苏州大学学报(哲社版)》1988年第4期)一文中曾引陈振孙《直斋书录解题》卷八《苏州图经》条的记载，认为其撰写者是李宗谔等，但他只是大中祥符全国图经的总编者，具体负责修纂《苏州图经》的则是罗处约。参见《烬余录》乙编，《野史集成》第十册(此本当据清人谢家福辑《望炊楼丛书》本影印，而《国粹丛书》第三集所收《烬余录》作者题为元人徐大焯)。这些图经在南宋时还可以看到，但今天已经基本散佚了。

② 南宋时甚至还出现了官府无力刊印地方志，而由地方士人出资相助的情形。(宋)杨潜《云间志序》云：“书成而锓墨，公帑匮而莫能举，又得邑之贤士大夫鸠工助成。”(宋)杨潜修，朱端常、林至、胡林卿纂：《云间志》卷首，《宋元方志丛刊》本，第5页。也有地方士人修纂地方志受到地方官支持的，范成大等修纂的《吴郡志》就是由知府李寿朋组织校补刊刻的。淳熙二年(1175)，罗愿纂成《新安志》，也得到地方官的支持，“勉使卒业，约敕诸曹遇咨辄报，且谕属县网罗金石之文，使得辅成其说”。((宋)罗愿：《新安志序》，赵不悔修，罗愿纂：《新安志》卷首，《宋元方志丛刊》本，第7599页)关于宋代地方志修纂情况，可参见潘晟的《南宋州郡志：地方官、士人、缙绅的政治与文化舞台》(《史学史研究》2009年第4期)，周佳的《宋代知州知府与当地图经、方志纂述》(《中国历史地理论丛》第24卷第3辑，2009年7月)。

考证①。王氏的考证颇为细致，比较侧重从地方志的角度进行论述，但地方志的全面系统发展是到南宋以后才出现的，因此对有些细节的论述似乎偏离了当时的实际，值得作进一步辨析。本书试图在前人研究基础上，对《吴郡图经续记》的编撰与刊刻过程再进行考察，尤其是对它的编纂初衷、与官府图经的关联，以及地方官府对于它的态度等问题进行辨析。

1. 朱长文的家世及其交游

朱长文（1040—1098），字伯原，苏州人。其父朱公绰，字成之，少年时从学范仲淹，天圣八年（1030），与范仲淹侄范师道同登进士第。朱长文于嘉祐四年（1059）举进士及第，后因坠马伤足，没有出仕，长期随侍其父。熙宁末年朱公绰去世后，他回到苏州隐居，读书著述。元祐元年（1086），他受到苏轼、邓温伯、胡宗愈、孙觉、范百禄等人的推荐，出任苏州州学教授。八年，他又被召为太学博士。绍圣年间曾受到范纯仁、章惇、许将、曾布、林希等人的推荐，担任过秘书省正字兼枢密院编修文字。元符元年（1098）二月在京城去世，归葬苏州吴县②。

朱公绰与范仲淹父子、蔡抗兄弟关系密切，加之其求学、任职的经历，与当时的朝士大夫多有往来接触，朱长文随侍其侧，自然颇多熏染。朱长文早年曾从孙复治《春秋》，在苏州隐居期间，以治学、为诗、德行闻名乡里。苏轼在推荐他出任州学教授时，称其“不以势利动其心，不以穷约易其介，安贫乐道，阖门著书。孝友之诚风动闾里，廉高之行著于东南”③。他在苏州的士大夫圈子中享有很高的声望，与范氏、林氏等望族有着密切的关系，与方惟深、杨懿儒等隐逸之士有着深笃的情谊，地方官也多愿向他咨询，与其唱和④。他所营建的乐圃，被誉为“名德所寓”，“监司郡守莫不造

---

① 王瑞来：《〈吴郡图经续记〉考述》，《苏州大学学报（哲社版）》1988 年第 4 期，第 127—132 页。日本学者须江隆也有《〈吴郡图经续记〉の编纂と史料性—宋代の地方志に关する—考察》（《东方学》116 辑，2008 年）、《ある北宋知识人の日常と生涯——朱长文に关する传记史料の解析を中心に》（《史丛（日本大学）》78 号，2008 年）、《宋代地志序跋文考（一）》（《人间科学研究（日本大学）》4 号，2007 年）、《宋代地志序跋文考（二）——〈乾道四明图经〉の史料性に关する二、三の考察》（《人间科学研究（日本大学）》6 号，2009 年）等一系列的研究成果，值得参考。

② 以上朱长文的家世和经历主要参考邓小南师《朱长文家世、事历考》，《北大史学》第 4 辑，北京：北京大学出版社，1997 年，第 72—87 页。参见须江隆《ある北宋知识人の日常と生涯——朱长文に关する传记史料の解析を中心に》（《史丛（日本大学）》78 号，2008 年）。

③ 《苏轼文集》卷二七《荐朱长文札子》，北京：中华书局，1986 年，第 799 页。

④ 参见邓小南师：《北宋苏州的士人家族交游圈——以朱长文之交游为核心的考察》，《国学研究》第三卷，北京：北京大学出版社，1995 年，第 451—488 页。

请，谋政所急；士大夫过者，必奔走乐圃，以不见为耻”[①]。朱长文撰写《吴郡图经续记》，正是在地方官的推动下开始的。

2.《吴郡图经续记》的编纂

朱长文记述其撰写《吴郡图经续记》的缘由时说：

> 元丰初，朝请大夫临淄晏公出守是邦，公乃故相国元献公之子，好古博学，世济其美。尝顾敝庐，语长文曰："吴中遗事与古今文章湮落不收，今欲缀缉，而吾所善练定以谓唯子能为之也。"长文自念屏迹陋巷，未尝出庭户，于访求为艰。而练君道晏公意，屡见趣勉。于是，参考载籍，探摭旧闻，作《图经续记》三卷。[②]

据此，《图经续记》最初的缘起，是知州晏知止在拜访朱长文时提出要编纂"吴中遗事"和"古今文章"，而后来成书流传下来的只有前者[③]。其中，晏知止与朱长文交谊甚深，曾八次前往乐圃拜访朱长文，《乐圃馀稿》中收有很多唱和之作。推官练定与朱长文等地方士人往来唱酬[④]，关系紧密，彼此熟悉，故向知州推荐，并从旁推动[⑤]。

"吴中遗事"与"古今文章"并不是旧《图经》所涵盖的内容[⑥]，这反映了晏知止对苏州社会文化的关注所在，所以练定推荐熟悉苏州人文的朱长

① 《吴郡志》卷二六，"朱长文"条，南京：江苏古籍出版社，1999 年，第 385 页。

② 朱长文：《吴郡图经续记序》，《吴郡图经续记》，南京：江苏古籍出版社，1999 年。

③ 朱长文《序》言："其古今文章，别为《吴门总集》云。"

④ 《[正德]姑苏志》（文渊阁《四库全书》本）卷三九载："练定，字公权，元丰中为推官，与朱长文、方子通酬唱。"朱长文《乐圃余稿》（文渊阁《四库全书》本）卷二有《次韵练定公权垂访乐圃之什》。

⑤ 朱长文与晏知止、练定二人的交游，可参见前引邓小南师《北宋苏州的士人家族交游圈——以朱长文之交游为核心的考察》，第 462—463 页。

⑥ 北宋真宗朝编纂《祥符图经》，李宗谔序云："毛举百代，派引九流，举春秋笔削之规，遵史官广备之法，立言之本，劝戒为宗，守令循良，罔不采寻，畯良攸产，往谍备传。自余经界之疆畔，道里之迩遐，版赋之耗登，轨迹昭晦，土毛良苦，气俗刚柔，具有差品，无相夺伦。"（《玉海》（文渊阁《四库全书》本）卷一四《祥符州县图经》）《乾道四明图经序》曾言及徽宗朝编纂图经，"故地里之远近、户口之主客与夫物产之异宜、贡赋之所出，上而至于人物、古迹、释氏、道流，下而至于山林、江湖、桥梁、坊陌，微而至于羽毛鳞介、花木果蓏、药茗器用之类，靡不毕备"。这两则材料大致反映了北宋图经的基本内容和体例逐渐细密，到北宋后期已经相当详备。可以看到，北宋时期朝廷和地方官府修纂图经主要着眼于户口、赋役、地理、土产等名目，此外人物与古迹（这应该是与"遗事"关系最密切的内容）虽然在图经记载的范围，但在《元丰九域志》这样全国性的总志中却很少涉及，这种政策上的倾向必然影响地方官府编纂图经的详细程度。至于"文章"则更是在图经记载的范围之外了。

文来承担搜集“遗事”和“文章”的工作。晏知止所预期的似乎与图经没有直接关联，严格地说他并没有打算请朱长文来修订或续编图经①。但等到朱长文“参考载籍，探摭旧闻”，撰写成书，却名为《图经续记》。他虽然说“凡《图经》已备者不录”，但其体例当沿袭了官方所修《图经》，而补其缺略②，已不再局限于“吴中遗事”。据朱长文的自序，他素来对方志之学颇为重视，认为“圣贤不出户知天下，矧居是邦而可懵于古今哉？按《唐六典》，职方氏掌天下之地图，凡地图命郡府三年一造，与版籍偕上省。圣朝因之，有闰年之制，盖城邑有迁改，政事有损益，户口有登降，不可以不察也”，可以看到其志“素在天下”，虽然身处地方，却对古今天下之事念兹在兹。虽然在晏知止的初衷和朱长文的主观意图之间存在一定的错位，但这一错位开启了宋代地方士人私修《图经》的先例，成为南宋地方志的雏形。只是这种先例开始还只是局限于地方官与地方士人之间的私人交游圈，《图经续记》并没有替代《图经》，被官方所接受。朱长文自己亦说撰写《图经续记》是要为朝廷修纂图志提供材料，而不是取代《图经》。后来由于知州晏知止离任，朱长文只好将《续记》藏在家中。看来由地方士人来编纂地方志，还需要一段时间和契机，方能被地方官府认同。

元丰五年(1082)，章岵任知州。其兄章岷与范仲淹甚有交谊，与朱公绰为同年进士。天圣中章岷为平江节度推官，章岵曾随其侍亲居苏州，与吴中士大夫多有交往③。章岵在拜访朱长文时，提出要阅读《图经续记》。朱长文遂对原稿“稍加润饰，缮写以献”，意欲“用被咨阅，固可以质凝滞，根利病，资议论，不为虚语也”，其书稿被“置诸郡府”④。这时士人私修的《图经续记》才由私家而进入官衙，但其地位似仍不能超越官方的《图经》。

---

① 王瑞来认为“首先动修志之念的是知州晏知止”，而“朱长文在晏知止亲自上门谕意，又经过练定多次敦促，才下决心修志的”。这里有两点需要辨析：一、“修志”的所指很模糊，准确地说只能是“修订图经”；二、根据文意，晏知止并没有明言要朱长文修订图经，而且当时尚未有地方士人参与修订官方的《图经》，如下文所论，朱长文的《图经续记》被官方所接受认可是在南宋初，所以笔者以为晏知止并没有意图要修订图经，更没有动“修志之念”。

② 罗愿撰写《新安志》，亦是以《祥符图经》作为参考，他在《序》中说：“间因阅前史及国典，并杂家稗说有及此者，稍稍附着，后得《祥符图经》于民间，则纲目粗设，益访故老，求遗事，思辑为一书。”

③ 参见邓小南师《北宋苏州的士人家族交游圈——以朱长文之交游为核心的考察》，第462—463页。

④ 朱长文《序》。

元丰中曾知长洲县的常安民[1]，“每至伯原隐居，爱其林圃台沼，逍遥自乐”，可见二人交往颇为密切。他对朱长文的《图经续记》评价甚高，谓“观其论户口，则继之以教；陈风俗，则终之以节。至于辨幼玉之怨，……其论议深切著明，皆要之礼义”[2]，他对《图经续记》教化风俗的作用颇为重视，其中“论议”和“礼义”正是旧《图经》欠缺的地方。前来求教的林虙读过《图经续记》后，亦赞扬备至，谓其志“素在于天下”，不能“以方域舆地之书视之”，认为虽然朱长文因疾不能出仕，但“天将激先生以鸣斯文”，方能写出此书[3]。显然当时的士人并没将《图经续记》视同《图经》，而是赋予它更广泛的政治和文化意义。此时《图经续记》虽然尚未刊印，但已经得到地方官个人的认同，并在地方士人中产生了较大的影响，只是其影响仍限于朱长文的交游圈之内，“见之者尚鲜也”[4]。即使是知州、知县的关注与赞誉，也与他们和朱长文的密切交往有关。

3.《吴郡图经续记》的刊刻[5]

从上述内容可以了解到，《吴郡图经续记》开始是以稿本或抄本的形式流传的，它是在朱长文去世以后才得以正式刊刻。元符元年(1098)，祝安上通判苏州，“周览城邑，顾瞻山川，窃欲究古兴替盛衰之迹，而旧《经》事简文繁，考证多阙，方欲博访旧闻，稍加增缀，而得此书于公之子(朱)耜”。据此，当地方官欲增补旧《图经》时，朱长文此前献给官府的《图经续记》可能已经丢失了。《图经续记》此时被通判重新发现，并成为他重修《图经》的依据，此亦可证《图经续记》尚未成为官府所认同的图经，而只是私人撰写的地方文献。三年，祝安上暂领知州，谓“不敢自秘”，则此前朱长文的《图经续记》似为其私人所收藏，至此才由官府出资刊印，“以示久远”。祝安上为其所撰《后序》中还说：“若乃著述之本意，则详于自序，而摅辞之博赡、措意之深远，则又详于常林二君之后序矣。”[6]可见祝安上虽然关注的是地理形势与兴替盛衰之迹，利用《图经续记》来编纂官府的图经，与朱长文的

---

① (元)脱脱：《宋史》卷三四六《常安民传》，北京：中华书局，1985年。

② (宋)常安民：《书吴郡图经续记后》，《吴郡图经续记》，第86页。

③ (宋)林虙：《图经续记后序》，《吴郡图经续记》，第87—88页。据朱长文的《序》，他缮写《图经续记》献给知州章岵的时间在元祐七年九月十五日，而林虙的《后序》作于同年十二月，故两者可能是同时编入《图经续记》，林虙的《后序》也得到了朱长文的认同。

④ (宋)祝安上：《图经续记后序》，《吴郡图经续记》，第89页。

⑤《吴郡图经续记》的刻本情况可参见王瑞来先生前引文。本书主要围绕它的北宋刻本(今已亡佚)和南宋绍兴四年刻本的刊刻过程进行考察，对于明代以后的刊刻不予讨论。

⑥ (宋)祝安上：《图经续记后序》。

关怀有别,但他也对朱长文的撰写意图(经过了常安民、林虙诠释)表示了认同。至此,地方士人私纂之《图经续记》被官府加以刊刻传布,朱长文撰写《图经续记》的志向和士人交游圈内的评价也为官府认可。

绍兴四年(1134),孙佑知平江府,“时兵火之馀,图籍散亡,秉笔凝滞,触事面墙”,地方政务难以开展,故“每贤士大夫相过,必以咨访”,只能依靠士大夫的口耳相传来获取信息。后来,前湖州通判陈能千乘船经过苏州,携朱长文的《图经续记》来拜访孙佑。孙佑“开卷欣跃”,并让学官孙卫“补葺校勘,复为成书以传”①。据此,朱长文的《图经续记》在南宋初年已经传布到苏州之外了。值得注意的是,甚至地方官都没有来得及依据此书重修图经,而直接加以校勘刊刻。由于战火毁坏了官府的图志版籍,地方士人私纂的地方志成为地方官府治理地方的重要依据。朱长文撰写《图经续记》时,曾谓“倘或申命方州更定图籍,则此书庶几有取也”。孙佑刊行其书时,说“异日职方氏缵修中兴新书,当亦有取于斯,则乐圃先生之志不泯矣”②。朱、孙二人都希望《图经续记》能得到朝廷的重视,在修订图志时加以利用,这也说明他们对《图经续记》的定位仍然没有超越官府修纂的《图经》。从实际的情形来看,由于旧《图经》没有及时得到修订,且受到破坏而散佚,地方士人私纂的地方志在士人和地方官的交游圈中影响日渐扩大,使得后者可能取代旧《图经》,并得到地方官府的认可,成为地方官施政的重要依据,由地方官府组织修订刊刻。至迟在孝宗朝,由地方官领衔、地方士人参与修纂的地方志已经逐渐出现③。地方士人参与修纂的地方志,毕竟已不同于地方官府编纂的《图经》了。

综上所述,《吴郡图经续记》虽然在方志学史上占有重要位置,开启了北宋私修地方志的先河,南宋时期地方士人参与修纂的地方志逐渐取代了官府的图经。但从实际过程来看,它在当时仍然没有取代图经的地位,地方官和地方士人都是将其作为官府修纂图经的资料而已,南渡后地方官之所以用它来暂时代替图经,主要还是受到战争的影响。它的撰写既反映了地方官和地方士人对于地方遗事的共同关注,同时其形式体例又受到官府图经的影响,这也许可以看作地方士人是在试图通过“图经续记”的非常规形式来传递其

① (宋)孙佑:《图经续记后序》,《吴郡图经续记》,页90。

② (宋)孙佑:《图经续记后序》,《吴郡图经续记》,第90页。

③ 现存的《新安志》即是淳熙二年(1175)由知州赵不悔修、“郡人”罗愿纂的。但当时依然存在官府编纂《图经》的情形,如乾道五年(1169)修成的《四明图经》,是知州张津主持修纂的,序称其“分委僚属,因得旧录,更加采摭”而成。所谓旧录,似为大观年间官府修纂图经所成之稿。

对地方遗事的“书写”,尤其是他们对遗事的“论议”所寄寓的深意,显然地方官和地方士人在发挥《吴郡图经续记》的教化功能上有着共识。这可能是推动地方志发展的深层次原因,这个问题值得进一步探讨。

(二)《吴郡志》编纂与刊布的风波

南宋绍熙年间范成大编纂的《吴郡志》是宋代地方志逐渐成熟的代表,《四库全书总目》称其“征引浩博,而叙述简核,为地志中之善本”①,在中国方志发展的历史上有着深远的影响。《吴郡志》成书后没有立即刊印,有人声言此书“非石湖(范成大号)笔”,引起了一段风波,延宕三十馀年方才刊印,这与当时的人际关系和政治情势有着密切的关联,其中的曲折颇值得考察②。

1. 范成大在苏州的经历与交游③

《吴郡志》大约成书于绍熙年间,题为范成大撰④。范成大(1126—1193),字致能,自号石湖居士,苏州(时称平江府)人,自称与范仲淹同族。父范雩,宣和六年(1124)进士及第,与吴人王葆、龚明之同榜。成大十四五岁时,父母先后去世,遂读书于昆山荐严寺,十年不出。曾跟随王葆求学,与昆山人李衡、乐备、马先觉结诗社⑤。绍兴二十四年(1154),中张孝

---

① 《四库全书总目》卷六八《史部·地理类一》,北京:中华书局,1965 年,第 598 页。

② 《四库全书总目》曾指出“赵汝谈为之序,以周必大所撰成大墓志定是书实所自为,并申明龚颐(正)三人者常为成大搜访,故谤有自来”,但对“谤有自来”没有展开论述,语焉不详。程光裕《吴郡志考略》一文主要考察的是《吴郡志》的版本流传,而对其修纂和刊布则基本没有涉及(《宋史研究集》第九辑,台北:中华丛书编审委员会,1977 年,第 575—579 页)。

③ 以下关于范成大在苏州的经历和交游的论述,主要依据王德毅先生的《范成大年谱》,《宋史研究论集》第二辑,鼎文书局,1972 年,第 185—280 页。

④ 《吴郡志》成书的时间难以确考。据周必大所撰《资政殿大学士赠银青光禄大夫范公(成大)神道碑》,绍熙四年范成大就病逝,见《文忠集》(文渊阁《四库全书》本)卷六一。故可以确定《吴郡志》成书在绍熙四年九月四日范氏去世之前。此外,袁说友、沈揆绍熙二年至四年二月任平江知府,他们与范成大交往颇为密切,如果《吴郡志》已经成书,他们当会加以刊刻。所以《吴郡志》的成书大约在绍熙四年二月以后,九月以前。下文所述知府欲刻《吴郡志》,因谣言而不敢刻,当在范成大去世以后。如果范氏仍在世,就不可能产生“是书非石湖笔也”的谣言。

⑤ 参见邓小南师《龚明之与宋代苏州的龚氏家族:兼谈南宋昆山士人家族的交游与沉浮》,《中国近世家族与社会学术研讨会论文集》,台北:“中研院史语所”,1998 年,第 81—109 页。此文指出南宋初期苏州存在以王葆为中心的昆山士人交游圈,而范成大曾读书于昆山荐严寺,受到王葆的督励。同时她也指出在王葆、李衡、范成大等核心人物周围,团聚着一批批不同年辈的苏州士人,只是在这篇文章中并没有以范成大为核心展开论述。

祥榜，赐同进士出身。第二年，汤鹏举任平江知府，与成大交相唱和，他曾举荐过成大兄成象。这一年，范成大除徽州司户参军，时洪适任徽州知府。任满后被举荐升从仕郎，返回平江，洪适有诗相送。在平江乡居时，洪适之弟洪遵任知府，时相过从。洪遵修四贤堂、瞻仪堂，请范氏为其撰记。隆兴元年(1163)，编《太上皇帝圣政》，充任圣政所检讨官兼敕令所编修官，同官有周必大、陆游等人。周必大又是王葆的女婿，与范成大过从甚密。

乾道七年(1171)，范成大知静江府兼广西经略安抚使，赴任前归乡。他在吴县西南筑别墅，名曰石湖，"一时名人皆为文词以侈之"，是当时苏州一景，地方官常行游览。淳熙元年(1174)，范成大任四川制置使兼知成都府时，喜游宴，常与僚属陆游酬唱新诗，人争传诵，文名益增。后入朝官至参知政事，因为御史的弹劾而外放。他没有赴任而返回吴郡，泛舟石湖，闲居一年馀。期间，孝宗曾派使者传诏慰问。八年，入朝奏事陛辞时，孝宗设宴命酒，并赐以亲书"石湖"二大字。范成大后将此赐字制成扁榜并刻石。此事在当时影响颇大，杨万里曾为诗记之。绍熙元年，范成大奉祠乡居，以所居之园圃名范村，地方官与其唱和颇多①。淳熙十三年，王希吕知平江府，曾招范成大会饮，"一饮之费，率至千馀缗"。王希吕在乾道年间曾因为谏止后戚张说居枢府，和李衡、周必大等四人同时去位，被时人誉为"四贤"。

范成大得到了南渡后苏州地方士人第一代核心人物王葆的提携，致身通显，成为第二代苏州地方士人的核心人物之一，与苏州地方士人有着广泛的联系，享有很高的声望(已经不限于苏州地区了)。他在中央和地方都担任过重要职位，官至参政，与朝廷中的重臣亦建立了密切的联系②，在苏州期间与地方官有密切的往来，在地方上亦具有相当的政治影响力。由他来编纂《吴郡志》无疑是最合适的人选。

2. 参与编纂《吴郡志》的地方士人

据赵汝谈绍定年间撰写的序，范成大撰写《吴郡志》，曾得到地方士人龚颐正、滕宬、周南等人的支持，赵汝谈称此三人与范成大相交密切，"皆州之隽民也，故公(指范成大)数咨焉，而龚荐所闻于公尤多"③。下面对此三人的情形及其与范氏的关系加以考察。

---

① 王德毅先生的《范成大年谱》对于这段经历没有述及，参见本章第二节的论述。

② 有时是通过他在苏州的关系来嫁接的，如与周必大的关系。

③ (宋)赵汝谈：《吴郡志序》，《吴郡志》，南京：江苏古籍出版社，1999年，第1—2页。

龚颐正，本名敦颐，后避光宗讳改名。他是北宋新法派人物龚原的后人。龚原曾被列入元祐党籍，龚颐正亦撰有《符祐本末》《元祐党籍三百九人列传》，这在南宋士人中颇易产生影响[①]。他屡举进士不第，后来因为做过孝宗前期宰相洪适的门客，得到了官的身份。他颇有史才，淳熙末年，得到洪迈（洪适三弟）的推荐，被授以下州文学，后补迪功郎[②]。如前所述，洪适及其弟洪遵与范成大亦颇有渊源。龚颐正曾携《睢阳五老图》见范成大，范氏为其题跋云：

> 退休就闲，士君子皆能之，惟耆耋康宁所谓五福，则天之所畀也。后生当勉己之所能，以待天之所畀，庶乎希踪寿域云。淳熙甲辰仲冬朔，历阳龚敦颐携此卷相示，敬识其末，吴郡范成大书。[③]

淳熙甲辰即十一年（1184），其时范成大已经辞官里居[④]。据此，龚颐正（此时尚未改名）是范成大的后辈，曾得其期许，范成大辞官回到平江府，与龚颐正往来甚密。后范成大的行状也是由龚颐正撰写的。

嘉泰元年（1201）七月，龚颐正获赐进士出身，并被任命为实录院检讨官。此前他曾撰写《续稽古录》，"盛言（韩）侂胄定策之勋"，被擢升为资善堂小学教授，迁枢密院编修官[⑤]。开禧三年十一月，韩侂胄被杀，史弥远开

---

① 《建炎以来朝野杂记》乙集卷一二，"龚颐正续稽古录"条，北京：中华书局，2000年，第694页。据《宋史》卷三五三龚原本传，龚氏曾师从王安石，成为新法派得力干将，受到曾布的重用，后因得罪蔡京身列元祐党籍。可见，龚原的身份比较复杂，他既是新法阵营中的一员，但又和许多旧法派成员一起受到蔡京等人的打击，名列元祐党籍。这也对龚颐正的处境有所影响。此外，龚氏亦为苏州昆山县的望族，龚明之曾与范成大之父范雩同年登科，参见前引邓小南：《龚明之与宋代苏州的龚氏家族——兼谈南宋前期昆山士人家族的交游与沉浮》，第89页。虽然龚颐正与龚明之所出不同，龚原本传载其为遂州人，龚明之之祖龚慎仪为邵武人（《续资治通鉴长编》卷一，建隆元年七月乙丑条），但这仍为龚颐正在苏州的发展提供了有利条件，就像范成大自称与范仲淹同族一样。

② 《建炎以来朝野杂记》乙集卷一二，"龚颐正续稽古录"条，参见《宋史全文》（文渊阁《四库全书》本）卷二九下，嘉泰元年七月乙丑条。

③ 《赵氏铁网珊瑚》（文渊阁《四库全书》本）卷一三。宋代士大夫在地方组织诗社，或以五老会、真率会等方式聚会，往来唱和，蔚为风气，在地方社会颇有影响。可参见欧阳光：《宋元诗社研究丛稿》，广州：广东高等教育出版社，1996年；黄宽重：《宋代的家族与社会》，北京：国家图书馆出版社，2009年，第146—154页；周扬波：《宋代士绅结社研究》，北京：中华书局，2008年，第95—127页。

④ 据周必大所撰的神道碑，范成大淳熙五年四月除参知政事，六月即罢，其后他又曾担任过几任地方官，九年以后就因病辞官归乡。参见王德毅《范成大年谱》。

⑤ 《建炎以来朝野杂记》乙集卷一二，"龚颐正续稽古录"条。

始掌权,朝廷下诏毁龚颐正所撰《续稽古录》[①]。

滕宬,字季度,南渡后居于平江府吴县。曾随叶适学。据叶适为其所撰墓志铭云:

> 虽不喜时文,习制举,一年而成。太守荐直言极谏,孝宗问知其世家,甚悦,宰相亦言识君父兄,"住子城后某桥,庭有某树",皆是。主相论合。既召试,命文漂疾,午漏不移晷已就。考官疑轻己,大怒,遂以"四通非近法"罢。监司再荐,即日复召,会内禅不果,然后荐者累累不已[②]。

此次被举荐应试制科当在淳熙十二年,推荐者是平江知府丘崈,淳熙十五年提举浙西常平茶盐公事罗點再次举荐[③]。滕宬之祖滕康是应天府宋城(今属河南)人,在建炎年间曾任词臣,参与了南宋政权的创建,官至权知枢密院事[④],故孝宗"问知其世家,甚悦"。这里的宰相应该是王淮[⑤],他曾在乾道七年十月至八年十一月任浙西提刑[⑥],故与滕宬之父兄相识,且可能到过其家,有所往来。当时负责召试的主考官是礼部侍郎颜师鲁,副考官则有秘书监兼国史院编修官沈揆。叶适记述中的考官应指颜师鲁,他在淳熙五年十月至七年九月担任过浙西提举[⑦],应对滕宬及其家世不陌生。沈揆其后在绍熙二年至四年之间知平江府,这次召试也许可以算作他与滕宬之间的一种机缘,虽然主考官颜师鲁并没有对滕宬产生好感,只给了一般

---

① 《建炎以来朝野杂记》乙集卷一二,"龚颐正续稽古录"条。参见《直斋书录解题》卷四《续稽古录》条。

② 《叶适集·水心文集》卷二四《滕季度墓志铭》,北京:中华书局,1961 年,第 469—470 页。

③ 据《宋会要辑稿》选举一一之三八载淳熙十五年二月罗點奏:"窃见平江府布衣滕学问淹该,行义修洁,词章博赡,明习世务,昨因太守臣丘崈荐举,蒙朝廷召试六论。"又据《吴郡志》卷一一,丘崈是淳熙十一年十二月知平江府的,第二年就改他任了,所以他举荐滕宬当在十二年。

④ 《宋史》卷三七五《滕康传》。

⑤ 据《宋史·宰辅表》淳熙十二至十三年,王淮是唯一的宰相,十四年至十五年和周必大并列宰相。由于范成大的关系,周必大虽然可能和滕宬或其父兄相熟识,但上述材料中的宰相应该是王淮,事在淳熙十二年。另据《宋会要辑稿》选举一一之三七记载,淳熙十二年十月八日,"宰执进呈池州守臣陈良佑奏福州布衣庄治堪应贤良方正能直言极谏科,上曰:'向来李垕文字颇冗杂,郑建德却善作文。今安在?'王淮等奏:'尝为删定官,不禄。'上曰:'卿等看庄治文字如何?'王淮等奏:'文字亦颇有源流,但不知记问如何,兼一人,恐不可试。'上曰:'不必拘此,可令后省看详。'"参见《皇宋中兴两朝圣政》卷六二,北京:北京图书馆出版社,2007 年,第 508—509 页。据《宋会要辑稿》选举一一之三八的记载,庄治和滕宬是十三年五月同时参加召试的。所以叶适的记述可与上述庄治的事情合看。

⑥ 《吴郡志》卷七,第 81 页。参见《宋史》卷三九六《王淮传》。

⑦ 《吴郡志》卷七,第 92 页。参见《宋史》卷三八九《颜师鲁传》。

的评价。后由于韩侂胄专权,"尤忌君",虽经地方官一再举荐,滕宬却始终未能进入仕途,叶适试图为其申请一个处士之号,也被韩侂胄阻挠。滕宬晚年隐居于苏州齐门,地方官"知其贤,多就见之,清语终日"①。上述材料说明滕宬的家族在当地颇有影响,并与地方官之间往来相熟,以致得到他们不断的举荐,且与孝宗朝的宰相颇有渊源,但后来与韩侂胄关系比较对立,这可能与叶适有关。

周南,字南仲,吴县人。娶黄度女,黄度曾任平江府教授。周南亦从叶适学。"为文词,雅丽精切,而皆达于时用,每以世道兴废为己任"。绍熙元年进士及第,为池州教授②。绍熙四年(1193),范成大病逝。第二年,宗室赵汝愚联合外戚韩侂胄发动宫廷政变,拥立宁宗。后来赵汝愚拜相,并利用其引进的朱熹、彭龟年对韩侂胄加以排挤。庆元元年(1195),他反被韩侂胄之党以"自居同姓,数谈梦兆,专政擅权,欺君植党"的罪名弹劾,连遭贬谪。韩侂胄遂得以专权,对赵汝愚一派进行打击,将赵汝愚、朱熹等一干人斥为伪学逆党,这就是著名的"庆元党禁"③。在列名伪学逆党的士大夫中,就有周南,及其岳父黄度,还有周南和滕宬的老师叶适④。开禧二年(1206),韩侂胄准备北伐,意欲起用周南,但他对韩侂胄北伐和专权无能给予尖锐的批评,因而遭到斥逐⑤。此后他"绝意当世,弊衣恶食",再也没有出仕。

值得注意的是,龚颐正对于韩侂胄的态度,与滕宬、周南有明显的不同,但他们却都与范成大有交往,对范氏撰写《吴郡志》给予支持。绍定二年为刊刻《吴郡志》撰写序言的赵汝谈虽然也极力反对韩侂胄专权,但他却依然认同龚颐正是"州之隽民",没有将其和滕宬、周南加以区分。可以看到,在范成大周围形成的复杂交错的士人交游圈,虽然或许存在政治观点的差异(这一点是在韩侂胄上台后才逐渐显现),但苏州的文章故事和古今人物始终是他们共同关注的所在,后来光宗、宁宗朝廷的政治斗争和派系矛盾似乎没有影响他们之间的认同,这或许也是庆元党禁没有持续太久的原因之一。

---

① 《叶适集·水心文集》卷二四《滕季度墓志铭》。

② 《叶适集·水心文集》卷二〇《文林郎前秘书省正字周君南仲墓志铭》,第381—384页,参见《宋史》卷三九三《黄度传》附《周南传》。

③ 参见陈振《宋史》,上海:上海人民出版社,2003年,第490—491页。

④ 《建炎以来朝野杂记》甲集卷六,"学党五十九人姓名"条,第139—140页。参见《叶适集·水心文集》,卷二〇《文林郎前秘书省正字周君南仲墓志铭》,第381—384页;同卷《故礼部尚书龙图阁学士黄公墓志铭》,第393—397页;同书卷二四《滕季度墓志铭》,第469—470页。

⑤ 《叶适集·水心文集》卷二〇《文林郎前秘书省正字周君南仲墓志铭》。

3. 风波三十年

如上述，范成大修纂《吴郡志》曾求助于龚颐正等地方士人，龚颐正也贡献尤多。另据赵汝谈之序，范成大在撰志时，曾有人“求附某事于籍而弗得者”。《烬馀录》亦记载：

> 范志厘订时，有《建炎死难男妇事节姓氏稿》尺许，文穆（按即范成大）以真伪杂糅，且不可文，批拟别存。①

这里的《建炎死难男妇事节姓氏稿》当不是范成大自己收集撰写的，疑为地方士人所作，提供给范氏修志之用，此即赵序所谓“求附某事于籍而弗得者”。从“真伪杂糅”和“不可文”两点来看，其编撰者不会是太有文名的士大夫，而只是乡间的陋儒。龚颐正的贡献得到了范成大的认可而被编入《吴郡志》，而上述“求附事”者所提供的没有被采用，这说明范成大有其取舍的标准。从提供材料的一方来说，不管是否被采用，都反映了地方人士（尤其是士人）对修志的关注。尤其是“求附事”者采用“真伪杂糅”的办法，试图通过“死难男妇”来表彰“事节姓氏”，显示他们对家族在地方的声望颇为关注。

虽然地方官似乎并没有直接参与《吴郡志》的修纂过程，但平江知府在得知成书后即打算加以刊布。这自然与范成大的身份与地位有关，加以龚、滕、周三人在苏州素有声望，《吴郡志》在地方士人中颇有影响。知府之所以没有像南宋其他地方志那样领衔修纂，大概是因为范成大的身份和地位要远高于他。

到绍定二年（1229）知府李寿朋刊刻《吴郡志》时，他让州学教授汪泰亨和地方上的“文学士”加以补订，则是直接参与了该志的修纂和刊布。上引《烬馀录》接着说：

> 李公（按指知府李寿朋）增续时，一未节取（按指上述之《建炎死难男妇事节姓氏稿》），亦未另刊。又文穆批留待编之原稿一百四十馀册，李公仅资表隐，无关地方掌故，亦未补入。书成后，郡人士等诸废纸，无欲收藏，故存本特少。

据此，李寿朋在增续《吴郡志》时，也没有采用《建炎死难男妇事节姓氏稿》（即使是节取）。范成大所保留的一批待编稿件，大约是修纂《吴郡志》时收集的材料，而尚未来得及编入《吴郡志》，以留待后来者。但李寿朋却因

① 城北遗民：《烬馀录》乙编，《野史集成》第十册，第266—267页。（此本当据清人谢家福辑《望炊楼丛书》本影印，而《国粹丛书》第三集所收《烬馀录》作者题为元人徐大焯）

其“无关地方掌故”，大多没有采用。很显然，他取舍的标准和范成大并不完全一致，更关注地方掌故。这也使得《吴郡志》经地方官府组织增补后，范成大收集的资料（包括当地人主动提供的）却因地方官不予采用而逐渐散佚。

《吴郡志》的成书大约是在绍熙四年范成大病逝之前，地方官也早已获悉，并“具木欲刻”，已经做好了刊布的准备。但它的正式刊布却是在三十多年之后[①]，这期间由于它的撰者而引发了一阵风波。

据赵汝谈序，平江知府正准备刊刻《吴郡志》时，“有求附某事于籍而弗得者，因哗曰：‘是书非石湖笔也。’守惮莫敢辨，亦弗敢刻，遂以书藏学宫”。有学者认为这是由于《吴郡志》的著作权而引发的风波[②]。这应该只是就赵汝谈序的字面意思得出的论点，其中的深层次原因尚待发覆。据赵汝谈的记述：

> 余闻石湖在时，与郡士龚颐[正]、滕宬、周南厚。三人者，博雅善道古，皆州之隽民也，故公数咨焉，而龚荐所闻于公尤多，异论由是作。

所谓“是书非石湖笔”的说法当即指此，即认为《吴郡志》乃成书于众手。这里显然不只是一个作者署名的问题所能解释清楚，因为以范成大的声望与地位，由他署名只会扩大《吴郡志》的影响，是地方官和参与修纂者都希望看到的。另据周必大所撰的范成大神道碑记载，范成大有《吴郡志》五十卷，而周必大撰写这篇神道碑时参考了龚颐正所撰的范成大行状，这也说明对范成大撰写《吴郡志》贡献最大的龚颐正亦对《吴郡志》的署名并无异议。而且，如果只是署名问题，当不至使知府“惮莫敢辨”，并将该书藏之官学，以后历任知府都没有刊刻此志。如此讳莫如深，应当存在更隐秘的原因，以致赵汝谈的序也含糊其辞，不敢明说。笔者以为，龚、滕、周三人的身份经历及其与时政的复杂关联，是揭示其中隐秘的关键所在。

前述庆元元年韩侂胄为打击政敌赵汝愚及其追随者，引发庆元党禁。这种政治上的急剧变化，使周南、滕宬成为地方官眼中的敏感人物。滕宬之前得到知府和监司等官员的不断推荐，获得参加召试的机会，但到韩侂胄上台后，由于为其所忌，“自是荐者遂绝”[③]。随着“党禁”渐起，当时规定，转运司

---

① 李寿朋增补刊刻《吴郡志》在绍定二年（1229），而范成大卒于绍熙四年（1193），见《文忠集》，卷六一《资政殿大学士赠银青光禄大夫范公（成大）神道碑》。

② 陆振岳：《〈吴郡志〉点校说明》，《吴郡志》，第1—2页。

③ 《叶适集·水心文集》卷二四《滕季度墓志铭》。

对所属官员的考核,要求"前期取家状,必欲书'委不是伪学'五字于后"①。还有臣僚奏请立伪学之籍,"自今曾受伪学举荐关升及刑法廉吏自代之人,并令省部籍记姓名,与闲慢差遣"②。如果知府将有周南、滕宬这样的伪学逆党参与编纂的《吴郡志》加以刊布,他就有了伪学逆党的嫌疑,其仕途必然受到影响。这应当是知府对《吴郡志》讳莫如深的原因所在,挑起风波的"求附某事者"也许正是看到了这其中的利害。虽然龚颐正后来因为歌颂韩侂胄而不断获得重用,但地方官仍然不得不顾忌到滕、周二人的伪学背景。

嘉泰元年(1201)七月,龚颐正获赐进士出身,并被任命为实录院检讨官。这年冬天,龚颐正就病逝了。同时,"党禁"也开始松弛下来。但曾遭受"党禁"的士大夫却并没有对韩侂胄有什么妥协退让。开禧二年(1206),韩侂胄准备北伐,在枢密院设立机速房,让周南参与谋划军事。周南认为主动北伐是"发狂必死之药",推辞了这项差事。第二年,宋金开始和议,朝廷召试周南,欲委以馆职,他又上言说"今庙堂无能,尽出胥吏,苍头庐儿,干政接踵",尖锐批评韩侂胄等人的擅权无能,遭到斥逐③。所以,此时平江知府对于刊布《吴郡志》仍不得不持谨慎态度。

开禧三年十一月,韩侂胄被杀,史弥远开始掌权,朝廷下诏毁龚颐正所撰《续稽古录》④。龚颐正反而成为地方官忌讳的所在。不仅如此,虽然史弥远是通过诛杀韩侂胄上台的,且倡导理学,表彰朱熹,引用理学人士,来改善形象,如周南的岳父黄度此间曾出任过几任地方官⑤,但这似乎并没有赢得预想的效果。嘉定六年(1213),朝廷打算起用周南,派其友人转告他。他却"要誓不顾,词甚苦,故命久不下"⑥,显然没有为其所动。韩侂胄时期遭屏斥的滕宬也没有再度出仕。嘉定十七年,史弥远造伪诏,拥立理宗,为了安抚人心,更着力扶植理学,重用理学领袖真德秀、魏了翁等。但宝庆元年(1225),发生了震动朝野的霅川之变,史弥远将济王迫害致死。这引起真德秀、魏了翁等人的激烈批评,二人相继被罢⑦。朝廷上的风云

---

① 《宋史全文》卷二九上,庆元三年九月丁卯。

② 《宋史全文》卷二九上,庆元三年十二月丁酉,参见《建炎以来朝野杂记》甲集卷六,"学党五十九人姓名"条。"关升",《朝野杂记》作"升改"。

③ 《叶适集·水心文集》卷二〇《文林郎前秘书省正字周君南仲墓志铭》。

④ 《建炎以来朝野杂记》乙集卷一二,"龚颐正续稽古录"条。参见《直斋书录解题》卷四,《续稽古录》条。

⑤ 《叶适集·水心文集》卷二〇《故礼部尚书龙图阁学士黄公墓志铭》。

⑥ 《叶适集·水心文集》卷二〇《文林郎前秘书省正字周君南仲墓志铭》。

⑦ 参见陈振《宋史》,第501—502页。

变幻不能不使邻近都城的平江府的地方官产生警惧，周南、滕宬与理学人士颇有关联，成为敏感人物，《吴郡志》也只能继续藏在官学之中。

需要注意的是，平江府距离行在临安（今浙江杭州）颇近，对于朝廷的政治变幻较易获悉，且平江知府一职甚为重要，当权者多以亲信任之，故平江知府易受中央朝政变幻的影响①。在《吴郡志》成书后三十馀年中，有二十馀任知府②，他们既畏避时讳，惧怕当权者的政治打击，也因任期较短，即使有心，也没有时间来刊印《吴郡志》③，也有是当权者之亲信，自要着意迎合当权者的意旨。虽然平江府地方官的态度比较复杂，但显然不止是某一个地方官不敢（或不愿）刊布《吴郡志》。

直到绍定元年（1228），李寿朋知平江府，其父李嘉言与范成大相熟，到任后获悉《吴郡志》久未刊印，遂请州学教授汪泰亨和地方上的"文学士"加以订补。次年，《吴郡志》补订完成后刊印，这时距成书已有三十馀年。据赵汝谈之《序》称："方公书始出也，疑谤横集，士至莫敢伸喙以白。曾未四十年，而向之风波息灭澌尽，至是无一存者。书乃竟赖侯（指李寿朋）以传，是不有时数哉！"④这说明经过三十馀年之后，随着政局的变幻，参与编纂工作的龚、周、滕三人均已不在人世，前此的"疑谤"已经平息。但实际上此时史弥远仍把持着朝政，真德秀、魏了翁仍在贬谪之中，直到绍定四年，二人才得以恢复官职，六年，史弥远病死，理宗方得亲政。另据《烬馀录》记载，李寿朋让汪泰亨等人增订、刊布《吴郡志》，"其时文献难征，且多忌讳，匆次付雕，实未详备，书出哗然"⑤，这应该更接近事实，说明当时还是有很多忌讳，赵汝谈所谓的"风波息灭澌尽"，或许并不能反映事情的全部真相。同时，"实未详备"一词似可与前述李寿朋之增补《吴郡志》的情形相参看，地方人士似对其不采用范成大批留的资料颇有不满。不过，由于知府李寿朋能继承其父之志，不避忌讳，毅然加以刊布。为其作序的赵汝谈，与其弟汝谠俱列名"庆元党籍"，不但对韩侂胄极端痛愤，史弥远

---

① 刘克庄在《缴秦九韶知临江军奏状》中曾指出秦九韶寄居湖州，"所居密迩行都，小舟易服，钻刺窥□，无所不用其智巧"，由于能够及时掌握朝中的状况而敢于肆无忌惮。《后村先生大全集》（《四部丛刊初编》本）卷八一。平江府紧邻湖州，临安的信息自然很容易被获悉。

② 据《吴郡志》卷一一《牧守题名》，沈揆以后，到李寿朋以前，平江知府共有王尚之等 25 人。

③ 王尚之到任当月即致仕，郑若容任职约九个月，张岩九个月，张泽五个月，林采七个月，赵汝述七个月，章良朋四个月。

④ 赵汝谈《吴郡志序》，第 2 页。

⑤ 《烬余录》乙编，第 266 页。

掌权时,赵汝谈也遭弹劾,杜门著述①。此时,他为《吴郡志》撰写序言,称龚、滕、周三人"博雅善道古,皆州之隽民也",一方面他对龚颐正加以肯定,并不因为龚颐正推崇韩侂胄而加以批评,另一方面他敢于正面歌颂滕、周二人的贡献,也需要一定的勇气。

综上所述,《吴郡志》的编纂与刊布是以范成大为中心的地方士人群体共同推动完成的,地方官亦亟于参与其中,从而成为地方上引人瞩目的事件。在此情境下,对《吴郡志》编纂与刊刻的研究,不能局限于文献学的范畴,仅作版本的考察,还需要从历史的角度,考察其社会和政治的内容。一方面,地方官对于地方志的编纂比较关注,即使是地方士人私修的地方志,往往也得到官府的支持,现存南宋地方志一般皆由地方官领衔修纂②。另一方面,地方士人的社会关系网络也使得地方志的编纂和刊刻具有广泛的政治影响。地方官与地方士人之间的日常交游既促使地方官府关注地方士人私修的地方志,同时他们的政治身份也赋予了地方志的修纂和刊刻以政治意义,使之受到朝廷政治变动的影响。《吴郡志》的修纂和刊刻虽然也得到地方官的关注,但地方官迟迟不敢刊印《吴郡志》,其直接诱因则是《吴郡志》的编纂者成为敏感政治人物,"求附某事"而不得者遂乘机发起"疑谤",使《吴郡志》的刊刻与朝廷政治关联起来,形成了长达三十年的风波;其深层次原因是地方士人对《吴郡志》的编纂有不同的意见(即所谓"求附某事而弗得"),这说明《吴郡志》的修纂成为了地方士人争夺的一种社会资源,他们试图借此来把握舆论,确立声望。《吴郡志》在刊刻过程中的波折,显然是一个特例,与多数地方志编纂过程中的地方官与地方士人合作的"融洽"面貌不同,但这在更深层次上反映了地方志编纂和刊刻背后复杂的社会、政治环境,凸显了"紧张"的一面,为深入考察地方志和社会、政治因素的互动关系提供了不可多得的契机。庆元党禁以及龚颐正等人的遭际都带有偶然性,《吴郡志》刊刻的波折并不多见,在这个意义上或许更应关注地方志编纂和刊刻中各方力量的不同诉求及其折冲。

宋代实现了从由地方官府独力编纂《图经》到由地方士人参与编纂地方志的转变,到南宋时期地方志多采取官修士纂的模式,既使官府能够运用民间资源来填补制度上的缺环,也使地方士人能参与到官府事务中去,实践其关怀乡里和兼济天下的情怀,更重要的是地方官和地方士人可以借此达成他们共同

---

① 《宋史》卷四一三《赵汝谈传》。参见《建炎以来朝野杂记》甲集卷六,"学党五十九人姓名"条。

② 参见周佳:《宋代知州知府与当地图经、方志纂述》,《中国历史地理论丛》2009 年第 3 期。

的目标——教化风俗。通过上述对《吴郡图经续记》和《吴郡志》的编纂与刊刻过程的考察，更揭示了地方官与地方士人的交游互动是地方志修纂的重要背景，地方志的修纂和刊布也为两者提供了增进交流、加强认同的契机。图经与方志不仅为地方官治理地方提供了依据，也是地方官与地方士人交流互动的产物，它们的编纂与刊刻成为了影响地方社会秩序的重要活动。

四、地方官与公益事务

（一）“公益事务”及其范围

“公益”一词在概括实际的社会事务时，它具有有利于众人的含义。这里的“公”主要指共同、众人而言，涉及政治、宗族、社会生活等场合的集体事务与行动，这是比较后起的观念[①]。本书所论“公益事务”，主要指有利于地方社会各阶层民众的生产、生活和教育的事务，如兴修水利、兴办学校、修桥（路）、社会救济（也包括宗族内部的相互救助）等，与之相对的是地方官府的赋役、狱讼等事务。

这里采用了“公益事务”这一比较笼统的说法，着重考察上述事务中地方官府与民间力量的互动关系，而没有将这些“公益事务”进一步区分官方或民间的事务。学界对宋代公益事务的研究大致有两大类：一是对宋代救济机构的研究，侧重于对官方的机构设置和政策的考察[②]；一是对宋代民间慈善活动的研究，关注民间社会救济的作用[③]。对于复杂的历史问题采取分进合击的方法是研究的必然途径，但如何分进却涉及研究的基本取向，上面两种研究上的分工在某种程度上都受到了近代以来“国家与社会”观念的影响[④]。诸多学者在这两方面无疑都取得了丰硕的成果，推动

---

① 陈弱水：《中国历史上“公”的观念及其现代变形》，收入所著《公共意识与中国文化》，北京：新星出版社，2006 年，第 69—117 页。据陈氏考察，“公益”一词出现较晚，20 世纪以前相当罕见（第 110—113 页）。

② 金中枢：《宋代几种社会福利制度——居养院、安济坊、漏泽园》，《新亚书院学术年刊》第十期，1968 年。王德毅：《宋代灾荒的救济政策》，台北：商务印书馆，1970 年。张文：《宋朝社会救济研究》，重庆：西南师范大学出版社，2001 年。

③ 梁庚尧：《中国历史上民间的济贫活动》，《宋代社会经济史论集》，台北：允晨文化实业有限公司，1997 年，第 608—647 页。张文：《宋朝民间慈善活动研究》，重庆：西南师范大学出版社，2005 年。

④ 这里当然还受到政治制度史研究和社会史研究不同取向的影响，但这两者的分野及其学术史与“国家与社会”这一视角也不无关联。正如已有的研究而言，中国传统社会的“国家”与“社会”是交织在一起的，所以政治制度史研究与社会史研究也应该相互突破其界限，寻找两者的结合地带。

了对宋代“国家”与“社会”的研究,尤其是对宋代“社会”的研究成为现在学界探讨的热点,但在看到“国家与社会”这一分析视角具有较强问题意识的同时,不可否认的是,这样的“社会”往往是作为“国家”的对立面出现的,或者变成与“国家”无关的“独立王国”。这种两分法的研究最直接的影响是,在讨论官方的救济机构时往往忽略民间的力量;在考察民间的慈善活动时,官方的影响常常被淡化①。这种偏颇显然不能用不同研究的相互补充来解释,因为它已经影响到研究过程中的材料选择、论证阐释和结论的不同环节,而遮蔽了某些模糊地带。

更重要的是,目前学界对于宋代地方社会的研究似乎不应该再停留在讨论宋代地方社会中“国家”和“社会”(或者“官方”与“民间”)的力量孰强孰弱的层面,继续论证两者在地方社会秩序格局中存在此强彼弱、取代与被取代的关系,以构建宋代地方社会秩序的整体格局及其变迁,这可能无法推进研究的进一步深入,而仅仅是研究面上的填补和拓展,这对于掌握地方社会秩序如何建立和运作并无实质的意义②。需要说明的是,官府参与的事务不一定就不带有公益性,公益性事务也不一定只能在民间存

---

① 梁庚尧先生在考察民间的济贫活动时,不仅对民间人士的活动进行细致的探讨,也对政府的作用给与了关注,并将民间的济贫活动始终置于政府与民间关系的范围里来讨论,其研究较为细腻而富于弹性(梁庚尧:《中国历史上民间的济贫活动》;《南宋的社仓》,《宋代社会经济史论集》,第427—473页)。但这种将地方社会中的各项事务区分为官方和民间的做法,在研究的出发点上就难以对官民结合地带进行深入的考察,常常会出现此强则彼弱的比较,政府与民间相对独立。梁先生考察济贫活动,尤其是在探讨南宋社仓的演变时,始终对政府的弊端进行反思,而民间人士的活动则被视为解决这些弊端的资源,这无疑是一种深刻的认识,但仍不免存在站在现代的立场来评判古人的行为的倾向。

② 这方面最有影响力和代表性的是韩明士的 *Statesmen and Gentlemen: The Elite of Fu-chou, Chiang-his, in Northern and Southern Sung*。对于韩氏的研究,包伟民进行了深入的批评,参见包伟民《精英们“地方化”了吗?——试论韩明士〈政治家与绅士〉与“地方史”研究方法》,《唐研究》第十一卷,北京大学出版社,2005年,第653—671页。包氏主要针对韩氏研究的文献记载和个案方法进行了分析,在其馀论中亦就西方史观(主要是西方社会史“国家与社会分离”理论)对韩氏的影响做了简要的评述。本书以为后者值得注意,这或许是韩氏研究的关键所在,而不是个案研究的论证严密或者文献记载的合理解释。包氏的评述主要是从宋代士大夫的政治文化着眼,而在这方面取得突破性进展的则是余英时的《朱熹的历史世界:宋代士大夫政治文化的研究》(北京:生活·读书·新知三联书店,2004年)一书。但余氏主要侧重于宋代士大夫在思想文化方面的活动以及他们在中央的政治活动,对于他们在地方社会的活动则较少涉及。本书则试图以地方社会为中心,考察宋代士大夫(包括官员和未担任实际官职者)以及其他社会人群在地方公益事务中的活动及他们之间的关系。

在。本书正是试图将地方官和民众(尤其是士人)纳入到地方公益事务中加以考察,而不是将两者割裂甚或对立起来,两者之间的互动关系更加凸显出来,以避免"官方"与"民间"的二分造成两者之间的区隔,这对于判断公益事务在地方社会中的作用,和把握不同势力、人群在地方治理秩序格局中的位置,或许不无助益。

显然,本书所谓的"公益事务"的范围是比较宽泛的①,采用了比较现代的概念来概括考察的对象。下面试对公益事务包含的各项内容略加说明:

根据宋代朝廷对地方官的考课规定,兴修水利、社会救济都属于地方官的职责范围②。在考课的规定中还有所谓"兴利除害"的项目,根据这种比较模糊的原则,地方上的修桥、修路等公共设施建设,都应当在地方官的关注范围之内。虽然这些事务较之于赋役、狱讼、治安等事务没有那么急切,但对于维持地方社会的秩序有重要意义,是地方官府治理地方不可缺少的。同时,这些事务与当地人们的生产、生活有着密切的关联,如苏州水网密布,桥梁的建设极大地便利了民众的生产、运输和生活,是本书所论"公益事务"的重要内容。

至于地方官学的兴办,既是王朝科举制度、推行教化的重要环节,也是地方士人进入仕途的重要途径③。官学的兴修和维持虽然多由官府来承

---

① 韩明士在 *Statesmen and Gentlemen* 一书中所考察的公益事务(social welfare)包括了社仓、赈济饥民、水利灌溉建设等三个方面。张文在《宋朝民间慈善活动研究》一书中论述到的"公益事业"包括三个方面:造桥与修路;修陂与筑堤;义塾与义学(第80—119页)。这较本书所论为狭窄,亦可参考。虽然张氏也注意到民间出资参与官府主持的公益事业,但他将其视为"民间力量致力于公益事业的一种形式",至于它的具体过程及其意义,以及官府的反应和态度则没有作进一步的探讨。

② 关于州县守令的考课,北宋神宗时有"三最"之科,包括"狱讼无冤、催科不扰为治事之最,农桑垦殖、水利兴修为劝课之最,屏除奸盗、人获安处、振恤困穷、不致流移为抚养之最",监司的考课内容也包括"劝农桑、兴治荒废""兴利除害"等(《宋会要辑稿》职官一〇之二〇)。参见邓小南师:《宋代文官选任制度诸层面》,石家庄:河北教育出版社,1993年,第70—74页。

③ 宋代地方的学校除了州县官学外,南宋时期在各地出现了很多书院,此外还有义学、义塾。书院、义学、义塾等多由私人兴办,但应该注意到南宋时期官府在地方书院的兴办和维持中也扮演着越来越重要的角色。参见陈文怡:《由官学到书院:从制度与理念的互动看宋代教育的演变》,台北:联经出版事业股份有限公司,2004年,第125—196页。陈著主要从制度与理念的矛盾来看宋代教育的演变,对宋代士大夫的理想与现实之间的差距和矛盾有深入的探讨,她认为其关键在于士大夫介于官私之间,官私始终难以合一,很有见地,但她的讨论仍侧重于理念层面,对制度实际运作的认知也是以理念的实践程度来考虑,则是站在宋代士大夫"私"的理念上来观照制度,似有理想化的问题。

担,但民众(尤其是士人)也都有不同程度的参与。从士人的个人发展来说,他们进入官学更是他们获得学习知识、提高修养、建立社会网络关系的契机。从家族的发展来说,家族成员进入官学无疑也是提升整个家族的地位、拓展其发展空间的重要手段。因此,苏州官学的兴修亦属本书考察公益事务的范围。

此外,本书还将义役和家族内部的救助纳入公益事务的范围。研究者一般将义役看作民间一种自发的互助行为,但它又与官府的差役制度存在内在的关联,因而注定要与地方官府发生联系。事实上,地方官府逐渐介入到义役的实行过程中,苏州常熟县就存在这样的情形(详见后文)。义庄是家族内部为救助贫弱而设立的,苏州的范氏义庄是创建最早、历史久远的著名义庄。虽然家族内部的救助行为似与官府无甚关涉,但由于这种行为关系到地方社会中的伦理秩序,影响到王朝在地方的统治,更重要的是,它通过家族中的士大夫而与朝廷、官府发生了关联。因此义役和义庄都提供了考察地方官府与民众互动关系的机会,且关乎一定范围的民众利益,因此也在本书考察公益事务的范围之内。

上述公益事务既有官方色彩较浓的内容,也有带有民间色彩较浓的内容,但前者亦有民众的参与,后者也可能与官府发生联系,每项事务在实际过程中都与包括地方官、士人、其他人群在内的各阶层势力有着关联。这种交错混融的状态也正暗示了官府与民众之间的界线并不是很明晰的。本节主要关注的是这些力量之间是如何接触、互动的,它对于地方治理秩序产生了什么样的影响。

(二)寻访与倡议:苏州公益事务中的地方官与士人

公益事务不比赋役和狱讼,系乎地方官的主观态度和思想水准,需要地方官主动去寻访,获取民意,调查研究①。苏州古有昆山塘,很早就废弛了。北宋至道二年(996),知州陈省华曾陪同朝廷的使者考察昆山塘。皇祐中,发运司欲加修复,朝廷遂派王安石实地考察,他“讯其乡人,尽得其利害”。这次修复的提出和进行调查看来是出自官方对水利的重视,但具体情形不明。至和三年(1056),吕居简知苏州,亦曾“问民所疾苦”,有意修建至和塘。在朝廷派使者考察的同时,昆山人朱珏父子曾相继上书请修昆

---

① 《吴郡志》卷四“县学”条云:“吴郡自古为衣冠之薮。中兴以来,应举之士倍承平时。后五县皆兴学,然其盛衰则系令之贤否。”(第37页)

山塘[1]。朱珏父子的上书，与吕居简之询访，说明他们都注意到至和塘的作用。后来昆山县主簿丘与权、县令钱某相继陈诉修筑昆山塘之利，知州上报朝廷和监司，遂修复昆山塘，改名至和塘。此项工程，“用民力才一十五万六千工，费民财□□□□贯，米才四千六百八十石”，可见不但征发了民力，也有民众出资出粮[2]。南宋淳祐四年（1244），知府魏峻通过“周询民隐”和民众的词讼，了解到至和塘岁久不修产生的弊害，遂加修复。这次施工，据说“富民争出财以助工”，兴工之际正值农忙，而“助以众力，人不为扰”，反映了“舆情之所共趋”[3]。从北宋和南宋至和塘的兴修过程可以看到，一方面地方水利事业的建设需要朝廷和地方官府的关注和投入[4]，另一方面民众亦皆有出资助工，地方士人则积极提供其建议，引导朝廷和地方官府的注意。

苏州州学是北宋景祐二年（1035）由知州范仲淹上奏朝廷建成，其议却是由苏州人朱公绰所发[5]，而朱公绰与范仲淹之侄范师道同中天圣八年进士[6]。元祐四年（1089），州学学舍“倾陊褊迫，寒薄暑焮，诸生病之”。朱公绰之子朱长文任州学教授，与同僚商议加以修葺扩建，并数次向知州和监司陈诉，但由于财政紧张，无法实施。最后，朱长文通过时任制置江淮六路发运使、回家省亲的范纯礼上奏朝廷，方得兴工[7]。范氏父子皆为苏州

① 至神宗朝，由于新法的推行，尤其是农田水利法鼓励地方的水利建设，故民众多积极上书言水利。如林希《野史》曾论述熙宁年间的水利兴修说：“熙宁间，凡言水利，或理财，或更改利害者，或胥或商，或农或隶，或以罪废者，使乘驿赴阙，或召至中书，或赴司农，不验虚实，便令兴役。其靡费官财，兴调民力，不问其数，微有效则除官、赐金帛，无效者费调虽多，不问其罪。有司知其妄，不诘难；诘难即直诉司农，以为嫉功避事，立加按劾。”（《长编》卷二四〇，熙宁五年十一月庚午条夹注引，第5866—5867页）苏州昆山人郏亶进士及第后，曾“以水利、役法、盐、铜、铁五利献诸朝”（《中吴纪闻》卷三“郏正夫”条，《丛书集成初编》本）。

② （宋）丘与权：《至和塘记》，《吴郡志》卷一九，第262—264页。参见同书卷一一《牧守题名》，第141、143页。

③ 《吴中水利全书》卷二四所录郑霖《重修昆山塘记》，文渊阁《四库全书》本。按此本载此记作于“淳熙六年”，但魏峻知平江府在淳祐四年，故“淳熙”当作“淳祐”。

④ 这在苏州地区更加突出，因为苏州地区水网密布，水利工程一般较为浩大，甚至不是一县所能承受，如至和塘之兴修之前就有提议，昆山县数度考察、预算，最终因为资金原因难以举行，后来得到朝廷、发运司和知州的支持，才得以施工。魏峻时兼任两淮浙西发运副使，此次重修费官钱二万二千百缗，米一百二石有奇。

⑤ 《吴郡图经续记》卷上“学校”条，南京：江苏古籍出版社，1999年，第12—13页。

⑥ 《吴郡志》卷二八，第404页。

⑦ 《吴郡志》卷四朱长文所撰《学记》，第30—31页。

人，朱公绰为范仲淹子侄辈，朱长文与范纯礼则属于世交；元祐四年担任知州的王觌不仅尽心修葺州学，还立祠祭祀范仲淹和胡瑗，这与他曾受过范纯礼的举荐可能存在关联[①]。朱长文虽为州学教授，但又在地方士大夫中有着很高声望，他与范纯礼的特殊关系，包括范氏与知州王觌的关系，使得他能够上通朝廷，推动地方官府兴修州学。

平江府在北宋时就设置了居养安济院，建炎四年毁于战火[②]。淳熙二年（1175），陈岘知平江府，"谨条节，尚风化"，据说他"索民之隐，得居养安济事"，即是经过调查，获悉居养安济院废毁之事，乃有重建安济院之举。当时居家的士大夫黄直中（吴县人）、李机、吕存中（长洲县人）等参与协助此举[③]。虽然在当时的记载中，知府是此次重建安济院的倡议者，但上述三人似乎更有可能是知府获取安济院信息的源头，他们不仅仅是协助者，也是发起者和推动者。

绍定三年（1230）冬，吴渊知平江府，经过吴江桥，在船上接见了所部官吏。据其记述云：

> 时夜雪凝栗，霜风凛冽，裘裘不知其为温，附火不知其为炎，于是恻然动心，进左右而问之曰："尔邦城大民夥，鳏寡孤独癃老废疾颠连而无告者其多乎？"曰："然。""郡有庐以聚之，有廪以食之乎？"曰："否。"因独念言："穷州陋县犹有所谓居养安济之所，吴门夹三辅，多名守，富课租，不应有此缺典。"[④]

据此，吴渊在修建广惠坊之前曾作过一番询问，其咨询的对象是在其左右的属员，他们对苏州的情形似更熟悉。常熟县北宋时当即设置了漏泽园，至南宋时就逐渐难以维系了。嘉熙元年（1237），县令王爚"询之故老"，获悉常熟县曾有数处废置的义阡，遂"遵国朝漏泽园之令"，购买民地创设"义阡"，由僧人来主持其事。在官府创设的救济机构难以维系时，民众亦向地方官进行反映。如昆山县的安怀坊为收养老人的救济机构，建于淳祐十一年（1251），至咸淳九年（1273），因为"吏卒侵蠹，不能续老者之食"，后

---

① 《宋史》卷三四四《王觌传》。

② 参见王德毅：《宋代的养老与慈幼》，原刊于台北"中央图书馆"特刊《庆祝蒋慰堂先生七十荣庆论文》，1968 年 11 月，后收入所著《宋史研究论集》第二辑，鼎文书局，1982 年，第 371—401 页。

③ （宋）卢瑢：《重建居养安济院记》，《吴都文粹续集》卷八，文渊阁《四库全书》本。

④ （宋）吴渊：《广惠坊记》，《吴都文粹续集》卷八。参见《吴郡志》卷一一《牧守题名》，155 页。

因“坊老有词”,到提举司陈诉,才改由地方上的寄居官代为管理[①]。地方官对救济机构兴废情形的了解,既有来自主动的寻访(内有官府的下属官吏,外有“故老”),也有来自民众的陈诉。

如学者研究指出的,由于财政基础的脆弱,北宋以来所形成的完备的官方救济机构和措置难以长久维系,视政策的需要而兴废不定[②]。与此同时,地方民众以宗族、乡里为中心开展互助的救济活动,日益活跃。北宋仁宗时期,范仲淹就在苏州创设义庄,购置义田,用租米来供给诸房宗族的衣食、婚嫁丧葬之用,并“立定规矩,令诸房遵守”[③]。治平元年(1064),时知开封府襄邑县的范纯仁上奏朝廷,谓“今诸房子弟有不遵规矩之人,州县既无敕条,本家难为申理,五七年间,渐至废坏,遂使饥寒无依”,请求朝廷“特降指挥下苏州,应系诸房子弟有违犯规矩之人,许令官司受理”。则此前范氏义庄的规矩只是民间的一种惯习,与朝廷、官府之法令无关,宗族成员违犯族规,也不会受到官府的惩罚。范纯仁的奏疏后来得到了英宗的批准,“宜令苏州依所奏施行,札付苏州”[④]。此时,地方宗族内部的规矩与朝廷、地方官府之间发生了关联,地方官府成为维护宗族内部规矩的力量。范氏义庄的规矩经过补充修订,与官府的联系也更加密切[⑤]。范仲淹设立

① 《淳祐玉峰志》卷中“公宇”门“安怀坊”条,《宋元方志丛刊》本,1066 页;《咸淳玉峰续志》“公宇”条,《宋元方志丛刊》本,第 1101 页。

② 李瑾明:《宋代社会救济制度的运作和国家权力——以居养院制的变迁为中心》,《中国史研究》2005 年第 3 期,第 125—136 页。

③ 《范仲淹全集·义庄规矩》,南京:凤凰出版社,2004 年,第 917 页。参见 Denis C. Twitchett,“The Fan Clan's Charitable Estate,1050 - 1760”,*Confucianism in Action*,David S. Nivison and Arthur F. Wright,Stanford ed. ,Calif: Stanford University Press,1959,pp. 97 - 133. 陈荣照:《论范氏义庄》,发表于 1984 年,后载于《宋史研究集》第十七辑,台北:“国立”编译馆,1988 年,第 427—452 页。

④ 《范仲淹全集·义庄规矩》,第 917 页。

⑤ 范仲淹最初定立的规矩共十三条,着重在救济,强调诸房的合议,而对义庄掌管人的监督,仅有一条,称“掌管人自行破用或探支与人,许诸房觉察,勒赔填”。至其子续定规矩,熙宁六年(1073)有“诸位子弟纵人力采取近坟竹木,掌管人申官理断”之条,元丰六年(1083)有“掌管人侵欺及诸位辄假借贷义庄钱斛之类,并申官理断”、义庄勾当人催租时“有情弊者,申官决断”二条,政和七年(1117)续定的规矩后称“若有违犯,仰掌管人或诸位备录治平元年中书札子所坐圣旨,申官理断”。庆元二年(1196)所续添的规约中,有族人“诈过钱物,经官乞行根究,从条施行”,对于违犯规矩、危害义庄利益者由掌庄“自行体访知觉,罚全房月米一年外,仍经官乞行根究惩治”,对于不肖子弟“长恶不悛,为宗族乡党善良之害者,诸房具申文正位,当斟酌情理,控告官府,乞与移乡,以为子弟玷辱门户者之戒”(第 917—929 页)。

的义宅毁于战火，其地被人占据"为屋宇、为场圃"。至庆元二年(1196)，范仲淹五世孙范介重建义宅。范介"亲掌出纳一年，以为后式。选族子之廉谨者二人继之，详具要束，以补旧规，揭于堂上"①。"揭于堂上"的旧规，是"经本州镂给版榜"的②，即经官府认可并具有法律约束力。嘉定三年(1210)，时任左司谏兼侍讲的范之柔再次上疏说："非更得朝廷行下本州，申明受理元降指挥，恐无以善后"，请求皇帝"特颁睿旨，札下平江府，令将续添规约常切照应"。这次上疏同时将"所有治平元年指挥，并庆元二年续添条约"一同上报朝廷。最后此奏得到批准。

义庄规约需要依赖地方官府来维持，反映了地方官府对于义庄事务的介入，但这是地方士人借着出仕的机会，主动将皇帝的诏旨、官府的版榜与宗族内部的规约结合起来。宋代地方士人一般不愿意将宗族内部的纠纷带入官府，以免破坏宗族内部的亲睦互助关系，地方官亦多强调宗族内部的调解，范氏义庄的维持却要依赖地方官的裁决，借助官方力量来维持宗族的秩序③。这反映了社会竞争造成的不稳定，迫使地方士人在宗族外部寻求更多的途径(如官府的法令)，避免宗族的骤兴骤衰。范氏义庄对后世有深远的影响，义庄的运作和维持亦在地方官府的关注范围之内，而没有独立于官府之外。

公益事务虽然是地方官政绩的重要内容，不少地方官主动察访民情，积极推动各项公益事业的开展，但联系到宋代考课制度的不振，加之其对于公益事务的描述相当含混，尤其是赋役狱讼事务占据了地方官的大部分精力和时间，地方官主动寻访的动力实在有限。倒是民众关注公益事务，热心倡议，并通过各种途径积极向地方官反映，引起地方官府的关注。尤其是地方士人凭借其关系网络，甚至影响朝廷的决策，间接地推动地方官致力于公益事务，乃至个人家族内部的相互救助。

(三)"舆情物议"：地方官的劝谕和士人的抑扬

以上对公益事务如何进入地方官的视野进行了论述，下文主要考察地方官和民众(尤其是士人)在公益事务推行过程中的往来。公益事务的开展需要动用各种资源，牵涉到各方面的实际利益，因而受到各种势力的关注，形成了所谓"舆情物议"的社会舆论。地方官需要随时面对这些舆论，并做出回应，其应对的方式和效果，对于公益事务的开展有着直接的影响。

---

① 楼钥：《义宅记》，《吴郡志》卷一四，第203—204页。

② 《范氏义庄规矩》所录范之柔嘉定三年上疏，第121—122页。

③ 《范氏义庄规矩》中亦声说："诸房子弟即不得专擅兴词，紊烦官司。"(第927页)

士人亦试图通过舆论来影响地方官府,确立其在地方社会中的地位。

1. 万目交耸,物议归重

各项公益事务的开展对地方社会的生产、生活等均带来了便利和积极影响,因而必然会赢得民众的关注。如范仲淹的遗像被悬挂于州学加以祭祀。乾道元年(1165),昆山知县李结兴工修学,竣工之日,召集昆山县的士大夫举行释菜礼,在地方上形成"万目交耸,猗软盛哉"的壮观景象①。赵彦真知吴县兴修行春桥,竣工时亦引来吴县民众的"观瞻"②。淳熙二年(1175),知府陈岘重建安济院,"民胥叹仰,道路歌祝"③。

不只是关注而已,民众对公益事务的议论和评价,直接构成了社会舆论的中心内容。由于士人有不少曾在州县学求学,与学校和在学士子关系密切,因而对兴学比较关注。如曾在府学就读过的李起经过十馀年"宦游南北"后,为知府魏峻重修府学撰记,表达了对"昔藏修之地"的关注,当日府学的弱冠书生竟然对知府的兴学加以"评点"了④。绍兴十四年(1144),知府王唤建重修府学,郑亿年称其"鼎新学宫,物议归重"⑤。乾道初,吴江知县、县丞修葺县学,后来吴人陈从古因县民的请求,撰记加以赞许⑥。前述知府重建安济院,时任两浙提举常平茶盐司干办公事的卢瑢应民众的请求为之撰记⑦。淳熙十四年(1187),知府赵彦操创建御书阁,有"兴学之谊",地方士人"佥谓当刊表乐(铄?)石",并请洪迈撰记纪念⑧。嘉定八年(1215),吴江知县孙仁荣重建县学大成殿,长洲人、淳熙八年状元黄由所居适与大成殿相邻,落成之日,"扁舟过之,轮奂夺目",亲眼看见了大成殿的壮观景象,为此他与朋友饮酒聚会,"席间人人言令君之贤,岂弟不扰,百废具兴"。不久,地方士人向黄由讲述孙知县兴学的贡献,请黄由为作记⑨。嘉定十年(1217),吴江知县又对县学加以修葺,地方士人集体上书请时任监察御史的平江府人盛章为其作记⑩。由于地方士人中有不少是

① (宋)范成象:《昆山县重修学记》,《吴都文粹续集》卷五。

② (宋)范成大:《行春桥记》。

③ (宋)卢瑢:《重建居养安济院记》,《吴都文粹续集》卷八。

④ (宋)李起:《淳祐修学记》,《[光绪]苏州府志》卷二五,《中国方志丛书》本,12b.

⑤ (宋)郑亿:年《平江府修学记》,《吴都文粹续集》卷三。

⑥ (宋)陈从古:《吴江县重修庙学记》,《吴都文粹续集》卷六。

⑦ (宋)卢瑢:《重建居养安济院记》,《吴都文粹续集》卷八。

⑧ 《吴郡志》卷四洪迈所撰《御书阁记》,第33—34页。

⑨ (宋)黄由:《重建大成殿记》,《吴都文粹续集》卷六。

⑩ (宋)盛章:《重修吴江县学记》,《吴都文粹续集》卷六。参见《吴郡志》卷二八《进士题名》,第416页。

担任高官之人(如上述黄由、范成大),或者与在朝官员有密切的关系,他们的议论往往可以通过其人际关系的网络上达朝廷,对地方官产生间接的影响。如前述吴江知县吕祖宪的兴学,经过地方士人的介绍,被时任监察御史的盛章获悉,并为其作记,盛章称自己“叨居言路,天下事无巨细,得以商略可否”①。由于盛章身居监察御史之职,地方官的兴学措置能够通过他而被朝廷知悉,这对地方官的仕途有潜在的影响。前述吴江知县重修县学,亦得到地方士人黄由等的关注和议论,作为对评价其政绩的依据。这一过程,舆论也是在这种私人往来中得以形成和传播。这里撰写文字表扬地方官推动公益事务的,或者是当地士人,或者是由地方士人居中联络的名流、在朝任职的当地士人以及知府的上级官员。

2. 沮议百端,劝谕施信

上述公益事务多受到士人的积极响应和认同,尤其是官学的兴修,这自然与士人对学校的关注有内在的关联。但即使是兴学,地方官也会听到不同的声音。庆历七年(1047)吴江知县李问和县尉王廷坚意图兴学,向民间募钱,因此“民始听且骇”,引起了反弹,这当与地方上“鲜慕学者”而多崇奉佛教、很难得到响应有关。这似乎也说明北宋地方的兴学刚刚开始时并不顺利,民众对于兴学也不热心,尤其是在官府向其募钱时,就会遇到阻力。虽然经地方官召集富民加以“譬晓”,“居一日,心晓意解,驩然从命”,但实际上的阻挠必然很强,地方官对其施加了压力②。虽然史料中多反映地方士人与地方官府合作兴学的情形,但地方上的富室豪强有与地方官府在兴学活动存在冲突紧张的情形。如绍定二年(1229),府学教授汪泰亨上书请求恢复被豪强隐占的学田,即反映了由于实际利益上的卷入,地方豪强与地方官学之间有利益冲突,学校的兴修因此会有阻力。而且隐占学田的豪民似乎对地方官府亦有影响力,曾受到胥吏的羽翼、庇护,汪泰亨之前的府学教授也曾努力恢复学田,但屡次受阻③,汪泰亨的请复也颇

---

① (宋)盛章:《重修吴江县学记》,《吴都文粹续集》卷六。

② 《[正德]姑苏志》卷二〇,《天一阁藏明代方志选刊续编》本,8a－9a;又见《吴都文粹续集》卷三六。

③ 《江苏金石志》卷一五《给复学田公牒》载:“自嘉定贰年以来,节次据王彬、叶延年告首,系是豪户陈焕冒占,虽屡具申,使府缘陈焕富强,不伏出官。”(《石刻史料新编》一三,新文丰出版公司,1982年)不仅如此,在平江府裁决后,陈焕还指使其弟陈焯到提举司次第陈诉。关于此案,可参见笔者所撰《“空言”的力量:南宋平江府学田诉讼中的沟通渠道与信息博弈》,邓小南、方诚峰编《宋史研究诸层面》,北京:北京大学出版社,2020年,第637—674页。

费周折①。显然,由于苏州教育文化水平的地域差异,地方士人阶层的培育发展在苏州及所属各县并不均衡②,或者由于官学与地方豪民出现利益纷争,地方民众对地方官的兴学亦存在不同的反应,而通过舆论反映出来。面对民心不稳的局面,地方官需要加以解说劝谕,消解其疑虑。

由于朝廷诏令不许建县学,王廷坚和李问就利用建立县学所募集的资金修建利往桥。虽然这是长久利民之举,开始却受到阻力,“闻者异之,沮议百端”,这成为对官府的舆论压力。后来在县尉和知县的周旋努力下,终于建成,改变了“县城为江流所判”的局面,“行者便”“居者利”,以前的反对者也“舌强不敢发”。在现实面前,舆论也发生了变化。与王廷坚交好的钱公辅,为撰记文,称赞其兴修利往桥的过程“无一不中于道”③。钱公辅时当仍在苏州求学,“有名吴中”④,他虽然不是苏州人,但他的意见一定程度上反映了当地士人的态度。显然地方官此前的兴学获得了士人的好感,其修桥也赢得了他们的好评。

公益事务的推行涉及不同人群的利益冲突,地方官如果应对不当,就有可能招致“扰民”的舆论压力。因此,在推行公益事务之前,地方官首先要积极沟通,以取得各方面的支持。端平元年(1234),平江知府张嗣古推行经界法,核实田产,均平赋役⑤。时王爚知常熟县,“以未施信于民,难之”⑥,担心他刚到任,“民志未孚,惧弗从也,弗从而强之则舛矣”。于是,他“搜剔宿蠹,蠲弛苛敛,孜孜凭按,日与父老相唯阿于庭”⑦。过了几个月,“信浃意亲,民相与语‘令字我非厉我者’”⑧,“既巨室无诡寄之欺,小民无抑纳之患”⑨,即地方上户富豪不再用诡寄的方法欺骗官府,下户也没有遭到官府的强行摊派,官府已经“施信于民”,王爚才开始推行经界法。与

① 《吴郡志》卷四陈耆卿《复田记》,第35—37页。

② 如前述之苏州州学和吴江县学。此外,嘉定县学的发展过程亦很具有代表性,参见方诚峰《统会之地——宋元之际的嘉定县学与地方社会秩序》。

③ (宋)钱公辅《利往桥记》,《[正德]姑苏志》卷二〇,8a—9a,参见《吴都文粹续集》卷三六。

④ 《宋史》卷三二一《钱公辅传》。钱公辅之及第在皇祐中(《(乾隆)江南通志》卷一一九,文渊阁《四库全书》本),此前曾在苏州跟随胡瑗求学,这篇《利往桥记》当作于其时。

⑤ (宋)刘宰:《常熟县端平经界记》,《琴川志》卷一二,《宋元方志丛刊》本,第1268—1270页。

⑥ (宋)刘宰:《义役记》,《琴川志》卷一二,第1265—1266页。

⑦ (宋)刘宰:《常熟县端平经界记》。

⑧ (宋)刘宰:《常熟县端平经界记》。

⑨ (宋)刘宰:《义役记》。

此同时，王爚又在常熟推行义役，以配合经界法。

此前，两浙路东阳县出现的义役，是由地方上的人共同推动地方上的义举，以应付繁重的差役，发扬“邻里乡党守望相助、敦相亲睦的古风”[①]。嘉定三年(1210)，常熟县归政乡有名葛观者，“号乡望族”，“倡为义役”，参加者有十七人，结为盟约。从地方士人的角度来看，官府的差役繁重，豪民、猾吏“并缘为奸”，“事力雄者以役近告，岁月远者以产薄辞，谍诉纷然，互角己胜”，造成了“闺门不相爱，宗族不遑恤”的局面，他们意图通过倡举义役，来维持和加强社会的伦理联系[②]。

王爚此时则是以地方官的身份倡举义役，虽然是为了配合官府的经界法，但也反映了南宋士人对于义役的共同关注，只不过葛观似为在乡的士人[③]，而王爚是在官的士大夫[④]。虽然这次义役是由地方官推动的，但具体负责其事的则是地方士人。王爚动员地方上的“达尊”来作表率，劝谕民众，义役的实际事务由“寓公”来主持，选拔地方上“贤者能者”(包括士人和有势力者)来担任“措置”“机察”之职，管理义役资金来源之义庄、义田[⑤]。

可以看到，王爚在推行义役之前，做了充分的准备工作，与民众之间建立了信任，才能获得民众的支持，而没有出现“沮议”。

3. 郏亶的个案

苏州水网密布，水利兴修涉及民力的大规模征发，对围湖造田的地方豪强的自身利益也会有直接的冲击，因此，苏州地区自北宋以来虽然兴修水利不断，但终难取得较大成效。这在郏亶兴修水利的过程中有突出的反映。郏亶数度上书言水利，熙宁五年(1072)，他被任命为司农寺丞，赴两浙路提举兴修水利[⑥]。此次兴修水利的规模很大，“凡六郡、三十四县，比户调夫，同日举役”，而苏州地区是其重点。后由于民力征发频繁，“民大

---

① 王德毅：《南宋义役考》，原载《东海图书馆学报》第九期，1968 年 5 月，后收入所著《宋史研究论集》，台北：商务印书馆，1993 年修订版，第 256—260 页。

② (宋)张攀：《归政乡义役记》，《琴川志》卷一二，第 1265—1266 页。

③ 据张攀的《归政乡义役记》，葛观的身份不很明确，只说是“乡之望族”且颇有资产，但从他与在朝为官的张攀有书信往来的情形来看，则似为在乡之士人。

④ 为葛观义役撰写《义役记》的张攀曾担心义役难以长期坚持下去，寄希望于“同盟相与维持，勿替初意”，即义役的维持端赖于地方士人的群体努力。王爚以知县的身份推行义役，刘宰所撰记文亦云“义役之成之难而败之易”，这和张攀的忧虑是一脉相承的，在一定程度上反映了南宋士人作为一个整体的努力。

⑤ (宋)刘宰：《义役记》。

⑥ 《长编》卷二四〇，熙宁五年十一月癸丑条，第 5824—5825 页。

以为扰,议论沸腾"[1]。元祐中知苏州的林希在其所撰的《野史》中记述,当时民众"愁苦无诉,逃移已多"。但林希又说当时民众曾到州"投状",其中甚至有"骂亶语",被通判退回,又"易状再投于州",同时还到转运司投状,并变换状首,反复投陈。据《长编》记载,苏州上报朝廷:"体量民间陈说,司农寺丞郏亶请兴水利不便。"诏送司农寺[2]。则民众的这些投状被地方官府受理,并上奏朝廷。除了投状,他们还直接到驿馆与郏亶当面交涉。由于郏亶是昆山人,所以认识其中两人。郏亶试图与为首者沟通,但群情激动,局面不能控制,终于发生冲突[3]。正当地方官府在郏亶的压力下,惩治肇事者,并强制征发民力、兴修水利,由于吕惠卿的竭力反对,朝廷将郏亶罢职,中止了水利工程。实际上受到郏亶兴修水利方案冲击最直接的,是"民间自开私浜"的既得利益阶层(当为有钱有势之官户或上户)[4]。虽然这些既得利益阶层不敢公开反对郏亶的兴修水利,但舆论的焦点被导向"扰民"一说,应是由他们在暗中推动的,这对郏亶主持兴修的水利工程产生了不利的影响。绍兴年间,迁居平江府的胡舜申从风水的角度考察了平江府城,提议重开蛇门。乾道初,曾与胡氏同僚的沈度知平江府,了解其说。经民众的请求,知府遂派官吏实地考察,决议兴工,"布置已定",却"隐然有异意者,以为扰民",知府为了"避谤"而中止了工程[5]。显然,知府察觉了民间舆论的动向,为避免"扰民"之谤,不得不中止开辟蛇门的工程。

---

① 《长编》卷二四五,熙宁六年五月乙丑条,第 5960—5961 页。

② 《长编》卷二四四,熙宁六年四月辛卯条,第 5938 页。

③ 《长编》卷二四〇,熙宁五年十一月癸丑条夹注引林希《野史》,第 5824—5825 页。虽然林希的记述可能存在夸张,但他曾出知苏州,对郏亶的事件当有详细的了解,《吴郡志》卷一九亦采用了他的记述(280 页)。

④ 《吴郡志》卷一九记载郏亶的上书说:"一、至和塘自昆山西至苏州,计六十馀里。……其间(至和塘)南岸又有朱泾、王村泾,北岸又有司马泾、李泾、周泾、小萧泾、大萧泾、归泾、吴泾、清泾、谭泾、褚泾、杨泾之类,皆是民间自开私浜,即臣向所谓某家泾某家浜之类是也。今并乞废罢,只择其浦之大者,阔开其塘,高筑其岸,南修起浪市横塘,北则或五里十里为一横塘以固田,自近以及远,则良田渐多,白水渐狭,风涛渐小矣。一、常熟塘自苏州齐门北至常熟县一百馀里,东岸有泾二十一条,西岸有泾十二条,是亦七里十里而为一横塘之迹也,但目今并皆狭小,非大段塘浦。盖古人之横塘隳坏,而百姓侵占及擅开私浜,相杂于其间,即臣所谓某家泾某家浜之类是也。……今但乞废其小者,择其大者,深开其塘,高修其岸,则良田渐多,白水渐狭,风涛小矣。"很显然,那些某家泾、某家浜多为地方富豪私自开筑,郏亶的方案直接触及了他们的切身利益,郏亶事件所引发的舆论批评主要应是他们在暗中推动的,第 275—276 页。

⑤ 《吴郡志》卷三《开胥蛇门议》条,第 24—27 页。

与郑亶的遭遇不同，前述南宋淳祐四年（1244）知府魏峻重修至和塘，却受到了富民的积极支持，“人不为扰”，时人认为这反映了“舆情之所共趋”。地方官之成功推动公益事务，往往受到“役不扰民”“民不知役”等评价，因此，是否“扰民”成为民众议论公益事务的“关键词”。但这种“扰民”与“不扰民”的舆论背后存在实际的利益矛盾，与公益事务所涉及的社会关系有紧密的关联，如兴学与士人（尤其是在学的士子），社会救济与贫弱人户等等。在水利兴修的过程中，官府既需要征发民众服劳役，有时还需要向富民募钱，上述魏峻重修至和塘主要是疏导水道，屏除盗贼，对地方各阶层民众皆有利，所以得到舆论的支持；而郑亶的方案则直接触及了私建泾浜的地方富豪的利益，加之此役规模浩大，民力承担较重，两种因素相互影响，造成了“扰民”的风波。

4. 地方官和士人对舆论的运用

面对社会舆论，地方官不只是通过劝谕、施信来缓和紧张关系，求得沟通，还试图通过舆论的力量引导民众的关注，使其成为公益事务的助力。实际上，地方官府也是社会舆论形成的重要来源，地方官的行为在地方社会是民众关注和议论的对象。淳熙十年（1183）常熟县令曾棨创建跨塘桥。据平江府人曹纬所撰《跨塘桥记》，此桥是地方上的“缙绅父老合辞以请”建立的，虽然县令“出公帑之馀为之倡”，主要的资金、人力还是由民众承担的，但地方官府此举却在地方上产生了积极的社会影响，“远近士民靡不咸劝[①]，协议毕力，克伸僝功，故材不赋而美，工不发而多，曾不逾时，汔奏成绩”。可知官府出钱为之倡，吸引了更多的资金，保证了工程的进度[②]。

淳熙十六年，吴县令赵彦真对行春桥重加修葺。据范成大的记述，此前虽然“岁久桥坏，人且病涉”，但地方上的“豪有力之家相顾环视莫恤，漫以委之官”，前任县令陈益、刘棠“皆有意而弗果作”。这也反映了当时县衙财政的拮据，要仰赖“豪有力之家”的资助。赵彦真在到任之初，先“问民所疾苦”，民众则以修复桥梁为先务，遂有修复行春桥之举。此次兴修行春桥主要是地方官府出资募工完成的，从后来“四乡之人不能出力倾助者至是始有愧心”的情形来看，地方上的“豪有力者”采取观望的态度，此次仍没有出钱资助此项公益事务。行春桥竣工时，引来吴县民众前来“观瞻”，产生社会反响，寓居平江府的范成大为撰《行春桥记》，称县令“从容

① “咸劝”，《吴都文粹续集》作“感动”，此据《［正德］姑苏志》改。

② （宋）曹纬：《跨塘桥记》，《［正德］姑苏志》卷二〇，4a—5a. 参见《吴都文粹续集》卷三六。

兴废,盖亦甚难",赞扬他修桥"保伍不知,工徒不预"。官府独力修建行春桥,得到了舆论的好评,尤其是范成大的评价,指责"豪有力之家"的犹豫观望,使得他们承受了很大的压力,最后先前"环视莫恤"的豪民也"始有愧心",遂"相与商略,他日将作亭其上,以憩倦游者",作为补救。范成大也应承"亭成将嗣书之"①。显然,舆论不只是指向地方官府,地方上豪富者也可能承受其压力,而像范成大这样的士大夫则扮演着舆论的引导者。

从上面的论述中可以看到地方士人对于社会舆论的形成和传布有关键性的作用。他们与各级官员、地方名士等多有密切的人际往来,他们的议论和口碑很容易通过这种私人交际圈传播开来,地方官推动公益事务自然在他们关注的范围之内,地方官的政绩和仕途也不得不受其影响。与其他人群主要靠口耳相传、制造舆论不同,地方士人更可通过撰写各类文字,甚至刻石刊布,来引导和推动舆论的传布。常熟县令曾棨修建跨塘桥,虽然只是"出公帑之馀为之倡",平江府人曹纬应县民的请求为撰记文,却对其歌功颂德,颇费笔墨。不止记述了曾棨在修桥过程中的作用,还涉及了他的其他政绩,其文末云:"邑人求文以识其事,公之治绩赫赫不可掩,何待□□之辞,盖人之向慕倾戴而不足者,非刻之金石,无以垂不泯,而慰邑人之拳拳也,故为之书。"②虽然舆论包含了各阶层民众的意愿,但最后能将其书写成文字并加以传布的却是地方士人。

与曾棨不同,吴县人潘梦旂为夏侯桥撰写记文时却对知府着墨甚少,且含糊其词。尽管在修桥过程中"使守加(嘉)其志,悉捐金以助",对修桥事务有直接的支持,但潘梦旂甚至没有留下他的姓名。潘梦旂在记文中强调自己"生于吴,举于吴,随牒四方三十年,未尝一日忘父母国",表达了对乡里的公益事务有很强责任感,"故老"请其为文记之,"忻然诺之,庶几登名于碑,他日归老,尚能从容乎其所"③。但他对知府含糊其词,应该还有更深层次的原因。夏侯桥重修于理宗宝庆二年(1227),据《吴郡志》卷一一《牧守题名》,王元春宝庆元年六月知平江府,三年四月除大理卿,则潘氏所称"使守"当指王元春。又据《齐东野语》卷九《巴陵本末》记载,宝庆元年春正月潘甫、潘壬等谋立济王,"寓公王元春遂以轻舟告变于朝",平

---

① (宋)范成大:《行春桥记》,《[正德]姑苏志》卷一九,17a—18b。参见《吴都文粹续集》卷三五。

② (宋)曹纬:《跨塘桥记》,《[正德]姑苏志》卷二〇,4a—5a. 参见《吴都文粹续集》卷三六。

③ (宋)潘梦旂:《夏侯桥记》,《[正德]姑苏志》卷一九,2a. 参见《吴都文粹续集》卷三五。

乱后,王元春因为告变立功,"遂知乡郡"。从时间上来看,湖州告变之王元春当即后来知平江府者①。"霅川之变"在理宗一朝影响甚大,士论多为济王鸣冤。潘梦旂当时仍未致仕②,且与王元春可能有同年之谊,对此轰动朝野的事变和王元春必有所了解。故他在此隐晦其笔,寓有深意。从曹纬的歌功颂德到潘梦旂的暗寓褒贬,地方士人的主观态度会影响其撰写记文时对地方官的评价,这对舆论有着潜在的影响,引导了舆论的走向。显然,经过他们的记述,民众对地方官的印象和评价会因之有所变化,曾棨因为曹纬的记述刻石而"垂不泯",为当地人所景仰,而实际上他不久就因为"将版帐、赃赏等钱支用及违法科取钱物等事"被除名勒停③;与此相比,王元春虽曾积极支持过夏侯桥的修建,却因潘梦旂之笔而泯默无闻了。

5. 地方官与宗教势力

从上述各项事务的过程可以看到,地方士人对于诸事务的开展有关键的影响,他们或者是直接的倡议者、推动者和投资者,或者从旁助威造势,对民众和地方官府的态度产生间接的影响,甚至利用其出仕的机会,将民间的救济措置引入朝廷、官府的视野。但同时还应该注意到地方社会的民众存在不同的阶层,地方官参与公益事务,不限于与地方士人的接触,还需要运用其他阶层民众的资源,其中地方上宗教组织(也包括佛道之外的民间信仰组织)和人员的影响值得关注④。

---

① 据《[乾隆]江南通志》卷一二〇《进士》二载,庆元中有吴县人王元春及第,但不见于《吴郡志》卷二八《进士题名》,不知《江南通志》何据。另据《南宋馆阁续录》卷九"国史院编修官"条载宝庆以后十一人,其中有王元春,"字景育,宝庆府邵阳人,庆元二年邹应龙榜进士出身(按:潘梦旂亦在此榜),治《诗》。(宝庆)三年十一月以起居郎兼;绍定元年十二月为中书舍人,仍兼。"(《南宋馆阁录·续录》,北京:中华书局,1998 年,第 375—376 页)。此与《江南通志》所记籍贯不同。据《嘉泰吴兴志》卷一四《郡守题名》记载:"王元春,宝庆元年正月十二日以中大夫除秘阁修撰到任,至当年五月初三日除右文殿修撰知平江府。"(第 4787 页)则王元春在告变之后被任命为知安吉州(湖州在霅川之变后改称安吉州),不久又改知平江府。又据《吴郡志》卷一一《郡守题名》载王元春"宝庆元年六月十一日到,三年四月八日,除大理卿"。(第 155 页)这可以和《馆阁续录》中记载的履历相接续。综合来说,关于王元春的籍贯,宝庆府邵阳可能是其祖籍,而吴县则是其参加科举的籍贯;他在庆元二年与潘梦旂同中进士,宝庆元年正月因为告变出知安吉州,后改任知平江府,宝庆三年四月到京师出任大理卿,十一月他以起居郎兼国史院编修官。

② 从其记文中有"他日归老"之语和故老"贻书述斯役",可以推知此时他仍未致仕。

③ 《宋史全文》卷二七下淳熙十二年正月条,文渊阁《四库全书》本。

④ 黄敏枝对宋代福建、两浙地区寺院与地方公益事务之间的关系有细致的考察,认为寺院对地方公益事务的开展有重要意义和贡献。参见所著《宋代佛教社会经济史论集》,台北:学生书局,1989 年,第 127—147、186—193、413—442 页。

淳熙六年平江府城的吉利桥至版寮巷一带砌造街道。吉利桥位处平江府城盘门至府仓、市和府衙的交通要道上，其西面“河北岸沿流”皆为客馆[①]，其东有昼锦坊、南有灵芝坊，是士大夫聚居的地方[②]，南面还有开元寺和瑞光寺等寺庙[③]。根据捐助钱、米、砖的“施主”名单，有干缘勾当头陀薛了成，副干缘会首马显、吕全、邛□，都劝缘知府中大林，他们既是捐助者，更是此役的募集者。此外还有耿都监、周将仕、刘将仕、朱大丞、陈孔目、祝解元、饶州余承务、王百四秀才等，他们大都有官户的背景，应属于地方权势之家[④]。能够从这些权势之家手中募集钱物，既说明民间的宗教势力与地方权势之家的紧密关系，也反映了主首的干缘、副干缘和都劝缘在地方上有相当的号召力和影响力，具有广泛的关系网络。

宁宗开禧二年(1206)，吴县尉受朝廷之命，负责兴修如京桥[⑤]。他“亟募道者徐妙行师徒鸠工”。据此，实际负责召集工人建桥的是徐妙行师徒。据统计，这项工程“积工五万，为费三十五万有奇”，费时逾一年[⑥]。虽然不能确知民众出资的比例，但从其规模来看，“道者”募集资金、人力的能力相当惊人。从同时期的湖州地区的材料中，亦发现道民在修桥事务中扮演了重要角色[⑦]。据学者研究指出，这些道民属于湖州、秀州两地的白云宗势力，他们“半僧半俗”，在地方上从事修桥等公益事务，拥有丰厚的财力和人力，极具号召力和影响力，以至有朝臣论奏其借修桥聚敛信徒财物、危害地方[⑧]。如京桥的修建过程，反映了地方官试图与地方上的宗教力量积极沟通，利用其社会关系网和号召力，推动了修桥等公益事务的开展[⑨]。

地方官在地方社会推动公益事务，引来了各阶层民众的瞩目，成为民

---

① 《吴郡志》卷七“吴会亭”条，第96页。

② 《吴郡志》卷六记载灵芝坊是北宋蒋堂所居，昼锦坊则是程师孟所居，第73—74页。

③ 《吴郡志》卷六，第72页，卷三一，第472—474页。

④ 《江苏金石志》卷一三《吉利桥版寮巷砌街砖记》，第9754—9755页。

⑤ 此举与南宋朝廷的开禧北伐有直接关联。虽然这座桥是受朝廷的军事、外交策略影响而修，但它的兴修也有利于改善交通运输，对地方民众的生活、贸易有益。

⑥ (宋)叶挺：《如京桥记》，《[正德])姑苏志》卷一九，16b—17a. 参见《吴都文粹续集》卷三五。

⑦ 《吴兴金石记》卷一〇《仪凤桥石柱题名》、《骆驼桥石柱题字》，其中“干缘道民(人)汤彦宗”凡两见，《石刻史料新编》第1辑，第14册，台北：新文丰出版公司，1982年，第10790—10791页。

⑧ [日]竺沙雅章：《浙西の道民について》，《中國佛教社會史研究(增訂版)》，京都：朋友书店，2002年，第261—292页。

⑨ 关于宋代地方官府与宗教势力(包括佛道之外的民间信仰人群)的关系，以及地方官与僧道等人群的往来，是值得探讨的问题，本书无法再加展开，只好留待将来了。

众议论的话题。这些舆论反映了民众对于地方官和地方官府的意见,是对其推动公益事务的一种反馈,与公益事务的倡议、开展构成了一个整体。地方官之推动公益事务,一方面要与地方上的富豪、士人以及宗教信仰势力沟通、联络,求得其响应和支持,另一方面,还要面对社会舆论,或者因势利导,确立自身的地位和地方官府的声望,或者与各方取得谅解,转变其观望乃至对抗的态度。可以看到,由于社会舆论的存在,地方官既能以为己用,作社会动员,对持观望者施加影响,也可能因为矛盾尖锐,处理不当,社会舆论反而可能被富豪所操纵,成为阻滞官府推动公益事务的障碍。此外,地方士人在社会舆论的形成和传布过程中发挥着关键性的影响,他们通过个人关系和撰写记文的机会,往往左右了社会舆论的传布范围和走向,对地方官和民众产生间接的影响。

随着财政状况和个人主观态度、能力素质的变化,宋代地方官在公益事务中扮演的角色也随之变化,与地方士人、富豪以及宗教信仰势力形成了错综复杂的互动关系。虽然北宋末年到南宋地方官府财政状况的恶化,使得地方官府多已无力独自推动公益事务的开展,地方势力(尤其是士人)日渐活跃,但这并不能说明南宋时期在公益事务中地方官逐渐无所作为和地方势力优势地位的确立,或者社会精英的关注已经转向地方①。宋代中央财政的集权日益加强,虽然使得征敛频繁,加剧了地方官府与民众之间的矛盾,但这也迫使地方官府与地方势力之间彼此更加依赖,两者在公益事务的运作过程中有可能走得更近,而不是彼此疏离。南宋时期地方士人更多关注当地事务,但这并不代表他们与中央政府的疏离②,也不能说明他们与州县地方官府关系的疏远,关键还要看他们是怎么关注和参与各种事务的,地方官的角色亦应给予充分考虑,尤其是他们本身即具有士人的身份及价值观念。

从上述苏州的情形来看,自北宋以来,士大夫出仕地方即重视推动地方公益事务,即使在南宋财政捉襟见肘的情况下,他们仍对推动公益事务采取积极姿态,甚至其资金和人力都由地方官府全部承担③。同时,地方

---

① 参见包伟民《精英们"地方化"了吗?——试论韩明士〈政治家与绅士〉与"地方史"研究方法》,《唐研究》第十一卷,第653—670页。黄宽重《从中央与地方关系看宋代基层社会演变》。

② 参见余英时《朱熹的历史世界:宋代士大夫政治文化的研究》。

③ 因为苏州在宋代始终是经济贸易发达的地区,州县官府财力一般较为宽裕,有可能有馀力从事公益事务。这也许是特殊的情形,但在地方财政日渐困窘的趋势下,地方官府从事公益事务的方式发生了变化,而要吸收民间的资源(不仅仅是资金,也包括舆论力量),这应该是北宋末年到南宋时期的基本局面。

士人积极引导朝廷、官府关注公益事务，他们与富豪、宗教势力是推动公益事务的重要要力量。但这些地方势力有时亦根据其自身利益考虑，采取“环视莫恤”的观望姿态，甚至从中阻挠。

虽然赋役与狱讼是地方官治理地方的重要工作，他们对于公益事务难得顾及，而要仰赖于民间力量。这在北宋末年以至南宋地方财政状况日益恶化的背景下，变得更加突出。面对地方民众提出和推动的公益事务，县令曾棨积极回应，说：“众之所欲，苟惮其劳，是委民寄于草莽也，其可乎？然役巨费夥，非号召能集，要当以身先”，并“出公帑之馀为之倡”[①]。这反映了地方官既乏财力，又意图在地方公益事务中扮演重要角色的矛盾状态。在苏州地方公益事务的推动过程中，地方官或多方询访，或接受士人的建议，积极与各阶层民众沟通。其中地方士人与地方官在推动公益事务上有着共同的关注，如地方教化、宗族乡里的伦理秩序等，两者比较容易沟通。在遇到批评、阻挠时，地方官则与之周旋，晓之以辞，甚至借助社会舆论的力量，求其态度之转变，如此方能调动各类资源，在官府财力有限的情形下，推动公益事务的开展。如果应付不当，沟通不及时，则地方官府与地方势力之间会出现对立的紧张状态甚至冲突。

五、地方官与礼仪祭祀活动

地方官在寺观神祠中举行各类祭祀活动，在地方官学中祭拜孔子，举行乡饮酒礼等仪式，是地方官钱粮诉讼等事务之外重要的日常活动。寺观神祠是民众拜祭神灵、祈求福祉的所在，寄托着个体的信仰，地方官学则是士人聚集、接受儒家经典的场所。地方官与民众共同参与祭祀礼仪活动，共同塑造地方社会的神祇世界，构建地方社会的伦理、信仰秩序。下文即试图考察在苏州祭祀礼仪的场合，地方官与民众所扮演的角色，并进而讨论两者的相互作用及其对苏州社会伦理关系和信仰世界的影响。

（一）地方官与乡饮酒礼

乡饮酒礼是地方官召集地方耆老、士人聚会宴饮的礼仪活动，序长幼、倡揖让[②]。乡饮酒礼起源较早，到隋唐时期逐渐纳入国家礼制的体系，实

---

① （宋）曹纬：《跨塘桥记》。即使在刘宰私人所推动的赈济饥民的过程中，地方官仍积极参与其中，以个人的身份捐助钱米，而在赈济的捐助记载中，地方官亦居于显目的位置，这也说明地方士人力图借助地方官来扩大社会影响。

② 它有时与每年春秋的释奠礼（祭祀孔子）同时进行，其后也会进行射礼。

际上主要在州府一级举行，具有正齿位和选拔贤能的意义①。北宋时期，乡饮酒礼很长时间没有得到重视，在地方州县也很少见到施行②。南宋高宗朝，朝廷逐渐重视乡饮酒礼，地方州县普遍有所举行。在地方举行的乡饮酒礼由地方官与地方上的缙绅父老共同参与，这提供了地方官与民众（尤其是地方士人）宴饮、接触的机会。

绍兴十三年（1143），重建太学，在全国范围内招试太学生，其中规定："凡诸道住本州学满一年、三试中选、不犯第三等以上罚，或不住学而曾两预释奠及齿于乡饮酒者，听充弟子员，每岁春秋两试之。"③其后，朝廷即颁布了乡饮酒礼的仪制，"镂板遍行郡国"④，并规定"三岁科举之年行之于庠序"，即三年举行一次⑤。十九年又下诏："自今乡贡，前一岁，州军属县长吏籍定合应举人，以次年春县上之州，州下之学，核实引保，赴乡饮酒，然后送试院。及期投状射保者勿受。"⑥因此，乡饮酒礼与科举紧密结合起来，参与乡饮酒礼成为士人参加科举的一项资格⑦，乡饮酒礼一定程度上成了科举的附属品。每逢行礼之际，"多士云集"⑧，成为地方上的一大盛事，据记载明州举行的乡饮酒礼，最多时有三千多人参加⑨。

关于平江府的乡饮酒礼，南宋前期没有确切的记载。淳祐九年（1249），知府郑霖"会三学同舍，序拜于天庆斋堂"，天庆即平江府的天庆观，然后又"谯于郡之春雨堂"。据记载，这次集会"序以齿，交以礼，会以

① 游自勇：《汉唐时期"乡饮酒"礼制化考论》，《汉学研究》第22卷第2期，2004年12月，第245—270页。

② 《宋史》卷三〇〇《王沿传》记载："（沿）徙成德军，建学校行乡饮酒礼。"《宋史》卷三〇六《孙何传》亦载："真宗初，何献五议：……其四请行乡饮酒礼……"但此时朝廷并没有明确的规定。参见山口智哉《南宋乡饮酒礼考》，"科举制与科举学"国际学术研讨会，厦门：2005年9月。他认为北宋时期乡饮酒礼的言论很多，至北宋末期出现将州府欢送地方士人赴京参加科举的"鹿鸣宴"改称乡饮酒礼的情形。

③ 《宋史》卷一五七《选举志》三，第3670页。参见《建炎以来系年要录》卷一四八，绍兴十三年二月丁丑条，第2797页。

④ 《建炎以来系年要录》卷一四八，绍兴十三年四月癸亥条，第2803页。

⑤ 《建炎以来系年要录》卷一五六，绍兴十七年正月辛卯条，第2952页。

⑥ 《宋史》卷一五六《选举志》二，第3629页。

⑦ 乡饮酒礼起源很早，本与隋唐才形成的科举没有直接的关联，但北宋时已出现将州府欢送士人赴京参加科举的"鹿鸣宴"改称乡饮酒礼的情形，南宋初年的政策与此有关，参见前引山口智哉《南宋乡饮酒礼考》。

⑧ 《宋史》卷一五七《选举志》三，第3670页。

⑨ 《宝庆四明志》卷二"乡饮酒礼"条，《宋元方志丛刊》本，第5018页。

文,隐然乡饮之遗风"[①]。虽然这次集会并不能算作严格的乡饮酒礼,而且是在道观中进行的,但当时人谓其有"乡饮之遗风",它的"序以齿,交以礼,会以文"的形式也反映了乡饮酒礼的精神。参加这次集会的有四十二人,既有平江府人,亦有天台、会稽、三山等籍贯之人,主要是寓居于平江府的士人,而主持者是知府。与会者是"同舍"的关系,彼此自称"同盟",聚会采取的形式类似乡饮酒礼,亦反映当时乡饮酒礼之风气的影响。

宝祐四年(1256),赵与跻知平江府,"报政之正月,以是日行乡饮于郡学。粤四月壬午,合乡射于学之圃"。此次举行乡饮酒礼,由知府主持,有提刑司、提举司的长官参加,"会乡之耋老暨大夫士齿于饮所",而且"班教给费,命诸邑效行如郡庠",推广到所属各县。赵与跻的门人、平江府人王景齐撰记,认为知府政成则"(教)化之所以易行",乡饮酒礼成为地方官推行教化的重要手段[②]。据赵与跻自己的记述,举行乡饮酒礼"惟宾主介僎,礼之人也;尊爵俎豆,礼之器也;升降揖孙(逊),礼之文也。然此皆古圣人至意,与于斯者必因仪节而思其本。大要使民不慢不争,兴仁兴逊,得于观感而邪惰消,养于习熟而知顺积,以尊高年,敬有德,孝于而家,弟于而乡,忽不自知为王道之归矣"[③]。显然,在知府看来,乡饮酒礼的仪式能让民众"邪惰消",使孝悌行于乡里,对地方社会的治理秩序有潜在的影响。从《景定建康志》的记载来看,溧阳县学举行的乡饮酒礼在地方社会产生了较大的反响,当时"侯(按即知县)奉行惟力,礼意有加,于是邑居自达官而下毕来,韦布云集,比异时为特盛,邑之人获观进退揖逊登降之节,莫不称叹,以为侯既能具严殿庭以展释菜礼,又能饰堂庑斋序以容士夫,周旋乎其间,真盛举也"[④]。民众从旁观看"进退揖逊"的礼仪,地方官通过主持乡饮酒礼而获得较高的社会声望。无锡县学举行乡饮酒礼时,"礼成,拜送于庠门之外,观者如堵,嗟咨欢忻,喜王化之复行"[⑤],亦可见当时的社会效应。

据《淳祐玉峰志》记载,昆山县"惟岁节、冬至,县官率乡之寓贤士友聚拜于学之明伦堂,会茶而散,礼仪雍雍,长幼有序,自乐庵李公行之,至今五六十岁,则它邑所无,今令尹项公泽又捐金置田,以充所费云"[⑥]。这里的

---

① 《吴郡志》卷二,第17—18页。

② 《吴都文粹续集》卷三《观德亭记》,参校《江苏金石志》卷一八《观德》。

③ 《吴都文粹续集》卷三《宝祐乡饮小录序》。

④ 《景定建康志》卷三〇《溧阳县绍兴重修县学记》。

⑤ (宋)佚名:《无锡县志》卷四中《无锡县学之记》,《宋元方志丛刊》本。

⑥ 《淳祐玉峰志》卷上"风俗"条。

聚拜会茶，比三年一次的乡饮酒礼进行得更加频繁，每年的岁节、冬至都有举行，“礼仪雍雍，长幼有序”的特征却类似乡饮酒礼。从其实际的发展来看，这种茶会有地方士大夫（如乐庵李衡）的参与，并得到地方官的支持，由其主导。这种含有乡饮酒礼精神的茶会与科举考试并无直接关联，而成为地方官与地方士人等联络、沟通的机会。

《宝庆四明志》记述南宋时期明州的乡饮酒礼云：

> 旧俗以岁之元日或冬至，太守率乡之士大夫释菜于先圣先师，而后会拜堂上，长幼有序，登降有仪，摈介有数，仿古乡饮礼。建炎学毁礼废，绍兴七年，学重建，守仇悆复举故事，益以酒三行。后三年，仇公复来，置田百有六亩支其费。又三年，郡人林保为比部郎，闻于朝，遂取其式颁行天下。行虽不久，犹听州县从便，故明州行之如初，而仇公所置田移以养士，酒礼遂辍。乾道中，秘阁张津守郡，主拨没官之产以补之，王伯庠记诸石，产段刻于碑阴。嘉定七年，提刑程覃摄守，礼行尤盛，且辍楮券二千缗附定海水军库，岁责称贷之息侑费。厥后岁虽会拜，无复旧典。①

据此，明州地区北宋时期在州学举行释菜礼，其仪式仿效古代的乡饮酒礼，南宋初知州仇悆举行故事，并增加了“酒三行”，专门置田提供所需费用，这与昆山县的情形相似。后来所置之田被用于养士，“酒礼遂辍”。从宝庆三年(1227)恢复的乡饮酒礼来看，此项仪式参与人数众多，所费亦颇浩大，不仅各级官府出钱，亦得到了“乡人”厉氏的资助。在仪式中，“依《鹿鸣》等诗之声节以合止，献筹交错”，地方官与地方士人亦赋诗唱和；值得注意的是，宝庆三年的仪式是由户部侍郎何炳主持②，淳祐六年的仪式则由资政殿大学士正奉大夫陈卓“首宾席”，何炳、陈卓当是退居乡里之士大夫③，参加仪式的制帅赋诗有云“纲维全赖老先生”，这反映了地方士大夫在仪式中的位置和作用。

虽然上述材料反映了南宋以来乡饮酒礼在地方社会得到施行，地方官与地方士人共同推动了乡饮酒礼的开展，但它又与前代的乡饮酒礼存在一定的距离。这主要表现为对繁文缛节的扬弃。正如朱熹所论，“古礼残阙，

---

① 《宝庆四明志》卷二“乡饮酒礼”条。

② （宋）吴泳《鹤林集》卷六有《何炳授权户部侍郎兼同详定敕令官制》，文渊阁《四库全书》本。

③ 陈卓，端平二年(1235)出任执政，不久即丐祠归乡，淳祐六年举行乡饮酒礼时他已经退居乡里了，参见《延祐四明志》卷五《陈卓传》，第6209—6210页。

这般所在皆无可考"[①],因此,虽然对于古礼有不同的解释,但总体来说,南宋的儒士更多是从自身的社会生活出发,来将古礼的精神再度"礼制化"。如前述昆山县之乡饮酒礼"会茶而散",形式简易,但其"长幼有序"的内核却依然保存了下来。朱熹主张"不若只就今时宴饮之礼中删改行之,情意却须浃洽",亦是从社会的现实来理解乡饮酒礼,"情意"也即是乡饮酒礼的"长幼有序"。高闶将"拜送""拜既"理解为"送客拜两拜""客去又拜两拜",施行起来更为简易,虽然可能不合《仪礼》,但如王伯庠记述乾道五年明州乡饮酒礼所论,"长幼尊卑之分昭然可见"[②],有序的社会伦理秩序是地方官、地方士人共同关注的终极问题。从这个意义上,对南宋地方社会乡饮酒礼的施行,似乎不能仅仅视为一种古礼的复兴,而应透过它的实际施行看到当时地方官与地方士人对社会伦理秩序的关注,只不过顶着个"乡饮酒礼"的复古旗号[③]。

综上,南宋以来地方社会乡饮酒礼的举行,虽然与王朝科举制度、礼制有关,但其实际的施行反映了士人(包括地方官与地方士人)对"长幼有序"伦理秩序的追求。就实际的过程与社会影响来看,乡饮酒礼仪式中的进退揖让、序正齿位,构成为地方官推行教化的一个环节,地方士人则是其依赖的重要力量。

(二)地方官与地方神祇的祭祀

在传统社会中,寺观神祠[④]在政治、经济和宗教信仰等方面对地方社会产生重要影响,与王朝的统治策略紧密关联,历来受到学界的重视[⑤]。学界对宋元时期寺观的经济活动(既有内部的经营,也有参与地方社会的

---

① 《朱子语类》卷八七"乡饮酒"条,第2266—2267页。

② 《延祐四明志》卷一四《乡饮酒记》,第6342页。

③ 山口智哉认为南宋乡饮酒礼的实践不过是利用"乡饮酒礼"这个"名牌",而实际上却有了各自不同的解释。见前引《南宋乡饮酒礼考》。山口的观点颇有洞察力,但他认为南宋乡饮酒礼的实际运作存在不同的解释共同体,进而认为这是一种南宋士大夫地方化的表现,与韩明士的观点相呼应,仍有可以商榷的馀地。

④ 本书暂不涉及地方上的先贤祠,而着重考察佛道的寺观,以及反映民间信仰的神祠。虽然不少先贤祠也有神化的现象,与神祠之间没有截然的界线,但它们主要还是与士人的思想观念密切相关,反映的主要也是儒家的价值观念,并且多反对将其神化,与一般的民间信仰还是有较大差异,其影响范围也不及后者广泛。

⑤ 王曾瑜:《宋朝阶级结构(增订版)》(北京:中国人民大学出版社,2010年),第十五章《僧道户》,其第三节更专论《僧道户与国家》;陈高华:《元代佛教与元代社会》,《元史研究论稿》,北京:中华书局,1991年,第362—384页。竺沙雅章:《中國佛教社會史研究(增訂版)》,京都:朋友书店,2002年。

经济建设)已有充分的讨论①,近年来随着对于民间信仰的关注,神祠在宗教信仰方面的活动及其影响成为讨论的焦点,成果丰硕②。以往对于寺观神祠在政治方面作用的研究,更多着眼于王朝的统治策略上,而对于寺观神祠如何影响地方的治理秩序尚未给予充分关注。后者具体表现在寺观神祠与地方官府之间的关联上,以及地方官是如何运用寺观神祠来构建社会秩序的。这种秩序涉及寺观神祠的诸多层面,既有经济活动方面的,也有信仰方面的,前者与朝廷、官府的赋役政策相关联,后者则与地方官府的教化职能紧密不可分,本节所关注的正是后者。

本节所依据的主要是宋至明清的地方志以及石刻资料,很显然这些材料还是零碎的,且带有一定的倾向性,凸现寺观神祠正面的形象,这就需要在运用这些材料时足够的谨慎,加以辨析。

1. 苏州的寺观神祠及其社会影响

苏州地区的寺观神祠起源很早,在先秦时期即出现了民间祠庙③。关于佛寺,朱长文在《吴郡图经续记》中论述说:

> 自佛教被于中土,旁及东南,吴赤乌中已立寺于吴矣。其后梁武帝事佛,吴中名山胜境多立精舍,因于陈隋,浸盛于唐。唐武宗一旦毁之,已而宣宗稍复之。唐季盗起,吴门之内寺宇多遭焚剽。钱氏帅吴,崇向尤至,于是修旧图新,百堵皆作,竭其力以趋之,唯恐不及。郡之内外,胜刹相望,故其流风馀俗久而不衰,民莫不喜蠲财以施僧,华屋邃庑,斋馔丰洁,四方莫能及也。④

据此,苏州地区在三国时期就已经有佛寺存在,南朝梁武帝时期开始兴盛,唐代达到第一个高峰,唐末五代虽迭经战火,但由于吴越钱镠的推崇,佛寺反而更加兴盛,承接此风,北宋时期苏州民间乐于施舍佛寺,风气更浓。庆历七年,吴江知县李问和县尉王廷坚意图兴学,向民间募钱,却遇到抵制,有人即指出当时苏州地方上多崇奉佛教,却“鲜慕学者”⑤,这种风气显然是其来有自的。关于道观,记载较早的是常熟县的乾元宫,建于南朝梁天

---

① 游彪:《宋代寺院经济史稿》,保定:河北大学出版社,2003 年;黄敏枝:《宋代佛教社会经济史论集》,台北:学生书局,1989 年。

② 韩森著,包伟民译:《变迁之神:南宋时期的民间信仰》,杭州:浙江人民出版社,1999 年;皮庆生:《宋代民众祠神信仰研究》,上海:上海古籍出版社,2008 年。

③ 《吴郡志》卷一二《伍员庙》云:“盖自员死后,吴人即立此庙。”第 166 页。此时的伍员庙可能还不具备神的特征,主要还是民众的纪念。其神化是后来的事情。

④ 《吴郡图经续记》卷中《寺院》,南京:江苏古籍出版社,1999 年,第 30 页。

⑤ 《[正德]姑苏志》卷二〇,8a-9a. 参见《吴都文粹续集》(文渊阁《四库全书》本)卷三六。

监五年(506)①。但整体来说,苏州地区的道观要远少于佛寺。

苏州的寺观神祠林立,遍布州县城乡,它们拥有大批的信徒,在地方上的社会事务中很有号召力。这可以从两个层面来考察,一是寺观神祠在地方公益事务中的作用,一是寺观神祠对地方风俗的影响。关于前者,学界已有很多研究成果②,下面只举出两个苏州的例子。前述淳熙六年(1179)平江府的吉利版寮巷砌造街道,众多捐助施主中,有干缘勾当头陀薛了成、副干缘会首马显等、都劝缘知府中大林,他们是此役的募集者,同时也是捐助者。此外还有地方上的权势之家③。由此可以了解干缘、劝缘等人募集的影响力非常可观。开禧二年(1206),吴县尉兴修如京桥,"亟募道者徐妙行师徒鸠工"④。这里官府修造桥梁也要借助道者来募集资金物力。

元天历二年(1329),平江路昆山州太仓州利民坊建造安福桥,其题记有三块,第一块记载了出资的施主及所捐钱数,其末为募(?)缘人,刻记者为崇福寺僧善庆;第二块在干缘人之前是地方官的题名,包括□□□信校尉、太仓镇守等处(下缺)、奉政大夫昆山州达鲁花赤、奉议大夫昆山州知州卢、承直郎同知昆山州事、承务郎同知昆山州事、承事郎昆山州判官二人,以及坊正俞茂德,其干缘人是社长张余庆等,其刻记者亦为崇福寺僧(名缺);第三块似为崇福寺僧崇琳所收到捐助的题名,其募缘人却是圆通庵僧崇正⑤。这里虽然很难确认地方官是否捐助,但仍可以获悉他们积极参与了崇福寺募集资金修造安福桥的活动。即使地方官没有实际的捐助,他们的参与及被刻石留名,也扩大了寺院募集活动的影响。值得注意的是,地方官和坊正的题名放在一起,其干缘人也是社长,似乎募集活动是按照不同身份有组织地进行的。地方官可以利用寺观的力量来推动地方的

---

① 《吴郡图经续记》卷中《宫观》。《琴川志》(《宋元方志丛刊》本)卷一〇《宫观》,"至道观"条,作天监二年,第1251页。

② 参见黄敏枝的《宋代佛教社会经济史论集》和竺沙雅章的《中国佛教社会史研究》。

③ 《江苏金石志》(《石刻史料新编》第一辑,第13册,新文丰出版公司,1982年)卷一三《吉利版寮巷砌街记》,第9754—9755页。

④ (宋)叶挺:《如京桥记》,《[正德]姑苏志》卷九。从同时期的湖州地区的材料中,亦发现道民在修桥事务中扮演了重要角色,《吴兴金石记》卷一〇《仪凤桥石柱题名》、《骆驼桥石柱题字》,其中"干缘道民(人)汤彦宗"凡两见(《石刻史料新编》第1辑,第14册,第10790—10791页)。参见竺沙雅章《浙西の道民について》,《中國佛教社會史研究(增訂版)》,第261—292页。他指出,这些道民属于湖州、秀州两地的白云宗势力,他们"半僧半俗",在地方上从事修桥等公益事务,拥有丰厚的财力和人力,极具号召力和影响力,以至有朝臣论奏其借修桥聚敛信徒财物、危害地方。

⑤ 《江苏金石志》卷二一《安福桥记》,第9985—9986页。

修桥修路等事务，寺观也可以利用地方官的影响来募集更多的捐助。

关于寺观神祠对地方风俗的影响，又可以从两个方面来分析。一是佛道等信仰的内容对民风的影响。昆山县有景德寺，其中有一座建造于靖康元年的诸天阁，奉议郎、新济王、康王、祁王府记室范浩为之撰写的《诸天阁记》中说到：

> 浮屠氏传西竺一乘流入中国，倡天堂地狱、祸福报应之说。风动世俗，波从信向者，往往悔恶从业而归之善，其亦有补于教化矣。……昆山普贤教院，有阁翚飞，下俯鳞宇。……使人发立，凛凛生肃心。……今年夏五月，沈(饶)又感梦，率众建阁。豪姓辛珍，独又刻诸天十六尊像。远近信向，磨肩投礼[体?]，祷福祈年，应不旋踵。[①]

在范浩看来，普贤殿的建筑和诸天阁的神像能够使众多信徒产生敬畏的心情，这根源于佛教的“天堂地狱、祸福报应之说”，其“远近信向，摩肩投体”亦即“风动世俗，波从信向”的具体表现。佛教的“天堂地狱、祸福报应之说”对信徒产生影响，使其能“悔恶从业而归之善”，却有助于推动风俗的教化，这就不能不引起地方官的重视了。

二是寺观神祠作为民众祈求福祉的所在，往往人群聚集，形成集会性的祠赛神会，这本身就是地方风俗的重要内容。常熟县有东岳庙，属于官府的祀典范围，同时是江淮闽粤来往客旅祭拜的重要据点，“率以类至，号曰会社”[②]。这种集会在每年春季岳灵诞辰举行，“旁郡人不远数百里，结社火，具舟车，赍香信，诣祠下致礼敬者，吹箫击鼓，揭号华旗，相属于道”[③]。这种集会性的祭祀，或称为“祠赛社会”，是由各地的社首与临时推举的会首主导的有组织行为。赛会中经常使用神杖、神枷，并模拟现实中官府的审判程序，乃至使用兵杖。这些仪式中的神器尽管可能是一些仿制的道具，但它们在仪式中的运用，却也形成一种权威，这与祠赛社会中蕴涵的颠覆性、暴力性因素结合起来，对现实的地方官府的统治产生威胁。因此，宋代官方重视对这种祠赛社会的管理，对赛会中发生的不法行为予以严厉打击，尤其是对赛会中的仪仗中出现的逾制违禁加以禁止和打击[④]。

虽然民间的祠赛神会有可能造成对现有秩序的冲击，但祈求神灵响答

---

① 《吴郡志》卷三五，第522页。

② 《吴郡志》卷一三“东岳庙”条所录魏邦哲《重修岳庙记》，第181页。

③ 《琴川志》卷一〇“东岳行祠”条，第1244页。

④ 参见皮庆生《宋代民众祠神信仰研究》第三章《“祠赛神会”——以祠神信仰为中心的宗教集会》，第112—116页。

仍是其核心内容,即使狂欢、颠覆的行为,也是民众追求神灵响答的歇斯底里的表现,一方面这很容易失去控制,演变为不安定的根源,但另一方面如果能够能加以引导,却可以成为稳定现有秩序的重要力量。尤其是在地方出现灾荒时,地方官府在寺观神祠中举行祭祀活动,反而能起到凝聚社会的作用。

正由于苏州的寺观神祠在当地社会如此广泛的影响力,所以地方官要推动各种公益事务的组织和开展,对寺观神祠的势力多所仰赖。这一点学界的研究成果已颇为丰硕,此不赘述。同时,寺观神祠作为民众信仰的根源,对地方风俗有着直接的影响,地方官要实现其教化职能,亦需要关注寺观神祠的兴废。同时,在发生灾荒时,寺观神祠是官府和民间举行祭祀活动的场所,地方官要在其中与地方各种神灵进行沟通,借此来消除灾荒所带来的对社会秩序的威胁。

2. 地方官与寺观神祠的兴废

由北宋、南宋到元代的四百多年间,苏州地区寺观神祠兴废变迁,大致受到了(1)自然灾害如火灾,(2)佛、道教以及各种民间信仰的兴衰,(3)社会环境的变化,例如战争、政权更替等三种因素的影响。第(3)种因素中,两宋之际的战乱比宋元之际的鼎革,对苏州地区的寺观神祠破坏更大,尤其是苏州城在建炎年间“盈城宫室,悉为煨烬”,《吴郡志》记载当时只有城南的觉报寺因为作为金军军营而幸免于难①。而元军取得苏州采取了招降的策略,没有发生大的战斗,故破坏反而较小。上述三种因素使得寺观神祠兴废不定,在这一过程中,地方官府的作用不容忽视。本节试图考察苏州地区寺观神祠的兴废与地方官府的关系,特别是地方官的态度和行为。

苏州地区的寺观不少都供奉为民众信奉的神灵(有些直接就是释道中的神灵),而很多神祠也选择寺观作为栖身之所②。寺观神祠的兴废得到地方官的关注,关键在于其所供奉的神灵具有灵验。神灵一旦“显灵”,地方官就要有所回报,除了(1)祭祀的“牲牢酒醴”之外(详见下文讨论祭祀的部分),还有(2)申请朝廷封赐,以及(3)修建庙宇。关于地方官为神祠申请朝廷封赐,学界已有充分的讨论③,本书不再赘述。下面主要考察第

---

① 《吴郡志》卷一二《天王堂》,第173页。同书卷三一《宫观》,第460页,亦言:“在城仙佛之宇,皆中兴重建。”

② 皮庆生将寺观和神祠的关系视为一种共生互利的关系,指出释道人士积极参与到地方祠神信仰的各种实际事务中,包括修建庙宇、主持仪式、管理香火、解释神意、申请朝廷封赐、请士人撰写庙记、立碑等等。见所著《宋代民众祠神信仰研究》,第27页。

③ 参见前引韩森著,包伟民译:《变迁之神》;皮庆生:《宋代民众祠神信仰研究》。

三种情形。

(1)焕灵庙

焕灵庙,在常熟县破山,唐咸通中曾建为龙堂。初位于破山寺(即兴福寺)西,其旁有水池,当地人"像事龙母子",应该只是民间私下信奉。北宋太平兴国四年(979),县令蒋文怿因为大雨不止,向龙神祈晴得应,遂"为之增碑冢封,浚治故池",并将其像迁到顶山寺,安置在佛殿的西偏,"大治其祠宇",即白龙祠,并且亲自撰写碑文记述此事①。政和二年(1112),转运使上报龙祠祈祷感应之事,第二年得到朝廷授予的"焕灵"的庙额。四年,常熟县再次报请平江府,得到监司的保奏,朝廷封龙神为宣惠侯。这次申请应该是地方人士推动的,他们觉得获得焕灵的赐额,而神灵没有爵号,"无以昭神贶"。在县令率领佐官到祠庙宣布朝廷的封号时,地方人士也都群集而至。快结束时,地方人士对县丞鲁詹说:"侯之庙宇,君与县大夫谋之。侯之封秩,君与县大夫请之。今堂宇将毕,而纶诰适班,盍记之以侈其事?"据此,焕灵庙的重修,有县令和县丞的贡献。但据鲁詹自己的记述,实际上在蒋文怿移建白龙祠后,又过了一百四十馀年,地方人士(即"邑人",而没有地方官的身影)"乃相与作庙于山腰龙池之上"②。这里的龙池当即蒋文怿所浚治的"故池",说明地方人士仍然坚持在龙池祈祷龙神,而没有因为前任县令将龙祠迁到顶山,就改变其祈祷的地点,并且经过一百多年又在原址上建立了新庙。地方官不仅为龙祠申请了朝廷的赐额和封爵,并且接受了在原址上建立新庙的事实,地方人士亦将新庙的落成归功于县令和县丞。从白龙祠到焕灵庙的兴建移徙可以了解,地方官因为祈晴得应而移徙兴建白龙祠,对民间的信仰产生影响③,但民间的信仰却仍保持其原有的方式,并反过来影响地方官。

(2)南双庙

南双庙,位于苏州城盘门内之西隅。所谓双庙,是指有两座庙:左为英烈王伍员(子胥),右为福顺王隋陈杲仁。但在《图经》和州县的档案中,一为永昌武大王,一为福顺贤德王。这算是官方的记载。关于福顺王,两处的记载相合,但关于永昌武大王,却是已经"杳邈不可稽考"了,在民间则"邦人由闾阎市井及学士大夫,自昔相传,皆以为伍子胥庙",且"岁时祭享

---

① 《琴川志》卷一三《顶山白龙祠记》,第1293页。

② 《吴郡志》卷一三《焕灵庙》,第179—180页。

③ 据前引大观三年陆韶之撰写的《顶山白龙祠记》,蒋文怿移建的白龙祠当时依然存在,并且"迄今祷请多应",蒋文怿撰写的碑文亦得到保存。同时从该文可以了解,蒋文怿迁移白龙祠的经过已被附会演变为神话故事。

甚盛”。民间的传说“杂然同辞，莫可夺也”。建中靖国元年（1101），知州吴伯举到任二年后，“政化大洽，奸盗屏斥。牒讼疏简，民用康靖”，遂意图“致力于神”，决定“录境内神祠废坏者，以公帑所馀毕修之”，目的在于借助神灵的力量来“安定休止，无有祟厉为吾民忧”。有胥吏建议说“城西南隅有旧庙二，荒□当完”。这说明知州并没有特意要修葺南双庙，他虽然决定要修葺废坏的神祠，但具体修葺哪座庙需要听取熟悉地方的胥吏的意见。知州这次兴修双庙本来是官府出资，却得到了地方人士的响应，“今邦人独以子胥之故，愿众私出力，以卒营缮。协谋齐虑，鸠工类材，添郛溢郭，奔走相属，惟恐其后”，可见地方人士热衷于这次修葺，是出于对伍子胥的崇奉。新庙告成之后，本来是沿袭旧号的，即永昌武大王和福顺贤德王的双庙，显然这与地方人士的初衷向左，遂有人向知州进言改为伍子胥庙。知州最后接受了地方人士的意见，以新庙专祀伍子胥。在知州看来：

昔吴濒海建国，恃水作险。内虞泛滥，外阙守御。蛙黾之与渚，而鱼鳖之与居。肇自子胥，相土味水，筑置城郭。实仓廪，治兵库，辟门二八，以象风卦。始能启塞有时，疏导无壅。……更祀几百，历载逾千。其城域门号，至今因之而不变。是子胥尝能安吾民也。不顾小义，卒雪大耻。勇于纳谏，以至殁身。二者皆人之所难。昔日之不死，盖以为吾父。今日之死，盖以为吾君。由前足以教人之为孝，由后足以教人之为忠。忠孝之迹，昭著前史，殊尤卓绝。震暴耳目，匹夫匹妇可以与知。及其久也，宜胥化焉。故后汉太守麋豹，按行属城，问风俗所尚。其功曹唐景曰：“处家无不孝之子，立朝无不忠之臣。”倘非渐渍馀风，被服成俗，畴能臻此哉？是子胥尝能教吾民也。既能安之，又能教之，由父传子，由子传孙，绵绵联联，以至今日，厥德茂矣，宜当血食此地。

这里，知州指出伍子胥生前的历史贡献和身后的教化风俗，应当得到后人的祭祀。他认为后世没有为伍子胥立庙，而要“凭假它祠以崇敬奉此”，乃是地方官的失职。所以他准备上奏皇帝，希望“正英烈之号”，“丕承民志”，显然是认可了地方人士建庙正号的行动。为此事撰写记文的蔡京颇能体察知州的用心，他指出：

古之君子，因民所好之善而导之，反民所好之非而禁之。好恶得正，而治成矣。郑人欲祀伯，有子产从而封焉。邺人欲祭河伯，西门豹从而禁焉。二子岂异意哉，顾民好恶有当否也。今吾民愿祀子胥甚勤，是知有功之不可忘，而忠孝之可劝也。因而导之，使成于善。此所谓不严而治者，顾岂俗吏之所能为耶？今公一举废事，而顺于民，安于神，又足为天下之劝，三善备矣，不可不书也。[①]

在蔡京看来，知州吴伯举顺从地方人士的意愿，既能使伍员神信仰得到合法的身份和祭祀场所，还能兼具劝民向善的教化作用。在这里知州对不在祀典的伍员神信仰没有加以抑制或打击，而是趁势而为，将民间的信仰导向忠孝的意识，使其成为治理地方的助力。

到元代大德三年（1299），由于伍子胥"显灵"遏制浙江大潮，被朝廷封为忠孝感惠显圣王，表彰伍子胥的"忠孝全节"。至正十三年（1353），浙西廉访佥事李善、庸田佥事马忠修建城郭，他们认为伍子胥为吴地建邦启土，首筑城池，贡献很大，现在重修城郭，需要祈求他的庇佑，以免盲雨飓风之害，许诺完工之日为其重修庙宇[②]。据此，知州吴伯举借以引导民间伍子胥信仰的忠孝观念在元代得到了延续，得到了朝廷的认可，地方官在修城时也要祈求其庇佑。

（3）东岳行祠

前文曾论及常熟县福山的东岳庙，其起源是北宋真宗朝封禅东岳泰山之后，各地纷纷建立泰山神庙，称为东岳别庙（又称行祠），而常熟县福山镇的东岳庙始创于至和年间，据说是规模最壮丽的，"江淮闽越水浮陆行，各挈其所有以输岁时未享之诚者，上祝天子万寿，且以祈丰年而后保其家。凡有求必祷焉，率以类至，号曰社会，箫鼓之音相属于道，曾不知几千万人不及之乎泰山，则之福山而已"。此可见福山之东岳庙在当地颇有影响，并产生了"社会"这样的群体性祭祀活动，为"远近祈福之地"[③]。建炎年间，金兵南渡攻宋，平江府城毁于战火，而常熟县幸免于难，据说当时"常熟距城（按指府城），扬鞭可至，而夷人逡巡遁去，不敢回顾"，人们认为这是"神相之矣"，这更加扩大了东岳庙的影响力。绍兴三年（1133），宋金战争尚在进行，知县施坰对东岳庙加以修葺，"知政事赵公""因会所入，披图创规，将侈其观"，对其护国西齐王殿"命工度材，一新轮奂"，对"明宫、斋庐、坛壝"等"凡昔所未具与夫故制卑隘不足以揭虔妥灵者"都加以修缮，"无不尽美"[④]。

（4）天庆观

天庆观，即唐代的开元观，北宋真宗朝大中祥符年间更名为天庆观，观

① 《吴郡志》卷一二，第167—169页。

② 《崇祯吴县志》卷一九《吴相伍大夫庙》，第512—514页。

③ 《琴川志》卷一三《福山东岳庙记》，第1297页。

④ 《琴川志》卷一三《重修福山岳庙记》，第1297—1298页。

中有真宗所赐的金宝牌，“栋宇最为宏丽”。南宋前期不断得到修缮。《吴郡志》载：

> 绍兴十六年，郡守王�重作两廊，书灵宝度人经变相，召画史工山林、人物、楼橹、花木各专一技者分任其事，极其工致。淳熙六年，圣祖殿火，提刑赵伯骕摄郡重建。三清殿，淳熙三年郡守陈岘建。初，道士募缘，御前亦有所赐，始克成就。

据赵伯骕的跋，淳熙六年，孝宗下诏修缮平江府天庆观三清殿，八年又亲书“金阙寥阳宝殿”六字为殿额。当地的士人龚颐正撰写了一篇《上梁文》以献，受到了孝宗的嘉奖。殿后有通神庵，淳熙八年，由左街道箓李若济奉命建，其中所居之何道人与高宗、孝宗颇有渊源，“两朝间遣使降香，问其安否[①]。另据《江苏金石志》所录《玄妙观尚书省札并部符使帖》，天庆观住持是由平江府管内都道正、主管教门事兼任的，其中还言及：

> （天庆观）自祥符年恭奉真宗皇帝赐额立观，兼管道正司，专一崇奉圣祖神御，及特赐敕命五宝铸成昊天上帝金宝牌，宣和年恭奉宸翰，特免科差徭役等系御笔，如违以大不恭论，淳熙年恭奉孝宗皇帝赐钱建造三清大殿、蓑衣先生庵宇，亲洒宸翰“金阙寥阳宝殿”、“通神庵”九字，隆兴元年十一月，准漕台备准省部符，十月十六日三省同奉圣旨，除天庆观仍牒道正司系崇奉祖宗香火去处，特与蠲免科敷科买，其馀寺观并不免，已关合属去处讫。……天庆观道正司止是掌管教门事务，应办十节朝拜，启建圣节道场，迎接到任官员，不时非泛祈祷，委是重难，与其他寺观事体不同，不当违制科买度牒，追扰逼勒。[②]

据此，自北宋真宗朝以来，天庆观一直受到朝廷的优遇，在徽宗朝开始享有免役的特权，南渡后又与高宗、孝宗发生关联，与地方官府亦有密切关系，如为地方官员创建圣节道场，迎接到任官员。所以淳熙年间，地方官积极对天庆观加以修缮。

（5）至德庙

至德庙原为泰伯庙，东汉永兴二年郡守麋豹建于阊门外，吴越时迁到城中。北宋元祐中，知州黄履因为前任知州梅询、范仲淹、孙觉等人“淫潦有祈，靡不响答”，上奏朝廷，诏赐号至德。崇宁元年（1102），知州吴伯举上疏请赐泰伯至德侯。建炎中，该庙毁于战火。其后直到乾道元年

① 《吴郡志》卷三一，第461—462页。参见《吴郡图经续记》卷中，第27页。

② 《江苏金石志》卷一六，第9839页。

(1165),知府沈度重建该庙。据曾几撰写的记文说:

> 今天子拔沈公于尚书郎,以直秘阁尹是府。至则访及利病,以次罢行之。其为政宽严详简,允蹈厥中。治人事神,罔不祗肃。隆兴二岁,天作淫雨,害于稼事,民不奠居。乾道改元春二月,公饬躬斋祓,走祠下而祈焉。神顾飨之,是岁麦以有秋。府从事请据牢醴以谢,公曰:“不敢废也,然曷足以报万分一。”于是邦人合词而进曰:“侯之施甚厚,而庙貌不治之日久,大惧。神或怨恫,祥庆弗下。愿采材而改造之。”公曰:“是吾心也。”涓日协辰,得夏五月庚戌吉。乃致昭告,乃鸠良工。斥少府之余,合私囊之助。环材坚甓,栉比庸崇。宏旧基,植高栋,抗修梁。藩垣阶戺,尽革而一新之。观塑绘之容,若欣欣然有喜色。民无老稚,相扶携以观厥成,皆以手加额曰:“美哉轮焉,诚足以塞民望,而报神施矣。”风霁雨休,禾则大熟。秋九月甲子落成。①

这里知府沈度认为仅仅用牢醴来答谢神灵还不够,乃接受地方人士的建议,由官府出资兴修至德庙,并且自己也掏了私囊。知府之所以要兴修至德庙,是因为他春天曾到至德庙祈晴得应,当年秋季获得丰收。实际上,知府当时不止在一个寺庙中祈晴,他为何要选择年久失修的至德庙加以重修呢?曾几的记文中说:“吴门巨藩,神祠之载祀典者十数,而泰伯庙为雄甚。”可见至德庙曾经是官方祀典的重要寺庙。他进一步指出在经过建炎年间战火破坏之后,“厥后草创,殆无以揭虔绥灵”,即认为该庙无法得到修复,会触怒神灵。同时他认为“然祀有祈焉,其施于民又厚,厚施不报,神其不吐之乎?报之之道,不独牲牢酒醴而已。千里之邦,必有祠所”。很明显他主张修建祠庙来回报神灵。曾几的意见与“邦人合词而进”正相合。这对于知府产生了直接的影响。曾几在绍兴八年至九年曾担任浙西提刑②,此时已经致仕,其所谓“就养府下”,是指他跟随其子曾逮(时任浙西提刑)闲居于平江府,因此他既对至德庙的历史和现状相当熟悉,同时还“目睹祈应为不诬”,即亲眼看见了沈度祈晴得应的经过。此外,曾几和沈度亦有交往,曾逮在提刑司厅事后创建留客亭,曾几有《留客亭诗序》,沈度亦有和诗,中有云:“公今国耆艾,砥柱屹中流。持节推仍世,林园记昔游。”所咏正是曾几在平江府担任浙西提刑的经历③。这层交往关系使得

---

① 《吴郡志》卷一二《至德庙》,第164—166页。“祥庆”,点校本误作“详庆”,据《宋元方志丛刊》本改。

② 《吴郡志》卷七《提点刑狱司》,第79页。

③ 《吴郡志》卷七《提点刑狱司》。

曾几的意见很容易就传递给了沈度。曾几此时属于寓居平江府的士大夫，又因为其子担任提点刑狱而与地方官有所往来，身份介于官民之间，他的上述观点或意见或许正是地方人士（“邦人”）意愿的反映。而且他最后为兴修活动撰写了记文，“以扬修事而告后人”。显然曾几在推动知府兴修至德庙的过程中发挥了关键性作用。当然，选择年久失修的至德庙加以缮修，反而更能凸显知府的政绩。从曾几的记述来看，至德庙的兴修达到了“塞民望，报神施”的效果，也在地方上赢得了赞誉，至少曾几是给予了充分肯定。

又过了八十馀年，到淳祐十二年，两浙西路提点刑狱公事潘凯再次对至德庙加以修葺。在他亲自撰写的《淳祐重修记》[①]记述到：

> 淳祐壬子春，凯奉圣天子命来，司臬于吴，诘暴审刑，罔敢怠弛。既又惧民之不见德也，领事三阅月，载以礼，欵泰伯祠，顾瞻徘徊，屋老苔荒，喟然叹曰：“至德者，百世祀，吏奉弗虔，何以存古？”

据此，潘凯到泰伯祠祭祀的目的在于强调“至德”的“德”之重要性。同时，可以了解到此时至德庙颇为荒芜，地方官也少来祭祀了。他接着说：

> 已而趋两庑下，土妖木魅，诡形罔象，篷以淫厉，污以倭慝，编氓苟福祸，膜拜乞灵，滋磨剑好勇之习，仍断发文身之讹，端委雍容之气象孰识之，俗不美、利不清，良有以夫。……乌乎！世浇俗衰，马蚕猫虎之灵，往往严事之，嵬琐奸回，尸而祀者，肩相摩也。岂复知礼乐鬼神之奥哉？

据此，至德庙虽然“屋老苔荒”，却依然香火旺盛，来此乞灵的人摩肩接踵。只是人们来此祭拜的不是至德侯，而是一些“土妖木魅”和“马蚕猫虎之灵”，他们“膜拜乞灵”的目的也是为了“苟祸福”，而与“至德”没有多少关联。在潘凯看来，这种“世浇俗衰”的风气，“滋磨剑好勇之习，仍断发文身之讹”，即给社会治安带来了不稳定的因素，这显然与他的提点刑狱公事的身份有关，即对社会治安的关注。面对这种现状，潘凯“退惕然弗宁”，心情很焦虑，遂对其所属声称“崇明祀，礼也；黜非鬼，义也”。然后采取了断然的措施：

> 某日度材，某日鸠工，某日撤祠之非类者，乃攻乃葺，乃像仲雍、季札，侑泰伯祀，越月告成，率僚吏三献焉。

---

① 《［正德］姑苏志》卷二七《至德庙》，第514—515页。

可以看到这次重修主要是撤除那些“土妖木魅”，而代之以仲雍、季札的塑像，而且强调泰伯的核心位置。此举的目的则是：

> 泰伯之血，此祠尚矣。特以盛德至善，民弗能忘，堂皇之修不修，庞杂之屏不屏，于至德乎何损，乃若辨礼息刑，宣尚德化，正人心而兴民风者，吏独不任责乎？昔唐狄公持节江南，毁淫祠千七百所，留夏禹、泰伯、季札、伍员四祠，凯视狄公无能为役，而是庙适在典领，斥邪扶正，不得辞。

据此，潘凯重修至德庙，一方面是要“斥邪扶正”，屏除“庞杂”，进行的是一种整肃的工作，另一方面则是要借此“辨礼息刑，宣尚德化”，其所关注的是“正人心而兴民风”。他认为泰伯对后世的意义在于他的“盛德至善，民弗能忘”，显然泰伯是否灵验或福佑民众，并不在他的关注范围。

沈度和潘凯两人兴修至德庙，相隔仅八十馀年，却有着各自的关注点，前者是从其祈晴的愿望出发，关注至德侯应祈显灵，后者则是从其提点刑狱的职责出发，关注社会治安和教化风俗。前者受到了地方人士的影响，可谓顺民意，塞民望；后者则对民间崇奉的土妖木魅加以催抑，意图“斥邪扶正”，推行教化。从结果来看，沈度重建至德庙，却成为民间崇奉“马蚕猫虎之灵”的场所，潘凯的重修，采取断然的措置，但缺少地方人士的支持，在元代没有留下什么记载，直到明代才加以重修①，似乎其成效很值得怀疑。至德庙失去了“土妖木魅”的香火，虽然有官府的财政支持②，反而趋于沉寂了。

苏州地区的寺观神祠多数当然是民间力量兴修的，官府兴修的应属少数，只是限于史料，现在很难从统计的角度论证两者之间的比例。从现存资料来看，苏州地区寺观的兴修主要依赖寺观自身的努力经营和信徒的施舍，地方官较少参与，他们显然更为关注神祠的兴废。就上述五个寺观神祠的兴修过程来看：①天庆观具有较强的官方背景，受到皇帝的关注，各级地方官亦积极参与其兴修过程，借此彰显朝廷和皇帝的权威。②东岳庙的兴建与宋廷的政策有关，地方官在宋金战争正酣之际对其加以修葺，亦带有借助神灵的社会影响来稳定社会秩序的意图。③在焕灵庙、南双庙和至德庙三座神祠的兴废经过中，地方官兴修（或参与、支持兴修）地方神祠，

---

① 《［正德］姑苏志》卷二七《至德庙》云：“洪武中改封吴太伯之神，春秋祀之。”，第514—515页。

② 潘凯的《淳祐重修记》中说到：“故有祊田一十八亩，今盖五十九亩有奇，岁入粟五十有五石，饭浮屠以守，储其赢为修祠备，俾勿坏。”这里的祊田怀疑有一部分是得自官府的。

因应不同的情境，有着不同的考虑和措置，效果亦各异，或者关注祈祷是否有效，或者意图对民间的神祠加以整肃，有时是主动地去推动神祠的兴修，有时则是被动地为地方人士所利用，有的顺从民愿，有的则采取断然的措施“斥邪扶正”。地方的神祠自然会受到地方官的不同措置的影响，或一时堂皇壮丽，或一时破败寂寥，但地方人士对于神祠的信奉并没有完全跟随地方官的行动骤兴骤废，而是保持一定的传统，有时甚至反过来影响地方官，地方官常常采取顺从引导的方式，在兴修神祠的过程中，注入其教化风俗的意识，使之成为治理地方的助力。

3. 地方官与寺观神祠的祭祀活动

以上主要考察苏州寺观神祠的兴废与地方官的关系，具体到寺观神祠内部的祭祀活动，也能时时看到地方官的身影。寺观神祠是供奉各种神灵的地方，吸引众多信徒前来膜拜，地方官在特定环境下也需要参与甚至主持寺观神祠的祭祀活动。这些祭祀活动大致包括两个方面：一是为应对各种自然灾害（如水旱等）而举行的祭祀活动，例如祈雨、祈晴等；一是为皇帝生辰等祈福而设置祝圣道场。本节主要考察前者。

学界对宋代的祈雨（包括祈晴等）已有专门的研究，地方官在执行朝廷祈雨法时，还要通过官方的祀典、方志碑刻和地方民众来掌握地方神灵的系统（包括祀典内外的神祇），向各种地方神灵祈祷求应，这些神灵既有佛教、道教的，也有非属佛道而为民众所信奉的①。虽然研究者注意到地方官在执行朝廷祈雨规定时需要与地方的实践相结合，但亦有过分强调地方官官不久任，对于地方神灵不熟悉，导致地方官在祈雨过程中被动、消极的角色，这似乎还有进一步考察的馀地。本节以苏州为中心来考察地方官在祈雨等祭祀活动中扮演的角色。

（1）灵祐庙

灵祐庙在能仁寺内，南朝梁卫尉卿僧瓒舍宅为寺，其女居之，后寺僧祀其女，号为圣姑。《吴郡志》载：“元符元年，郡大旱。通判祝安上摄郡，祷而应。以其事闻，锡封慧感夫人。郡人奔凑致祷，相与社而禝之。阖境祠庙莫能尚也。”②可见圣姑获得朝廷的封赐，是由于通判（兼领知府）祈祷得应而上奏朝廷。《吴郡志》所据为当地人林戊所撰写的记文③，其中对通判

---

① 皮庆生：《宋代民众祠神信仰研究》，第四章《祈雨与宋代社会》，尤其是第186—194页。关于唐代的祈雨，雷闻亦有系统的讨论，可参看《郊庙之外：隋唐国家祭祀与宗教》，北京：生活·读书·新知三联书店，2009年，第293—340页。

② 《吴郡志》卷一二，第172—173页。

③ 《吴郡志》卷一二，第172—173页。

祝安上祈祷的过程有详细的记述:北宋元符元年(1098)夏,吴中大旱,地方官府“遍祷群祀,略无应者”。这里所谓“群祀”,当是列入地方官府祀典的寺观神祠,每年都得到官府的祭祀。至二年春夏之交,灾情严重,引发了物价上涨。当时祝安上以通判暂摄知州事,“乃用故事,早暮分祷于所宜祀者”。这时的“所宜祀者”大概已经包含祀典之外的寺观神祠了。有一天,他到承天寺中举行祈祷,有人推荐说寺中的感应圣姑曾经显灵,“今里中事之甚敬”。祝通判听说后马上就去拜谒,并且说要“明日致祷”。虽然她在北宋曾被封为感应圣姑,但似乎没有被列入地方官府的祀典加以祭祀①,以至于要有人特别提出来。然后,祝通判“宿斋于厅事,举家沐浴蔬食”,次日于祠下祷告求雨。寺僧转述感应圣姑的兆示,说:“神告即雨。”终于神告得到了灵验,“注雨应至”。可见,在灾情日益加重时,地方官不得不求助于地方神祇,和地方民众一样虔诚地祈祷。或者可以说地方官的压力更大,故要“宿斋”“举家沐浴蔬食”,以表诚意。

由于屡得灵验,知府遂上奏朝廷,得到赐封。此次赐封的敕牒后来被刻石,民众更请文学之士为祝安上祈雨得应撰记,刻于碑阴。林戊在撰写的记文之末,记述祝安上在知槁城时祈祷退水的经历,谓其“鞠躬申祷”,至“以笏叩头,愿以身任责”,称扬其“忧国爱民”,“以诚心格物”。林戊在此记述祝安上知槁城时的祈祷,说明他认为这与祝安上在苏州的祈雨有所关联,所以这两件事可以相互发明。将朝廷的诏书与知州的祈雨事迹刻之于石,既是朝廷官府权威的体现②,更使民众知晓地方官“忧国爱民”之心,是民众对地方官精诚祈祷的一种响应。后来范成大于乾道年间(时任参知政事)撰写记文,其中引贺铸书《中吴记闻》说:“(祝)安上除知台州,至钱塘,将济,梦一妇人告以风涛之险,明日果覆舟数十,独安上得免。”③这也许可以算作当地民众对祝安上祈祷得应和申请赐封的肯定。

(2)林屋洞灵祐观

《吴中旧事》记述淳熙二年(1175)的祈雨过程说:

---

① 皮庆生曾对祀典与赐额加以区分,认为获得赐封的神灵未必纳入地方祀典,而纳入祀典者未必有赐额、封号。见所著《宋代民众祠神信仰研究》,第276—282页。

② 在赐封和祭祀的过程中,涉及到朝廷、地方官府与民众之间的多层次关系。民众所面对的主要是地方官和朝廷的诏书敕牒,而地方官是其中介,朝廷的诏书敕牒由地方官府誊写发下,朝廷要求地方官精诚祈祷,最终也依赖于地方官的实践,朝廷的恩意体现在地方官的虔诚祈祷中,而被民众感知。在此过程中,地方士人的参与及其撰写的文字,是体认地方官祈祷的内涵并将其转述给地方民众的中介。

③ 《[正德]姑苏志》卷二七,“慧感夫人祠”条。

> 淳熙己未岁夏秋之交，天久不雨，所在苦旱。吴郡醮祭，逾月不效，通判赵师瑀怒见于色。适有寓客林通判光祖自少奉道，得法于路真(官)[宫]，有起龙致雨符，其应如响。赵具词沥恳于林，林为飞牍奏三境，上言檄告水府，令其子永寿偕赵客陈择賫往林屋洞投之。洞盖太湖龙窟，土民云："欲雨时则洞口出云如饙馏。"两人涉巨浸，抵灵(佑)[祐]观，集道流，具香几，诣洞焚檄竟，褰裳以入。①

按林光祖为平江府长洲县人，绍兴十八年进士及第②，此时当寓居在家③。林屋洞在平江府东之洞庭山，上有灵祐观④。根据《吴中旧事》的记载，在地方官府祭祀祈雨无应的情形下，地方官不得不求助于"奉道得法"的地方士大夫，由其代为祈祷。因为他有"起龙致雨符"，可与龙神沟通，从而成为地方官与龙神之间的媒介。值得注意的还有通判赵师瑀在祈雨"逾月不效"时"怒见于色"，恰可反映其焦虑之心态，而"沥恳于林(光祖)"则近乎病急投医了。

(3)灵济庙

灵济庙原为五龙庙，在长洲县东南，南唐中建⑤。《吴郡志》载："淳熙十年秋，大旱。郡守耿秉即设厅作祈雨道场，设行雨龙王位于东西序。有蜥蜴见于香案果饤之上，蜿蜒不去，终日云合。秉以杯珓祈之，若有灵异，已而大雨三日。具以事闻，诏赐灵济庙为额。"⑥据此知府是在府衙中摆设道场来祈雨，并设有龙王之位，供有"香案、果饤"等物；同时，知府耿秉在祈祷过程中亲自掷杯珓来祈求。《姑苏志》的记载略有不同："宋淳熙十年，郡守耿秉以久旱，斋祓祈雨，越三日，有小龙如蜥蜴见于五龙神位香案果饤上，蜿蜒不去，秉与约三日内雨，当奏请庙额。翌夕大雨，事闻，诏赐额灵济。自是郡中水旱，守官投铁牌于祠前潭中，必获响应。"⑦据此知府耿秉"斋祓祈雨"时，与神灵相约，答应为之请求庙额。

---

① 《吴中旧事》，文渊阁《四库全书》本。

② 《绍兴十八年同年小录》五甲第六十一人，文渊阁《四库全书》本。参见《吴郡志》卷二八，第413页。

③ 据《景定建康志》卷二四，林光祖绍熙三年(1192)任建康府通判。

④ 《吴郡志》卷三一，"灵佑观"条，第464—465页。

⑤ 《[正德]姑苏志》卷二七，"五龙堂"条。

⑥ 《吴郡志》卷一三，第183页。

⑦ 《[正德]姑苏志》卷二七。

(4)白龙祠

常熟县有白龙祠,在顶山寺,是地方官与民众祈雨的所在,甚至曾显灵助李宝胶东海战大捷。绍熙五年(1194)出现大旱,地方官与地方士大夫都到慧日禅院祭拜白龙神,据记载:

> 至于夏五月,殿院冷公世光闵焉,率同缙绅祷神于慧日,以继邑官之后。越五日,雨未降。冷公梦白衣老人叹曰:“诸公日以虔其诚,我则夜以虔其身。”公问老人为谁。答曰:“我即龙也。”“水涸甚,将于何取之?”傍有枯涧,涧底水一泓。老人指曰:“可取矣。”公倏然寤,因作偈曰:“闵雨而祷,非诚莫通。龙感至诚,尽力其中。我独何人,应之以梦。愿言施泽,风起水涌。”徐觉窗纸皆鸣,甘雨骤至,终日不止,人情释然。公尝记其事。邑令孙应时下车未几,苦旱,亦迎祷于慧日。五月九日,龙见空中,当寺西尚湖之滨……疏雨随洒……后二日,大雨告足。人谓孙令诚祷所致。自是迄今,终更有请辄应,然令常自诣顶山,焚香默祷,不用常仪云。①

冷世光是常熟人,此时当已退居乡里,当是地方士人中的领袖人物。此次祈雨,冷世光等地方士大夫是继邑官之后,到慧日禅院祈祷。同时县令孙应时也“迎祷于慧日”。白龙祠并不在慧日禅院,而在县西北之顶山上,慧日禅院则在县衙西北九十步,距离甚近。地方官与地方士人都是在慧日禅院中举行祈祷,冷世光甚至梦见了龙神。根据《琴川志》的记述,地方士人以诚感动龙神,地方官亦到寺院中祈祷,甚至亲自到顶山祈祷而“不用常仪”,各有各的方式,都在积极祈求龙神的响应。但在上报到朝廷时,祈雨得应多是地方官的功劳,方志中亦记述“人谓孙令诚祷所致”。而在地方民众的记忆里面,地方士人与地方官都扮演了重要的角色。

(5)光福寺

吴县光福寺有铜像观音,北宋康定元年(1040)被发现,恰逢“久旱弗雨”,其出现被民众视为上天的示兆,遂“具梵仪祷焉,实时雨降”。此后,“凡有祷而弗获者,州人必请命于刺史而致敬,无不得其感报”②。这说明到北宋中期,苏州民众对观音像的祭祀就已经进入官府的视野,成为地方官祭拜祈祷的对象。《吴郡志》记载,遇到水旱灾荒,“郡辄具礼迎奉入城,

---

① 《琴川志》卷一〇,“白龙祠”条,第1243—1244页。

② 《吴郡志》卷三三,“光福寺”条所录黄公颉《铜观音像记》,第503页。

祈祷必应”，即是将观音像迎进平江府城内加以祈祷，这大概是南宋时期的情形了[①]。

《江苏金石志》所收绍定五年（1232）《光福寺帖》，当即平江府为了迎祭观音铜像而发给光福寺的官文书，后有题记[②]，可与《吴郡志》相印证。这份文书虽然已经残阙，但还是可以提供如下信息：第一，“迎请管内光福寺（上阙）圣像回归”，“一十九日（天）[大]赦吉辰，专差都吏赵南、木渎监镇王成忠、虞候于成等旌送，”据此平江府迎请观音铜像到府衙祈祷[③]，祈祷结束后又派府吏、镇监等“旌送”（即护送）回光福寺；第二，“见得菩萨未备庄严，本府已为制造到干（上阙）顶白罗销金贴相、浑银镀金圆匾、袈裟镮贰个、镀金银钩贰个，共重（上阙）……”，据此平江府为了迎请观音铜像，曾“捐舍冠衣，严饰法身”，其后还让光福寺申报“有无合修整事件”，由官府支付所需费用；第三，据帖后的题记，此次祈祷是为“解除积涝、救获稼穑”。第四，据参与此次祈祷的光福寺住持师义所撰题记，这次祈晴活动体现了“国王、大臣、牧守、令宰仁愍之心”，谓“判府编修[④]为国为民精祷不昧”，“心佛交通，如谷答响”，师义本人“与众欣荣”。此次祈晴活动，地方官府为观音像造冠衣、饰法身，并派官员胥吏迎送，与民间祠赛神会中的仪仗、游行相似，加上地方官的“精祷”，使民众获知朝廷、官府的“仁愍之心”[⑤]。地方官的虔诚祈祷与地方官府迎祷观音像的仪式，引导了民众的注意力，客观上亦有利于维持灾荒中的社会秩序。

---

① 对观音像的崇奉似乎在平江府内较为普遍。常熟县顶山上方院亦有观音像，“尝有光异”，“邑人尊事之，遇水旱，必与龙母及龙像偕迎至邑寺祷祈，尝有应”。《琴川志》卷一〇，“上方院”条，第1247页。

② 《江苏金石志》卷一六《光福寺帖》，第9836—9837页。

③ 另据《江苏金石志》所载《光福寺公据》后的题记，平江府在嘉熙三年（1239）曾将铜像迎请到“厅事”中加以祈祷，则是在官府衙署中举行祈祷仪式（《江苏金石志》卷一〇七《光福寺公据》，第9866—9867页）。

④ 据《吴郡志》卷一一《牧守题名》，邹应博绍定四年九月以朝奉大夫、新除直秘阁知平江府，六年十一月召赴行在（第156页）。但师义所撰题记称“编修”，与此不同，俟考。

⑤ 侯旭东曾根据北朝时期的造像题记来探讨民众对国家的认同感：《造像记所见民众的国家观念与国家认同》，《北朝村民的生活世界——朝廷、州县与村里》，北京：商务印书馆，2005年，第265—296页。与造像记中民众为皇帝（或国王、国主等）、百官臣僚、州郡令长祈福不同，这里光福寺住持所撰的题记是对平江府官府迎祷、修饰法身等行为的回应，官府与民众之间是实实在在地发生了互动，而非单方面的祈福，因此其认同有很强的现实性。但就“国王、大臣、牧守、令宰”的具体意义而言，“牧守、令宰”则是与现实中地方官“为国为民精祷不昧”紧密关联的，而“国王、大臣”仍然是象征意义的，正如侯氏所论，反映了民众观念中的皇帝地位和等级秩序。

与上引《光福寺帖》相关的,《江苏金石志》中收录一件《上方教院免差役公据》,是光福寺住持师义上状请求朝廷发给免除差役的公据,时间是绍定四年,其中引师义的申状说:“据平江府吴县光福教寺住持僧师义状,本寺系专一崇奉灵感铜像观音道场,台府三司为民祈祷雨旸去处,每遇祷请,随即感彰。”[①]这说明光福寺具有较强的官方色彩,是地方官举行祈雨(晴)的重要所在,其住持也以此为由申请朝廷蠲免差役。同书还收有一件嘉熙四年(1240)的《光福寺公据》,是平江府知府将有纠纷田产判拨给光福寺而出具的公文,知府的判语中说到:“本府近舍田入光福寺,数目尚寡,仰阴元佐并以此田拨归光福常住,专充大士(按即观音)香火之费”,其后有光福寺住持了闻的题记说:

> 大士示像于光福伽蓝,距今二百馀载,达贵寓公维持香火者代不乏人,然往往勇于一时之施,而克永其图者盖亦未之前闻焉。惟判府发运节制敷文大卿毓秀天潢,垂庥像教,嘉熙己亥(三年,1239)分符是邦,弭节甫尔,四郊之民屡以愆伏告,公命迎致大士之像于厅事,冥心忱祷,慈应响答,遂以有年,其福于邦人甚厚,而公谦抑不居,归功灵贶,凡在崇奉之礼,务从优厚,既而复以闲田锡之常住,俾夙夜香火相续可久,是意也不可与勇施于一时者同日语,了闻幸亲沐是赐,赞扬何已,敬以公文刻诸乐石,以长邦人棠阴之思。[②]

据此,知府祈雨时将观音铜像迎到府衙祈祷,得到响应后,“崇奉之礼务从优厚”,更将诉讼中没收的田产拨给光福寺,“专充大士香火之费”,显然是在回报神灵的响应。值得注意的是住持了闻将知府拨给闲田的行为视为其个人行为,将祈祷得应归功于他,并感叹“幸亲沐是赐,赞扬何已”。这里的“公文”应该解释为知府赵公的文章,而不是官府的“公文”。了闻将其刻石,则是为了“长邦人棠阴之思”,即对知府治理地方的纪念。

地方官对光福寺铜像观音的祭祀一直延续到元代[③]。《江苏金石志》收录一件《光福寺残碑》,时在至正十四年(1354),其中说到:

> [光福]禅寺自梁朝大同年间创建,崇奉铜像观音大士,凡遇祈晴

① 《江苏金石志》卷一六,第9835—9836页。

② 《江苏金石志》卷一七,第9866—9867页。

③ 据《江苏金石志》卷二一《光福寺铜观音象记》,在宋末元初之际,观音铜像曾一度被寺僧携走避难(第9965页)。

祷雨，即获感应，岁本□□禾稼，深系利害，月初八日蒙□□官□□□□使司，总管府官躬率僚属迎请[铜]像观音大士前来卧佛寺祈祷久雨□收，随应庇佑，当职忝膺县选，目击□□，除催□□良课□□其馀一切杂泛岁办粮□甲于诸郡，凡遇天□旱涝，(中当有阙文)路祈祷雨旸感(当有阙文)者，建言优免本(有阙文)管办税粮课程(有阙文)依上施行。①

按卧佛寺即报恩寺，在平江府城内②，则在元代时，地方官也是将观音铜像迎到城内来祭祀祈祷，不过地点不在官衙，而选在城内的佛寺中进行，同时官府似乎也给予光福寺一定的蠲免赋役特权③。

在上述五个个案中，灵祐观和光福寺属于道教和佛教寺观，其他三个皆为民间崇奉的神祠，但它们又都与佛道寺观有密切关联，甚至就设在寺观中。这一定程度上说明了地方官祭祀祈祷的对象并不局限于佛道或民间崇奉的神灵，比较灵活④。通过这五个个案，可以知道：①地方官积极参与寺观神祠中的祭祀活动，神灵是否灵验自然是其关注所在，但本节更为关注的是地方官在各个寺观神祠之间奔走祈祷的过程，从中可以看到灾荒对于社会秩序的威胁，和地方官因此所承受的压力；②地方官在祈雨等活动中扮演着重要角色，面对灾荒给社会秩序带来的威胁，他们满怀忧惧和焦虑，不得不向地方各种神灵精诚祈祷，显然不能因为其任官短暂或视官舍为传舍，而对于祈祷祭祀活动敷衍了事；③地方官在祭祀活动中的行为，既是和地方的各种神灵进行沟通，更在地方民众心中留下深刻印象，作为反馈，他们通过立碑、撰写方志等方式加以赞扬、纪念地方官，这也为地方官与民众之间建立联系提供了契机。

寺观神祠是构建信仰世界的主要力量，也是影响地方治理秩序的重要因素。地方官府要维系地方治理秩序的运行，势必要与寺观神祠建立密切联系。在此过程中，地方官的角色具有关键意义，以往学界对此未给予充分的关注。从苏州地方官参与寺观神祠兴修的情形来

---

① 《江苏金石志》卷二三，第10033—10034页。

② 《吴郡志》卷三一，"报恩寺"条，第472页。

③ 《江苏金石志》卷二四收录一件《光福寺免役文榜》，时间是至正十八年，内容是平江路达鲁花赤发给光福寺，蠲免其差役的榜文，其中亦言及光福寺是"安供崇奉铜像观音大士祈晴祷雨道场去处"，"累蒙祈祷感格、优免杂泛等事"，"所司祈祷累沐感格，仰酬神贶，赋役宜恤于僧徒，除下吴县依上优免，合行出榜晓谕"(第10039页)。

④ 皮庆生指出宋代地方官员的祈雨实践往往是巫、佛、道杂用，见所著《宋代民众祠神信仰研究》，第190—191页。

看,寺观神祠在地方拥有广泛的影响力,地方官比较关注神祠的兴修,尤其是神祠对于社会风俗的影响,需要指出的是,地方官在兴修神祠的问题上有着不同的考虑,既有顺从民意的,也有对其中的"土妖木魅"采取断然措置加以清理的,其效果亦有差别,民众一方面会受其影响,一方面又坚持地方的传统。在南双庙的兴修过程中,知府吴伯举顺应民众崇奉伍子胥的强烈要求,而乘机注入忠孝的教化意识,无疑取得了良好的效果。

从地方官参与寺观神祠祈祷祭祀活动的情形来看,面对灾荒,地方官与各阶层民众一起祈祷祭祀,与寺观神祠中供奉的神灵沟通。在这一群体性活动中,地方官与各阶层民众共同参与,彼此影响,地方官需要借此来树立其敬神爱民的形象,把握社会舆论的走向,获取民众的信任,从而缓解灾荒带来的压力,寺观神祠也进一步扩大其在地方信仰世界中的影响,与地方官府建立密切的联系,甚至获得某些特权。民众在此过程中虽然受到地方官祈祷祭祀的引导,他们的行动却是令地方官在虔诚祈祷时战战兢兢的关键。

小结

本章以宋代苏州为中心,考察了地方官与地方社会的关系,着重从地方官与地方士人的唱和往来、地方志的修纂活动、地方公益事务的开展、地方礼仪祭祀活动等四个方面进行探讨。与前文所考察的赋役、诉讼事务不同,本章更关注地方官的日常活动,可以发现,诗文酬唱、礼物馈赠、地方的文章故事等多与地方官的个人喜好有关,同时地方官通过这些活动与地方人士(尤其是士大夫)形成共鸣,建立私密的关系,从而融入地方;地方公益事务的兴起也离不开地方官的参与和推动,地方官在寺观神祠中的祈祷活动既是与神祇的沟通过程,也彰显了为民祈福的形象,他们参加礼仪尤其是乡饮酒礼,既反映了他们与地方士人对儒家伦理秩序的共同追求,又提供了双方直接交流的契机。正是在上述日常活动的往来互动中,地方官与地方民户(尤其是地方士人)发生联系,成为地方官与地方社会沟通联系的非制度性渠道。这种非制度性渠道在推动地方教化、移风易俗方面发挥了重要作用,这与赋役、诉讼事务中的征调、裁判构成了地方官府治理地方的两个方面。与赋役、诉讼事务中政令的威权色彩相比,上述活动凸显了地方官的个性方面,在诗文唱和、赏花品茗、地方故事、公益事务、神仙道释、礼仪祭祀等活动中,他们与地方人士的往来互动会因人而异,展现了地方官的独特取向和复杂面貌,为他们治理地方营造了融洽的氛围。地方士人在此过程中既是地方官交往的对象,也是与地方社会沟通的重要媒介,地方官的治理措置通过他们为地方社会了解。地方官不但通过地方士人了解各方面的信息,还可以与他们建立密切的联系,使之成为治理地方的助力。地方士人在地方社会的声望和影响力,也是在他们与地方官的往来互动中确立的。

全书结语

本书通过对于宋代地方官府与民众之间的信息渠道与信息沟通过程之研究，考察两者关系的结成及互动，进而探讨其在构建地方治理秩序过程中的作用。本书着眼于地方，关注政治与社会的互动互联，尝试探究政治史的复杂社会背景和错综关系。本书考察了地方官在众多领域的活动和角色，呈现了政治对于社会的广泛深刻的影响，同时揭示了“官民之间”这一中间地带的作用，竭力突破官民二元结构论的束缚，探讨官民之间的边际和交叉渗透。本书尝试将政治史、制度史与区域社会史结合起来考察宋代地方社会。一方面关注朝廷官府的各项制度、政策对民众的影响及来自民众的反馈；另一方面关注民众日常生活中所蕴含的官府的影响，揭示粉壁、榜谕、诉讼、唱和、祈祷等微观事项在地方上的传播，和对民众生活的渗透。

在对宋代路、州、县三级政治结构进行梳理后，发现路级监司机构的并立制衡，使得地方官府在信息处理上采取了条块式的分类处理方法，形成了纵横交织的信息渠道，是各级官府之间建立联系、获取与传递信息的主要途径，也是官府机构得以运行的必要条件，不同官府、官员之间的权力分割和制衡具体表现为信息的分布、流动和博弈（堵塞、控制、变形）。本书对于政治与社会互动互联的分析，对于官民之间交叉渗透的呈现，都是通过对信息渠道和信息沟通的考察来完成的。基于对粉壁、榜谕、诉讼文书、唱和诗文、祈祷记文、修纂方志等信息载体及其所承载的信息交流活动的细致研究，揭示了信息、信息渠道和信息交流对于地方官府治理地方的特殊重要性：通过不同场所的粉壁张贴各种榜谕，可以将朝廷官府的诏令传播到州县乃至乡村；在诉讼裁判的过程中，既有诉状、文书的传递，也有审问中的交流，推动了裁判的进行和调停劝谕，达到平息冤抑的目的；地方官通过唱和的方式与地方士人往来互动，产生共鸣，形成彼此的认同，使得地方官能够融入地方社会，在修纂地方志、举行祈祷和乡饮酒礼的过程中，地方官与地方士人有密切的接触，成为地方官府实现其教化职能的重要途径，也为地方官治理地方营造了良好的氛围。

本书主要是围绕宋代地方官府与民众之间的信息沟通来展开论述，一方面着眼于各种信息渠道、信息载体、信息博弈，这些方面的探讨都是以前的研究较少涉及的，例如从文书运行来看地方官府的构成及其联系①，粉壁的设置和榜谕的发布。另一方面，本书所涉及的很多问题或与地方官府的运行（赋役征催、诉讼裁判、灾荒赈济诸项事务）密切相关；或与地方社会活动颇有关涉，这些活动包括诗文唱和、地方公益事务、方志图经的修纂、祈雨祈晴等祈祷祭祀、乡饮酒礼等，皆有地方人士参与。这两方面的事务、活动实际上构成了地方官府治理地方的两个方面。对于后者以往学界已经有了众多研究成果的方面，如赋役、诉讼、赈济等问题的研究在社会经济史、法制史研究中是个传统的领域，如诗文唱和是文学史研究的重要话题，方志图经是文献学（尤其是方志学）研究的重要内容，至于地方公益事务、祈雨祈晴、乡饮酒礼等在社会史等研究中都有所讨论。那么本书在这些传统问题方面有什么新的收获呢？或者说，本书从信息沟通的角度来重新探讨上述传统问题有无新的发现呢？这是需要加以说明的。

概言之，信息渠道、信息沟通的研究不仅是新的问题，是值得引起注意的新的研究对象，而且也提供了新的方法，对传统议题从信息沟通的角度加以审视、观照，可以从传统议题中产生新的问题，并推进既有的研究。如对赋役催督以往主要从制度、政策入手，本书则从催督的过程加以梳理，抓住赋役催督的诏令如何颁布、实际的催督经过何人之手等问题，揭示了榜谕的发布过程（包括隐瞒诏令的问题），胥吏的媒介作用；又如对诉讼裁判以往主要从法令条文、裁判制度入手，本书则梳理了诉讼裁判的过程，抓住诉讼的入词、听讼、告示等关键环节，探讨了地方官与诉讼双方的沟通联系，揭示了胥吏、讼师、书铺等在诉讼裁判中的媒介作用；又如黄震在抚州的赈济活动，以往的研究只是探讨黄震的具体举措，而忽视了他对各种榜谕的运用，本书梳理各种榜谕的形成过程，揭示了黄震与地方人士之间的密切往来互动，对于赈济措施的制定和实际效果有了更深入的认识；又如对于诗文唱和，以往多是文学史研究关注的内容，着重对诗歌本体的分析，本书注意到地方官与地方士人的唱和往来，构成了地方官日常活动的重要方面，并对地方官治理地方有着潜在的影响，揭示了诗文唱和的政治文化

① 关于文书的研究，已有很丰富的成果，主要集中在秦汉简牍和唐代敦煌吐鲁番文书的研究。这些研究成果揭示了各种文书的样式，考证其功用，但对于文书传递信息的过程较少给予关注。这里往往是最后一层窗户纸没有被捅破，如果能转换视角，推进一步，必然对于研究当时的信息渠道产生极大的推动作用。

意义;对于方志图经,以往多是方志学研究者从体例、版本的角度加以探讨,本书注意到地方士人参与方志图经的修纂与刊刻,并与地方官有着往来讨论,方志图经的修纂与刊刻成为了地方社会、政治中引人注目的焦点,等等。正是从信息的传递渠道和信息的博弈入手,对史料的处理更加细密,并由此及彼,在传统议题中发掘出更多的“缝隙”,细绎出新的问题。这一方面丰富了对传统议题的认识,也打通了不同领域的隔阂,特别是政治史与社会史、财政史、法制史等领域之间的关联,如以往《清明集》中的判文多作为司法裁判的案例,但追本溯源,这些判文并不局限于司法领域,而涉及了赋税、赈济、教化等方面的内容,这同时也揭示了官民之间在赋税、赈济、教化领域也发生着信息的交流,并不是朝廷官府单方面的政令所能涵盖。如果不囿于不同领域,从信息的传递和博弈入手,就可以不断发现新的可能性,同时也可以推进对既有议题的讨论更加深入。

通过对宋代地方官民之间信息渠道和信息沟通的探讨,使得对官民关系有了新的认识。正是在梳理信息渠道和分析信息沟通的过程中,揭示了官民之间的界限并不清晰,彼此交叉渗透,形成了一个“中间地带”。在这个中间地带,活跃着胥吏、官员的亲戚子弟、僧道术士、讼师、地方士人等媒介人群,他们的身份介于官民之间,在地方官和民众之间充当了媒介的角色,既是地方官了解地方社会的重要信息来源,又是地方人士联系地方官的“关节”。

如果进一步将上述讨论联系起来,还可以对宋代地方的治理形成新的认识。地方官府是王朝统治的基础,是地方治理秩序的核心要素。从本书对以信息沟通为中心内容的考察来看,宋代地方官府治理地方是通过信息的把控来实现的,不论是各层级、各系统的官府机构、官员之间的联系、制衡,还是地方官府与民众的沟通、往来,都是建立在各种制度性信息渠道和非制度性信息渠道之上,地方治理秩序的形成及其运转情形都与信息渠道的通、塞紧密关联,朝廷和各级官府的施政总是要根据所获取的信息来做出调整,这种调整又以政令的方式反馈给地方社会。

对于宋代地方监司的研究,学界对监司的监察职能已有深入的讨论,对转运使、提点刑狱等都有专著加以研究,这些研究对于监司的制度运作和职能演变有着详尽的梳理和探讨,似乎没有什么拓展的馀地了。本书在第一章从信息沟通的角度,考察了监司在中央与地方联系中的关键作用,以及对于地方信息的获取,又在第四章、第五章通过个案来考察提举和提刑与州县的信息沟通与博弈,发现监司在宋代整个政治结构扮演着重要角色,它们对于州县地方的治理有着深度的参与(尤其是对于县的治理通过帖直接进行指挥），对于地方治理秩序的形成和运作发挥着灵活的作用。我们有必要对监司在宋代的意义进行更深入的探讨。

如果将本书不同部分的内容综合起来，合并同类项，或许会有共同的问题露出水面。在讨论黄震在抚州的赈济活动时，不但有出粜赈济的士子、官户，更有抵制官府劝粜、闭粜谋利的上户；在朱熹按劾唐仲友的事件中，地方上户与知州唐仲友的矛盾冲突极为尖锐，是推动事件发展的根本原因；在江东路提刑刘克庄等人的判文中，州县地方官、胥吏和豪强势力与一般上户之间发生了众多的纠纷乃至激烈的冲突；在苏州（平江府）则呈现了另一方景象，地方官与地方士人之间在地方公益事务、修纂图经地志、礼仪祭祀等方面有着密切的合作，但也有不少不和谐的声音，如《吴郡志》作者的争议，以及地方公益事务中的"沮议"，地方寺观神祠力量在经济上与信仰方面和地方官府之间既有合作，也不乏矛盾[①]。总而言之，地方官府与地方力量之间的矛盾和冲突在当时（尤其是南宋时期）颇为突出。这里的"地方力量"构成极为复杂，士大夫、士人同时也是官户、上户、豪强，书铺户、哗徒至少能够识字写状子，胥吏中有拥有或伪造官身的，或者热衷于和士大夫建立密切关系，索求其诗文以掩饰自己的胥吏身份。即使是地方官府，虽然对胥吏有诸多防治措置，但难免被胥吏和豪强"把持"，地方官与胥吏相互利用，结成联盟，地方官要依赖胥吏来催征赋税、处理文书和词讼，对其违法进行开脱、掩护，胥吏依仗官府权威，横行无忌。官户、上户一旦与官府发生矛盾和冲突，往往被官府冠以"豪强"，但同时官户、上户内部也颇为复杂，存在豪强和一般上户之间的冲突[②]。官府既可能被胥吏或豪强所捆绑，助纣为虐，成为胥吏或豪强侵夺一般上户的帮手和共同获利者，也有可能对胥吏或豪强进行压制、打击，甚至剥夺其财产。前者无疑加剧了社会矛盾，后者则对社会矛盾有一定的缓解作用。我们在探讨宋代的"官"或"民"时，有必要结合史料进行辨析，不能一概而论，实际情形远比想象的要复杂。上述矛盾和冲突在宋代发生的时间和地域还没有搞清楚，造成这些矛盾和冲突的原因是什么，这是理解宋代乃至元明时期社会演变进程及其特征的重要问题，值得关注。

---

① 笔者还对南宋平江府学田纠纷进行了个案的研究，其核心就是府学教授在得到各级地方官的支持下，将豪强冒占的学田夺回来，可以参看高柯立《"空言"的力量：南宋平江府学田诉讼中的沟通渠道与信息博弈》，邓小南、方诚峰编《宋史研究诸层面》，北京：北京大学出版社，2020 年，第 637—674 页。

② 豪强往往具有官户的身份，一般上户在政治上没有什么背景，只是经济上具有一定的实力。

学界对于传统社会中的国家力量的考察,主要着眼于政治、经济、法律、军事乃至文化等因素,从本书的研究来看,似乎不妨将对信息的掌控作为一种国家力量。宋代朝廷和地方官府都非常重视信息渠道的建设,积极获取各方面信息,同时对诏令的发布有诸多的措置,防止各种弊端,保障信息的公开透明。不仅如此,对于获取何种信息、发布哪条信息,采取何种方式获取、发布,以及信息的强弱变化,也都是朝廷和地方官府需要加以斟酌的,在遇到阻力、干扰乃至发生堵塞、错误时,又需要加以疏导、纠错,或发布新的信息进行调整。正如本书所探讨的,地方官府之间的文书往来、朝廷官府诏令的发布、诉讼裁判的过程、赋役的征收催督、地方公益事务的开展、图经方志的编纂、祭祀祈祷和礼仪的举行,在在构成了一系列信息渠道,体现为信息的沟通,作为国家力量重要表现的政治、经济、法律、军事乃至文化等要素,都离不开信息渠道,都呈现为信息的组织、传递和博弈。信息沟通作为一种方法,其核心是发现各种关联,以及这些关联的关节点,例如胥吏、僧道术士、地方官的亲戚随从、书铺讼师等媒介因素的作用。地方治理秩序的形成正是建立在这些关联的基础上。如果没有信息的沟通(包括堵塞),隔断了联系,那么冲突就在所难免。如果实现了信息的沟通,建立了信息传递的渠道,那么即使有冲突,也可以加以缓解。国家不仅要建立和完善各种信息渠道,更要重视官民之间这一中间地带的作用,和各种中介力量的沟通联系之角色。这一中间地带的活跃程度,和中介力量的成熟,是直接反映整个国家信息沟通状况的晴雨表,和政治文明、社会发展的标志。

附　　表

表1. 朱熹奏状所见台州请托事项表

<table>
<tr><th colspan="2">当事人</th><th>请托人</th><th colspan="3">请托中间人</th><th>事项</th><th>结果</th><th>请托金额</th></tr>
<tr><td colspan="2">天庆观道士祝元善</td><td></td><td colspan="3">栖霞宫知宫李道士</td><td>奸案</td><td>放出不断罪</td><td></td></tr>
<tr><td colspan="2">祝元善</td><td></td><td colspan="3">临海县丞曹格</td><td>与陈百一娘通奸</td><td>拖延不断</td><td></td></tr>
<tr><td colspan="2">应扬</td><td>董承信</td><td>书表司丁志、学院子金琏</td><td>营妓王静</td><td>十八宣教（唐仲友长子）</td><td>与董妻通奸</td><td>杖罪赎铜</td><td>一百贯</td></tr>
<tr><td colspan="2">黄岩县栏头周召（严蘂之兄）</td><td></td><td colspan="3">营妓严蘂</td><td>请辞栏头</td><td></td><td></td></tr>
<tr><td colspan="2">临海县贴司徐新</td><td></td><td colspan="3">严蘂</td><td>请免卖酒</td><td></td><td>四十二贯二百四十文足</td></tr>
<tr><td colspan="2">杨准</td><td></td><td colspan="3">歌妓严蘂及朱妙</td><td>杨准藏伉歌妓张百二</td><td>免断</td><td>许钱一百贯，受青纱冷衫段、水线鱼鲞等</td></tr>
</table>

续表

当事人	请托人	请托中间人		事项	结果	请托金额
州院虞候丁全		道士李冲虚① 营妓王静	十八宣教 十八宣教	追宁海县散乐弟子张百二不到，被断配	从轻作杖一百	官会三十贯文（二十四贯给王静，学院子金琏、韩百九得六贯）
李六娘		营妓王静与鲍双	十八宣教	与道士通奸	封案	王静得钱二十贯文省，鲍双得钱十一贯文足与银盏四只，推司萧明得银盏二只②
兵士谢荣		王静	十八宣教	谋充学院子		许钱五贯
左永（王五七姊夫）	王五七	王静	十八宣教	因事被送当直司结案③		许官会十一贯文，将金裹钗二只作当
周士衡	朱十九助教	十八宣教	王静	理分公事		
贴司王敦仁		唐仲友		补充帐司人吏		会子一十道
鲍卜	鲍卜妻	三六宣教（唐仲友侄）		刺军		钱二十贯文
狱子陈敦		十八宣教		求出引往黄岩县追人		钱二十贯

① 丁全是李冲虚的道童丁希的哥哥。

② 据此，此案还贿赂了推司的萧明。

③ 当直司是州衙负责刑狱审讯的机构。

续表

<table>
<tr><th>当事人</th><th>请托人</th><th colspan="3">请托中间人</th><th>事项</th><th>结果</th><th>请托金额</th></tr>
<tr><td>营妓许韵</td><td></td><td colspan="3">十八宣教</td><td>放归</td><td></td><td>钱一百贯</td></tr>
<tr><td>俞安</td><td>李锡（俞安亲戚）</td><td colspan="3">十八宣教　、三六宣教</td><td>俞安贩酒</td><td></td><td>钱二十贯</td></tr>
<tr><td>李锡</td><td></td><td colspan="3">十八宣教、三六宣教</td><td>托刺厢军二名</td><td></td><td>钱四十贯</td></tr>
<tr><td>冯显</td><td>冯显母</td><td colspan="3">十八宣教、三六宣教</td><td>因事被禁在狱</td><td></td><td>一十贯</td></tr>
<tr><td>张应龙</td><td></td><td colspan="3">书表司丁志</td><td>因载糯谷二十石过浮桥被捉</td><td>疏放</td><td>钱六十贯</td></tr>
<tr><td></td><td>书表司丁志、学院子叶蕭等五人并擦浴兵士</td><td colspan="3">十八宣教</td><td>刺打甲军兵一十名</td><td>送路分厅保明</td><td>钱二十贯九十六陌</td></tr>
<tr><td>衙前甘渊</td><td></td><td colspan="3">书表司丁志</td><td>求差充军资库专知</td><td></td><td>二十贯</td></tr>
<tr><td rowspan="2">朱绰然等</td><td rowspan="2">朱绰然</td><td>方礼</td><td>僧义玗</td><td>十八宣教</td><td rowspan="2">朱绰然与张将仕、韩天在营妓许韵家饮酒，与石提辖交争，被送当直司</td><td rowspan="2"></td><td rowspan="2">官会三十贯文送十八宣教；官会五十贯文送高宣教</td></tr>
<tr><td colspan="2">手分陆侃</td><td>高宣教</td></tr>
<tr><td>周荣</td><td></td><td colspan="2">仙居县丞杨浩</td><td>州厅子</td><td>刺军</td><td></td><td>钱一千贯</td></tr>
</table>

续表

当事人	请托人	请托中间人			事项	结果	请托金额
威果兵士祝信		花康成	虞候陈长	唐十八宣教	犯酒送当直司寄禁，结案该配	免罪名	官会二十五道
吴信两妹	吴信	承行人林木		花康成	枷禁勘奸	勘杖八十	钱三十七贯
宁海县朱秀		人吏陆侃	花康成	三六宣教	库本钱		官会十五道与花康成，五十道与陆侃，银子（价钱一百贯）、马一匹（连鞍直钱一百贯）
松门寨兵士谢兴		花康成		十八宣教	不伏差遣	押下本寨交管	钱三贯
院虞候陶显		花康成		十八宣教	求差往天台县催税		钱三贯
营妓何蕙		花康成			令妹抵替回县		官会一十贯
东阳县陈客		花康成		三六宣教	令案吏出引，监索人头少欠纱钱		官会五贯
仙居县公人王富		花康成		十八宣教	求放令回县免罢		官会一十贯

表2. 朱熹奏状所见台州公使库支出一览表

<table>
<tr><th>项目</th><th>数额</th><th colspan="2">用途(去向)</th><th>备注</th></tr>
<tr><td rowspan="3">次子(九宣教)娶妇</td><td rowspan="3">暗花罗、瓜子罗、春罗三四百匹
红花数百斤
紫草千百斤</td><td>供帐幕帟</td><td>染破紫绫罗绢数百匹</td><td rowspan="3">淳熙八年十一月
经手人是公使库之什物库专知陆侃,公使库手分马澄支钱
绫罗购自唐仲友的婺州私家店铺
染造是在州治的宅堂和公使库进行的</td></tr>
<tr><td>从人衣衫</td><td>数百领</td></tr>
<tr><td>乐妓衣服</td><td>四十余人</td></tr>
<tr><td>收买米曲物料</td><td>二万贯</td><td colspan="2">入己</td><td>淳熙九年二月
司户赵善德经手,时善德即将任满</td></tr>
<tr><td>犒赏</td><td>每年二三千贯</td><td colspan="2">赵善德支用</td><td></td></tr>
<tr><td rowspan="2">刻印书籍</td><td rowspan="2"></td><td>雕小字赋集</td><td>每集二千道</td><td rowspan="2">关集刊字工匠在小厅侧开雕
刊板搬运到自家书坊货卖</td></tr>
<tr><td>雕造花板</td><td>印染斑数十片</td></tr>
<tr><td rowspan="2">打造细甲刀枪</td><td rowspan="2"></td><td>精细铁甲</td><td>数副</td><td rowspan="2"></td></tr>
<tr><td>弓弩刀枪</td><td>十数件</td></tr>
<tr><td rowspan="4">馈送</td><td rowspan="4">钱二万八千六百一十六贯六百八十二文</td><td>妻兄</td><td>一千四百八十二贯二百六十三文</td><td rowspan="4">淳熙八年二月至九年四月</td></tr>
<tr><td>何知县(次子妇之父)</td><td>不明</td></tr>
<tr><td>何教授</td><td>不明</td></tr>
<tr><td>何宣教</td><td>不明</td></tr>
</table>

续表

<table>
<tr><th>项目</th><th>数额</th><th colspan="3">用途(去向)</th><th>备注</th></tr>
<tr><td>制造衣服</td><td>钱六百九十九贯五十二文</td><td>买暗花罗制造衣服</td><td colspan="2">严蘗等</td><td></td></tr>
<tr><td>筵会</td><td>钱一百三贯,酒二百一十七瓶(价钱四十三贯二百九十文足)</td><td></td><td colspan="2"></td><td>据婺州人周四(花康成)供</td></tr>
<tr><td>馈送</td><td>钱一万九千五百二贯三百二十三文</td><td></td><td colspan="2">陈宣教等</td><td>淳熙八年三月初五日至九年六月初十日</td></tr>
<tr><td>馈送</td><td>钱一十贯文</td><td>赴任发路折酒钱</td><td colspan="2">新镇江府诸军粮料院姜大夫</td><td>淳熙八年闰三月二十八日,此项并不在上项总支出之内</td></tr>
<tr><td>馈送</td><td>官会四千六百四十五贯</td><td></td><td colspan="2">乡里官员</td><td>淳熙八年三月始。“虚作送与官员邵朝议等”,实际上纳入书院</td></tr>
<tr><td rowspan="5">刊书</td><td rowspan="5">印装六百六部</td><td rowspan="5"></td><td>寄居官员</td><td>二百五部</td><td rowspan="5"></td></tr>
<tr><td>书院</td><td>十部</td></tr>
<tr><td>书表司</td><td>三部</td></tr>
<tr><td>本州官员纳纸印</td><td>一十三部</td></tr>
<tr><td>归婺州住宅</td><td>三百七十五部</td></tr>
<tr><td>新任知府从物绢帛</td><td>钱一千贯文</td><td colspan="3"></td><td>高一宣教就公库马澄支取</td></tr>
<tr><td>支买造作宅堂什物</td><td>钱三百贯文省</td><td colspan="3"></td><td></td></tr>
</table>

续表

项目	数额	用途(去向)		备注
买造盛贮物色	支钱	买竹笼	一百五只	
		麻布	四百匹	
元宵设醮	支钱	买黄蜡造作蜡烛		黄蜡购自婺州。剩下各式蜡烛七百八十条由三六宣教收在西书院大厨内安顿

表3. 刘克庄书判一览表

序号	题目	出处	地域	备注(信息来源;官司;事项等)
L1	建康府申已断平亮等为宋四省身死事	《后村集》卷一九二,第4839页	江南东路(建康府)	建康府申;提刑判;狱官;“民间寻常斗殴致死” aA
L2	太平府通判申追司理院承勘僧可谅身死推吏事	《后村集》卷一九二,第4840页	江南东路(太平府)①	太平府申;提刑司;僧人;推吏 aA
L3	饶州兼佥乐平赵主簿催苗重叠断杖事	《后村集》卷一九二,第4840页 《清明集》卷一《官吏门·儆饬》,第26页,题作“催苗重叠断杖”,有删改。	江南东路(饶州、乐平县)	乐平主簿申;提刑判;催科 bB
L4	弋阳县民户诉本县预借事	《后村集》卷一九二,第4841页 《清明集》卷三《赋役门·催科》,第64—65页,题作“州县不当勒纳预借税色”	江南东路[弋阳县(属信州)]	都保役人诉;提刑司判(“牒州帖县”“榜县市”);县预借 cABC

① 应为太平州,至明代始称太平府。见《明一统志》卷十五,文渊阁《四库全书》本。

续表

序号	题目	出处	地域	备注(信息来源;官司;事项等)
L5	贵池县申吕孝纯诉池口丘都巡催科事	《后村集》卷一九二,第4842页	江南东路[贵池县(属池州)]	民户诉;贵池县申;提刑判("合行下所部郡县");都巡催科 cbAB
L6	贵池县高廷坚等诉本州知录催理绢绵出给隔眼事	《后村集》卷一九二,第4842—4843页	江南东路(贵池县)	民户诉;提刑判("帖问""牒报");州知录催税 cA
L7	饶州申备鄱阳县申催科事	《后村集》卷一九二,第4843—4844页	江南东路(饶州、鄱阳县)	鄱阳县申,饶州申;提刑判;州催科 baA
L8	帖乐平县丞申乞帖巡尉追王敬仲等互诉家财事	《后村集》卷一九二,第4844页	江南东路[乐平县(属饶州)]	乐平县丞申;提刑帖;争产 bB
L9	黟县申本县得熟即无旱伤寻具黟县雨旸帐呈	《后村集》卷一九二,第4845页	江南东路;[黟县(属徽州)]	黟县申;提刑判;灾伤 bB
L10	徽州韩知郡申蠲放旱伤事	《后村集》卷一九二,第4845页	江南东路(徽州)	徽州知州申;提刑判("委通判覈实申");灾伤 aA
L11	户案呈委官检踏旱伤事	《后村集》卷一九二,第4846页	江南东路(饶州馀干县)	户案呈;提刑判("访之士人与过往官员");灾伤 bcB
L12	安仁县妄摊盐钱事	《后村集》卷一九二,第4847页	江南东路[安仁县(属饶州)]	民户诉;提刑司判;摊派 cB

续表

序号	题目	出处	地域	备注(信息来源;官司;事项等)
L13	浮梁县申余震龙等不伏充役事	《后村集》卷一九二,第4847页	江南东路[浮梁县(属饶州)]	浮梁县申;提刑判("帖县");差役 bB
L14	鄱阳县申差甲首事	《后村集》卷一九二,第4847—4848页	江南东路[鄱阳县(属饶州)]	鄱阳县申;提刑司判("帖县");差役 bB
L15	祁门县申许必大乞告示兄必胜充隅长事	《后村集》卷一九二,第4848页	江南东路[祁门县(属徽州)]	民户诉;祁门县申;提刑司判("帖县");差役 cbB
L16	铅山县申场兵增额事	《后村集》卷一九二,第4848页	江南东路[铅山(属信州)]	铅山县申;提刑司判("备牒都大司");招刺兵 bBE
L17	饶州宗子若璛诉立嗣事	《后村集》卷一九二,第4849页	江南东路(饶州)	宗室诉;提刑判("行下本县");户婚 cB
L18	上饶县申刘熙为举掘祖坟事	《后村集》卷一九二,第4849页	江南东路[上饶县(属信州)]	上饶县申;提刑判("帖县");户婚 bB
L19	贵溪县毛文卿诉财产事	《后村集》卷一九二,第4850页	江南东路[贵溪县(属信州)]	民户诉;提刑司判;争产 cB
L20	持服张辐诉弟张载张辂妄诉赡茔产业事	《后村集》卷一九二,第4850页	江南东路(?)	民户(提幹张辐)诉;提刑司判("牒洪郎中");争产 cB

续表

序号	题目	出处	地域	备注(信息来源;官司;事项等)
L21	德兴县董党诉立继事	《后村集》卷一九二,第4851页	江南东路;德兴县(属饶州)	民户诉;提刑司判("帖两县")①;立继 cBE
L22	坊市阿张状述年九十以上乞支给钱绢事	《后村集》卷一九二,第4852页	?	民户诉②;提刑司判("牒州") cA
L23	信州申解胡一飞诉刘惟新与州吏杨俊荣等合谋诬赖乞取公案赴司	《后村集》卷一九二,第4852页	江南东路(信州)	民户诉;信州申;提刑司判(牒州);州吏诬赖 cbA
L24	饶州州院申徐云二自刎身死事	《后村集》卷一九二,第4853页	江南东路(饶州、乐平县)	民户诉;州院申;提刑判("帖报"县) caB
L25	饶州州院推勘朱超等为踢死程七五事	《后村集》卷一九二,第4854—4857页	江南东路(饶州)	民户诉;州院推勘;提刑司判;县令/健讼之人 caA
L26	饶州司理院申张惜儿自缢身死事	《后村集》卷一九三,第4859—4860页 《清明集》卷十三《惩恶门·告讦》,第491页,题作"自撰大辟之狱",有异文、脱文	江南东路(饶州)	民户诉("经县""经州");饶州司理院申状;提刑判("牒州""帖司理");自杀 caA

① 该判文中又言"台牒"者,则此案当经过其他监司审理,并发牒给提刑司。

② 据"坊市阿张状述",阿张应为州城的坊郭户。

续表

序号	题目	出处	地域	备注(信息来源;官司;事项等)
L27	建昌县邓不伪诉吴千二等行劫及阿高诉夫陈三五身死事	《后村集》卷一九三,第4860—4862页	江南东路[建昌县(属南康军)]	虑囚官引问翻异;提刑判("申省部御史台并牒报帅司");行劫 cAE
L28	鄱阳县申勘余干县许珪为殴叔及妄诉弟妇堕胎惊死弟许十八事	《后村集》卷一九三,第4862—4863页 《清明集》卷十三《惩恶门·妄诉》,第495—496页,题作"妄以弟及弟妇致死诬其叔"	江南东路(鄱阳县、馀干县)	民户诉("赦后妄诉不已");县申;提刑司判;诬告 cbB
L29	饶州州院申潜彝招桂节夫周氏阿刘诉占产事	《后村集》卷一九三,第4863—4864页 《清明集》卷四《户婚门·争业》,第128—129页,题作"干照不明合行拘毁",有异文、脱文	江南东路[饶州;贵溪县(属信州)]	民户诉;饶州州院申;提刑司判("仍榜贵溪县市");争产 caC
L30	鄱阳县东尉检校周丙家财产事	《后村集》卷一九三,第4865页 《清明集》卷八《户婚门·分析》,第277页,题作"女婿不应中分妻家财产"	江南东路(鄱阳县)	民户诉;县尉判;提刑司判("帖委东尉");分家产 cB

续表

序号	题目	出处	地域	备注(信息来源;官司;事项等)
L31	铅山县禁勘裴五四等为赖信溺死事	《后村集》卷一九三,第4866页	江南东路(铅山县)	民户诉;县勘;提刑司判("放榜县门""帖问县") cBC
L32	饶州司理院申勘到徽州都吏潘宗道违法交易事	《后村集》卷一九三,第4867页 《清明集》卷十一《人品门·公吏》,第432页,题作"都吏潘宗道违法交易五罪"	江南东路(徽州;饶州)	饶州司理院勘;提刑司判;都吏违法 aA
L33	饶州州院申勘南康(卫)军前都吏樊铨冒受爵命事	《后村集》卷一九三,第4867—4868页 《清明集》卷十一《人品门·公吏》,第432—433页,题作"南康军前都吏樊铨冒受朝廷爵命等事"	江南东路(饶州)	民户诉("词人");州院勘申;提刑司判("仍榜本军");都吏 caAC
L34	建昌县刘氏诉立嗣事	《后村集》卷一九三,第4869—4874页 《清明集》卷八《户婚门·立继》,第251—257页,题作"继绝子孙止得财产四分之一",有大段脱文	江南东路[建昌县(属南康军)]	民户诉;提刑司判("备榜""帖委……裘司理");立嗣 cBC

续表

序号	题目	出处	地域	备注(信息来源;官司;事项等)
L35	都昌县申汪俊达孙汪公礼诉产事	《后村集》卷一九三,第4875页	江南东路[都昌县(属南康军)]	民户诉;都昌县申;提刑司判;户婚 cbB
L36	贵溪县缴到进士翁雷龙公劄诉熊大乙将父死尤赖事	《后村集》卷一九三,第4875—4876页	江南东路(贵溪县)	民户诉(状词与公劄),贵溪县申;提刑司判(帖县);尤赖(诬告)cbB
L37	乐平县汪茂元等互诉立继事	《后村集》卷一九三,第4876页	江南东路(乐平县)	民户诉;提刑司判("押下司理院勘问");立继 cA
L38	争山妄指界至	《清明集》卷五《户婚门·争业》,第157页	福建路(建阳县)	民户诉;县判;争产 cF
L39	母在不应以亲生子与抱养子析产	《清明集》卷八《户婚门·分析》,第278页	建阳县(?)	民户诉("状内称");县判("仍申"①) cF
L40	母在与兄弟有分	《清明集》卷九《户婚门·违法交易》,第301页	建阳县(?)	民户诉("有词到官");县判;财产cF
L41	妻以夫家贫而仳离	《清明集》卷九《户婚门·婚嫁》,第345页	建阳县(?)	民户诉;县判;婚嫁 cF
L42	女家已回定帖而翻悔	《清明集》卷九《户婚门·婚嫁》,第346页	建阳县(?)	民户诉;县判;婚嫁 cF

① 此判最后云"仍申",应该不是知县申州或监司,否则应有行文的对象,结合判文,可以推测应是民户执行县令裁决后需要上申状报告执行结果。

续表

序号	题目	出处	地域	备注(信息来源;官司;事项等)
L43	定夺争婚	《清明集》卷九《户婚门·婚嫁》,第348页	建阳县(?)	民户诉("经府县有词");县判;婚嫁 cF
L44	已嫁妻欲据前夫屋业	《清明集》卷九《户婚门·接脚夫》,第353页	建阳县(?)	民户诉("详魏景谟词")县判("照限具申使府"①);对定 cF
L45	兄弟论赖物业	《清明集》卷十《人伦门·兄弟》,第373页	建阳县(?)	民户诉("辄妄入词");县判;争产 cF
L46	兄侵凌其弟	《清明集》卷十《人伦门·兄弟》,第373页	建阳县(?)	民户诉("遂经府县……陈论")县判;夺产 cF
L47	兄弟争财	《清明集》卷十《人伦门·兄弟》,第374页	建阳县(?)	民户诉;县判;争产② cF
L48	黠吏为公私之蠹者合行徒配以警其徐	《清明集》卷十一《人品门·公吏》,第434页	建阳县	民户诉;县判;公吏 cF
L49	吏奸	《清明集》卷十二《惩恶·奸秽》,第446页	建阳县(?);崇安县(与建阳同属建宁府)	民户诉("经县告论");县判;公吏;通奸 cF
L50	屠牛于庙	《清明集》卷十四《惩恶·宰牛》,第534页	建阳县(?)	县判 cF

① 据此,此案曾经由建宁府审理。

② 此判最后说:"前此见于两府判之详议者至矣,尽矣,州家恐为风教之羞,且从佥厅所申,修以和议。"颇疑此判是刘克庄在江东提刑任上所作,但又不见于其文集。即使此案经知府裁决,但不能排除是刘克庄在建阳县令任上所判。

续表

序号	题目	出处	地域	备注(信息来源;官司;事项等)
L51	宰牛者断罪拆屋	《清明集》卷十四《惩恶·宰牛》,第535页	建阳县	民户诉("屠牛之讼");县判(牒尉司);乡书手;屠牛 cF

表4. 蔡杭书判一览表

序号	题目	出处	地域	备注(信息来源;官司;事项等)
C1	监司案牍不当言取索	《清明集》卷一《官吏门·申牒》,第16页	江南东路(?)	提刑判(申状;牒解、牒报);转运司索案 dE
C2 *	州官申状不谨	《清明集》卷一《官吏门·申牒》,第17页	两浙东路①,庆元府	州申状;提刑判(牒通判、牒知府);打死人事 aA
C3 *	朱佥判赴滁州乞牒官交割	《清明集》卷一《官吏门·申牒》,第18页	江南东路(?)②	制置司;提刑判(牒军);州佥判;交割 dA

---

① 此判有言"本职昨叨节江东,吴尚书、陈侍郎知太平府,赵枢相知建康府,一系正任侍从,一系枢使督府,没有大辟申案,必明具衔位,亲书讳字",记述的是他在江东提刑任上的情形。又言"今来庆元系侍郎领郡,然审明洞达,必不重爵位,轻民命,循吏谀,废事体,……",所述为其在浙东路提刑(现职)任上的情形。

② 此判为提刑给州佥判的判文,其中说"大制阃需才",这里的"大制阃"可能是设置在建康的制置使(其管辖范围在南宋时多有变化,或称"沿江",或称"江淮两浙"),参见《景定建康志》卷二五(《宋元方志丛刊》本)"制置使"条,第1733—1735页。

续表

序号	题目	出处	地域	备注(信息来源;官司;事项等)
C4	立曹公先生祠	《清明集》卷一《官吏门·奖拂》,第18页	江南东路(?)	县申(?);提刑判;县帖;立祠 bB
C5 *	奖子兼佥	《清明集》卷一《官吏门·奖拂》,第19页	江南东路①	提刑判(牒请、备牒);提刑司属官选任 dA
C6 *	旌赏监税不受贿赂	《清明集》卷一《官吏门·奖拂》,第19页	江南东路(?)	"乡人叹伏";提刑判;旌赏 cB
C7 *	官司预借不为理折	《清明集》卷一《官吏门·儆饬》,第19页	江南东路(?)	民诉;提刑判;赋税征收 cB
C8 *	县官无忌惮	《清明集》卷一《官吏门·儆饬》,第20页	江南东路(?)	提刑司"究验";提刑判("牒州照会");县主簿受请托 dA
C9 *	因吏警令	《清明集》卷一《官吏门·儆饬》,第20页	江南东路(?)	"详词人所诉";提刑判(帖知县);刑杀 cB
C10 *	呈知县脚色	《清明集》卷一《官吏门·儆饬》,第21页	江南东路(?)	民户诉("行下状词");提刑判;知县回申 cB
C11 *	慢令	《清明集》卷一《官吏门·儆饬》,第21页	江南东路(?)	民户诉("县道不明,无可告诉");提刑判;县无回申 cB

① 此判当为提刑给吕兼佥的牒,中言"今委以留司事件",留司当为建康留守司。

续表

序号	题目	出处	地域	备注(信息来源;官司;事项等)
C12 *	贬知县	《清明集》卷一《官吏门·儆饬》,第 21 页	江南东路(?)	民户诉("词人");提刑判("改委赵县丞""逐一对实");知县谬政 cB
C13 *	戒巡检	《清明集》卷一《官吏门·儆饬》,第 22 页	江南东路(?)	巡检申;提刑判(牒州);巡检为害 aA
C14 *	追请具析巡检	《清明集》卷一《官吏门·儆饬》,第 22 页	江南东路;太平州采石镇	提刑判(牒州);巡检夺提刑司头子钱,夺民财 cA
C15 *	杖赵司理亲随为敷买丝	《清明集》卷一《官吏门·儆饬》,第 22 页	江南东路(?)	提刑判(牒府);司理亲随,牙人,厅吏;官吏买官物 A
C16 *	示幕属	《清明集》卷一《官吏门·儆饬》,第 23 页	江南东路(?)①	提刑判;佥厅;请托 D
C17 *	狎妓	《清明集》卷一《官吏门·儆饬》,第 24 页	江南东路;弋阳县(属信州)	提刑判(帖县,牒州);县官狎妓,主簿"累招词诉" bBA
C18	贪酷	《清明集》卷二《官吏门·权摄》,第 49 页	江南东路;弋阳县(?)②	提刑"行部"得诉状;提刑判(牒州);权主簿摄州官受贿 cA

① 此判云"本司乃九州刑狱所在",按南宋时期江东路所部有 9 个州府。

② C17 判弋阳县有"黄权簿",或即此判之"黄权簿"。

续表

序号	题目	出处	地域	备注(信息来源;官司;事项等)
C19	虚卖钞	《清明集》卷二《官吏门·受赃》,第52页	江南东路(?)	民户诉;提刑判(帖县丞);县吏,县丞;伪造官印,印假钞 cB
C20 *	赃污	《清明集》卷二《官吏门·受赃》,第52页	江南东路(?)①	提刑判(牒郑通判,牒州);揽户贿赂 A
C21	对移贪吏	《清明集》卷二《官吏门·对移》,第55页	江南东路;饶州	"民怨益深";提刑判(牒州,"榜本司衙门");州推官;官吏勒索 cAC
C22 *	对移司理	《清明集》卷二《官吏门·对移》,第56页	江南东路;宁国县	民户诉;提刑判("牒本府""牒府院");州司理;死事 cA
C23 *	对移县丞	《清明集》卷二《官吏门·对移》,第56页	江南东路(?)	提刑判(帖县);县丞;抑纳、藏匿 fB
C24 *	对移县丞	《清明集》卷二《官吏门·对移》,第57页	江南东路(?)	提刑判(帖县);县丞;催解胥吏 fB
C25 *	对移赃污	《清明集》卷二《官吏门·对移》,第57页	江南东路(?)	县丞申;提刑判,(牒州);县丞 bA
C26 *	监税迁怒不免对移	《清明集》卷二《官吏门·对移》,第58页	江南东路;饶州	民户诉;提刑判(帖问,牒州);监税;勒索诬陷 cBA

① 此判亦有"黄权(簿)"者,与C17、C18之"黄权簿"或为同一人。

续表

序号	题目	出处	地域	备注(信息来源;官司;事项等)
C27 *	缪令	《清明集》卷二《官吏门·对移》,第59页	江南东路(?)	百姓“经本司陈诉”;提刑判;县令,押录,寨兵;“贪缪”“纵吏受赇”“寨兵下乡” cB
C28	取悦知县为干预公事之地	《清明集》卷二《官吏门·举留生祠立碑》,第61页	江南东路(?)	举留状;提刑判(帖县);哗徒;举留 cB
C29 *	生祠立碑	《清明集》卷二《官吏门·举留生祠立碑》,第61页	江南东路(?)	“诸位省元过访”;提刑判;生祠立碑 cB
C30	重覆抑勒	《清明集》卷三《赋役门·催科》,第64页	江南东路(?)	“程上舍所诉”;提刑判(帖县);县;抑勒 cB
C31	巡检催税无此法	《清明集》卷三《赋役门·催科》,第64页	江南东路;信州	“自信州来者”;提刑判(“帖示巡检”);巡检;催税 cB
C32	借名避役	《清明集》卷三《赋役门·差役》,第77页	江南东路(?)	民户诉;军“已断”,提刑判(牒军);差役 cA
C33	白鹿洞院田(又判)	《清明集》卷三《文事门·书院》,第95页	江南东路;南康军	教授所申;提刑判(牒军佥厅、牒本军);书院,豪户;田庄之争 aA

续表

序号	题目	出处	地域	备注(信息来源;官司;事项等)
C34	朱文公祠堂	《清明集》卷三《文事门·祠堂》,第96页	江南东路;南康军	提刑判(帖县尉);县尉;立祠 bB
C35	洪端明平斋祠	《清明集》卷三《文事门·祠堂》,第97页	江南东路;饶州(?)①	提刑判(牒州);立祠 aA
C36	当出家长	《清明集》卷八《户婚门·立继》,第244页	江南东路(?)	民户诉;提刑判("牒州佥厅");"本县所申";立继 cbA
C37	子随母嫁而归宗	《清明集》卷八《户婚门·归宗》,第274页	江南东路(?)	民户诉;"提幹所拟",提刑判;归宗 cD
C38	同业则当同财	《清明集》卷八《户婚门·孤幼》,第283页	江南东路(?)	民户诉,"邻保证单状";提刑判(帖县尉);争产 cB
C39 *	鼓诱卑幼取财	《清明集》卷八《户婚门·孤幼》,第284页	江南东路(?)	民户诉;提刑判;"案备所供,申使府取自施行";欺诈 cD
C40 *	监还塾宾攘取财物	《清明集》卷八《户婚门·孤幼》,第285页	江南东路(?)	提刑判("牒请宗教亟为图之");夺财产 A

① 此判所及"故忠文端明平斋洪公"当是洪咨夔,曾任饶州州学教授,曾被除端明殿学士,判中又言其"曩尝分教是邦,淑艾后学",盖指其任州学教授。参见《宋史》卷四〇六《洪咨夔传》,许应龙《东涧集》卷三收有《翰林学士洪咨夔授端明殿学士提举万寿观兼侍读诰》。

续表

序号	题目	出处	地域	备注(信息来源;官司;事项等)
C41	假伪遗嘱以伐丧	《清明集》卷八《户婚门·遗嘱》,第289页	江南东路(?)	民户诉("续据国子进士范涣等连名劄状陈告","范承议劄状");提刑判(牒府);假造遗嘱 cA
C42	背母无状	《清明集》卷八《户婚门·义子》,第294页	江南东路(?)	民户诉;"本州委林都监究实",提刑判(牒州,"门示");背母 cAD
C43	已出嫁母卖其子物业	《清明集》卷九《户婚门·违法交易》,第296页	江南东路(?)	民户(徐氏)诉;提刑判(牒州);不孝 cA
C44	出继子卖本生位业	《清明集》卷九《户婚门·违法交易》,第297页	江南东路(?)	民户诉,属官拟判,提刑判(申御史台);违法交易 cE
C45	卑幼为所生父卖业	《清明集》卷九《户婚门·违法交易》,第298页	江南东路(?)	民户诉;州佥厅断,提刑司检法拟判,提刑判;提刑司检法;违法交易 caD
C46 *	正典既子母通知不得谓之违法	《清明集》卷九《户婚门·违法交易》,第299页	江南东路(?)	民户诉;使府判,提刑判("门示");知府,县丞;典买 caD
C47	一视同仁	《清明集》卷九《户婚门·坟墓》,第329页	江南东路(?)	提刑判;移墓 D

续表

序号	题目	出处	地域	备注(信息来源;官司;事项等)
C48	诉掘墓	《清明集》卷九《户婚门·坟墓》,第329页	江南东路(?)	民户诉("两状送州");提刑判("追索人、契");州;掘墓 cA
C49	舍木与僧	《清明集》卷九《户婚门·墓木》,第330页	江南东路(?)	民户诉;县断,提刑判(帖县);墓木 cbB
C50	争墓木致死	《清明集》卷九《户婚门·墓木》,第330页	江南东路(?)	提刑判(牒州);州院,刑部;争墓木 aAE
C51*	庵僧盗卖坟木	《清明集》卷九《户婚门·墓木》,第332页	江南东路(?)	提举判,提刑判;盗卖坟木 cdD
C52*	卖墓木	《清明集》卷九《户婚门·墓木》,第333页	江南东路(?)	民户诉("初词""再状");使府台判,提刑判(帖县);杀牛,伐墓木 caB
C53	将已嫁之女背后再嫁	《清明集》卷九《户婚门·婚嫁》,第343页	江南东路(?)	民户诉("妄经本司");提刑判(帖县"根究");再嫁 cB
C54	士人娶妓	《清明集》卷九《户婚门·婚嫁》,第344页	江南东路(?)	提刑判;婚嫁 cD
C55	薨逝之后不许悔亲	《清明集》卷九《户婚门·婚嫁》第344页	江南东路(?)	提刑判(牒州);悔亲 cA

续表

序号	题目	出处	地域	备注(信息来源;官司;事项等)
C56	时官贩生口碍法	《清明集》卷九《户婚门·雇赁》,第357页	江南东路(?)	提刑判(帖县);县尉,牙人、牙婆;贩生口 dB
C57	卖过身子钱	《清明集》卷九《户婚门·雇赁》,第357页	江南东路(信州、铅山)	提刑司判("送通判厅");牙人 cA
C58	子未尽孝当教化之	《清明集》卷十《人伦门·父子》,第359页	江南东路(?)	提刑司判("送州佥厅");子盗父牛 dA
C59	父子非亲	《清明集》卷十《人伦门·父子》,第359页	江南东路(?)	提刑判 D
C60	互诉立继家财	《清明集》卷十《人伦门·母子》,第360页	江南东路(?)	民户诉;佥厅拟,提刑判;立继 cD
C61	读孝经	《清明集》卷十《人伦门·母子》,第360页	江南东路(?)	提刑判("送县",帖县);孝顺 B
C62	兄弟之争	《清明集》卷十《人伦门·兄弟》,第366页	江南东路(?)	民户诉;佥厅拟判,提刑判("读示");兄弟争产 cD
C63	俾之无事	《清明集》卷十《人伦门·兄弟》,第367页	江南东路;徽州	民户诉;提刑判;兄弟争产 cD
C64	不孝	《清明集》卷十《人伦门·不孝》,第386页	江南东路(?)	提刑判("送县");知县;不孝 B

续表

序号	题目	出处	地域	备注(信息来源;官司;事项等)
C65	恃富凌族长	《清明集》卷十《人伦门·宗族》,第392页	江南东路(?)	提刑判(帖县);提刑司佥厅;凌虐族长 DB
C66	假宗室冒官爵	《清明集》卷十一《人品门·宗室》,第400—402页	两浙东路(处州、婺州)	“本州追勘,申宗正司”,金华县勘,宗正司判,提刑司佥厅判,提刑判(牒州,帖狱牢,申朝省及御史台);冒称宗室 abdAE
C67	引试	《清明集》卷十一《人品门·士人》,第402页	江南东路(池州,信州,德兴县)	乡贡进士“札状”;提刑判(牒州;帖县);豪横骗取财物 cAB
C68 *	又	《清明集》卷十一《人品门·士人》,第404页	同上	
C69	士人充揽户	《清明集》卷十一《人品门·士人》,第404页	江南东路(?)	提刑判(“押下县学”);揽户“拖欠官物”“咆哮无礼县官” B
C70	僧为宗室诬赖	《清明集》卷十一《人品门·僧道》,第405页	江南东路(?)	民户诉;提刑司判(牒州);宗室;“诬赖骗挟” cA

续表

序号	题目	出处	地域	备注(信息来源;官司;事项等)
C71	罪恶贯盈	《清明集》卷十一《人品门·公吏》,第410页	江南东路(饶州,鄱阳县)	民户诉,御史台委提刑司追究,"访闻";提刑判("送下司理院根勘""牒本州照会");提刑司提干,州推司,州吏;"取乞赃枉" ceA
C72	违法害民	《清明集》卷十一《人品门·公吏》,第412页	江南东路(弋阳县)	巡历("百姓争来哀诉,节次收六十四状");提刑判("帖报本县并备榜""仍帖县追孙万八赴司,仍并备榜");县吏违法 cBC
C73	十虎害民	《清明集》卷十一《人品门·公吏》,第413页	江南东路(铅山县)	巡历("昨过铅山县");提刑判("牒报转运司");县吏/势家害民 cDE
C74	逐出过犯人吏检举陛陟	《清明集》卷十一《人品门·公吏》,第414页	江南东路(?)	提刑判("帖报""并帖四十二县");"逐黥配之吏" dB
C75	冒役	《清明集》卷十一《人品门·公吏》,第414页	江南东路(?)	巡历("入境阅词");提刑判("帖,仍榜");州县配吏 cbBC

续表

序号	题目	出处	地域	备注(信息来源;官司;事项等)
C76	籍配	《清明集》卷十一《人品门·公吏》,第414页	江南东路(?)	“节节据民词诉”,州狱官审问,州申;提刑判(“仍榜衙前”);提刑司吏 caC
C77	奸赃	《清明集》卷十一《人品门·公吏》,第416页	江南东路(馀干县)	通判体访;提刑判(“传示六县各三日”,“牒县”“榜逐院”“照榜本县及帖诸县”);典押;“蔑视行移”,受贿 aBC
C78	慢令	《清明集》卷十一《人品门·公吏》,第416页	江南东路(弋阳县)	民户诉,巡历(“及入邑境”,“百姓陈有等凡二十九状”);提刑判(“仍传示诸邑”“仍榜衙前及本县”);县吏为恶 cBC
C79	铅山赃吏	《清明集》卷十一《人品门·公吏》,第418页	江南东路(铅山县)	巡历(“及入境,则百姓交讼之”);提刑判(“仍备榜行司及本县晓示”);县吏为害 cC
C80	责县严追	《清明集》卷十一《人品门·公吏》,第419页	江南东路(铅山县)	民户诉(“讼之者不可胜计”);提刑判(帖县,牒州,“仍榜本县”);县吏为害 cBAC

续表

序号	题目	出处	地域	备注(信息来源;官司;事项等)
C81	受赃	《清明集》卷十一《人品门·公吏》,第421页	两浙东路(温州)?	提刑判;提刑司吏;行贿,伪造公文 D
C82*	二十状论诉	《清明集》卷十一《人品门·公吏》,第422页	江南东路(铅山县)	巡历("当职入境,状诉乡司詹春、张庆者凡二十二状");提刑判("仍榜本县");乡司为害 cC
C83*	假作批朱	《清明集》卷十一《人品门·公吏》,第422页	江南东路(?)	提刑判(牒州佥厅);书铺"教人假作批朱" A
C84*	秤提官会	《清明集》卷十一《人品门·公吏》,第422页	江南东路(?)	民户诉;提刑判("押下通判厅及州佥厅");州吏藏匿官会 cA
C85*	乡司走弄产税	《清明集》卷十一《人品门·公吏》,第423页	江南东路[安仁县(属饶州)]	巡历("当职昨到安仁,有贵溪百姓诉");提刑判(帖县);乡司"走弄产税" cB
C86	逼奸	《清明集》卷十二《惩恶门·奸秽》,第441页	江南东路(?)	提刑判(牒王府);仆,妾;逼奸 E

续表

序号	题目	出处	地域	备注(信息来源;官司;事项等)
C87	豪横	《清明集》卷十二《惩恶门·豪横》,第452页	江南东路(信州)	巡历("当职入境,即有遮道群泣,诉……");提刑判(牒州,"仍镂榜州县""仍遍帖诸州军狱");狱官;狱吏;豪强;欺诈田业 cABC
C88	为恶贯盈	《清明集》卷十二《惩恶门·豪横》,第456页	江南东路(饶、信州)	民户诉("节节陈诉");提刑判;豪民;健讼;为恶 cD
C89	豪强	《清明集》卷十二《惩恶门·豪横》,第457页	江南东路(?)	民户诉("纷纷起讼");提刑判;豪侠;强狠 cD
C90	豪横	《清明集》卷十二《惩恶门·豪横》,第457页	江南东路(?)	提刑判;富豪;殴打 D
C91	押人下郡	《清明集》卷十二《惩恶门·豪横》,第458页	江南东路(饶州)	州申;提刑判(牒州,"申朝廷及御史台");州学生 aAE
C92	讼师官鬼	《清明集》卷十二《惩恶门·把持》,第473页	江南东路(?)	提刑判;佥厅;讼师"嚣讼" cD
C93	教唆与吏为市	《清明集》卷十二《惩恶门·把持》,第476页	两浙东路(衢州)	巡历("当职抵郡");提刑判(牒州,"备榜衙前");茶食人;健讼("兜揽教唆") cAC

续表

序号	题目	出处	地域	备注(信息来源;官司;事项等)
C94	哗鬼讼师	《清明集》卷十三《惩恶门·哗徒》,第481页	两浙东路(婺州)	提刑判("仍榜衙门,并申省部、御史台");外县官;哗徒;州吏;教唆 CE
C95	撰造公事	《清明集》卷十三《惩恶门·哗徒》,第482页	两浙东路(婺州,台州)	提刑判;哗徒;县吏人 D
C96	诬讦	《清明集》卷十三《惩恶门·告讦》,第485页	江南东路(?)	提刑判(牒府);教唆 A
C97	以死事诬赖	《清明集》卷十三《惩恶门·诬赖》,第508页	江东	民户诉;提刑判(牒州);诬赖 cA
C98	元恶	《清明集》卷十四《惩恶门·奸恶》,第521页	两浙东路(婺州)	提刑判(牒州,"仍备榜晓示","备申尚书省");豪强 ACDE
C99	杀人放火	《清明集》卷十四《惩恶门·奸恶》,第523页	两浙东路(?)	越诉("经部有词");提刑判("行下,令州县……""备拟行下牒知");县尉杀人放火 cA
C100	捕放生池鱼倒祝圣亭	《清明集》卷十四《惩恶门·奸恶》,第524页	两浙东路(温州)	申大宗正司,提刑司判(帖州院,"仍备榜市曹");宗室;凶暴 AC
C101	一状两名	《清明集》卷十四《惩恶门·奸恶》,第524页	两浙东路(?)	提刑判("仍榜示");投状人;奸猾 C

续表

序号	题目	出处	地域	备注(信息来源;官司;事项等)
C102	因赌博自缢(断)	《清明集》卷十四《惩恶门·赌博》,第530页	两浙东路(衢州)	民户诉;州司理拟判,提刑判(牒州);贩盐恶少;赌博 cA
C103	莲堂传习妖教	《清明集》卷十四《惩恶门·妖教》,第535页	江南东路(饶、信州)	提刑判(帖县,"帖县逐出州界""遍榜诸州县");吃菜事魔 BC
C104	竞渡死者十三人	《清明集》卷十四《惩恶门·竞渡》,第551页	江南东路[汭口镇(信州铅山县)]	巡历("当职入境,此项词诉最多");提刑判(牒州);竞渡 cA
C105	霸渡	《清明集》卷十四《惩恶门·霸渡》,第553页	江南东路(?)	佥厅拟,提刑判("仍榜诸处津渡");津渡 C

注:加*者《清明集》无作者名,根据《清明集》的体例,一般前一篇书判有作者名,而下一篇无作者名,后者的作者应与上一篇相同。下同。

表5. 吴势卿书判一览表

序号	题目	出处	地域	备注(信息来源;官司;事项等)
W1	狱官不可取受	《清明集》卷一《官吏门·儆饬》,第24页	江南东路(?)	县尉判;提刑判("请本州备示");州,县尉;受贿 bAD
W2*	公心书拟不必避嫌	《清明集》卷一《官吏门·儆饬》,第24页	江南东路(?)	私书;提刑判;请托 C

续表

序号	题目	出处	地域	备注(信息来源;官司;事项等)
W3	不许县官寨官擅自押人下寨	《清明集》卷一《官吏门·禁戢》,第33页	江南东路[玉山县(属信州)]	提刑判("榜县及寨,仍帖取知委申");县官,寨官;豪家 BC
W4 *	禁戢巡检带寨兵下乡催科等事	《清明集》卷一《官吏门·禁戢》,第34页	江南东路(?)	提刑判;巡检;催科 B
W5 *	禁戢摊盐监租差专人之扰	《清明集》卷一《官吏门·禁戢》,第34页	江南东路[安仁、馀干(属饶州)]	巡历("一从入境,行至安仁,则见……""若非当职巡历");提刑判("镂榜行下,仍申省部、台谏照会");通判;案吏;租课 cCE
W6	禁约吏卒毒虐平人	《清明集》卷一《官吏门·禁戢》,第36页	江南东路(?)	案牍("近阅诸郡狱案");提刑判("牒州照断""合遍牒诸州县""具已榜示已禁约条件申""并榜司前");牒州县;吏卒 dABC
W7	汰去贪庸之官	《清明集》卷二《官吏门·澄汰》,第40页	江南东路(信州上饶县)	巡历("当职入信州境,若贪若庸,具有所闻,贪者更行审访外")提刑判(牒州);庸贪 cA
W8	顶冒可见者三	《清明集》卷二《官吏门·顶冒》,第45页	江南东路(饶州);两浙西路	浙西提刑司索案,"将原案阅看";提刑司判("牒报浙西提刑司");顶冒 dE

续表

序号	题目	出处	地域	备注(信息来源;官司;事项等)
W9	县吏妄供知县取绢	《清明集》卷二《官吏门·昭雪》,第60页	江南东路[贵溪(属信州)]	巡历("行部以洗冤为急""及到信州,州院疏决");提刑判("具申尚书省");知县,县吏;妄供 caE
W10	乘人之急夺其屋业	《清明集》卷四《户婚门·争业上》,第131页	江南东路[鄱阳(属饶州)]	民户诉("经官……陈词""当时入状"),"地头体究及诣狱引问";提刑判;争业 cB
W11	检校嫠幼财产	《清明集》卷八《户婚门·检校》,第280页	江南东路(?)	提刑判("请本县详判区处讫申");财产 cB
W12	母子兄弟之讼当平心处断	《清明集》卷十《人伦门·母子》,第361页	江南东路(?)	民户诉("挟母诉兄"),"不孝诬告之罪,上闻于省部矣";提刑判("申省取自指挥");母子兄弟争产 ceE
W13	宗室作过押送外司拘管爪牙并从编配	《清明集》卷十一《人品门·宗室》,第398页	江南东路(饶州)	"得于谘访";提刑判("申省及宗正司",牒州);宗室;哗徒 dEA
W14	士人以诡嘱受财	《清明集》卷十一《人品门·士人》,第405页	江南东路(?)	提刑判;州学生;哗徒 dD

续表

序号	题目	出处	地域	备注(信息来源;官司;事项等)
W15	争住持	《清明集》卷十一《人品门·僧道》,第406页	江南东路(南康军)	越诉("越经本司,诉住持僧");提刑判(牒南康军);僧家 cA
W16	非嗣教天师虽尊属亦不当攙越出给符箓	《清明集》卷十一《人品门·僧道》,第406页	江南东路(信州)	提刑判(牒州,"备坐省札指挥,给榜严行戒戢");道教;伪印 AC
W17	恣乡胥之奸	《清明集》卷十一《人品门·公吏》,第424页	江南东路(饶州)	"牒州契勘嘉熙间折变因依申";提刑司判("牒报主管司及帖县");乡司 aAB
W18	州吏故违安边所绿匣	《清明集》卷十一《人品门·公吏》,第425页	江南东路(宁国府)	提刑司判(牒府);府佥判;佥厅吏,慢令 A
W19	治推吏不照例禳祓	《清明集》卷十一《人品门·公吏》,第426页	江南东路(饶州)	提刑判("长枷榜示各狱前""帖问两狱官");推吏"枉法受财" A
W20	去把握县权之吏	《清明集》卷十一《人品门·公吏》,第427页	江南东路[玉山(属信州)]	巡历("入境首扣其为政……既而扣以催科委折""士民连日列状");提刑判("留付知县""仍榜县市");县吏 cBC

续表

序号	题目	出处	地域	备注(信息来源;官司;事项等)
W21	豪民越经台部控扼监司	《清明集》卷十二《惩恶门·豪横》,第458页	江南东路(饶州)	"省部送下事件""仓司移牒";提刑判(详悉备申(省部),仍牒报本州);仓司佥厅;豪民越诉 edEA
W22	诈官作威追人于死	《清明集》卷十二《惩恶门·豪横》,第459页	江南东路(?)	提刑司判(牒府;帖县);监税;揽户 AB
W23	治豪横惩吏奸自是两事	《清明集》卷十二《惩恶门·豪横》,第460页	江南东路(池州)	民户诉("因讼吏到官");提刑判(牒州,"委本州通判录问,仍申省部、御史台");通判;豪横越诉 cAE
W24	豪与哗均为民害	《清明集》卷十三《惩恶门·告讦》,第485页	江南东路(?)	民户诉;提刑判;佥厅;豪民、哗徒 cD
W25	资给告讦	《清明集》卷十三《惩恶门·告讦》,第486页	江南东路(?)	民户诉("入身告论""径经本司告发");提刑判("押下本州,分委清强官重于体实""径申安边所,仍先申省部照会");健讼 cAE
W26＊	资给诬告人以杀人之罪	《清明集》卷十三《惩恶门·告讦》,第487页	两浙东路(婺州)	民户诉;提刑判;诬告杀人,越诉 cD
W27＊	资给人诬告	《清明集》卷十三《惩恶门·告讦》,第488页	两浙东路(婺州东阳)	民户诉;提刑判("仍备榜行下");豪民越诉 cC

续表

序号	题目	出处	地域	备注(信息来源;官司;事项等)
W28 *	教令诬诉致死公事	《清明集》卷十三《惩恶门·告讦》,第490页	两浙东路(处州)	民户诉;提刑判(牒州);狱司 cA
W29	以女死事诬告	《清明集》卷十三《惩恶门·妄诉》,第498页	江南东路(?)	民户诉,本军申;提刑判("备申刑部""牒本军");刑部;临安 cEA
W30	痛治传习事魔等人	《清明集》卷十四《惩恶门·妖教》,第537页	江南东路(饶、信之间)	通判申;提刑判("牒通判录问讫行,仍请备榜");吃菜事魔 AC
W31	禁约贩生口	《清明集》卷十四《惩恶门·贩生口》,第549页	江南东路(饶州乐平县,弋阳县)	民户诉("入状")提刑判("匣帖弋阳""别给榜下诸县约束");牙人;"诬告妄词" cBC

参考文献

（按著者姓氏音序排序）

一、史料

（宋）晁公武撰，孙猛校证：《郡斋读书志校证》，上海：上海古籍出版社，1990 年。

（宋）陈傅良：《止斋先生文集》，《四部丛刊初编》本。

（宋）陈襄：《古灵集》，文渊阁《四库全书》本

（宋）陈襄：《州县提纲》，《丛书集成初编》本。

（宋）陈振孙：《直斋书录解题》，上海：上海古籍出版社，1987 年。

（宋）窦仪：《宋刑统》，北京：中华书局，1984 年。

（宋）范成大：《范石湖集》，上海：上海古籍出版社，1981 年。

《吴郡志》，南京：江苏古籍出版社，1999 年。

（清）范能濬编集：《范仲淹全集》，南京：凤凰出版社，2004 年。

（宋）洪迈：《夷坚志》，北京：中华书局，1981。

（宋）胡榘修，方万里、罗浚纂：《宝庆四明志》，《宋元方志丛刊》本，北京：中华书局，1990 年。

（宋）胡太初：《昼帘绪论》，《丛书集成初编》本。

（宋）黄榦：《勉斋集》，文渊阁《四库全书》本。

（明）黄淮、杨士奇：《历代名臣奏议》，上海：上海古籍出版社，1989 年。

（宋）黄罃、齐硕修，陈耆卿纂：《嘉定赤城志》，《宋元方志丛刊》本。

（宋）黄震：《黄氏日抄》，文渊阁《四库全书》本。

江苏通志局编：《江苏金石志》，《石刻史料新编》第 1 辑，第 13 册，台北：新文丰出版公司，1982 年。

（宋）黎靖德编：《朱子语类》，北京：中华书局，1985 年。

（宋）李焘：《续资治通鉴长编》，北京：中华书局，1979—1986 年。

（宋）李心传：《建炎以来系年要录》，北京：中华书局，2013 年。

《建炎以来朝野杂记》，北京：中华书局，2000 年。

（宋）李元弼：《作邑自箴》，《四部丛刊续编》本。

（宋）梁克家：《淳熙三山志》，《宋元方志丛刊》本。

（宋）林駉：《古今源流至论》，文渊阁《四库全书》本。

(宋)刘克庄:《后村先生大全集》,《四部丛刊初编》本。
(宋)陆九渊:《陆九渊集》,北京:中华书局,1980 年。
(元)陆友仁:《吴中旧事》,文渊阁《四库全书》本。
(清)陆增祥:《八琼室金石补正》,吴兴刘氏希古堂本。
(元)马端临:《文献通考》,北京:中华书局,1986 年。
(宋)马光祖修,周应合纂:《景定建康志》,《宋元方志丛刊》本。
(宋)欧阳修:《归田录》,北京:中华书局,1981 年。
(明)钱谷:《吴都文粹续集》,文渊阁《四库全书》本。
(宋)钱可则修,郑瑶、方仁荣纂:《景定严州续志》,《宋元方志丛刊》本。
(宋)沈作宾修,施宿等纂:《嘉泰会稽志》,《宋元方志丛刊》本。
(宋)宋敏求:《唐大诏令集》,北京:商务印书馆,1956 年。
(宋)苏轼:《苏轼文集》,北京:中华书局,1986 年。
(宋)孙应时纂修,鲍廉增补,(元)卢镇续修:《琴川志》,《宋元方志丛刊》本。
(宋)谈钥:《嘉泰吴兴志》,《宋元方志丛刊》本。
(元)脱脱等:《宋史》,北京:中华书局,1985 年。
(明)王鏊:《[正德]姑苏志》,《天一阁藏明代方志选刊续编》本。
(宋)王昶:《金石萃编》,经训堂本。
(宋)王十朋:《王十朋全集》,上海:上海古籍出版社,1998 年。
(宋)王之望:《汉滨集》,文渊阁《四库全书》本。
(宋)魏了翁:《鹤山先生大全集》,《四部丛刊初编》本。
(宋)吴潜修,梅应发、刘锡纂:《开庆四明续志》,《宋元方志丛刊》本。
(宋)项公泽修,凌万顷、边实纂:《淳祐玉峰志》,《宋元方志丛刊》本。
(宋)谢公应修,边实纂:《咸淳玉峰续志》,《宋元方志丛刊》本。
(宋)谢深甫:《庆元条法事类》,《中国珍稀法律典籍续编》第 1 册,哈尔滨:黑龙江人民出版社,2002 年。
(清)徐松辑:《宋会要辑稿》,上海:上海古籍出版社,2014 年。
(元)杨譓:《至正昆山郡志》,《宋元方志丛刊》本。
(宋)杨潜修,朱端常、林至、胡林卿纂:《云间志》,《宋元方志丛刊》本。
(宋)叶适:《叶适集》,北京:中华书局,1961 年。
(清)永瑢等:《四库全书总目》,北京:中华书局,1965 年。
(宋)袁采:《袁氏世范》,《丛书集成初编》本。
(宋)赵不悔修,罗愿纂:《新安志》,《宋元方志丛刊》本。
(宋)赵汝愚:《宋朝诸臣奏议》,上海:上海古籍出版社,1999 年。
(宋)赵升:《朝野类要》,《丛书集成初编》本。
(宋)张津等:《乾道四明图经》,《宋元方志丛刊》本。
(宋)真德秀:《西山真文忠公文集》,《四部丛刊初编》本。
《西山文集》,文渊阁《四库全书》本。

（宋）郑虎臣编：《吴都文粹》，文渊阁《四库全书》本。

（宋）周煇撰，刘永翔校注：《清波杂志校注》，北京：中华书局，1994 年。

（宋）朱长文：《乐圃馀稿》，文渊阁《四库全书》本。

《吴郡图经续记》，南京：江苏古籍出版社，1999 年。

（宋）朱熹：《朱熹集》，郭齐、尹波点校，成都：四川教育出版社，1996 年。

（宋）佚名：《名公书判清明集》，北京：中华书局，1987 年。

（宋）佚名：《宋大诏令集》，北京：中华书局，1962 年。

（元）佚名：《居家必用事类全集》，《北京图书馆古籍珍本丛刊》影印明刻本，北京：书目文献出版社，1989 年。

二、论著

（一）专著

1. 中文

［美］包弼德著，刘宁译：《斯文：唐宋思想的转型》，南京：江苏人民出版社，2001 年。

包伟民：《宋代地方财政史研究》，上海：上海古籍出版社，2001 年。

《传统国家与社会（960—1279 年）》，北京：商务印书馆，2009 年。

《宋代城市研究》，北京：中华书局，2014 年。

曹家齐：《宋代交通管理制度研究》，开封：河南大学出版社，2002 年。

陈元朋：《两宋的"尚医士人"与"儒医"——兼论其在金元的流变》，台北：台湾大学出版会，1997 年。

程民生：《宋代地域经济》，开封：河南大学出版社，1992 年。

《宋代地域文化》，开封：河南大学出版社，1997 年。

邓小南：《宋代文官选任制度诸层面》，石家庄：河北教育出版社，1993 年。

《祖宗之法：北宋前朝政治述略（修订版）》，北京：生活·读书·新知三联书店，2014 年。

刁忠民：《宋代台谏制度研究》，成都：巴蜀书社，1999 年。

丁建军：《宋朝地方官员考核制度研究》，北京：人民出版社，2014 年。

范立舟：《理学的产生及其历史命运》，西安：陕西人民出版社，2001 年

郭东旭：《宋代法制研究》，保定：河北大学出版社，1997 年。

韩森著，包伟民译：《变迁之神》，杭州：浙江人民出版社，1999 年。

侯旭东：《北朝村民的生活世界——朝廷、州县与村里》，北京：商务印书馆，2005 年。

黄宽重：《南宋地方武力：地方军与民间地方武力的探讨》，台北：东大图书公司，2002 年。

《宋代的家族与社会》，台北：东大图书公司，2006 年。

《政策·对策：宋代政治史探索》，台北：联经出版事业股份有限公司，

2012 年。

黄敏枝:《宋代佛教社会经济史论集》,台北:学生书局,1989 年。

黄宗智主编:《中国研究的范式问题讨论》,北京:社会科学文献出版社,2003 年。

贾玉英:《宋代监察制度》,开封:河南大学出版社,1996 年。

李华瑞:《宋代酒的生产和征榷》,保定:河北大学出版社,1995 年。

《宋代救荒史稿》,天津:天津古籍出版社,2014 年。

梁庚尧:《宋代社会经济史论集》,台北:允晨文化实业有限公司,1997 年。

《南宋盐榷:食盐产销与政府控制》,台北:台湾大学出版中心,2010 年。

梁治平:《清代习惯法:社会与国家》,北京:中国政法大学出版社,1996 年。

林富士:《汉代的巫者》,台北:稻乡出版社,1999 年。

刘志伟:《在国家与社会之间:明清广东里甲赋役制度研究》,广州:中山大学出版社,1997 年。

刘子健:《两宋史研究汇编》,台北:联经出版事业公司,1987 年。

《中国转向内在——两宋之际的文化内向》,南京:江苏人民出版社,2001 年。

毛汉光:《中国中古社会史论》,台北:联经出版事业公司,1988 年。

苗书梅:《宋代官员选任和管理制度》,开封:河南大学出版社,1996 年。

漆侠:《求是集》,天津人民出版社,1982 年。

《宋代经济史》,上海人民出版社,1987 年。

《宋学的发展和演变》保定:河北人民出版社,2002 年。

瞿同祖著,范忠信、晏锋译:《清代地方政府》,北京:法律出版社,2003 年。

[美]施坚雅著,史建云、徐秀丽译:《中国农村的市场和社会结构》,北京:中国社会科学出版社,1998 年。

[美]施坚雅编,叶光庭等译:《中华帝国晚期的城市》,北京:中华书局,2000 年。

宋代官箴读书会编:《宋代社会与法律——〈名公书判清明集〉讨论》,台北:东大图书公司 2001 年。

[日]斯波义信著,方健、何忠礼译:《宋代江南经济史研究》,南京:江苏人民出版社,2000 年。

汪桂海:《汉代官文书制度》,南宁:广西教育出版社,1999 年。

汪圣铎:《两宋财政史》,北京:中华书局,1995 年。

王德毅:《宋史研究论集》,台北:台湾商务印书馆,1993 年修订版。

王善军:《宋代宗族与宗族制度研究》,石家庄:河北教育出版社,2000 年。

王晓龙:《宋代提点刑狱司制度研究》,北京:人民出版社,2008 年。

王云海主编:《宋代司法制度》,开封:河南大学出版社,1992 年。

王曾瑜:《宋朝阶级结构》,石家庄:河北教育出版社,1996。

王志强:《法律多元视角下的清代国家法》,北京:北京大学出版社,2003 年。

吴宗国:《唐代科举制度研究》,沈阳:辽宁大学出版社,1997 年。

徐道邻:《中国法制史论集》,台北:志文出版社,1975 年。

阎步克:《察举制度变迁》,沈阳:辽宁大学出版社,1997 年。

杨宇勛:《先公庾后私家: 宋朝赈灾措施及其官民关系》,台北:万卷楼图书股份有限公司,2013 年。

余蔚:《中国古代地方监察体系运作机制研究》,上海:上海古籍出版社,2014 年。

余英时:《朱熹的历史世界:宋代士大夫政治文化的研究》,北京:生活 · 读书 · 新知三联书店,2004 年。

虞云国:《宋代台谏制度研究》(增订本),上海:上海书店出版社,2009。

张邦炜:《宋代婚姻家族史论》,北京:人民出版社,2003 年。

张静主编:《国家与社会》,杭州:浙江人民出版社,1998 年。

张文:《宋代社会救济研究》,重庆:西南师范大学出版社,2001 年。

张泽咸:《唐五代赋役史草》,北京:中华书局,1986 年。

《唐代阶级结构研究》,郑州:中州古籍出版社,1996 年。

张兆凯:《中国古代司法制度》,长沙:岳麓书社,2005 年。

朱传誉:《宋代新闻史》,台北:商务印书馆,1967 年。

朱瑞熙:《宋代社会研究》,郑州:中州书画社,1983 年。

《中国政治制度通史》第六卷,北京:人民出版社,2011 年。

《疁城集》,上海:华东师范大学出版社,2001 年。

朱瑞熙、程郁:《宋史研究》,福州:福建人民出版社,2006 年。

朱瑞熙、张邦炜等:《宋辽西夏金社会生活史》,北京:中国社会科学出版社,1998 年。

[日]滋贺秀三等著,王亚新等编译:《明清时期的民事审判与民间契约》,法律出版社,1998 年。

[日]佐竹靖彦:《佐竹靖彦史学论集》,北京:中华书局,2006 年。

2. 日文

[日]岸本美绪:《明清交替と江南社会》,东京大学出版会,1999 年。

[日]梅原郁:《宋代官僚制度研究》,京都:同朋舍,1985 年。

《宋代司法制度研究》,东京:创文社,2006 年。

[日]青山定雄:《唐宋時代の交通と地誌地圖の研究》,东京:吉川弘文馆,1963 年。

日本宋代史研究会编:《宋代人の認識——相互性と日常空間——》,东京:汲古书院,2001 年。

[日]小林隆道:《宋代中国の統治と文書》,东京:汲古书院,2013 年。

3. 英文

Bossler, Beverly J. *Powerful Relations: Kinship, Status, & the State in Sung China* (960–1279), Cambridge (Mass.): Harvard University Press, 1998.

Clark, Hugh R. *Community, Trade, and Networks: Southern Fujian Province from the*

Third to the Thirteenth Century, New York: Cambridge University Press, 1991.

Davis, Richard L. *Court and Family in Sung China*, 960 – 1279: *Bureaucratic Success and Kinship Fortunes for the Shih of Ming-chou*. Durham: Duke University Press, 1986.

Ebrey, Patricia Buckley, and James L. Watson, eds. *Kinship Organization in Late Imperial China*(1000 – 1940). Berkeley: University of California Press, 1986.

Hilde, De Weerdt. *Information, Territory, and Networks: the crisis and maintenance of empire in Song China*. Cambridge(Massachusetts) and London: Harvard University Press, 2015.

Hymes, Robert H. *Statesmen and Gentlemen: The Elite of Fu-chou, Chiang-his, in Northern and Southern Sung*. New York: Cambridge University Press, 1986.

Glahn, Richard von, *The Country of Streams and Grottoes: Expansion, Settlement, and the Civilizing of the Sichuan Frontier in Song Times*, Cambridge(Mass.): Harvard University Press, 1987.

McKnight, Brian E. *Village and Bureaucracy in Southern Sung China*, Chicago: The University of Chicago Press, 1971.

Smith, PaulJakov, and Richard von Glahn, eds. *The Song-Yuan-Ming Transition in Chinese History*. Cambridge, Mass.: Harvard University Press, 2003.

(二)论文

1. 中文

爱宕元:《关于唐代桥梁和津渡的管理法规——以敦煌发现唐〈水部式〉残卷为线索的研究》,[日]冈野诚主编《中国法制史考证》丙编第二卷,北京:中国社会科学出版社,2003年。

岸本美绪:《"秩序问题"与明清江南社会》,《近代中国史研究通讯》第三十二期,2001年

《"风俗"与历史观》,《新史学》第十三卷第三期,2002年9月。

[美]包弼德:《地方传统的重建——以明代的金华府为例(1480—1758)》,李伯重、周生春主编《江南的城市工业与地方文化(960—1850)》,北京:清华大学出版社,2004年。

包伟民、吴铮强:《形式的背后:两宋劝农制度的历史分析》,《浙江大学学报》(人文社科版)2004年第1期。

[日]滨口重国:《所谓隋的废止乡官》,《日本学者研究中国史论著选译》第四卷,北京:中华书局,1992年。

陈荣照:《论范氏义庄》,《宋史研究集》第十七辑,1988年。

陈智超:《宋代的书铺与讼师》,《劉子健博士頌壽紀念宋史研究論集》,京都:同朋舍,1989年。

戴建国:《宋代的公证机构——书铺》,《中国史研究》1988年第4期。

戴静华:《宋代商税制度简述》,《宋史研究论文集》,上海:上海古籍出版社,1982年。

邓广铭:《辛稼轩交游考》,《复旦学报》复刊第一期,1944 年 10 月。

邓小南:《朱长文家世、事历考》,《北大史学》第 4 辑,1996 年。

《北宋苏州的士人家族交游圈——以朱长文之交游为核心的考察》,《国学研究》第三卷,北京:北京大学出版社,1996 年。

《宋代士人家族中的妇女:以苏州为例》,《国学研究》第五卷,1998 年。

《龚明之与宋代苏州的龚氏家族——兼谈南宋前期昆山士人家族的交游与沉浮》,《中国近世家族与社会研讨会论文集》,台北:"中研院"史语所,1998 年。

《走向再造——试谈十世纪前中期的文臣群体》,《漆侠先生纪念论文集》,保定:河北大学出版社,2002 年。

《追求用水秩序的努力——从前近代洪洞的水资源管理看"民间"与"官方"》,《暨南史学》第三辑,广州:暨南大学出版社,2004 年。

丁建军:《中国题壁文化的颠峰——宋代题壁文化论略》,《河北大学学报》(哲社版)2004 年第 4 期。

杜正胜:《作为社会史的医疗史——并介绍"疾病、医疗与文化"研讨小组的成果》,《新史学》第六卷第一期,1995 年 3 月。

方诚峰:《统会之地——县学与宋末元初嘉定地方社会的秩序》,《新史学》第十六卷第三期,2005 年 9 月。

方健:《范仲淹与江南士人交游研究》,李伯重、周生春主编《江南的城市工业与地方文化》,北京:清华大学出版社,2004 年。

[日]宫泽知之:《宋代地主与农民的诸问题》,《日本学者研究中国史论著选译》第二卷,北京:中华书局,1993 年。

黄宽重:《宋代四明士族人际网络与社会文化活动》,《"中研院"史语所集刊》第 70 本第 3 分,1999 年。

《唐宋基层武力与基层社会的转变——以弓手为中心的考察》,《历史研究》2004 年第 1 期。

《从中央与地方关系看宋代基层社会演变》,《历史研究》2005 年第 4 期。

黄苇:《论宋元地方志书》,《历史研究》1983 年第 3 期。

黄燕生:《宋代的地方志》,《史学史研究》1984 年第 3 期。

金仕起:《古代医者的角色》,《新史学》第六卷第一期,1995 年。

李瑾明:《宋代社会救济制度的运作和国家权力——以居养院制的变迁为中心》,《中国史研究》2005 年第 3 期。

梁庚尧:《宋元时代苏州的农业发展》,《宋史研究集》第十七辑,台北:"国立"编译馆,1988 年。

《家族合作、社会声望与地方公益:宋元四明乡曲义田的源起与演变》,《中国近世家族与社会研讨会论文集》,台北:"中研院"史语所,1998 年。

刘馨珺:《南宋狱讼判决文书中的"健讼之徒"》,《宋史研究集》第三十一辑,台北:兰台出版社,2002 年。

柳立言:《从官箴看宋代的地方官》,《宋史研究集》第二十一辑,台北:“国立”编译馆,1991 年。

《宋代的社会流动与法律文化:中产之家的法律?》,《唐研究》第十一卷,北京:北京大学出版社,2005 年。

[日]柳田节子:《宋代乡村的户等制》,《日本学者研究中国史论著选译》第五卷,北京:中华书局,1993 年。

[日]山口智哉:《南宋乡饮酒礼考》,“科举制与科举学”国际学术研讨会,厦门:2005 年 9 月。

申万里:《元代的粉壁及其社会职能》,《中国史研究》2008 年第 1 期。

[日]守屋美都雄:《父老》,《日本学者研究中国史论著选译》第三卷,北京:中华书局,1992 年。孙毓棠:《关于北宋赋役制度的几个问题》,《历史研究》1964 年第 2 期。

王棣:《宋代乡司在赋税征收体制中的职权与运作》,《中州学刊》1999 年第 2 期。

王尔敏:《清廷〈圣谕广训〉之颁行及民间之宣讲拾遗》,《中研院近代史研究所集刊》第二十二期下册,1993 年。

王曾瑜:《宋代的吏户》,《新史学》四卷一期,1993 年 3 月。

王志强:《南宋司法裁判中的价值取向——南宋书判初探》,《中国社会科学》1998 年第 6 期。

魏天安、刘坤太:《宋代闲官制度述略》,《中州学刊》1983 年第 6 期。

杨讷:《元代农村社制研究》,南京大学历史系元史研究室编《元史论集》,南京:南京人民出版社,1984 年。

游自勇:《汉唐时期“乡饮酒”礼制化考论》,《汉学研究》第 22 卷第 2 期,2004 年 12 月。

[日]增渊龙夫:《战国秦汉时期的集团之“约”》,[日]籾山明主编《中国法制史考证》丙编第一卷,中国社会科学出版社,2003 年。

张邦炜:《北宋租佃关系的发展及其影响》,《甘肃师范大学学报》1980 年第 3、4 期。

《宋代避亲籍制度述评》,《四川师范大学学报》1986 年第 1 期。

朱家源:《两宋社会经济关系的变化与农民阶级》,《宋史论集》,郑州:中州书画社,1983 年。

祝总斌:《试论我国古代吏胥的特殊作用及官、吏制衡机制》,《国学研究》第五卷,1997 年。

[日]滋贺秀三:《清代州县衙门诉讼的若干研究心得》,《日本学者研究中国史论著选译》第八卷,北京:中华书局,1992 年。

祖慧:《论宋代胥吏的作用及影响》,《宋史研究论文集》,保定:河北大学出版社,2002 年。

2. 日文

［日］阪尻彰宏:《敦煌牓文书考》,《東方学》第百二辑,2001 年 7 月。

［日］宫泽知之:《南宋勧農論——農民支配のイデオロギー》,中国史研究会编《中國史像の再構造——國家と農民》,文理阁 1983 年。

［日］柳田节子:《宋代鄉原体例考》,《宋代の規範と習俗》,东京:汲古书院,1995 年。

［日］梅原郁:《宋代の鄉司——その位置づけをめぐって——》,《劉子健博士頌壽紀念宋史研究論集》,京都:同朋舍,1989 年。

［日］青木敦:《北宋末~南宋の法令に附された越訴規定について》,《東洋史研究》第五十八卷第二号,1999 年。

　　　　《健訟の地域的ィメージ————一三世紀江西社會の法文化、人口移動をめぐって——》,《社会経済史学》六五卷三期,1999 年。

［日］山口智哉:《宋代"同年小録"考——"書かれたもの"による共同意识の形成》,《中国——社会と文化》17,2002 年。

［日］斯波义信:《南宋における"中間領域"社会の登場》,《宋元時代史の基本問題》,东京:汲古书院,1996 年。

［日］小岛毅:《牧民官の祈り——真德秀の場合》,《史學雜志》100:11,1991 年 11 月。

［日］小林义广:《宋代の諭俗文》,《宋代の政治と社會》,东京:汲古书院,1988 年。

　　　　《宋代の"勧學文"》,《中國の伝統社會と家族——柳田節子先生古稀記念》,东京:汲古书院,1993 年。

［日］伊藤正彦:《元代勧農文小考——元代江南勧農の基調及その歷史地位》,熊本大学文学会《文学部论丛》49,1995 年。

［日］竺沙雅章:《宋代官僚の寄居について》,《東洋史研究》41-1,1982 年。

　　　　《浙西の道民について》,《中國佛教社會史研究(增訂版)》,朋友书店,2002 年。

3. 英文

Bol, Peter K. "The Rise of Local History: History, Geography, and Culture in Southern Song and YuanWuzhou," *Harvard Journal of Asiatic Studies*, vol. 61, no. 1. (2001)

Ebrey, Patricia Buckley. "Informing the Public in Song China," *Harvard Journal of Asian Study*, Vol. 79, Numbers 1&2(2019)

Hartwell, Robert M. "Demographic, Political, and Social Transformation of China, 750 - 1150," *Harvard Journal of Asiatic Studies* vol. 42, no. 2. (1982)

Kracke, E. A. "Family versus Merit in Chinese Civil Service Examinations under the Empire," *Harvard Journal of Asiatic Studies*, vol. 10, no. 2, (1947)

Mair, Victor H. "Language and Ideology in the Written Popularizations of the *Sacred Edict*", *Popular Culture in Late Imperial China*, edited by David Johnson, Andrew J. Nathan and Evelyn S. Rawski, Berkeley and Los Angeles: University of California Press, 1985.

三、学位论文

雷闻:《隋唐国家祭祀与民间社会关系研究》,北京大学博士学位论文,2002 年。(后经修改出版:《郊庙之外:隋唐国家祭祀与宗教》,北京:生活·读书·新知三联书店,2009 年)

林煌达:《南宋吏制研究》,台湾中正大学博士论文,2001 年。

皮庆生:《宋代民众祠神信仰研究》,清华大学博士论文,2005 年。(后经修改出版:《宋代民众祠神信仰研究》,上海:上海古籍出版社,2008 年)

吴雅婷:《北宋士大夫的宦游生活——苏轼个案研究》,台湾清华大学硕士论文 1999 年。

祖慧:《宋代胥吏的构成与迁转出职制度研究》,杭州大学博士论文,1995。

后　　记

这本书是在毕业后14年断断续续修改完成的，虽然还有很多不尽人意的地方，整体上也未脱离博士论文的范围，但总算是对当初博士论文不完善的地方进行了补充，当初停留于想法的部分得以展开，当初认识较为浅薄的地方稍有深入的思考。十多年来我也关注相关领域的研究进展，并力图加以消化，与以往的讨论对照、辨析，这本书也呈现了我的点滴收获，虽然仍有很多不成熟的地方，希望不至于落伍太多。不过终究是拖延了十多年，原有的新意也不再新了，近几年来，不管是信息渠道的研究，还是地方社会的研究，都是日新月异、层出不穷的，我的点滴积累，大多是闭门造车，自话自说，远不足以言有什么创获，只能说是在旧作上修补一下，算是敝帚自珍罢了。自从换了工作后，在旧题和新域之间颇多踌躇，早日结束旧作的心情更加迫切。诸事丛脞，心绪难宁，修改旧作的过程极为艰难，不在于时间，更主要的是难以进入一种状态，现在的书稿多有龃龉不合、扞格难通之处，盖在于此。故本书的出版实在是不足为人道。

这十多年来，虽然买了很多书，但读书不多，就个人的学术研究来说，进展有限。这与环境有关，更主要是因为个人的惰性，加之兴趣太广，不能集中精力做一件事情。现在回想起来，读书的黄金时间还是读研究生期间，可以心无旁骛，自由涉猎。在出版社和国图研究院期间，我把主要精力放在业务工作上，朝九晚五，回家以后从事研究的时间不多。虽然每年我努力撰写一两篇论文，参加学术会议，但很多论文都搁置了，没有改出来发表。这是一个体制化的过程，随着兴趣的变化和工作的变动，博士论文的修改一直拖延下来，进展缓慢。2015年，为了申报后期资助项目，将历年修改成论文的部分增补进去，作为初稿，发现改动的幅度比较大，立项后又停滞了一段时间，直到2018年底结项的时间迫近，才又对初稿进行修改，方知需要修改的地方还有很多,仓促间只好因陋就简,略作修补,提交结项。等到2020年春夏之交,出版社突然联系我可以出版了,时间又忽忽过了一年,这样停停改改,时断时续,实在说这样并不适合修订书稿。工作之后,逐渐意识到不可能有完整的时间和平静的环境来修改书稿,那是一种奢望。虽然这种修改过程极为难受,但每次进入文字当中,推敲文字,不时会有新的发现,也会给人带来一种难以言明的愉悦。

自2018年4月入职北科大以来,我实际上又进入了另一种体制化的过程,高校是另外一种体制,迫使我改变以往的行为方式和看问题的角度,来适应新的环境。不过这次体制化的过程,与毕业到国图工作不同,就是具有了自我的意识,有意识地思考和取舍,既不能随波逐流,也不自我膨胀,尽量合理地设定目标。经过十多年的学习和研究,我意识到自己的诸多不足,对历史更加敬畏,有太多的可能性和不可预知性,我们往往只能认识到很少的部分。说实在的,我对于研究历史越来越没有足够的底气了,虽然兴趣没有减少,现在只能说是尽我所能地去感知历史,有一分即有一分的快乐。

我出生在安徽的农村,父母是下乡知青,后返回小镇。小学在大队小学上了三年,后来转到镇小学。我生来懵懂,小学五年我读了七年,留级了两次,后来再也不愿意留级。我醒事时晚,到了初二方才意识到学习对于我有着关键的意义。高考第一次失利,那个夏天真是难熬啊,每天浑浑噩噩,不得不面对再次"留级"(复读)。父母给了我很大的宽容和鼓励,生活在我失败的时候告诉我如何重拾信心。大学四年,我学的是中文,但发觉自己对于文学缺少悟性,等到大二看了《陈寅恪的最后二十年》,对历史学有了浓厚的兴趣,很早就确定了考历史系的研究生。2000年我有幸考入北大历史学系,跟随邓小南教授学习宋史。从农村到县城,再到重庆和北京,从东到西,从南到北,我的视野不断得到拓宽,但我的思考水平可能并没有随之得到提升,依然故我,恰如当年闭塞的乡村,天地虽大,我所感受到的仍然是渺小的我。只不过经过学术的训练,让我有意识地去观察我周围的人和事,再慢慢扩展开去。

2004年以来,我结婚、毕业、工作、买房,有了一个女儿,期间有亲戚朋友辞世,生与死的体验,喜怒哀乐的品味,应接不暇,突然有了"书上得来终觉浅"的感慨。相对于历史研究而言,现实的世界是那么迫近地压过来,转眼就倏忽而逝。这时再来审视古人留下的文字,总有那么一股不真实感，或者应该说这些文字底下到底埋藏着什么样的电闪雷鸣，或者是缓缓而过的涓涓细流。对于现世的人们，我充满了敬意。我要感谢我的父母、妻子和女儿，以及更多的亲戚和朋友，他们并不从事历史研究，但是他们在创造历史，属于他们的历史，即使转眼就随风而去，不留一丝痕迹。

高柯立

2020 年教师节谨志